Eduard Heimann

Soziale Theorie des Kapitalismus

Theorie der Sozialpolitik

Mit einem Vorwort
von Bernhard Badura

Suhrkamp

edition suhrkamp 1052
Neue Folge Band 52
Erste Auflage 1980

Satz: Thiele & Schwarz, Kassel
Druck: Nomos Verlagsgesellschaft, Baden-Baden
Umschlagentwurf: Willy Fleckhaus.
Printed in Germany

Vorwort

Die Wiederauflage von Eduard Heimanns *Soziale Theorie des Kapitalismus* bildet den ersten Band einer Reihe zur Sozialpolitik innerhalb der edition suhrkamp Neue Folge. Für eine verstärkte wissenschaftliche und öffentliche Auseinandersetzung gerade mit diesem Problemfeld sprechen gegenwärtig eine Reihe guter Gründe.

Sozialpolitik wird heute allgemein als Instrument zur Bekämpfung von Problemen und Nebenwirkungen moderner Industriegesellschaften begriffen, ohne daß die einzelnen sozialpolitischen Maßnahmen und Programme einen spürbaren Einfluß auf die Entstehung dieser Probleme und Nebenwirkungen auszuüben vermögen. Besonders offenkundig wird dieses Dilemma in der Gesundheits- und Arbeitsmarktpolitik. In diesen Bereichen zeigen sich auch die Grenzen eines auf Sicherung vor Standardrisiken ausgerichteten Sozialleistungssystems angesichts einer wachsenden Personalisierung von Bedürfnissen und Problemen. Zudem haben Komplexität und Undurchsichtigkeit sozialpolitischer Regelungen, Institutionen und Leistungen diese selbst aus der Sicht der Betroffenen problematisch und bürgerfern werden lassen. Indikatoren hierfür sind soziale Unterschiede in der Inanspruchnahme des Leistungsangebots, immer wieder auftretende unkontrollierte Kostenschübe, ein hohes Maß an Ungewißheit über die Angemessenheit und Wirksamkeit zahlreicher medizinischer und sozialer Dienste sowie der praktische Ausschluß der Konsumenten von der Planung und Gestaltung sozialer Einrichtungen.

Schließlich stellen sowohl Umfang und Gewicht sozialer und gesundheitlicher Probleme als auch Mängel und Lücken vorhandener Versorgungssysteme an die zeitgenössischen Sozialwissenschaften faszinierende Anforderungen, denen sie jedoch vielfach noch kaum gerecht zu werden vermögen. Mit der Herausgabe dieser Reihe verbindet sich die Absicht, zur wissenschaftlichen Fundierung sozialpolitischer Auseinandersetzungen beizutragen; darüber hinaus werden sich für betroffenen Disziplinen, die Soziologie, Politikwissenschaft, Ökonomie, Medizin und Verwaltungswissenschaft interdisziplinäre Bezugs- und Anknüpfungspunkte für die Befassung mit sozialpolitischen Problemen ergeben.

Tägerwilen, im September 1980 *Bernhard Badura*

Bernhard Badura
Heimanns demokratischer Sozialismus, eine Provokation moderner Sozialpolitik

Heimanns erstmals 1929 erschienene Arbeit steht am Ende einer Epoche wissenschaftlicher Behandlung sozialpolitischer Probleme, die durch die soziale Frage und den Gegensatz zwischen Kapitalismus und Sozialismus geprägt war. In seinem Denken tief in der marxistischen Tradition verwurzelt, bemüht sich Heimann um eine eigenständige Position, die ihn bei zahlreichen Diagnosen und mehr noch in ordnungspolitischen und politisch-strategischen Grundsatzfragen in einen deutlichen Gegensatz zum orthodoxen Marxismus bringt. Seine Auffassung vom konservativ-revolutionären Doppelwesen sozialpolitischer Maßnahmen, sein Beharren auf dem liberalen Programm, nicht dem kommunistischen Manifest, als Grundlage auch des Sozialismus, sein Insistieren auf schrittweisen sozialen Veränderungen statt einer revolutionären Umwälzung, seine ausdrückliche Ablehnung der Diktatur des Proletariats zugunsten liberal-demokratischer Prozeduren, seine Vorliebe für Dezentralität und Basisnähe, schließlich sein Hinweis auf die sozialen Grenzen industrieller Sachgüterproduktion machen Heimann zu einem wichtigen Theoretiker der Sozialdemokratie, dessen Überlegungen an Aktualität und Provokanz wenig eingebüßt haben.

Kann das von Heimann so eindrucksvoll entwickelte Modell des demokratischen Sozialismus auch Leitbild zukünftiger Sozialpolitik sein? Diese Frage läßt sich m. E. mit einem klaren Ja beantworten – allerdings nicht ohne eine entscheidende Zusatzbedingung. Für Heimann war Sozialpolitik Mittel zur Realisierung sozialer und demokratischer Prinzipien *innerhalb* des kapitalistischen Großbetriebs, Mittel zur Beseitigung der dort herrschenden Unfreiheit und Entwürdigung. In den vergangenen Jahrzehnten wurde hier vieles erreicht. Mit der Entwicklung des an seinen traditionellen Fronten erfolgreichen modernen Wohlfahrtsstaates entstand zugleich jedoch eine ebenso gigantische wie undurchschaubare Maschinerie zur Verteilung und Produktion von Lebenschancen *außerhalb* der Sphäre industrieller Sachgüterproduktion. Für die Sozialpolitik ergeben sich daraus schwerwiegende Folgen. Ihre wohl wichtigste liegt in der Verwirklichung der Idee des demokratischen Sozialismus nicht mehr nur im traditionellen Industriesystem, sondern nunmehr auch im überkomplexen und überbürokratisierten System sozialer Sicherheit. Unsere bundesdeutsche Sozialpolitik, der nach dem Kriege, von einem breiten Konsens getragen, Teilerfolg auf Teilerfolg beschieden war, vermied es allzulange, so die heute sich aufdrängende Bilanz, ihre gegenüber dem Industriesektor verfolgten Ziele der Würde, Partizipation, Selbstbestimmung und Vermeidung unerwünschter Nebenfolgen auf sich selbst anzuwenden. *Die Verwirklichung des demokratischen Sozialismus innerhalb sozialpolitischer Einrichtungen und Leistungssysteme selbst,* dies ist die wirklich neue soziale Frage.

Wenn im folgenden eine Theorie des Staatsversagens als wichtiges Desiderat moderner Sozialpolitikforschung bezeichnet wird, so geschieht dies im Rahmen eines von dieser Auffassung getragenen Plädoyers für eine partizipativere, authentischere und zugleich auch effektivere Sozialpolitik. Die Bürgerinitiativ-, die Frauen- und die Selbsthilfe-Bewegung machen deutlich, daß die Tage der obrigkeitsstaatlichen Zuteilungsphilosophie zu Ende gehen und daß an ihre Stelle eine sozialpolitische Doktrin zu treten hat, wonach die Produktion sozialer Leistungen eng an einen unverzerrten Dialog mit den Betroffenen gebunden sein müßte; an einen Dialog mit jenen also, deren Bedürfnisse das Netz der sozialen Sicherheit zu befriedigen hat und ohne deren Mitwirkung dieses System zu effektiver Produktion gar nicht mehr imstande ist. Das sozialpolitische Problempanorama hat sich seit den Tagen Heimanns erheblich verändert, das von ihm vertretene Leitbild demokratischer und sozialer Politik dagegen an Aktualität nichts eingebüßt. Heute wie damals sind es letztlich produktionspolitische Imperative, die den Wandel vorantreiben. Ähnlich wie der Industriekapitalismus auch in seiner sozialpolitisch gebändigten Form auf den Produktionsfaktor Arbeit angewiesen bleibt, wächst mit der quantitativen Ausweitung personenbezogener sozialer Dienste die Abhängigkeit sozialstaatlicher Aktivitäten von außerstaatlichen und außermarktlichen Voraussetzungen, wächst ihre Abhängigkeit auch von der Mitwirkungsbereitschaft der Konsumenten.[1]

Gegenstand, Fragestellung und Methode Heimanns

Eduard Heimanns Abhandlung bildet den vorläufig letzten überzeugenden Versuch, die Analyse sozialpolitischer Maßnahmen und Programme einzubetten in eine umfassende Deutung des modernen Kapitalismus, seiner Ursprünge und Entwicklungsmöglichkeiten. Als analytisches Mittel dient Heimann dabei die mit der Hegelschen

1 Vgl. dazu B. Badura/P. Gross, *Sozialpolitische Perspektiven. Eine Einführung in Grundlagen und Probleme sozialer Dienstleistungen,* München 1976; A. Gartner/F. Riessmann, *Der aktive Konsument in der Dienstleistungsgesellschaft. Zur politischen Ökonomie des tertiären Sektors.* Frankfurt 1978 (zuerst 1974).

Dialektik gegebene Möglichkeit der Verknüpfung von Theorie und Praxis, von sozialen Ideen mit ihren sozialgeschichtlichen Vermittlungen. Ausgangspunkt seiner Überlegungen bilden die im »liberalen Programm« verkörperten Ideen der Freiheit, Würde und Gemeinschaft. Unter den Bedingungen eines durch wachsende Zentralisierung und Konzentration der Produktion gekennzeichneten kapitalistischen Gesellschaftssystems, so sein Argument, führen die Widersprüche zwischen der »ursprünglichen Freiheitsgrundlage« des Kapitalismus und »seinem wirklichen Aufbau« (S. 11) zur Entstehung einer immer mächtiger werdenden sozialen Bewegung. Im Rahmen von Klassenauseinandersetzungen erzwingt diese soziale Bewegung eine Serie sozialpolitischer Maßnahmen und Programme, deren kumulative Folgen schließlich eine, wenn auch schrittweise, Überwindung des Monopolkapitalismus und eine praktische Verwirklichung des »liberalen Programms« zur Folge haben. Der sozialen Bewegung also, vor allem der sozialistischen Arbeiterbewegung als ihrem Kern, fällt die Aufgabe zu, dem, in der Phase des Frühkapitalismus für eine Minderheit der bürgerlichen Gesellschaft bereits realisierten, Versprechen einer humaneren und freieren Gesellschafts- und Lebensform gegen die politischen und ökonomischen Kräfte des entwickelten Kapitalismus gesamtgesellschaftlich zum Durchbruch zu verhelfen. Die soziale Bewegung ist der Motor gesellschaftlicher Transformation und die Sozialpolitik das Mittel, mit dessen Hilfe die soziale Bewegung eine wachsende Berücksichtigung genuin sozialer Werte erkämpft. Kurzfristig bedeutet dies zwar den Erhalt bestehender Strukturen, längerfristig aber ihre dafür um so wirksamere Veränderung. Heimanns dialektische Interpretation sozialpolitischer Maßnahmen und die angenommene Wesensverschiedenheit ökonomischer und sozialer Gestaltungsprinzipien bilden das theoretische Fundament seiner Abhandlung, tragen entscheidend zu ihrer so bewunderungswürdigen Klarheit und Geschlossenheit bei. Das ganze Buch, so bemerkt er am Ende, bediene sich zwar durchgängig der »Marxschen Sehweise«, lehne aber »Marxsche oder Marxistische Einzeltheorien« ab (S. 308).

Heimanns Kapitalismuskritik ist – hier zunächst noch ganz in der Marxschen Tradition verbleibend – eine Kritik der Produktionsbedingungen: der Dominanz ökonomischer Zielsetzung, der zunehmenden Größenordnung der Betriebseinheiten und Unternehmungen, des die Arbeitsbeziehungen bestimmenden Herrschaftscharakters, der Sachgüterbesessenheit und der sozialen Folgen kapitalistischer Produktion. Der entwickelte Kapitalismus, das bedarf für Heimann keines weiteren Belegs, reißt den Arbeiter aus seinen überlieferten sozialen Zusammenhängen, raubt ihm jeden Lebenssinn und entwürdigt ihn zu einem »beliebig benutzbaren Gegenstand« (S. 151). Produktion wird zu einer »bloß technischen Veranstaltung«, der Arbeiter zu einem bloßen Mittel für den »Sachzweck der Güterherstellung« (S. 47). Was im Rahmen der »kleinbetrieblichen Demokratie« noch an Freiheit und Würde vorhanden war, wird durch die Entwicklung zum Großbetrieb vollends beseitigt, das »leibliche und seelische Wohlbefinden« des produzierenden Menschen vollends den Zwecken effizienter Güterherstellung geopfert, der Unternehmerwillkür werden keine Schranken mehr gesetzt (S. 127). Ähnlich wie Marx wirft auch Heimann der ökonomischen Theorie vor, sie negiere den »Macht- und Herrschaftscharakter« ökonomischer Prozesse (S. 137). Im Unterschied zu Marx konzentriert sich Heimann jedoch auf eine Kritik kapitalistischer »Güter-Ideologie«, kritisiert er selbst die soziale Bewegung, wenn sie richtigerweise zwar die »Herrschaft der Sachen über den Menschen beklagt«, dann aber wenig Bereitschaft zeigt, »Sachen zu opfern, wenn es den Menschen gilt« (S. 208). Eine Überwindung des Kapitalismus zugunsten von mehr Freiheit, mehr Verantwortung, mehr Gestaltungsmöglichkeiten, ein verbessertes leibliches und seelisches Wohlbefinden auf seiten des Industriearbeiters werden nur möglich, wenn mit der Befreiung der Wirtschaft aus dem Dienst des Verbrauchs eine »grundsätzliche« Umgestaltung und Einschränkung der Verbraucherwünsche einhergeht (S. 209). Möglich ist dies allerdings nur bei einem »gewissen Spielraum der Versorgung«, und dieser Spielraum – auch dies ein bemerkenswerter Gesichtspunkt – könne nur durch die »produktiven Leistungen des Kapitalismus« gewährleistet werden (S. 210). »Gerade wenn man das Wirtschaftliche nicht mehr zum alleinigen Maßstab der Wirtschaftsgestaltung nimmt«, schreibt Heimann, »muß man erst recht darüber Klarheit besitzen, welche wirtschaftlichen Opfer man gegebenenfalls in Kauf nehmen soll und wie sie sich auf die in Betracht kommenden Gruppen verteilen werden« (S. 210).

Wer vertritt bei Heimann die von ihm so betonten außerwirtschaftlichen Interessen und Bedürfnisse und wie sollen sie ermittelt und durchgesetzt werden? Vor allem an der Behandlung dieser Fragen zeigt sich seine theoretische und praktische Distanz zu Marx. In erster Linie ist es zwar die Arbeiterbewegung, die sich für die Interessen der Arbeiterklasse und hier wieder primär für »Freiheit und Würde der Arbeit in der großbetrieblichen Arbeitswelt« (S. 144) einsetzt. Die politische Legitimität der organisierten Arbeiterbewegung gründet aber nicht nur im Maß der Entfremdung und Ausbeutung des industriellen Proletariats, sondern auch in ihrer Verpflichtung auf das »liberale Programm« und in einer strengen Einhaltung demokratischer Prinzipien. Widerspiegelung der realen Kräfteverhältnisse und damit Offenheit für historische Entwicklungen, darin sieht Heimann das »vielverkannte« Wesen der Demokratie: »Wer unterliegt, hat sich nicht in der Demokratie geirrt, sondern in seinem eigenen historischen Recht.« (S. 184) Der für Heimann unbestreitbare und immer wieder formulierte Auftrag der sozialen Bewegung zur Überwindung des Kapitalismus ist für ihn einlösbar nur »auf dem Boden der Demokratie«, im »ritterlichen Kampf um die historische Leistung« (ebenda). Gegenüber der alten »zentralistischen Sozialisierungstheorie vom Eigentum« vertritt Heimann das Modell einer »Sozialisierung von unten«, die, aus der Sphäre des einzelnen Arbeiters aufsteigend, »allmählich bis in das Herz der Eigentumsfrage« vorstößt (S. 296).

Sozialpolitikverständnis

Nicht Revolution und Diktatur des Proletariats, nicht Zerschlagung alter Rechtsformen oder »Sozialisierung mit einem Schlag« (S. 309), sondern schrittweise Verwirklichung sozialer Ideen, wobei jeder Schritt ein Mehr an Freiheit, Würde und Wohlbefinden des Industriearbeiters, zugleich aber auch ein Mehr an politischer Kraft und Durchsetzungsvermögen der sozialen Bewegung bedeutet: darin liegen für Heimann Sinn, Zweck und Strategie der sozialen Bewegung. Seine Auffassung vom »konservativ-revolutionären Doppelwesen« sozialpolitischer Maßnahmen stellt bis in unsere Tage hinein alle einseitigen Deutungen infrage, die in der Sozialpolitik entweder nur systemgefährdende oder nur systemerhaltende »Funktionen« erkennen zu können glauben. Gerade in dieser dialektischen Auffassung sozialstaatlichen Handelns und in seiner Bindung an die Idee des demokratischen Sozialismus liegt bis heute das programmatische Fundament des politischen und sozialen Erfolgs speziell der deutschen Sozialdemokratie. Wird dies auch in Zukunft so sein? Wird dieses programmatische Fundament auch für die zukünftige Bewältigung gesellschafts- und sozialpolitischer Probleme ausreichen? In der Konfrontation mit solch grundsätzlichen Fragen liegt die hohe politische Aktualität der Heimannschen Überlegungen.

Mit der dialektischen Deutung staatlicher Sozialpolitik beginnt Heimann einen weltanschaulichen Zweifrontenkrieg: zum einen gegen die altliberale Auffassung, Sozialpolitik sei »Gift« für das freie Spiel der Marktkräfte, zum zweiten aber auch gegen die sich auf Marx berufende Auffassung, Sozialpolitik sei ein bloßer Bestandteil und somit ein »Mitträger« des Kapitalismus. »In der Doppelstellung der Sozialpolitik als Fremdkörper und zugleich als Bestandteil im kapitalistischen System liegt ihre eigentümliche Bedeutung.« (S. 167 f.) Das wachsende produktionspolitische Gewicht der organisierten Industriearbeiterschaft zwingt den politischen Gegner um seines eigenen Überlebens willen zu ökonomischen, sozialen und politischen Zugeständnissen, die einen Teilabbau der alten und zugleich einen Einbau fremder Ideen und Strukturen bewirken. Heimann demonstriert dieses von ihm entwickelte Verständnis an den Hauptgebieten der Sozialpolitik seiner Zeit. Als Bewertungsmaßstab dient ihm das relative Ausmaß, in dem einzelne Programme und Maßnahmen entweder zur Sicherung oder zur Veränderung oder schließlich zur Beeinträchtigung des Wirtschaftsablaufs beitragen. Beispiel für die erste Gruppe ist der Arbeitsschutz, in dem Heimann eine bloße soziale Nebenwirkung einer aus innerkapitalistischer Notwendigkeit erwachsenen Intervention zur Sicherung und Glättung des Systemablaufs sieht. Beispiele für die zweite Gruppe sind Lohnerhöhungen, Arbeitslosenunterstützung oder Schiedssprüche. Das Charakteristische dieser Maßnahmen liegt darin, daß sie den Wirtschaftsablauf entweder zugunsten der Arbeiter verändern oder auch als Ganzes hemmen und daher bei ihrer Durchsetzung auf erbitterten Widerstand stoßen; und dies, obwohl sie den Nerv des Systems – die Herrschafts- und Verfügungsverhältnisse – unverändert lassen. Dies unterscheidet sie von der dritten Gruppe, die, eben weil sie überkommene Herrschafts- und Wertmuster berührt, den antikapitalistischen Kernbestand sozialpolitischen Handelns bildet. Wesentliches Merkmal dieser Gruppe sozialpolitischer Maßnahmen ist, daß hier niemandem mehr ein wirtschaftlicher Vorteil eingeräumt wird und statt dessen außerwirtschaftliche Werte wie Freiheit, Verantwortung und Gestaltungsvermögen der Industriearbeiterschaft höchste Priorität erhalten. Hat der kapitalistische Produktionsapparat einmal ein gewisses quantitatives Niveau erreicht, dann – so die Auffassung Heimanns – hat seine Humanisierung Vorrang vor Wirtschaftswachstum und Einkommensmaximierung. Dies setzt voraus, daß sich zuallererst die soziale Bewegung selbst aus ihrer »Gefangenschaft« in der »kapitalistischen Güterideologie« befreit (S. 208). Beispiele für diese dritte Gruppe sozialpolitischer Maßnahmen sind die im Arbeitsrecht eingeräumte Koalitionsfreiheit, die Tätigkeit der Betriebsräte und der Gewerkschaftsorganisationen und die damit der Industriearbeiterschaft zugestandenen Spielräume und Hebel sozialpolitischen Handelns zur Beeinflussung innerbetrieblicher Entscheidungen und zur Gestaltung und Veränderung der Produktion. In der Fortentwicklung und Umgestaltung der anfänglichen betrieblichen Sozialpolitik (z. B. Arbeitszeit-, Arbeitsschutz-Regelungen) in eine eigenständige, das bedeutet einer eigenen Logik und eigenen Werten folgende, soziale Betriebspolitik (z. B. Mitbestimmung, Arbeitsgestaltung) – in einer produktionsbezogenen Sozialpolitik also – sieht Heimann den Kernbereich sozialpolitischer Aktion; daher auch seine eher distanziert-skeptische Einschätzung des Sozialversicherungswesens (S. 241 ff.) und seine strikte Abgrenzung echter Sozialpolitik von nichtproduktionsbezogenen sozialen Maßnahmen wie Armenfürsorge auf der einen und Wohlfahrtsmaßnahmen zur Unterstützung einzelner Problemgruppen (z. B. Vertriebene, Kriegsopferhinterbliebene usw.) auf der anderen Seite.

Neben Produktionsbezogenheit und außerwirtschaftlicher Zielsetzung tritt als drittes wichtiges Unterscheidungskriterium die Frage, von wem Sozialpolitiken initiiert, gestützt und durchgesetzt werden; in diesem Zusammenhang finden sich einige nicht nur sozialhistorisch beachtenswerte, sondern auch wieder höchst aktuelle Überlegungen zum Thema Selbsthilfe, Genossenschaftswesen, Verbraucherschutz und zur Rolle der Sozialwissenschaften.

Wir unterscheiden heute drei Verständnisse von Selbsthilfe. Selbsthilfe kann zum einen ordnungspolitisch bzw. *makrosoziologisch* betrachtet werden als Produktion für den eigenen Bedarf, als unentgeltliche Hilfe auf Gegenseitigkeit, als Fremdhilfe aus weltanschaulicher, z. B. religiöser Motivation, oder als solidarisches Handeln eines Kollektivs gegenüber einem gemeinsamen Gegner. Das Gemeinsame dieser Selbsthilfeaktivitäten liegt darin, daß sie unentgeltlich und außerhalb des Markt-Preis-Systems, aber auch außerhalb des Systems sozialstaatlicher Regelungen und Leistungen ablaufen. Selbsthilfe kann zum zweiten *mikrosoziologisch* betrachtet werden als informelle Hilfe in »kleinen Netzen« auf Gegenseitigkeit sowohl innerhalb wie außerhalb formaler Organisationen; und sie kann schließlich drittens *individuenbezogen* betrachtet werden als Aktivitäten eines einzelnen für sich selbst, um selbst mit Problemen fertig zu werden oder ein Ziel zu erreichen; wobei angenommen wird, daß die Betreffenden auf sozial erlernte Wahrnehmungen und Strategien zurückgreifen, es sich also um soziale Aktivitäten oder soziales Handeln im strengen Sinne handelt. Heimann arbeitet vor allem mit dem ersten und nur am Rande mit dem zweiten Selbsthilfekonzept. Er teilt die grundlegende Annahme von Marx, daß die Befreiung der Arbeiterschaft »das Werk der Arbeiterklasse selbst sein muß« (S. 150). Im Unterschied zu Marx ist Heimann jedoch davon überzeugt, daß diese Befreiung nur durch »eine Kette von Teilsiegen statt eines entscheidenden Schlages« (S. 315) möglich sein werde; und er glaubt, daß die soziale Bewegung dabei sehr wohl den Staat effektiv und in ihrem Sinne zu beeinflussen vermag. Er schreibt: Die soziale Bewegung »fußt zwar ganz und gar auf der liberalen, freilich dynamisch aufgefaßten Selbsthilfe; sie braucht aber die Staatshilfe grundsätzlich nicht von der Selbsthilfe auszuschließen«; für ihn ist – so die zentrale Formulierung – »Staatshilfe« die »Frucht der Selbsthilfe« (S. 185 f.), oder, anders ausgedrückt, effektive Instrumentalisierung des Staates durch die Industriearbeiterschaft ist die Folge autonomer Machtentfaltung der sozialen Bewegung und kollektiv-solidarischer Selbsthilfe gegenüber Kapital und Staat. Beachtung verdienen im Zusammenhang mit der Selbsthilfeproblematik auch seine Bemerkungen zum Genossenschaftswesen (S. 104 ff.) und zum Verbraucherschutz (S. 79 f.).[2] Die Initiierung und Durchsetzung

2 Heimann zeigt bei der Behandlung dieser Fragen mehr Verständnis und Weitblick als mancher zeitgenössische Autor, dessen Stellungnahme zum Zusammenhang sozialer Selbsthilfe und personenbezogener Dienste mehr von dem Interesse der Anbieter dieser Dienste denn von wissenschaftlich gesicherten Erkenntnissen geleitet zu sein scheint; als Musterbeispiel vgl G. Bäcker, *Entprofessionalisierung und Laiisierung sozialer Dienste – Richtungweisende Perspektive oder konservativer Rückzug?* in: *WSI-Mitteilungen*, Oktober 1979, S. 526–537.

sozialpolitischer Maßnahmen durch die soziale Bewegung und gegen die Interessen der Herrschenden, ihr »antikapitalistischer Ursprung«, ist für Heimann also ein drittes wichtiges Kriterium zur Auswahl dessen, was zum Kernbereich der Sozialpolitik zu zählen ist und was nicht (S. 204).

Die Bedeutung der Sozialwissenschaft für die untersuchte gesellschaftliche Entwicklung und für sozialpolitische Maßnahmen wird an zahlreichen Stellen angesprochen, ohne jedoch eine systematische Behandlung zu erfahren. Erwähnt werden bereits alle sozialpolitisch relevanten Verwendungsmöglichkeiten sozialwissenschaftlicher Erkenntnisse, denen bei Heimann insgesamt jedoch ein sehr viel geringeres politisches Gewicht zugesprochen wird als dies heute vielfach geschieht. Sozialwissenschaftliche Produkte können Aufklärungs- und Lernprozesse anstoßen und so zu wichtigen Voraussetzungen oder Mitauslösern sozialer Bewegungen und sozialer Veränderungen werden, oder sie können hierbei eine wichtige Orientierungshilfe geben. Dies hatte Heimann wohl im Sinn, wenn er von der sozialökonomischen Lehre des Liberalismus behauptet, sie sei »ein Glied in der Kette der großen Befreiungstaten« (S. 15), oder wenn er bemerkt, daß die Arbeiterbewegung »System und Organisation« in »entscheidender Weise durch den Marxismus« erhalten habe (S. 148). Überhaupt spielt ja bei Heimann der Zusammenhang zwischen sozialer Idee, der sozialen Bewegung als Trägerin dieser Idee und sozialpolitischen Maßnahmen als dem institutionellen Niederschlag sozialer Ideen und Aktionen eine ganz zentrale Rolle. Heimann übersieht dabei aber auch nicht die eher sozial-technische Bedeutung sozialwissenschaftlichen Wissens etwa von »Konjunkturberichten und Konjunkturprognosen« (S. 54). Auch wissenschaftliche Beratung findet eine positive

Anerkennung, etwa wenn er die theoretische Nationalökonomie als den »unentbehrlichen Ratgeber der Politik« bezeichnet (S. 90). Als für die Ziele der sozialen Bewegung, insbesondere für die soziale Betriebsordnung ganz zentral erachtet er schließlich die Arbeitswissenschaft. Ihr weist er die Aufgabe zu, ausgleichend zu wirken zwischen den »technischen Erfordernissen des Betriebes« und dem »Freiheitsverlangen des Arbeiters« (S. 232) und beizutragen zur aus der Sicht des Arbeiters positiven Förderung seiner Leistungsmöglichkeiten (S. 233). Grundsätzlich bedarf es aber für die Gerechtigkeit und Verallgemeinerungsfähigkeit der von der sozialen Bewegung verfolgten Ziele keiner wissenschaftlichen Begründung. »Daß und warum Sozialismus gewollt werden soll, ist« – dies hatte er bereits 1922 geschrieben – »unabhängig von aller Wissenschaft zu entscheiden. [...] Wissenschaftlich kann und muß der Sozialismus da vorgehen, wo er die rationale Frage nach den Mitteln zur Verwirklichung des Zieles stellt.«[3]

Zur Weiterentwicklung der Sozialpolitikforschung

Heimanns Abhandlung beeindruckt durch eine umfassende, disziplinenüberschreitende Behandlung seines Gegenstandes, durch die Klarheit in der Argumentation sowie durch den Kenntnisreichtum im Detail. Die sozialpolitische Diskussion der Nachkriegszeit konzentrierte sich dann mehr auf Einzelbereiche und Einzelprobleme aus überwiegend ökonomischer oder pragmatischer Sicht.

3 E. Heimann, *Die ökonomische Problemstellung für die Gemeinwirtschaft*, in: *Kölner Vierteljahreshefte für Sozialwissenschaften*, I. Jahrgang, Heft 4, 1922, S. 29 ff.

Heimanns theoretischer Beitrag geriet in Vergessenheit[4]; dies wohl nicht zuletzt, weil das die Phase des Wiederaufbaus bestimmende Leitbild der sozialen Marktwirtschaft einem additiven oder kompensatorischen Sozialpolitikverständnis Vorschub leistete und damit auf Positionen zurückfiel, die Heimann theoretisch längst überwunden hatte. Kontinuität wurde nur insofern gewahrt, als die Kritik liberaler Annahmen über die Funktionstüchtigkeit des Markt-Preis-Systems, speziell der Annahmen über seine positiven politischen und sozialen Nebenfolgen nunmehr zur weithin unbestrittenen Rechtfertigung sozialstaatlicher Intervention wurde.

Die Arbeit von K. William Kapp über *Soziale Kosten der Marktwirtschaft*[5] steht hier der Heimannschen an Überzeugungskraft und umfassender Problemsicht nicht nach. Und sie arbeitet zahlreiche bei Heimann nur eher angedeutete Gedanken weiter aus. Beiden Autoren gemeinsam ist die zuerst von Marx formulierte Auffassung, daß jedwede Kritik gesellschaftlicher Verhältnisse bei den Produktionsverhältnissen anzusetzen habe. Unter den Bedingungen des Markt-Preis-Systems und gewinnorientierter Investitionsentscheidungen werde, so Kapp, der Produktionsprozeß »ohne vorherige Abklärung tatsächlicher Kosten und Konsequenzen gelenkt« (S. XV). Sozialkosten und Umweltzerstörung fänden als externe Folgen beim unternehmerischen Entscheidungskalkül, bei der betrieblichen Rechnungsfindung, aber auch in der gesamtwirtschaftlichen Buchführung (BSP) in der Regel keine Berücksichtigung. Größenordnung und Charakter der der Gesellschaft

4 Als Ausnahmen erwähnt werden müssen die 1975 von H.-D. Ortlieb herausgegebenen Aufsätze Heimanns mit dem Titel *Sozialismus im Wandel der modernen Gesellschaft*, Berlin/Bonn-Bad Godesberg 1975, und U. Heyders Dissertation: *Der sozialwissenschaftliche Systemversuch Eduard Heimanns*, Frankfurt usw. 1977.

5 K. William Kapp, *Soziale Kosten der Marktwirtschaft*, Frankfurt 1979 (zuerst 1963).

entstehenden Bedrohung rechtfertigen nach Kapps Auffassung, »Sozialkosten und Umweltzerstörung als Hauptwiderspruch im System der Marktwirtschaft zu bezeichnen« (S. XXIII).

Mit den Arbeiten Hans Achingers[6] begann sich jedoch zunächst eine veränderte, stärker institutionenorientierte Betrachtungsweise durchzusetzen. Soziale Bewegung und Sozialpolitik – bei Heimann noch als Gegenmacht und Fremdkörper begriffen – waren nunmehr, mittlerweile selbst einem fortschreitenden Prozeß der Zentralisierung und Bürokratisierung unterworfen, akzeptierte Elemente einer Ordnung, für die die Frage, wieweit sie noch als kapitalistisch zu begreifen sei, keine Rolle mehr zu spielen schien.[7] Neben Arbeitsrecht und Betriebsverfassung rückte der Begriff der »sozialen Sicherheit«[8] ins Zentrum sozialpolitischer Aufmerksamkeit, allerdings zumeist um den, angesichts der Komplexität sozialpolitischer Verhältnisse kaum mehr vermeidbaren, Preis einer verlorengegangenen Einheit von Gegenstand und Fragestellung sozialpolitischer Forschung. Wissenschaftliche Arbeiten zur Sozialpolitk zerfielen zusehends in arbeitsweltbezogene, einkommenspolitische und auf die Institutionen der sozialen Sicherung bezogene Beiträge. Mit dem Wachstum medizinischer und sozialer Dienste entwickelte sich schließlich als vierter Zweig die sozialpolitische Dienstleistungsforschung. In diesem Zusammenhang verdienen die Arbeiten Achingers deshalb besonders hervorgehoben zu werden, da sie als einflußreiche Beispiele für die in den sechziger Jahren vorherrschende, eher sozialtechnische Betrachtungsweise gelten dürfen.

6 H. Achinger, *Sozialpolitik als Gesellschaftspolitik*, Hamburg 1958.

7 Eine Ausnahme bildet Ch. v. Ferber, *Sozialpolitik in der Wohlstandsgesellschaft*, Hamburg 1967.

8 vgl. dazu F. X. Kaufmann, *Sicherheit als soziologisches und sozialpolitisches Problem, Untersuchungen zu einer Wertidee hochdifferenzierter Gesellschaften*, Stuttgart 1973.

Zentrales Thema Achingers ist die Bürokratisierung und Verrechtlichung sozialpolitischer Institutionen und ihre dadurch bewirkte Verselbständigung gegenüber den Bedürfnissen der Bevölkerung. An die Stelle der sozialen Dynamik der Arbeiterbewegung trat also zunehmend die Eigendynamik bürokratisierter Organisationen.[9] Bürokratietheoretiker wie Max Weber und Robert Michels schienen mit einem Mal sehr viel erklärungskräftigere Anknüpfungspunkte zu bieten als die Marxsche Tradition. Immer umfangreicher waren die Aufwendungen der Gesellschaft für soziale Leistungen geworden, immer mehr Menschen verdankten ihrer Steuerung und Erbringung Arbeitsplatz und Einfluß, und immer undurchsichtiger wurde, was hier eigentlich geschieht, wem das alles nützt, wieweit Gesichtspunkte wie soziale Gerechtigkeit überhaupt noch eine Rolle spielen und wie wirksam die vielfältigen Einkommens-, Sach- und Dienstleistungen die gesellschaftliche Wohlfahrt tatsächlich fördern. Kennzeichnend für die sechziger Jahre wurden daher Versuche zur Bestandsaufnahme[10] und die Hoffnung, eine Koalition kenntnisreicher sozialwissenschaftlicher Experten und fortschrittlicher Teile der Sozialbürokratie würde mehr Transparenz schaffen und innovative Anstöße geben können. Bemerkenswert ist auch die wachsende Parallelisierung sozialpolitischer Diskussionen in den USA und in Westeuropa, besonders in der Bundesrepublik. Achingers Plädoyer für eine sozialwissenschaftliche Fundierung sozialpolitischer Maßnahmen[11] und Daniel P. Moynihans Überlegungen zur »Professionalisierung der Reform«[12] dokumentieren –

9 Achinger, a. a. O. (Fußnote 6).

10 Vgl. dazu Sozialenquête-Kommission, *Soziale Sicherung in der Bundesrepublik Deutschland,* Stuttgart usw. 1966.

11 H. Achinger, *Sozialpolitik und Wissenschaft,* Stuttgart 1963.

12 Daniel P. Moynihan, *Maximum Feasible Misunderstanding,* New York/London 1969. Zum Verhältnis sozialbürokratischer und basisdemokratischer Reformanstöße vgl. B. Badura, *Perspektiven amerikanischer Sozialpolitik. Drei*

wenn auch unabhängig voneinander und in ganz unterschiedlichen Kontexten formuliert – eine wachsende Konvergenz von Einstellungen und Annahmen auf seiten der die praktische Politik beratenden Experten.[13]

Die Ende der sechziger Jahre aufkommende, marxistisch inspirierte Staatsdiskussion übte an dieser technokratischen Position Kritik, blieb aber selbst auch weit hinter dem von Heimann erreichten dialektischen Verständnis zurück und begnügte sich mit einer insgesamt doch recht undifferenziert-funktionalistischen Betrachtungsweise sozialpolitischer Maßnahmen.[14] Ein weiteres Dilemma dieses Ansatzes lag in dem Umstand, daß über ein Marxsches »historisches Subjekt«, also über eine radikale Veränderungen anstrebende soziale Bewegung mit Massenbasis, wenn überhaupt noch, dann nur in nostalgischer oder hypothetischer Form argumentiert werden konnte. Hier brachten die vergangenen zehn Jahre einige, möglicherweise erhebliche Veränderungen. Heute kann wieder von sozialen Bewegungen gesprochen werden – aber eben nur im Plural. Zwar ist keine dieser neuen Bewegungen mit dem Ziel revolutionärer Veränderungen angetreten, passen sie sich insofern den gegebenen Umständen an. Dennoch stehen sie zumindest teilweise im Widerspruch zu vorgegebenen Strukturen und Werten. Die Alternativ-, die Sub-

Paradigmen und ihre exemplarische Anwendung, in: *KZfSS* 25/4, 1973, S. 814–840.

13 Zur Geschichte sozialwissenschaftlicher Beratung der Sozialpolitik vgl. J. Krüger, *Wissenschaftliche Beratung und sozialpolitische Praxis,* Stuttgart 1975. Aktuelle Beispiele beratender Sozialpolitikforschung finden sich in: F. X. Kaufmann (Hg.), *Bürgernahe Sozialpolitik. Planung, Organisation und Vermittlung sozialer Leistungen auf lokaler Ebene,* Frankfurt 1979; sowie in: M. Pfaff/H. Voigtländer (Hg.), *Sozialpolitik im Wandel. Von der selektiven zur integrierten Sozialpolitik,* Bonn 1978.

14 Vgl. als Beispiel: G. Lenhardt/C. Offe, *Staatstheorie und Sozialpolitik. Politisch-soziologische Erklärungsansätze für Funktionen und Innovationsprozesse* der Sozialpolitik, in: Ch. v. Ferber/F. X. Kaufmann (Hg.), *Soziologie und Sozialpolitik,* Sonderheft 19/1979 der KZfSS. S. 98–127.

kultur-, die Selbsthilfe-, Frauen- und Bürgerinitiativ-Bewegung haben, bei aller Vielfalt in ihrer Zusammensetzung, in den Zielen und Organisationsformen zumindest das folgende gemeinsam: sie wehren sich gegen Bürokratisierung und Zentralisierung mit ihren sozialen und politischen Nebenfolgen und treten statt dessen ein für mehr Basisnähe und Selbstbestimmung; und insofern repräsentieren sie tatsächlich eine Art »Gegenmacht«, vertreten sie, nicht ganz unähnlich der sozialen Bewegung Heimanns, ein Gegenprinzip gesellschaftlicher Lebens-und Verkehrsformen. Angeregt durch Arbeiten wie die von Frances Piven und Richard Cloward[15], von Alan Gartner und Frank Riessmann[16], begann auch eine wissenschaftliche Auseinandersetzung mit diesen neuen Entwicklungen.

Für die zukünftige Sozialpolitikforschung scheinen sich somit folgende Schwerpunkte herauszukristallisieren: Neben der anhaltenden, im Bereich der Technologiefolgen sich sogar verstärkenden Notwendigkeit zur Auseinandersetzung mit klassischen Problemen, wie der »Humanisierung der Arbeitswelt« oder den Ursachen und Konsequenzen des Marktversagens, erzwingen ein anhaltendes Wachstum medizinischer und sozialer Dienste, weiter anhaltende Tendenzen der Bürokratisierung und Zentralisierung des modernen Sozialstaats und sein in Bewegung geratenes soziales Umfeld eine verstärkte Beschäftigung mit den *Ursachen und Folgen* nicht nur des Markt-, sondern auch *des Staatsversagens.* Mit dem erreichten und tendenziell sicher eher noch wachsenden Anteil des Staates an den jährlich produzierten Gütern und Diensten verdient auch – und das wird meines Erachtens in der aktuellen sozialpolitischen Diskussion immer noch nicht ausreichend erkannt – die Erarbeitung einer theoretisch durch-

15 F. F. Piven/R. A. Cloward, *Regulierung der Armut. Die Politik der öffentlichen Wohlfahrt,* Frankfurt 1977 (zuerst 1971).

16 Gartner/Riessmann, a. a. O. (Fußnote 1).

dachten und empirisch fundierten Staatskritik hohe Priorität.

Die Möglichkeiten von Staat, moderner Technik und sozialer Bewegung wurden bei Heimann grundsätzlich positiv, ja teilweise sehr optimistisch eingeschätzt. Nach Nationalsozialismus und Hiroshima, nach einem wohl auch für Heimann in diesem Umfang unerwarteten Wachstum der Sozialleistungsquote, angesichts der fortschreitenden Bürokratisierung und Professionalisierung sozialstaatlicher Hilfe- und Unterstützungsleistungen, und nicht zuletzt angesichts der erheblichen und andauernden Umschichtungen in der Erwerbsstruktur (wobei der Anteil der industriellen Arbeiterschaft, dem Reservoir der traditionellen Arbeiterbewegung, am Gesamt der Erwerbstätigen in allen Industriegesellschaften eine rückläufige Tendenz aufweist) verdienen zahlreiche alte Fragen neue Antworten, erzwingen zahlreiche und gewichtige neue Fragen eine Überprüfung und Ergänzung überkommener theoretischer Grundlagen sozialstaatlichen Handelns. Neben der Arbeit an einer Theorie des Staatsversagens sollten auch Untersuchungen über die *Folgen einer sich wandelnden Berufsstruktur* für Motivation, Zielsetzung und Strategie der Arbeiterbewegung weiter vorangetrieben werden. Wichtig ist dies u. a., weil die von Heimann bereits vorausgeahnten Spannungen zwischen Arbeitern und Angestellten (S. 157) den deutschen Gewerkschaftsbund gerade in sozialpolitisch höchst relevanten Fragen zunehmend in zwei Lager zu spalten drohen; wobei die ÖTV überwiegend *Anbieterinteressen* der Angestellten und Beamten des Sozialstaates verfolgt, die übrigen Einzelgewerkschaften aber sich zumeist den traditionellen Arbeitnehmerinteressen verpflichtet fühlen, also eher die *Interessen der Konsumenten* sozialstaatlicher Dienste und Leistungen vertreten. Die Handlungsfähigkeit des bisher wichtigsten Motors sozialer Politik wird dadurch möglicherweise ernsthaft infrage gestellt.

Als drittes schließlich, und das deutet sich bereits in der Arbeit von K. William Kapp an, müssen wir uns heute von der bisher vorherrschenden, überwiegend institutionenbezogenen Betrachtungsweise sozialpolitischer Fragestellungen lösen und uns statt dessen einer *ursachenorientierten Analyse sozialer und gesundheitlicher Probleme* zuwenden. Speziell die angelsächsische Sozialepidemiologie hat im vergangenen Jahrzehnt bei der Erforschung der Entstehung und Bewältigung moderner Zivilisationsseuchen erhebliche Fortschritte gemacht und Ansätze und Ergebnisse geliefert, die in der Bundesrepublik noch wenig bekannt sind. Mit diesem Forschungszweig eröffnen sich Möglichkeien einer verbesserten Prävention und Rehabilitation, die das sozialpolitische Potential der Arbeits- und Gemeindemedizin erneut unterstreichen. Darüber hinaus könnten aus dieser Sicht auch Grundlagen für eine Neuorientierung der Gesundheitspolitik insgesamt geschaffen werden.[17] Problemen der Sozialepidemiologie moderner Zivilisationsseuchen ist daher der zweite Band dieser Reihe gewidmet.

17 Vgl. dazu B. Badura, *Volksmedizin und Gesundheitsvorsorge*, in: *WSI-Mitteilungen*, Oktober 1978, S. 542–548, und B. Badura, *Sozialpolitik und nicht-professionalisierte Sozialsysteme aus sozialepidemiologischer Sicht*, in: B. Badura/Ch. v. Ferber (Hgr.), *Selbsthilfe und Selbstorganisation im Gesundheitswesen* (in Vorbereitung).

Inhalt

Zweiter Abschnitt
Wirtschaftliche Hemmungen im Kapitalismus und der wirtschaftliche Flügel der sozialen Bewegung

Erster Teil: Vorkapitalistische Hemmungen im Kapitalismus

Zweiter Teil: Kapitalistische Hemmungen

Dritter Abschnitt
Die soziale Bewegung

Erster Teil: Die Unfreiheit des Arbeiters

Zweiter Teil: Inhalt und Zielsetzung der sozialen Bewegung

Vierter Abschnitt
Sozialpolitik

Erster Teil: Wesen und Weg der Sozialpolitik

Zweiter Teil: Sozialpolitik und Kapitalismus

Paul Tillich
Zum Dank und Zeugnis

Vorwort

Dem Titel dieses Buches muß eine einschränkende Bestimmung hinzugefügt werden, um von vornherein Erwartungen abzuschneiden, die nicht erfüllt werden können. Das Buch handelt nur von deutschen Verhältnissen; seine Aussagen beanspruchen nicht, ohne weiteres auf die Verhältnisse anderer Länder übertragbar zu sein. Diese Beschränkung ist zunächst eine erzwungene, weil mir die Verhältnisse anderer Länder nicht hinreichend bekannt sind, um in die Darstellung einbezogen zu werden. Die Beschränkung ist aber andrerseits sinnvoll, weil die Entwicklung der deutschen Sozialverhältnisse und – im Zusammenhang damit – des deutschen Sozialdenkens sich vor derjenigen anderer Länder durch besondere Wucht und Geradlinigkeit auszeichnet. Eine international vergleichende Sozialtheorie des Kapitalismus müßte stets dies herausarbeiten. Mit deutschen Denkmitteln den sozialen Weg des Kapitalismus auf deutschem Boden zu beschreiben, ist nicht nur die uns zunächst liegende Aufgabe; selbst von außen gesehen ist es eine Aufgabe von besonderem Rang. Der Leser wird gebeten, sich diese Beschränkung im Negativen wie im Positiven gegenwärtig zu halten.

Das Buch enthält Theorie, muß daher als ein Ganzes gelesen werden. Die große Linie des Gedankenganges ist, wie ich hoffe, für einen gebildeten und denkfähigen Leser auch ohne besondere fachliche Schulung verständlich, allerdings mit einigen Vorbehalten in bezug auf die Einzelheiten der Sozialpolitik, die im zweiten Teil des vierten Abschnitts behandelt werden. Nach Möglichkeit habe ich versucht, die Erörterung von Spezialfragen, wo solche zur

Sicherung und Ergänzung des Gedankenganges erforderlich war, auszusondern und durch kleineren Druck kenntlich zu machen. Die Darstellung ist also so gehalten, daß ein nicht speziell interessierter Leser die kleingedruckten Absätze ohne Schaden für das Verständnis des Zusammenhanges auslassen kann. Dieses Verfahren ist besonders auch auf die Auseinandersetzung mit anderen Lehrmeinungen angewandt worden. Übrigens zwang die Rücksicht auf den Umfang und die Geschlossenheit der Darstellung zu größter Sparsamkeit in der kritischen und polemischen Auseinandersetzung, und solche Sparsamkeit schien mir unschädlich, weil die Herausarbeitung der eigenen Anschauung die Kritik anderer Ansichten bereits in sich trägt und die ausdrückliche Gegenüberstellung dem Leser überlassen bleiben kann.

Herrn Dr. S. *Landshut* danke ich für mancherlei Hilfe, insbesondere bei der Durchsicht der Literatur.

Bergedorf bei Hamburg, im März 1929.

E. H.

Einleitung
Über Gegenstand und Methode der Untersuchung

Soziale Theorie des Kapitalismus soll der Name für die Theorie der sozialen Bewegung sein, die sich im Kapitalismus vollzieht und ihn selbst ergreift und verwandelt. Der Kapitalismus kann sich dieser Bewegung nicht entziehen, weil sie auf seiner eigenen Freiheitsgrundlage und in dem von ihm gestalteten sozialen Raum erwächst. Soziale Theorie des Kapitalismus ist daher die Theorie der sozialen Dynamik im Kapitalismus; Träger der Dynamik ist die im politischen und prägnanten Sinne des Wortes so genannte soziale Bewegung, ihr institutioneller Niederschlag die Sozialpolitik. Gegenstand und Problem für die soziale Theorie des Kapitalismus ist daher erstens die Spannung zwischen der ursprünglichen Freiheitsgrundlage des Kapitalismus und seinem wirklichen Aufbau, anschließend die Beziehungen zwischen der sozialen Bewegung und dem Kapitalismus, zwischen der sozialpolitischen Verwirklichung der sozialen Bewegung und dem Kapitalismus, schließlich zwischen der Sozialpolitik und dem Sozialismus als dem vorweggenommenen Ziel der sozialen Bewegung in ihrer radikalsten Ausprägung.

Die Theorie muß geschichtlich sein; denn es ist ein geschichtlicher Verlauf, den sie abbildet, nicht eine zufällige Verknüpfung zeitloser Elemente, wie sie in der abstrakten ökonomischen Theorie gedacht wird. Die Theorie muß aber andererseits Theorie sein und nicht Geschichte, insoweit sie das Wesen der Erscheinungen und ihren wesenhaften Wandel unabhängig von allem Beiwerk der Geschichte zu begreifen und daher den Verlauf als wesensnotwendig darzustellen versucht. Die Theorie ist soziale Theorie, weil sie die Beziehungen der Menschen in der Wirtschaft beschreibt; die ökonomische Theorie geht in sie ein, weil der Kapitalismus zunächst ein Wirtschaftsgebilde ist, muß dabei aber ins Soziale übersetzt werden, weil es sich um die soziale Bedeutung der Wirtschaftstatsachen handelt. Sie müssen in ihrer sozialen Bedeutung verstanden und gewürdigt werden; obgleich sich ein solches Vorgehen der rechnenden Nachprüfung, dem Beweise und der Widerlegung im alten wissenschaftlichen Sinne des Wortes entzieht, so gerät es doch nicht in die Willkür des Subjektivismus hinein, weil der Sinn den Ereignissen des Lebens innewohnt. Sinndeutung ist nicht Sinngebung, sie spricht von Realem. Es kann nicht bezweifelt werden, daß der Kapitalismus etwas ganz Bestimmtes für das Zusammenleben der Menschen bedeutet, diese Bedeutung wird von allen Beteiligten – und wer wäre nicht beteiligt – erlebt, auch wenn sie nicht ins Bewußtsein tritt oder daraus verdrängt oder darin umgebogen wird. Ja, auch solche Verschiebung und Trübung des Bildes kann für den geschichtlichen Verlauf wesentlich werden. Die Absicht einer sozialen Theorie des Kapitalismus ist also realistisch; sie richtet sich auf die tatsächliche soziale Erfahrung der Menschen im Kapitalismus und auf das Bild, das sie sich von ihrer Erfahrung machen. Als eine realistische Theorie bleibt sie nicht in allgemeinen Erwägungen stecken, sondern muß die sinngemäße, wirklichkeitsgemäße Auswahl und Verknüpfung ihrer Elemente auch an den sozial bedeutsamen Einzelheiten der kapitalistischen Welt bewähren: dies ist der Ort, den im Rahmen der Sozialen Theorie des Kapitalismus insbesondere die Theorie der Sozialpolitik auszufüllen hat.

Wenn Beweis und Widerlegung hier wie stets gegenüber dem Lebendigen und Geistigen versagen, so liegt der Maßstab für das Gelingen oder Mißlingen des Versuchs in der Treue, mit der die wesenhaften Züge der Wirklichkeit gesehen und wiedergegeben sind. Das theoretische Bild muß sich an der Wirklichkeit bewähren und ihr wiederum zur Besinnung auf Wesen und Weg dienen; denn das ist der Beruf der verantwortlichen Erkenntnis.[1]

1 Diese Einleitung beschränkt sich auf das Notwendigste; weitere Ausführungen zur Methodenfrage sind von Fall zu Fall mit der sachlichen Darstellung verbunden. Vgl. insbesondere S. 82 ff. und S. 141 ff. Ausführlicher handelt von der Methodenfrage der erste Teil des Referats über »Die Begründung des Sozialismus«, das der Verf. auf der Heppenheimer Konferenz (Pfingsten 1928) erstattet; hoffentlich erscheint das Protokoll bald im Druck. Grundlage des Vorgehens ist die Methodenlehre von Tillich, *Das System der Wissenschaften nach Gegenständen und Methoden.*

Erster Abschnitt
Liberalismus, Kapitalismus und soziale Freiheit

Erster Teil
Liberalismus

A. Freiheit und Gemeinschaft als Urbegriffe der modernen Welt

Die soziale Theorie des Kapitalismus geht zweckmäßig von einem Wesensbilde des ökonomisch-sozialen Liberalismus aus und verfolgt die Wandlungen, die dieses Bild unter dem Einfluß der kapitalistischen Entwicklung erfährt. Sie geht nicht unmittelbar vom Bilde des Kapitalismus aus, weil gerade der Abstand zwischen dem liberalen Programm und der kapitalistischen Wirklichkeit Anlaß zur Entstehung der sozialen Dynamik wird. Noch weniger braucht sie der geschichtlichen Entstehung des Kapitalismus zu folgen, die ja überaus verwickelt und von einer planmäßigen Entfaltung im liberalen Sinne weit entfernt ist, sich vielmehr stückweise und unwillkürlich vollzieht und erst in einem verhältnismäßig späten Stadium ihre theoretische Zusammenfassung und politische Rechtfertigung durch das liberale Lehrsystem findet. Damit wird nicht geleugnet, daß Ursprung und Weg des Kapitalismus durch die Aufnahme und anpassende Umformung zahlreicher feudaler Elemente stark bestimmt und vielfach abgelenkt worden sind; nur ist der Kapitalismus mit allen diesen Einbuchtungen und Fremdkörpern in sich doch eben Kapitalismus, beruht auf einem eigenen Prinzip, ist ein eigenes »Wirtschaftssystem«, lebt in einer nur ihm eigenen Luft. Diese Luft aber ist die des Liberalismus, auch wenn sie in einer ausgearbeiteten Theorie sich erst verhältnismäßig spät niederschlägt und niederschlagen kann und das theoretische Bild sich unter dem Druck der Wirklichkeit unaufhörlich verschiebt.

Die ökonomisch-soziale Lehre des Liberalismus ist ein Glied in der Kette der großen Befreiungstaten, die am Ursprung der modernen Welt stehen und in denen ein neues und überströmendes Lebens- und Kraftgefühl sich Raum für die Verwirklichung seines Wesens schafft. Freiheit ist ein anderes in der nun plötzlich aufbrechenden Dynamik als in den geordneten und umhegten Lebensbezirken der mittelalterlichen Welt, die ihren geistigen Schwerpunkt und daher ihre Größe und Leistung gerade nicht im Weltlichen fand. Es kann daher nicht im geringsten von einer Verkennung des Mittelalters die Rede sein, wenn man feststellt, daß seine Freiheit dem neuzeitlichen Menschen nicht mehr wesensgemäß war und daß sie zur Fessel wurde und ungeheuerlichem Mißbrauch diente, als das Verständnis für ihr eigentliches Wesen gerade durch jenen Wandel des Zeitgeistes verloren ging.

Von allem Anfang an war das Freiheitspathos des Liberalismus zugleich Gemeinschaftspathos, der Individualismus zugleich Universalismus. Stets kann ja Gemeinschaft sich nur auf der – wie immer gearteten – Freiheit der Glieder aufbauen, und die Verhärtung der mitttelalterlichen Bindungen zerstörte nicht nur die individuelle Freiheit, sondern eben dadurch auch die lebendige Gemeinschaft. Beides in seiner unzertrennlichen Einheit galt es wiederherzustellen, nach dem Willen des Liberalismus. Wenn man auf den denkerischen Ursprung der Lehre als solcher im Deismus zurückgeht, so ist der erste Schritt der Lehre der Glaubenssatz von der Harmonie der Welt als der Offenbarung der göttlichen Allmacht und Allgüte, und darin ist untrennbar die Freiheit enthalten; denn Bedingung der Harmonie ist die Freiheit der Weltglieder zu dem in sie hineingelegten Zusammenwirken. Es ist ja das Wesen einer wirklichen Totalbetrachtung, einer echten Gestaltschau, das lebendige Ganze nicht außer seinen Gliedern noch die Glieder außer dem Ganzen sehen zu können, und so erscheinen im göttlichen Plane des liberalen Weltbildes die Freiheit der Individuen und die Harmonie des Zusammenwirkens als mit- und durcheinander gesetzt, als die beiden Pole, um deren Achse das Leben kreist.

Daß dies von einer großen und einflußreichen Schule zu polemisch-politischen Zwecken und mit weitreichendem öffentlichem Erfolg geleugnet werden kann, gehört zu den betrübendsten Zeichen einer objektiv unwahrhaftigen Reaktion.[1] Die Sache wird auch dann nicht besser, wenn man den Begriff des Mechanismus einführt, um von den »atomisierten« Individuen zu der Art ihres – als fehlerhaft denunzierten – Zusammenwirkens fortzuschreiten. Denn erstens ist eine Maschine kein ungegliederter »unorganischer« Haufen von Atomen, wie jene Schule zu meinen scheint, sondern als ein Ganzes geplant und durch sinnhafte Gliederung und Anordnung der Einzelteile aufgebaut, genau wie ein lebendiger Organismus.[2] Zweitens ist zwar die Maschine nicht mit eigenem Leben begabt, sondern teleologisch an den außer ihr

1 Aus Hunderten von Proben eine: »Die Gesellschaft im individualistischen Sinne ist ein bloßes Nebeneinander der Einzelnen, ihre Anhäufung, Summe, Aggregat, Konglomerat . . . ein mechanisches und ein atomistisches Nebeneinander selbstgenügsamer Teile« (Spann, *Gesellschaftslehre* 62). Die Verblendung überschlägt sich in folgendem Satz (S. 76): »Das individualistische Denken denkt die Menschen etwa in der Art, wie wir uns die Bäume im Walde vorstellen können« – wobei es dem Kritiker des individualistischen Denkens vorbehalten bleibt, den Wald vor Bäumen nicht zu sehen. In gleicher Richtung, wenn auch auf anderem Niveau, bewegt sich die Darstellung des Liberalismus sogar in *Salins* geistvoller Geschichte der Volkswirtschaftslehre.

2 Vgl. Tillich, *Das System der Wissenschaften nach Gegenständen und Methoden* S. 60.

liegenden Zweck, kausal an die außer ihr liegende Kraftquelle als Bedingung ihrer Bewegung gebunden; aber die liberal geordnete Menschenwelt gehört in dieser Beziehung gerade auf die Gegenseite, zu dem sich selbst aus eigenem Leben bewegenden Organismus. Diese kritischen Bemerkungen haben keinerlei positive programmatische Bedeutung. Weder darf aus dem letzten Argument geschlossen werden, daß die Menschenwelt ein Organismus »sei«, da sie vielmehr eine lebendige geistige Gestalt sui generis ist und als solche nur analog dem biologischen Organismus ist.[1] Noch darf anderseits aus dem Ganzheitscharakter der Maschine geschlossen werden, daß es keine Unterschiede zwischen ihr und der Gesellschaft oder dem Organismus gebe, oder daß sie hier geleugnet werden sollen. Und am allerwenigsten darf die Zurückweisung jener plumpen und ressentimentgeladenen Kritik an der liberalen Methode dahin gedeutet werden, daß die liberale Methode für den Fortgang dieser Untersuchung zugrunde gelegt werden soll; wie wenig das der Fall ist, wird alsbald klar werden. Hier kam es nur – negativ – auf die Zurückweisung jener Kritik als solcher an, weil sie das Problem des Liberalismus verfälscht, statt es zu klären, und dabei um so größeren Erfolg hat, je stärker sie den romantischen Neigungen entspricht, gegen die die harte, nüchterne Aufklärung des Liberalismus immer im relativen Recht ist.

Von allem Anfang an, und bevor man in die Einzelheiten der Wirtschafts- und Sozialtheorie eintritt, ergibt sich auch der revolutionäre Charakter, der gerade die Einheit der individualistischen und der universalistischen Betrachtung auszeichnet. Wenn Gott das freie Zusammenwirken aller Glieder zur Harmonie ordnet, so darf die Freiheit zur Mitwirkung in dem umfassenden Plane keinem Gliede vorenthalten bleiben, so wie der Organismus durch die Ausschaltung eines Gliedes oder die Maschine durch die Stillegung eines Rädchens an der sinngemäßen Bewegung verhindert würden. Die Freiheit aller ist dann die Bedingung der allgemeinen Harmonie. Eben darin zeigt sich

1 Tillich a. a. O. S. 55.

nochmals und von einer anderen Seite der universale Charakter der liberalen Freiheitsforderung, daß eine partielle Freiheit die verheißene Harmonie notwendig verfehlen muß, also in keinem Sinne auch nur als eine Teillösung, als ein Stück des Weges zum Ziel gelten kann. Erst durch die universalistische Verankerung wird die individualistische Freiheitsforderung in ihrem revolutionären Charakter erkennbar.

Wie die Harmonie als eine das ganze Leben mit allen Teilbezirken umfassende gemeint ist, so bezieht sich auch die Freiheit nicht nur auf alle Individuen, sondern muß vollständige Freiheit jedes Individuums sein. Es genügt nicht, dem einzelnen Individuum einige Freiheitsrechte zu verleihen, um zur Harmonie zu gelangen. Die Freiheit besteht darin, die Kraft der natürlichen Vernunft zu üben und zur Auswirkung zu bringen, ohne dabei durch menschliche Satzungen gehindert zu werden. Abbau aller Bindungen, die die natürliche Harmonie zerstören, indem sie sich anmaßen, sie zu verbessern, das ist die Parole der rationalistischen Kritik an dem ehemals geheiligten Stufenbau der ständischen Gliederung.

Nach alledem wäre geradezu die Frage aufzuwerfen, ob man überhaupt noch von Liberalismus sprechen kann, wenn von dem Universalismus etwas preisgegeben ist und nur der Individualismus aufrecht bleibt. Zwar die Säkularisierung des ganzen Lehrgebäudes, die Auslöschung des Gottes, welcher Vernunft und Harmonie in die Natur hineingelegt hat und sich dadurch als Gott erweist, ändert noch nichts am Bilde der Welt als solcher. Gleichgültig, woher Vernunft und Harmonie nun stammen sollen, ob die Natur selber nun Gott wird oder ob der Blick für die Göttlichkeit des Wunders überhaupt getrübt wird – jedenfalls bleiben Vernunft und Harmonie das Wesen der Natur, auch der natürlichen Gesellschaft.[1] Daß das freie Zusammenwirken der vernunftbegabten Individuen die allgemeine Harmonie gewährleistete, ist bis zum heutigen Tage die Grundthese des Liberalismus. Wohl aber erleidet die Universalität der Harmonie nun Einschränkungen in dem Maße, als die Erfahrung lehrt, daß nicht alle Hoffnungen in Erfüllung gehen. Man braucht entschuldigende Erklärungen für den Abstand zwischen Ideal und Wirklichkeit, den es in der physikalischen Natur doch nicht gibt, und man findet solche etwa in den von *Malthus* und von *Ricardo* hervorgehobenen Momenten und kommt daraufhin zu dem Schlusse, daß nicht Harmonie schlechthin, sondern nur die größte unter diesen Umständen erreichbare Harmonie der Erfolg der individualistischen Ordnung sei.[2] Die einschränkende Hilfskonstruktion gestattet also immerhin, die Hauptthese beizubehalten.

1 Gerade daß man Gott aus dem deistischen Weltbilde streichen kann, ohne das Weltbild selbst dadurch auch nur im geringsten zu verändern, macht den fragwürdigen Charakter dieser Religiosität aus. Gott ist hier nicht wirkende, gegenwärtige Kraft; er hat sein Werk, die Natur einschließlich der Menschenwelt, aus seiner Hand entlassen und die Kraft zu unendlich fortgesetzter Eigenbewegung hineingepflanzt; das Werk bedarf des Schöpfers nicht mehr. Man kann ihn also streichen und gelangt dann zum naturwissenschaftlichen Freidenkertum, das mit dem bloßen Worte »natürlich« das ewig neue Wunder des Lebens und des Geistes zudeckt.

2 Die *Malthussche* Einschränkung der Harmonie ist mit den weltanschaulichen Grundlagen des Systems formal leichter vereinbar als die *Ricardische*; sie kann das Übermaß der Bevölkerungsvermehrung als unvernünftige Abweichung von jenen Grundlagen auffassen und die »moralische Zurückhaltung« als allein vernunftgemäß fordern. Dagegen ist sinkende Ergiebigkeit des Ackerbodens bei wachsendem Nahrungsbedarf ein Elementarereignis, das nicht durch menschliche Unvernunft entschuldigt werden kann. Sachlich kommt beides auf das Gleiche heraus. Denn einerseits ist die zeugende Kraft der Menschen genau so elementar, wie der abnehmende Ertragszuwachs des Bodens; freilich spielt bei *Malthus* ein asketisches Ideal (oder Ressentiment) hinein. Andererseits würde durch *Malthus'* Heilmittel auch die von *Ricardo* beschriebene ungünstige Entwicklung hintangehalten. In der Tat decken sich beide Lehren weitgehend, da *Malthus* in seinem Ziffernbeispiel abnehmende Ertragszuwächse – arithmetische Progression der Ernten bei geometrischer Progression der Menschenzahl, also des Nahrungsbedarfs und der Anbauintensität – voraussetzt.

Viel schlimmer daher, wahrhaft tödlich ist die Einschrumpfung der Harmonievorstellung selbst, der Verzicht nicht auf die volle Durchführung des Ideals, der die elementaren Umstände im Wege stehen, sondern auf den universalen Charakter des Ideals selbst durch Anpassung an die Wirklichkeit. Dieser Vorgang läßt sich Schritt für Schritt verfolgen, und da das Freiheitsideal im Maße seiner fortschreitenden Preisgabe durch den Liberalismus von der sozialen Bewegung aufgenommen wird, dabei aber gemäß den veränderten Umständen in veränderter Form auftritt, so bietet sich hier der Angelpunkt für eine soziale Theorie des Kapitalismus.

B. Die Freiheits- und Gemeinschaftslehre des ökonomischen Liberalismus

Die Physik oder Astronomie der Menschenwelt, nämlich die theoretische Nationalökonomie, steht im ursprünglichen liberalen System genau an der Stelle, die im Deismus – aber durchaus nicht zuerst in ihm – der Physik oder Astronomie der Himmelskörper zugewiesen ist. Die Harmonie der Schöpfung – hier der »Sphären«, dort der Menschenwelt – soll aufgedeckt werden, da sie dem ungeübten Auge zunächst verborgen bleibt; sie kann aufgedeckt werden, weil der Mensch – identitätsphilosophisch – Anteil an der Vernunft hat, welche den Gliedern des Ganzen das Gesetz ihrer Eigenbewegung in dem großen Reigen gegeben, es in sie hineingelegt hat. Die ökonomische Theorie dient dem Beweise des Glaubenssatzes von der Harmonie, sie ist eine Art von Gottesbeweis.

Die Harmonie ist universal: sie beruht auf der vollkommenen Freiheit der nach ihrem Wesensgesetz sich bewegenden Glieder und begreift diese vollkommene Freiheit in sich. Die ökonomische Theorie ist daher ursprünglich mehr als nur ökonomische Theorie; sie ist zugleich und vor allem Sozialtheorie, so vollständig das auch im Zuge der liberalen Entwicklung in Vergessenheit geraten sein mag. Ziel ihres Gedankenganges ist der mehrteilige Beweis, daß durch die freie Tätigkeit der Individuen – und nur durch sie – die ökonomische und soziale Harmonie gewährleistet sei; anders ausgedrückt: daß die ökonomische und soziale Freiheit sich aus sich selbst immer von neuem erzeuge und sich in sich verstärke. Von vornherein ist klar, daß dieser Beweis mißlungen ist, sobald er nur nicht restlos gelingt, da dann die anfängliche Freiheit in steigendem Maße Unfreiheit und Disharmonie aus sich hervorbringen müßte; und es ist ebenso klar, daß der solchergestalt mißlungene Beweis immer noch sehr viel Teilwahrheit in sich enthalten könnte, da nur sein Anspruch auf die volle Wahrheit irrtümlich wäre. Wenn das liberale Freiheitsprinzip als Grundlage der Weltgestaltung versagt, so ist damit die Freiheit nicht widerlegt. Alle Kraft, alles Freiheitspathos und alle kämpferischen Folgerungen des echten umfassenden Liberalismus finden sich für uns Heutigen in *Franz Oppenheimer* imponierend dargestellt.

Die Markttheorie zeigt zunächst die ökonomische Harmonie in dem Sinne der Übereinstimmung zwischen Produktion und Bedarf. Es kann auf die Dauer nur hergestellt werden, was einem zahlungsfähigen und zahlungswilligen Bedarf begegnet; fehlt dieser oder ist er zu schwach, so ist der Kostenaufwand der Produktion ganz oder zum Teil verloren. Anpassung der Produktion an den Bedarf, und zwar nach Qualität und Menge des herzustellenden Gutes, ist damit gegeben, oder vom Standpunkt der Totalbetrachtung aus: Verteilung der Produktivkräfte auf die einzelnen Produktionszweige in Proportion zu den in

Geld ausgedrückten Bedarfsintensitäten. Ein Wandel des Bedarfs drückt sich in einer Verschiebung der Zahlungskraft von einem Teilmarkt auf einen anderen aus, führt dadurch zu steigenden Preisen und Einkommen – bei zunächst unveränderten Produktionsmengen – an dieser Stelle, zu sinkenden Preisen und Einkommen an jener anderen Stelle und erzwingt auf diesem Wege eine entsprechende Umgruppierung der Produktivkräfte. Selbst wenn man viele gelernte Berufe und feste Kapitalien voraussetzt, so ist eine Umgruppierung der Produktion doch mindestens in dem Maße möglich, als Arbeitskräfte durch den Tod und Kapitalien durch Abnutzung ausscheiden und der Ersatz für beide neu eingegliedert werden muß; unter der Annahme einer wachsenden Volkswirtschaft wird die Umgruppierung durch die Eingliederung des Zuwachses an Produktivkräften erleichtert und beschleunigt. Spezifische Bodeneignungen erschweren die Umstellung genau so wie spezifische persönliche Fähigkeiten; beide stören aber nicht, solange sie über das Minimum des Bedarfs nach der spezifischen Verwendung nicht hinausgehen, und das ist im allgemeinen der Fall.

Zu den richtigen Proportionen der Versorgung kommt im Fortschritt der Zeit die fortschreitende Verbesserung der Versorgung, die absolute Erhöhung der Ergiebigkeit. Dabei wird allerdings mehr vorausgesetzt als bei jenem ersten Punkt, für den freie Beweglichkeit der neu einzugliedernden Produktivkräfte ausreichte: die Freiheit muß nun dynamisch aufgefaßt werden, als der Wunsch und die grundsätzliche Möglichkeit, über das bisher Erreichte hinaus – z. B. den bisherigen Kundenkreis und die bisherige Einkommenshöhe – zu größeren Erfolgen vorzustoßen. Das ist keineswegs selbstverständlich, da man sich sehr wohl freie Selbstbestimmung mit einer Gesinnung verbunden denken kann, die nur das Hergebrachte erstrebt und darin ihr Genüge findet, wie noch heute in weiten Kreisen des Bauerntums und des Kleinhandels.[1] Aber man kann diese Möglichkeit durch eine strengere Fassung des ökonomischen Freiheitsbegriffes ausschließen, indem man nämlich die Bindung durch die Tradition wie die rechtliche Bindung zur Unfreiheit rechnet und als frei nur die voraussetzungslose Bewegung anerkennt.[2] Und diese dynamisch-rationalistische Auffassung der Freiheit ist der Theorie deswegen selbstverständlich, weil sie der von der Theorie beschriebenen Praxis selbstverständlich war und ist. Unter dieser Voraussetzung also wird fortgesetzt »rationalisiert«, um durch Unterbietung des Mitbewerbers seinen Kundenkreis zu erobern, oder umgekehrt: um vor der Unterbietung durch den andern gesichert zu sein. Geringerer Kostenaufwand auf die Einheit des Erzeugnisses ist aber gleichbedeutend mit größerem Gütherertrag im ganzen – dies ist nur die andere Seite der Kosten- und Preissenkung. So ist die Verbesserung der Versorgung unausbleiblich, weil der ganze Markt in die dynamische Bewegung hineingerissen wird, sobald einige vorstoßen, sei es, daß die andern sich anpassen müssen und können, sei es, daß sie es unterlassen und durch den überlegenen Wettbewerb vom Markte verdrängt werden.[3]

Von dem beschriebenen Fall wirtschaftlichen Fortschritts muß der Fall zunehmenden Ertrages – überproportionaler Ertragssteigerung bei produktivem Mehraufwand – unterschieden werden. Der erste wird graphisch durch eine Verlegung der Kostenkurve

1 Hierüber handelt ausführlich der zweite Abschnitt.

2 Bekanntlich darf man diesen Gedanken nicht auf Flaschen ziehen, weil irgendwelche – noch so geringe – moralische Mindestforderungen in normalen Zeiten immer in Geltung sind. Einen Ausweg und damit eine restlose Erklärung im Sinne des Textes eröffnet höchstens die Erfahrung des Sprichwortes: Ehrlich währt am längsten; d. h. Ehrlichkeit ist rationell und rentabel.

3 Die Verbesserung der Versorgung ist, entgegen der Vorhersage, vielfach ausgeblieben. Dafür muß es dann besondere Gründe geben; sie werden im zweiten Abschnitt behandelt.

nach unten dargestellt, der zweite durch eine absteigende Kostenkurve. Im ersten Falle wird die alte Kostenkurve verlassen und durch eine neue, tiefer verlaufende, gegenüber der alten Kurve willkürliche Kurve ersetzt; im zweiten Falle verläuft die bereits gegebene und auch weiterhin geltende Kurve in sinkender Richtung bei steigender Produktionsmenge. Man könnte dann schon die bloße Vergrößerung einer Produktionseinheit ohne technische oder organisatorische Neuerung als wirtschaftlichen Fortschritt in dem bezeichneten Sinne auffassen und so den Unterschied auslöschen. Aber es zeigt sich, daß der Fall zunehmenden Ertrages keine allgemeinere Bedeutung haben kann. Solange die Kurve fällt, kann es zu einem stabilen Gleichgewicht unter mehreren konkurrierenden Produktionseinheiten bekanntlich nicht kommen, da jede bloße Vergrößerung einen neuen Wettbewerbsvorsprung erbringt; das Monopol einer Unternehmung ist also unvermeidlich. Nun gibt es aber solche restlose Monopolunternehmungen nur ausnahmsweise, und daher kann die Voraussetzung für ihre Entstehung im allgemeinen nicht gegeben sein; auch die *Marxsche* Theorie der Konzentration und der automatischen Sozialisierung ist übertrieben. Im deutschen Schrifttum hat – im Anschluß an Marshall – zuerst *Vogelstein* (im G. d. S. VI) die Gründe auseinandergesetzt, von denen der wichtigste die wachsende Schwerfälligkeit der Organisation mit steigendem Betriebsumfang ist. Nur kann die Kostenkurve bei im allgemeinen steigender Richtung sehr wohl begrenzte Abschnitte fallender Richtung in sich enthalten, so daß eine Betriebsvergrößerung in diesem Abschnitt ohne weiteres wie ein wirtschaftlicher Fortschritt wirkt. Aber die erwähnte Erfahrung zeigt die grundsätzliche Begrenztheit der Erscheinung, während sie andererseits in diesen Grenzen offenbar sehr häufig ist. Die grundsätzliche Annahme abnehmenden Ertrages – einer steigenden Kostenkurve –, welche der Theorie immer wieder zum Vorwurf gemacht wird und welche für die Theorie freilich lebensnotwendig ist, weil nur so ein Schnittpunkt mit der fallenden Nachfragekurve gesichert wird, ist also durch die Erfahrung gerechtfertigt, und der Fortschritt ist, im großen gesehen, nicht einer Gesetzmäßigkeit zunehmenden Ertrages, sondern dem Einbruch des dynamischen Elements in den jeweils erreichten Stand der Dinge zu verdanken. Übrigens ist diese ganze Erörterung antizipiert, insofern als die

Rolle des Kapitals bisher nicht dargestellt wurde, die doch den kapitalistischen Fortschritt in der Hauptsache trägt.

Abgesehen von dem Eingreifen des Kapitals sind größere Anstrengung und der Erwerb größerer persönlicher Geschicklichkeit die beiden Mittel eines dynamischen Wettbewerbes; und diese Mittel würden zwar die größere Hälfte der kapitalistischen Entwicklung unerklärt lassen, können aber dennoch nicht als bedeutungslos für den tatsächlichen Gang und daher auch nicht als theoretisch unverwendbar abgetan werden.[1] Ein bescheidenes Maß der Dynamik ist bereits auf diesem Wege möglich; jedenfalls einige Zeit hindurch, bis ein Höchstmaß von Anstrengung und Geschicklichkeit erreicht wäre.

Die ständige Verbesserung der Güterversorgung durch den freien dynamischen Wettbewerb ist nicht gleichbedeutend mit der Verwirklichung eines Nutzenmaximums durch den freien Wettbewerb. Die moderne Theorie hat einen langen Katalog derjenigen Fälle aufgestellt, in denen planmäßige, formal-sozialistische[2] Eingriffe in das freie Spiel der Kräfte einen sonst nicht erreichbaren Nutzen verwirklichen können.[3] Das gilt für jede konkrete Konstellation der Wertungen und der technisch-organisatorischen Kunst – nie kann der freie Wettbewerb alles unter diesen Umständen Erreichbare an Nutzen herausholen. Aber erstens ist es zwar leicht, derartige Fälle einer bestimmten Kurvenkonstellation zu konstruieren, sehr schwer aber, die Tatsache und den Grad ihres wirklichen Vorliegens festzustellen. Wenn z. B. die Besteuerung einer Produktion im Abschnitt abnehmenden Ertrages und die Begünstigung einer andern im Abschnitt zunehmenden Ertrages den Gesamtnutzen unzweifelhaft erhöht, so bleibt der prakti-

1 Oder kann man die Bedeutung des Zwanges in den Arbeitshäusern für die Beschleunigung des Arbeitstempos leugnen?

2 Diesen nützlichen Begriff verdanken wir *L. v. Wiese* (*Schr. des V. f. Sozpol.* Bd. 159), der zwischen formal-sozialistischen und material-sozialistischen, nämlich den proletarischen Interessen dienenden Maßnahmen unterscheidet; vgl. auch unten Fünften Abschnitt B 1.

3 Das Hauptwerk nicht nur für die Ergebnisse, sondern für die Methode solcher Untersuchung ist Pigou, *Economics of Welfare.*

sche Wert dieser Erkenntnis doch bis auf weiteres sehr fragwürdig, weil erst festzustellen wäre, bei welchen Industrien, in welchen Betrieben und in welchen Stärkegraden jene Voraussetzungen in bezug auf die relative Ertragsveränderung nun eigentlich gegeben sind.[1] Aber selbst wenn man hiervon absieht, so ist doch zweitens die Verbesserung in jenem planwirtschaftlichen Falle von einem willkürlichen, daher nicht notwendigen Eingriff abhängig, übrigens auch ein Irrtum möglich und nicht ohne weiteres reparabel, während die verbessernde Wirkung des dynamischen Wettbewerbs mit automatischer Sicherheit eintritt. Drittens und vor allem schließt die eine Art der Verbesserung die andere nicht aus; sie sind von ganz verschiedenem theoretischem Wesen. Jene vollendet die statische Rationalität, indem sie aus einer gegebenen Konstellation der produktiven Möglichkeiten und der Nachfrageintensitäten ein Höchstmaß von Nutzen herausholt, mehr als der statische Wettbewerb aus jener Konstellation herausholen kann; diese – der dynamische Wettbewerb – sprengt gerade die bisherige Konstellation, indem er neue produktive Möglichkeiten und Wirklichkeiten setzt. In jenem Falle handelt es sich um den Ausbau des jeweils gegebenen und in seiner Gegebenheit Begrenzten; in diesem Falle um die grundsätzlich unbegrenzte Bewegung. Ihre grundsätzliche Überlegenheit kann nicht zweifelhaft sein, auch wenn das jeweils von ihr Geschaffene stets in sich mittels der ersten Methode ausgebaut werden kann, falls dies technisch möglich.

Statisch also Anpassung der Produktion an den Bedarf – genauer: Herstellung der Proportion der Versorgung zu den Bedarfsintensitäten –, dazu dynamisch allgemeine Ausweitung der Versorgung, das ist die eine Seite der wirtschaftlichen Harmonie. Die Frage, auf welche Weise die Verbraucher in den Besitz des Geldes gelangen, in welchem sie ihren Bedarf nach den einzelnen Güterarten ausdrücken, beantwortet sich in einem scheinbaren regressus infinitus durch Hinweis auf die Tatsache, daß die Verbraucher grundsätzlich zugleich Erzeuger sind[2] und in

1 Hier liegt offenbar eine große Aufgabe der Betriebswirtschaftslehre.

2 Diejenigen Verbraucher, die ihr Einkommen nicht aus mittelbaren oder

dieser ihrer Eigenschaft jeweils die Einkommen beziehen, die sie dann als Verbraucher ausgeben. Selbstversorgung jedes einzelnen für den ganzen Umkreis seiner Bedürfnisse ist an sich denkbar, müßte aber eo ipso auf die Vorzüge einer spezialisierten Geschicklichkeit und einer umfassenden Hand-in-Hand-Arbeit vieler verzichten und bliebe daher unendlich unergiebig im Vergleich mit der Organisation der Arbeitsteilung und Arbeitsvereinigung, wo jeder die anderen in einer ganz bestimmten Richtung bedient und dafür von ihnen in allen Richtungen seines Bedarfs bedient wird; dies geschieht zweckmäßigerweise[1] durch die Vereinnahmung eines Geldeinkommens aus der spezialisierten Berufstätigkeit und durch seine Verausgabung nach freier Wahl auf den verschiedenen Märkten. Jeder erhält also so viel, als er leistet; der Wert seiner Teilnahme an der Produktion entscheidet über die Kraft seiner Teilnahme am Verbrauch. Andererseits wird die Richtung der Einkommensverausgabung durch die Verbraucher bestimmend für Gliederung und Richtung der weiteren Produktion, so daß der Kreis geschlossen ist. In diesem harmonischen Kreislauf ist aber zugleich die Gerechtigkeit verwirklicht, da man nur aus der Bedienung der Allgemeinheit ein Einkommen beziehen kann, und ein desto größeres, je wertvoller, besser, seltener, schneller die Dienste. Der Erfolg stuft sich nach der Leistung im Dienste der Allgemeinheit ab, und daß die Verschiedenheit der Fähigkeiten sich in die Verschiedenheit der Erfolge umsetzt, ist kein Einwand gegen das System, sondern ein

unmittelbaren Leistungen für die andern beziehen, müssen es doch durch Verzicht eines unmittelbar Einkommensberechtigten auf den Verbrauch eines Einkommensteiles zu ihren Gunsten erhalten haben, z. B. durch Geschenk oder Steuer.

1 Daß das Geld nicht nur zweckmäßig und nützlich, sondern unumgänglich nötig ist, kann nur eine speziellere Erörterung zeigen, die nicht in diesen Zusammenhang gehört und die übrigens bekannt ist.

Teilgrund für seinen Anspruch darauf, als naturgemäß anerkannt zu werden. Denn die Menschheit braucht nicht gerechter zu sein als Gott, der die Menschen ungleich schuf. Insoweit aber der Erfolg vom Willen abhängig ist, enthält diese Ordnung einen Ansporn zur äußersten Anspannung aller Kräfte; sie wirkt dadurch – nochmals – auf dauernden Aufstieg der allgemeinen Güterversorgung hin und wird durch diesen universalistischen Gesichtspunkt gerechtfertigt.

Die skizzierte Lehre zeigt die vollkommene Gliedhaftigkeit jedes Einzelvorgangs, die Bedingtheit jeder individuellen Handlung durch das Ganze, ihren Ursprung aus dem Ganzen und ihren Sinn für das Leben des Ganzen. Der Liberalismus hat die einzige geschlossene Sinndeutung der Welt seit dem Christentum gebracht. Seine Wirtschaftspolitik – Gewerbefreiheit, Freihandel, Prägefreiheit – ergibt sich leicht und selbstverständlich aus seiner Lehre.

C. Die Befreiung des Arbeiters durch den Liberalismus

Voraussetzung der Lehre ist immer Gewährung gleicher Chancen für alle, weil nur so die individuelle Leistung maßgebend für den individuellen Erfolg werden kann. An dieser Stelle pflegt die Kritik einzusetzen, und mit Recht, wenn der Gang der tatsächlichen Entwicklung beurteilt wird; mit Unrecht, wenn die ursprünglichen Absichten des Liberalismus gewürdigt werden sollen. Das zu tun ist aber um so nötiger, als gerade das Freiheitspathos und die Verständlichkeit und Einfachheit vieler seiner grundlegenden Sätze mit unerhörter Kraft die Köpfe und Herzen der abendländischen Menschheit erobert haben und jene ursprünglichen Absichten noch heute wohl den wichtigsten Beurteilungsmaßstab in allen öffentlichen Auseinandersetzungen abgeben; auch in Deutschland, wo die anfängliche Kraft des Liberalismus so früh und unheilbar geknickt wurde.

Die Wirtschaftstheorie des Liberalismus ist zugleich Sozialtheorie; das Verhältnis zwischen beiden ist genau dasselbe wie im Marxismus, wo ebenfalls der lebendige Sinn der ökonomischen Theorie sich erst in der sozialen Deutung enthüllt und dieser Zusammenhang als materialistische Methode bezeichnet wird. Die liberale Wirtschaftsharmonie muß also die volle soziale Freiheit mit enthalten. In dieser Hinsicht ist seit Marx eine grobe Verkennung der liberalen Absicht mehr und mehr üblich geworden. Zwar hat *Marx* die Befreiung des Arbeiters begrifflich als eine doppelseitige dargestellt, gleichsam in einem Gleichgewicht zwischen ihren positiven und negativen Wirkungen. Er würdigt die Erhebung des Arbeiters zur Rechtsperson in ihrer vollen Bedeutung, sieht aber in der damit verbundenen Freisetzung des Arbeiters von seinen Arbeitsmitteln die Grundlage der wirtschaftlichen Ausbeutung und der sozialen Knechtschaft inmitten der vorgeblichen Freiheitsordnung. So verständlich und berechtigt nun diese Beurteilung aus *Marxens* besonderer Zeit- und Kampfeslage ist, wo alles auf Entlarvung der Freiheitslegende ankam, so wenig wird doch jenes Urteil den eigentlichen Absichten des Liberalismus gerecht; auch ist es für eine grundsätzliche theoretische Betrachtung nicht haltbar.

Vielmehr ist die liberale Befreiung als ein Akt der Sozialpolitik auch im modernen, prägnanten Sinne dieses Wortes gemeint. Es ist nicht wahr, daß der Arbeiter durch seine Herauslösung aus dem herrschaftlichen Wirtschaftsverband die Grundlage seiner – freilich abhängigen – Existenz verloren hätte und damit zum Opfer jeder Ausbeutung gemacht worden wäre; er hat auch in ökonomischer Beziehung durch die Befreiung grundsätzlich viel mehr gewonnen als verloren. Ökonomische Freiheit kann selbstverständlich ohne Eigentum nicht bestehen, würde doch alsbald wieder in Schuldknechtschaft zurückschlagen; um frei leben zu können, muß man über die zum Erwerb des Unterhalts notwendigen Mittel verfügen. Diese Verfügungsgewalt scheint dem Arbeiter durch das »Privateigentum« – das Wort drückt die Sache trefflich aus – »vorenthalten« zu sein, und eben die Kombination einer bloß rechtlichen Freiheit mit Eigentumslosigkeit, also mit ökonomischer Unfreiheit, macht den Marxschen Begriff des Proletariers aus und enthält in sich die ganze Marxsche Theorie des Kapitalismus. Aber diese Begriffsbildung und die anschließende Theorie wären nur dann in theoretischer Beziehung einwandfrei, wenn das Privateigentum – das Kapital – notfalls ohne den Arbeiter auskommen könnte, der seinerseits doch auf Beschäftigung an jenem angewiesen ist. Für den einzelnen Privateigentümer trifft das auch zu, da er notfalls entweder selber mit den ihm gehörenden Arbeitsmitteln arbeiten könnte oder, falls dies durch ihre technische Natur ausgeschlossen ist, sie verkaufen und aus dem Erlös leben könnte. Gerade dies aber setzt wieder andere Privateigentümer voraus, die nun ihrerseits zur »Verwertung« ihres Eigentums Arbeiter daran beschäftigen müßten, so daß sich die – von vornherein selbstverständliche, tausendmal ausgesprochene, jedem Streik zugrunde liegende – Erkenntnis von der wechselseitigen Abhängigkeit zwischen Kapital und Arbeit ergibt.

Der Abstand zu der Marxschen Theorie kann für alle praktischen, konkreten Zwecke – nicht auch für die theoretisch-systematischen – durch den Hinweis überbrückt werden, daß die grundsätzliche Angewiesenheit jedes der beiden Faktoren auf die Mitwirkung des andern einen verschiedenen Grad dieser Angewiesenheit nicht ausschließt; je verschiedener die Dringlichkeit des Austauschbedarfs auf den beiden Seiten, desto ungleicher werden die Vorteile des Zusammenwirkens zwischen ihnen verteilt werden. Und diese Dringlichkeit des Austauschbedarfs ist groß, wenn das Benötigte schwer erreichbar, nämlich »selten« ist, das Angebotene dagegen im Verhältnis zum Bedarf der Gegenseite reichlich und daher für sie leicht erreichbar zur Verfügung steht. Ein großes und überströmendes Arbeiterangebot, das trotz fortschreitender Aufsaugung durch die Industrie aus immer neu aufbrechenden Quellen immer neu gespeist wird, wie im Beginn des Kapitalismus, drückt den Lohn auf jenen jammervollen Betrag, den auch der »Ausbeuter« dem »Ausgebeuteten« lassen muß, wenn er ihn weiterhin ausbeuten, also ihm schwere Arbeit mit hohem Nutzen gegen geringstes Entgelt aufbürden will. Dieser Tatbestand, der in der Marxschen Lehre zu einer kapitalistischen Wesensnotwendigkeit verabsolutiert wird, läßt sich also zwanglos auch im Rahmen der »bürgerlichen« Theorie erklären, erscheint hier aber als Sonderfall in einer ganz bestimmten Konstellation und daher nicht mehr als unabänderlich. Eine andere Konstellation – schnelleres Wachstum der Beschäftigungsmöglichkeiten als der Arbeiterzahl – würde die Lage der Arbeiter fortschreitend verbessern, ohne daß das System die geringste Änderung erführe.[1] Der Änderung der Konstellation kann überdies durch organisatorische Maßnahmen auf der Grundlage der persönlichen

1 *Lederer* und *Marschak* sagen in ihrer durch Fülle des Stoffes und der Ideen ausgezeichneten Gesamtdarstellung der Sozialpolitik (*Grundriß der Sozialökonomik* IX S. 112), daß die Arbeiter durch ihre große Zahl im Nachteil gegenüber den Unternehmern sind. Auch das ist aber zu absolut gesagt. Es kommt auf das Verhältnis zwischen dem Angebot an Arbeitsleistungen und der Nachfrage danach an, und wenn der einzelne Unternehmer viele Arbeiter braucht, so ist die Nachfrage entsprechend stark, obgleich sie durch wenige Menschen vertreten wird. Ähnlich wie *Lederer-Marschak* auch Briefs, *Das gewerbliche Proletariat.* G. d. S. VIII, S. 149.

und der Vertragsfreiheit nachgeholfen werden: durch den Streik, allgemein durch den gewerkschaftlichen Monopolismus, der den Arbeitsfaktor zusammen- und unter Umständen zurückhält, ihn jedenfalls für das Kapital schwerer erreichbar macht und dadurch den Lohn erhöht. Der unleugbare und von niemandem geleugnete – von radikaler Seite nur ungünstig beurteilte – Aufstieg der Arbeiterschaft aus dem Jammer der kapitalistischen Frühzeit beweist die Chancen, die grundsätzlich der Liberalismus für die Arbeiter schuf, und die ihnen zu geben sein sozialpolitisches Programm ausmachte. Wenn man – durchaus im Sinne des Liberalismus – die Ausstattung mit Eigentum als die Bedingung der Freiheit betrachtet, so kann man den Arbeiter nicht als eigentumslos bezeichnen; seine Arbeitskraft ist ihrem früheren Eigentümer, dem Feudalherrn, enteignet und ihm selbst übereignet worden, zu freier Verfügungsgewalt und mit freiem Nutzungsrecht. Und wenn man Liberalismus und Kapitalismus auseinanderhält und das Wesen des Kapitalismus in der Kapitalherrschaft erblickt, so ist es der spezifisch liberale Einschlag in der kapitalistischen Ordnung, dem die Arbeiter ihre Wehrhaftigkeit, die Entwicklungsfähigkeit ihrer Stellung verdanken.

Die *Marxsche* Theorie lehrt demgegenüber, daß der Arbeiter zwar Rechtsperson, aber eigentumslos, daher grundsätzlich wehrlos der Ausbeutung preisgegeben sei. Sieht man von der theoretisch-systematischen Undurchführbarkeit dieser Lehre ab[1], so paßt sie zwar auf die Anfangszeit, versagt aber für den ganzen Gang der Entwicklung, sogar für deren erstes Stadium bis in die Zeit der Entstehung des *Kapitals*. Denn schon *Marx* erkennt die Hebung der proletarischen Lebenslage in England unumwunden an. Gleichwohl glaubt er, an jener Lehre festhalten zu können, indem er den erhöhten Stand des Lohnes als Ausdruck eines neuen

1 *Mehrwert und Gemeinwirtschaft.* Erstes Buch, Erster Abschnitt, I. Teil, insbesondere S. 31–40.

erhöhten Existenzminimums auffaßt und die für das System notwendige Herabdrückung des Lohnes auf das Existenzminimum neuerdings bekräftigt findet. Er folgt auch hierin seinen Vorgängern *Ricardo* und *Malthus*, die ebenfalls, obgleich aus andern, »malthusischen« Gründen, die Bindung des Lohnes an das Existenzminimum behaupten. Alle drei verkennen, daß das eigentliche Problem gerade in der Voraussetzung liegt, von der aus sie die Lohnerhöhung systemgerecht erklären: in der Erhöhung des Existenzminimums. Zwar kann der Vorgang als solcher, und abgesehen von der theoretischen Einordnung, sehr wohl so vorgestellt werden wie *Malthus* ihn beschreibt: daß die Menschen auf eine Ausweitung des Nahrungsspielraums nicht alsbald mit erhöhter Fruchtbarkeit reagieren, sich vielmehr bewußt den größeren Spielraum bewahren, bis er ihnen lebensnotwendig wird und sie ihn nicht mehr ohne Verlust der Spannkraft und Arbeitsfähigkeit aufgeben würden. Aber damit ist der Begriff des Existenzminimums im Grunde aufgehoben, jede beliebige Lohnhöhe kann nun zum Existenzminimum werden, und aus der Bindung des Lohnes an das Existenzminimum wird unter der Hand die Bindung des Existenzminimums an den – eine längere Zeit hindurch gezahlten – Lohn.

Dies alles nun hat für *Malthus* und *Ricardo* eine andere und viel geringere Bedeutung als für *Marx*, weil das praktische Interesse an dem behaupteten Zusammenhang zwischen Lohn und Existenzminimum anders gerichtet ist. Nicht nur der redselige, weitschweifige *Malthus*, auch der strenge, wortkarge *Ricardo* finden schwungvolle Worte für die Erhöhung des Existenzminimums und für die in dieser Möglichkeit ausgedrückte Elastizität der geltenden Ordnung zugunsten der Schwächeren; mag die Sache theoretisch nicht einwandfrei sein; politisch erscheint sie ihnen, mit Recht, erfreulich. *Marx* begrüßt die lohnerhöhende Entwicklung ebenfalls und hat dafür mancherlei positive Gründe auch von seinem Standpunkt aus; aber die negativen müßten überwiegen. Während nämlich bei *Malthus* und *Ricardo* weder ein theoretisch-systematisches noch ein praktisch-politisches Interesse an der Festhaltung des Existenzminimums im prägnanten Sinne dieses Wortes besteht, ist bei *Marx* das Gegenteil der Fall. Der Satz, daß der Lohn sich nicht über das Existenzminimum erheben könne, darf bei ihm nicht auf eine rein formale Bedeutung beschränkt bleiben, muß vielmehr prägnanten Sinn haben, weil davon die

Unfreiheit des Arbeiters im Kapitalismus abhängt, auf die doch für *Marx* alles ankommt. Denn dieser Bedingung wird durch einen rein formalen Begriff des Existenzminimums nicht genügt. Wie *Oppenheimers* Marx-Kritik gezeigt hat, ist bei genügend großer Produktivität der Arbeit die Aufrechterhaltung des Profits und des Profitsystems mit hohem und sich erhöhendem Lohne vereinbar und dieser Ausweg aus dem kapitalistischen Zirkel auch durch die *Marxsche* Theorie nicht versperrt.[1] Jedenfalls gibt ja *Marx* selbst die Möglichkeit der Lohnerhöhung zu – obgleich gerade nicht im theoretischen Zusammenhang –, und die Bindung des Lohnes an das Existenzminimum ist nicht mehr gleichbedeutend mit tatsächlicher Unfreiheit des Arbeiters, wenn der Begriff des Existenzminimums sich unter der Hand in den des standesgemäßen Unterhaltes verwandelt hat.[2] Die Grundlage des Systems ist zerbrochen[3], und die Theorie von den verschiedenen Graden der wechselseitigen Abhängigkeit zwischen Kapital und Arbeit erfährt eine widerwillige Bestätigung auch aus der *Marxschen* Lehre.

An der Stelle der von *Marx* behaupteten grundsätzlichen Eigentums- und Wehrlosigkeit des Arbeiters in der liberalen Ordnung steht also ein dem Marxschen Bilde voll entsprechendes Anfangsstadium, das sich aber zugunsten des Arbeiters als entwicklungsfähig erwiesen hat, da dem Arbeiter in der rechtlichen Freiheit das Eigentum an seiner Arbeit und damit eine Waffe für den ökonomischen Kampf

1 *Oppenheimer* selbst benutzt den Ausweg für seinen Plan einer Kapitalbildung, durch die die Arbeiter zunächst das ländliche Großeigentum aufkaufen und genossenschaftlich besiedeln und so die Profitquelle der *Oppenheimerschen* Theorie verstopfen würden.

2 Unter allen Beteiligten erscheint als der einzig wirklich Folgerichtige – dessen Folgerichtigkeit freilich um den Preis der Primitivität erkauft wird – *Lassalle* mit seinem ehernen Lohngesetz, da durch dieses die grundsätzliche und unabänderliche Unfreiheit des Arbeiters in der liberalen Ordnung bewiesen würde; alsbald ergäbe sich auch, daß nur ein dem Liberalismus fremdes Moment, nämlich der unmittelbare Staatseingriff in die Wirtschaft – durch Begünstigung der Produktivgenossenschaften – die Lage der Arbeiter verbessern könnte. Aber diese einzige antiliberale Lehre des Sozialismus ist an den Tatsachen gescheitert.

3 Über das Verhältnis der Verelendungstheorie zu den sozialpolitischen Elementen in der *Marxschen* Lehre vgl. im Vierten Abschnitt Zweiten Teil B 6 b.

verliehen wurde. Nicht also – nach dem von *Marx* selbst nicht durchgeführten Marxschen Schema – Machtlosigkeit steht der Macht gegenüber, so daß nur die soziale Revolution Wandel schaffen könnte; sondern die rechtliche Befreiung selbst stattet den Arbeiter mit einem Element ökonomischer Macht aus, und wenn ihr Verhältnis zur Übermacht der Gegenseite anfangs ähnlich erscheint wie zwischen der Machtlosigkeit und der Macht des Marxschen Ansatzes, so zeigt sich die Überlegenheit des neuen Ansatzes darin, daß von ihm aus jede Verschiebung der ökonomischen Machtverhältnisse und daher auch die tatsächlich eingetretene Verschiebung ohne weiteres erklärbar sind, sobald sich eine Verschiebung der zugrundeliegenden Seltenheitsverhältnisse nachweisen läßt.[1] Aus der theoretischen in die politisch-soziale Sprache übersetzt heißt das: das sozialpolitische Programm des Liberalismus hat sich durchgesetzt, inmitten alles sonstigen Abfalls der kapitalistischen Wirklichkeit von den liberalen Idealen ihres Ursprungs.

1 Die Übersetzung der wirtschaftstheoretischen in die soziologische Sprache – Seltenheit gleich ökonomischer Macht – ist methodologisch sehr folgenschwer: dadurch wird die scheinbar so lange sich sperrende Wirtschaftstheorie in die Soziologie und folglich auch die Wirtschaftspolitik in die allgemeine Politik eingegliedert. So wird vom Boden der modernen (»bürgerlichen«) Wirtschaftstheorie aus dasjenige erreicht, was Marx mit so ungeheurer geistiger Wirkung, aber mit unzulänglichen theoretischen Mitteln versucht hat und was auch *Oppenheimer* – auf demselben theoretisch unzulänglichen Boden – mit Klarheit und Kraft durchgeführt hat. Der entscheidende Durchbruch mit den Mitteln der modernen Theorie gelang Schumpeter, *Das Grundprinzip der Verteilungslehre, Arch. f. Sozialwiss.* Bd. 42 S. 1 ff.; den Ausbau vollzog Carl Landauer, *Grundprobleme der funktionellen Verteilung des wirtschaftlichen Wertes.* Für die Problemlage und Vorgeschichte vgl. Heimann, *Macht und ökonomisches Gesetz, Arch. f. Sozialwiss.* Bd. 55 S. 780 ff. Ebenda s. auch eine erste Skizze der im Text durchgeführten sozialpolitischen Würdigung des Liberalismus.

D. Liberalismus als kleinbetriebliche Demokratie

Die große sozialpolitische Leistung des Liberalismus, die Übereignung des Arbeitsvermögens an den Arbeiter, steht nun freilich in einer kapitalistischen Umwelt, welche den ursprünglichen liberalen Vorstellungen keineswegs entspricht. Dadurch wurde jene Leistung um ein gutes Stück der erwarteten Wirkung gebracht. Eben darum muß man gerade in diesem Punkte den ursprünglichen Vorstellungen gerecht werden, wenn man den Gang der Geschichte verstehen will.

Die Erörterung der Machtlage zwischen Kapital und Arbeit war insofern eine vorgreifende, als im heroischen Stadium des Liberalismus die technisch-wirtschaftlichen Leistungen und Möglichkeiten des Kapitals und ihre sozialen Auswirkungen noch nicht erkannt werden konnten. Je geringer man sie einschätzte und einschätzen durfte, desto eindeutiger tritt das Eigentum am Arbeitsvermögen als allein wichtig, als beherrschender Grundsatz des liberalen Gesellschaftsbildes hervor. Zwar gab es damals, besondern in der Handelssphäre, große und machtvolle Zusammenballungen von Kapital im echten Sinne des Wortes; allenthalben waren ferner Vermögensmassen, die aus der Feudalwirtschaft herüberkamen oder den Wirren der Übergangszeit entsprangen, soeben im Begriff, sich in Kapitalien umzuformen, also eine rationelle dynamische Verwertung unter Marktgesichtspunkten zu suchen. Und daß Kapital Macht über Menschen verleiht, war aus der damaligen so gut wie aus der heutigen Wirklichkeit zu ersehen. Aber gerade der Übergangscharakter der Zeit zwischen der feudalen Herrschaft und der bürgerlichen Freiheit mußte zu Zweifeln und Irrtümern über den eigentlichen Ursprung der Kapitalmacht Anlaß geben. Je mehr das Kapital feudaler Herkunft war oder sich in ehemals feudaler Hand befand, desto mehr konnte seine Macht als feudaler Rest in der zur Bürgerlichkeit strebenden Welt erscheinen. Nicht nur für die ostelbische Gutsherrschaft und nicht nur für die Fugger und Taxis gilt ja, daß ihre Unternehmungen in ganz oder halb feudaler Form modern-kapitalistischen Inhalt hatten; das System der Arbeitshäuser z. B., das für die Herausbildung der kapitalistischen Arbeitsdisziplin so Entscheidendes geleistet hat, stellte ja den ganzen politisch-polizeilichen Apparat in den Dienst der Unternehmer und stempelte das Verlassen der Arbeitsstelle durch den Arbeiter zu einem Verbrechen. Die rechtliche Freiheit auf dem Arbeitsmarkt ist eben viel jünger als die auf dem Warenmarkt, obgleich auch die Freiheit des Warenmarktes noch mannigfach beschränkt blieb, und so war es selbstverständlich, daß für die Kapitalmacht die rechtliche Unfreiheit der Arbeiter, nicht die technisch-ökonomische Dynamik des Kapitals selber verantwortlich gemacht wurde.

Die Überlegenheit der Unternehmungen auf dem Warenmarkt war ihrerseits einer naheliegenden Mißdeutung ausgesetzt. Auch wenn man von den Gewalttätigkeiten der äußeren Handelspolitik absieht, wo die großen Handelskompanien mit allen diplomatischen und militärischen Machtmitteln unmittelbar ausgerüstet waren, mußte doch aus formellen Gründen eine noch so weitgehende Freiheit der Binnenwirtschaft in der Form der Konzession und des Privilegs erscheinen, solange der Zunftzwang in rechtlicher Geltung stand. Ja, die Freiheit des Kapitals war dann tatsächlich ein Privileg, erschien nicht nur formell als solches. Und an das sozusagen negative Privileg der Freiheit konnten sich andere positive Privilegien und Monopolkonzessionen leicht ansetzen, wenn eben doch in jedem einzelnen Fall ein besonderer Verwaltungsakt erforderlich war. Diese Möglichkeit wiederum wurde um so stärker benutzt, als den aufgeklärten Regierungen alles an möglichst starkem Anreiz zur neuen Wirtschaftsweise lag, weil sie die Umstellung der Volkswirtschaft zu beschleunigen wünschten. Solange eine solche Legion altbekannter Erklärungsgründe für die Überlegenheit des Kapitals zur Verfügung stand, mußte seine wahre Natur verkannt werden; die ihm innewohnende, aus ihm hervorbrechende Dynamik wurde erst durch die allgemeine Wirtschaftsfreiheit erkennbar. Überdies setzten gerade im selben Augenblick erst die technischen Erfindungen und Neuerungen zahlreich und systematisch genug ein, um dem Kapital diejenige Aufgabe zu eröffnen, durch die seine Dynamik vervielfacht, ja in ihrem besten Teil wirklich erst geschaffen wurde.

Erst die Befreiung und die daraufhin immer machtvoller sich entfaltende Kapitalisierung der Wirtschaft drängte den sozialpolitischen Optimismus des Liberalismus auf die oben entwickelte Stellung zurück, die immer noch optimistisch genug ist, die aber tatsächlich auch gehalten und ausgebaut werden konnte. Vorher ging der Optimismus viel weiter. Es lag kein Grund vor, an eine Bedrohung der Arbeit durch das Kapital zu denken, wofern nur Freiheit verwirklicht wäre. Im Gegenteil war doch die dynamische Kraft des freien Menschen die große Entdeckung, von der der Liberalismus ausging und die dann freilich erst in der Dynamik des Kapitals ihre ebenso glänzende als freiheitzerstörende Vollendung fand. Im Bereich der Wirtschaft führte das Freiheitspathos zu dem Glauben an die unbedingte Überlegenheit des freien Arbeiters über den unfreien, zu dem Vertrauen auf den Sieg der persönlichen Interessiertheit im handwerklichen Kleinbetrieb über die noch so wirksame Organisation im kapitalistischen Großbetrieb. Denn allen seinen organisatorischen Vorzügen – Arbeitszerlegung und Arbeitshäufung in dem von *Marx* so genannten Manufakturbetrieb, Einkauf im großen usw. – stand der entscheidende psychologische Nachteil der Belastung mit fremden, gleichgültigen und widerspenstigen Arbeitern gegenüber: ohne den Schutz der Privilegien mußte er fallen. Das war noch *Fichtes* Überzeugung; in großen und wichtigen Zweigen der Landwirtschaft ist es bis heute zum mindesten nicht widerlegt. Der Kleinbetrieb, in dem der Arbeitende um seine persönliche Leistung herum seinen kleinen Freiheitsbereich ausbaut, sollte den Großbetrieb überwinden, der die Persönlichkeit auslöscht, sie fremdem Willen unterwirft, schon in seiner äußeren Organisation die Herrschafts- und Knechtschaftsbeziehung zum Ausdruck bringt. Die ökonomische Freiheit, das Eigentum an der eigenen Arbeit, sollte unmittelbar und uneingeschränkt die soziale Freiheit schaffen, wo der Arbeitende keinen Herrn über sich hat, die kleinbetriebliche Demokratie, die jeden tüchtigen Mann zu seinem eigenen Herrn macht und durch den Sporn des Wettbewerbs einen allmählichen Aufstieg zu immer höherer Schulung und Geschicklichkeit, zu immer höherem Eifer im Dienste der allgemeinen Versorgung erzwingt. Hier kann einer durch besondere persönliche Eigenschaften einen mäßigen Vorsprung vor den anderen erringen und um einige Grade besser als sie leben; aber das ist nur der gerechte Lohn für überdurchschnittliche Dienste und enthält keinerlei Gefahr in sich, weil etwaige Ersparnisse jedenfalls nicht zur Errichtung eines herrschaftlichen Großbetriebes verwendet werden können – sie würden da gleich wieder verloren.

Das wirtschaftlich-soziale Bild ist in jedem Zuge analog dem benachbarten politischen. Auch in diesem führt das freie Zusammenwirken der freien vernünftigen Individuen zum allgemeinen Besten, durch den freien Wettbewerb der verschiedenen Auffassungen über die Richtung des gemeinsamen Lebens und durch den freien Wettbewerb der Personen, welche die verschiedenen Auffassungen vertreten. Das allgemeine Beste wird in beiden Fällen rein formal aufgefaßt, ohne objektives Kriterium seines Inhalts, also ohne einen Anhaltspunkt, welche konkrete politische Richtung eingeschlagen werden soll, hier, – welche konkreten Warenarten hergestellt werden sollen, dort; das Beste kann nur als das im Wettbewerb der Auffassungen bzw. der Güter Überlegene definiert werden, so daß das Erfolgreiche eo ipso das Beste ist. Diese Folgerung ist gerechtfertigt, wenn die Menschen vernünftig sind; sind sie so unvernünftig, dem Schlechten den Vorzug zu geben, so sollen sie durch Schaden klug werden. Entscheidend aber ist in der wirtschaftlich-sozialen wie in der politischen Demokratie die Stellung des Gesetzes. Eine Ordnung muß sein und die Individuen ihr unterworfen werden. Ordnung aber braucht nicht durch persönliche Herrschaft herbeigeführt und aufrecht erhalten zu werden und soll es nicht: Ordnung und Freiheit, ja Ordnung durch Freiheit ist die Losung, und sie findet Erfüllung in der Unterwerfung der Individuen unter die unpersönliche abstrakte Majestät des Gesetzes. Des Gesetzes, das die freien Bürger als Gesamtheit beschließen und über sich stellen, auf daß es ohne Ansehen der Person über sie herrsche – in der Politik. Und noch viel prägnanter in der Wirtschaft, wo das von Gott selbst gestiftete Naturgesetz an diejenige Stelle tritt, die vorher von unzulänglichen und machtlüsternen Menschen, dem Leiter den Fronhofs, dem großbetrieblichen Unternehmer oder den privilegierenden Behörden besetzt war. Die persönliche Herrschafts- und Knechtschaftsbeziehung, in aller Menschheitsgeschichte die Bedingung des geordneten Wirtschaftens, wurde abgeschafft und durch die alleinige Herrschaft des anonymen Gesetzes ersetzt, das die persönliche Freiheit nicht etwa nur zuläßt, sondern als notwendige Bedingung fordert, erst durch sie erfüllt wird. Man braucht nur Freiheit zu schaffen, um wahre Harmonie, wahre Gesetzmäßigkeit zu erreichen. Das Gesetz des Marktes sollte dem Gewimmel der selbständigen kleinen Existenzen Ordnung verleihen und die soziale Freiheit mit der wirtschaftlichen Harmonie vereinigen.

Zweiter Teil

Kapitalismus

A. Kapitalismus als großbetriebliche Herrschaftsorganisation

In der Wirklichkeit führte die Freiheit nicht zur kleinbetrieblichen Demokratie, sondern zur Selbstaufhebung im Großbetrieb. Wahrscheinlich wären die Wettbewerbsaussichten des Kapitaleigentums, also des Großbetriebs, gegenüber dem Arbeitseigentum, also dem Kleinbetrieb, auch ohne die technische Entwicklung größer gewesen, als sie einer Zeit erschienen, in der das Kapitaleigentum von Staats wegen mit herrschaftlichen Rechten ausgestattet wurde; es war verzeihlich, aber mutmaßlich falsch, die kapitalistische Macht ganz und gar dem staatlichen Eingriff statt der Kraft des Kapitals selbst zuzuschreiben. Jedenfalls aber hat die technische Revolution das Übergewicht des Kapitals entschieden. Denn sie war groß genug, um den psychologischen Nachteil, den der Großbetrieb durch die Belastung mit fremden Arbeitern erfährt, um ein Mehrfaches durch technische Vorzüge zu überwiegen. Wenn die

Kraft des großbetrieblichen Arbeiters durch psychologische Hemmungen um die volle Auswirkung gebracht wurde, so wurde sie doch anderseits nun durch die Kraft der Elemente vervielfacht, die das Kapital und nur das Kapital in den Arbeitsprozeß einzuspannen lernte. Es bedarf dazu von vornherein einer größeren, dem einzelnen Arbeitenden nicht durch Ersparnisse zugänglichen Kapitalkraft; zur Mindestgröße der Maschine kommt ein Mindestbedarf an Rohstoffen und vor allem eine Mindestzahl von Arbeitern, die Hand in Hand nach vorgeschriebenem Plan an und mit der Maschine arbeiten. Wer kapitalstark genug ist, um dies alles einheitlich zu beschaffen und zu organisieren, dem öffnet sich die neue Herrschaftschance; seinem billiger produzierenden Wettbewerb können die kleinen Arbeitsunternehmer weithin nicht standhalten; es beginnt der – tausendmal beschriebene – Aufstieg des kapitalistischen Großbetriebs. Und er ist gleichbedeutend mit dem Ende der sozialen Freiheitserwartungen, mit dem Ende der großartigen Idee, nach der der Arbeitende, ohne einen Herrn über sich zu haben, unmittelbar dem Vernunftgesetz des Marktes gehorchen und aus ihm seine Freiheit zurückempfangen sollte.[1] Nun bleibt nur jener Rest von Freiheit, den die Angewiesenheit des Kapitals auf die Arbeit begründet und durch den der Arbeiter sich gegen seinen neuen Herrn zur Wehr zu setzen vermag – eine gewaltige Errungenschaft im Vergleich mit der Unfreiheit, aus der man herkam; aber ein trauriger Rest des Freiheitstraumes.

Dieser Entwicklung gegenüber konnte man verschieden

1 Nach *Oppenheimer* würde der Arbeiter sich der Herrschaft des Kapitals entziehen, als freier Bauer sich auf freiem Boden niederlassen, wenn nicht der Boden »gesperrt« wäre; die feudalistische Bodensperre also begründet den Kapitalismus. Zur Kritik der Lehre von der Bodensperre vgl. Heimann, *Mehrwert und Gemeinwirtschaft* 90 ff.; daß diese Kritik noch zu günstig für Oppenheimer ist, zeigt Kurt Werner, *Oppenheimers System des liberalen Sozialismus* 108 ff.

eingestellt sein, weil sie selbst zwiespältig war: sie verbesserte die Wirtschaft um den Preis der Freiheit. Die wirtschaftliche Kraft der Kapitalunternehmung, die fortschreitende Verbilligung und Ausweitung ihrer Produktion verschaffte ihr den Erfolg, auf den sie nach liberalem Grundsatz Anspruch hatte: sie legitimierte sich durch ihre Leistungen für die allgemeine Güterversorgung. Aber sie unterwarf den Arbeiter einem fremden Willen, sie vernichtete die soziale Freiheit, bis auf jenen geringen, obgleich grundsätzlich so bedeutungsvollen und zukunftsreichen Rest. »Abhängige Arbeit ist Arbeit, die der arbeitende Mensch in einem rechtlichen Gewaltverhältnis leistet« (*Sinzheimer*).[1] An ein Zurück war nicht ernsthaft zu denken; denn mit dem Großbetrieb war die Kraft, der seine Leistung entstammte und die mit der Leistung wuchs; auch sie, ja gerade sie eine gewaltige Offenbarung der Freiheit und der wirtschaftlichen Vernunft. Wollte man nicht rückwärts gehen, die ungeheure Errungenschaft der Wirtschaft vernichten oder vielleicht mit unmöglichen Plänen an ihrer Macht scheitern, so gab es zwei Wege: man konnte entweder die Entfaltung der Kapitalherrschaft im Großbetrieb als Wirkung der Freiheit bejahen und sich ihrer Leistungen freuen; oder man konnte zwischen Großbetrieb und Kapitalherrschaft unterscheiden, jenen um seiner produktiven Leistungen willen bejahen, diese bekämpfen.

Der erste Weg führt vom heroischen revolutionären Liberalismus der Anfangszeit zu dem großbürgerlichen Liberalismus, der in seiner gesicherten Herrschaftsstellung zu einer konservativen Macht werden kann und es in allen kapitalistischen Ländern geworden ist. Wo er im ursprünglichen revolutionären Ansturm die alten konservativen Gewalten der feudalen Ordnung vernichtet hat, wächst er

1 *Grundzüge des Arbeitsrechts.* 2. Aufl. S. 11.

nun in die Erbschaft ihrer herrschaftlichen Gedankenwelt hinein; wo er sie bestehen ließ und nur neben ihnen sein neues Reich errichtet, verbündet er sich mit ihnen zur wechselseitigen Sicherung der Herrschaft, ohne daß dadurch Machtkämpfe zwischen den benachbarten Herrschaftsorganisationen und verschiedene Bewertungen der jeweiligen Machtgrundlage ausgeschlossen wären.

Der zweite Weg führt vom heroischen revolutionären Liberalismus zur sozialen Bewegung in ihren verschiedenen Ausdrucksformen. Ihnen allen ist gemeinsam die Richtung auf die Freiheit im Großbetrieb. Insofern er Freiheit will, ist besonders auch der Sozialismus unmittelbarer Erbe des Liberalismus. Aber natürlich sieht die Freiheit im Großbetrieb anders aus und fordert andere Veranstaltungen als die liberal-demokratische Freiheit des Kleinbetriebes. Der Kleinbetrieb – wofern er lebensfähig ist – ist schon in sich selbst der Freiheitsbereich des Arbeitenden, und die Ordnung der kleinbetrieblichen Gesamtwirtschaft wird durch ihr freies Zusammenspiel nach dem Marktgesetz besorgt. Der Großbetrieb ist in herrschaftlicher Ordnung gegeben; die Freiheit als bloße Aufhebung der menschlichen Satzung würde mit der Herrschaft auch die Ordnung vernichten, und so bedarf es hier der ausdrücklichen positiven Veranstaltung, um die Ordnung des Zusammenarbeitens zu sichern und die Freiheitsbereiche in sie einzugliedern. Nicht die Auflösung der Bindungen führt hier zur Freiheit; die Freiheit ist nicht die bloße »natürliche Freiheit« des Liberalismus; sondern es muß eine besondere Freiheitsordnung eigens geschaffen, die natürliche Freiheit ausdrücklich eingeengt werden, um der sozialen Freiheit willen. Daher auch ist nicht mehr eine individuelle Freiheit gemeint, so wahr es bleibt, daß jeder seine eigene Freiheit haben, sein eigenes Leben leben muß; in der kollektiven Ordnung des Großbetriebes wäre individuelle Freiheit Willkür und Zerstörung, und es gehört zu ihr vielmehr die kollektive Freiheit. Während der Liberalismus die soziale Freiheit in der natürlichen Freiheit zu finden hoffte, sucht die soziale Bewegung die soziale Freiheit in der Eindämmung der natürlichen Freiheit; sie übernimmt von jenem den Impuls, trägt ihn aber in entgegengesetzter Richtung.[1]

Auf dem geschichtlichen Wege vom revolutionären zum großbürgerlich-konservativen Liberalismus vollzieht sich die entscheidende Einschrumpfung des liberalen Ideals, der Verzicht auf seine ursprüngliche Universalität. Wirtschaftliche Harmonie – Verbesserung der Versorgung – und soziale Freiheit treten auseinander; diese wird jener geopfert. Die gute Hälfte des ursprünglichen universalen Programms geht damit verloren; der wirtschaftliche Gesichtspunkt verdrängt den sozialen. Fast noch schlimmer ist eine etwas andere Wendung derselben Lehre, durch welche der soziale Gesichtspunkt in den wirtschaftlichen eingeht, als ein Teil- und Unterbegriff jenes übergeordneten: es wird nun die soziale Frage als eine Frage der Ausstattung mit Gütern aufgefaßt, die soziale Not ist die Armut, ihre Behebung geschieht durch den wirtschaftlichen Fortschritt. So kommt man zu der manchesterlichen Behauptung, daß mit der wirtschaftlichen Frage zugleich auch die in ihr enthaltene soziale fortschreitend gelöst werde; die beiden Gesichtspunkte sind wieder versöhnt, aber freilich um den Preis einer materialistischen Verfälschung des Lebens zu einer bloßen Güterfrage. In seiner Eigenschaft als Verbraucher hat auch der Arbeiter Vorteil von der großbetrieblich-herrschaftlichen Wirtschaft – das ist alles! Der Rationalismus hat sein Werk getan; das Freiheitspathos, in dem alle irrationale Dynamik des Lebens mitschwang, ist verflogen, und dem rechenhaften

1 Diese Andeutungen werden im weiteren Verlauf der Darstellung, besonders im dritten Abschnitt, konkretisiert.

Geist gilt das Leben als eine Frage der Berechnung, als eine bloße Funktion der Wirtschaft. Kein gültigeres Zeugnis hat sich dieser Geist geschaffen als die theoretische Nationalökonomie der spätklassischen Prägung, die sich als eine reine Mengen- und Güterdeduktion aus dem Prinzip der Vernünftigkeit darstellt und erst durch *Marxens* Fetischismuslehre als das entlarvt wurde, was sie ist: als ein Versuch, die in jedem Sinne höchst irrationalen Tatsachen des sozialen Lebens durch die Lehre von der vernünftigen Wirtschaft zu verhüllen.[1]

Es ist auffallend, aber nicht erstaunlich, wie nahe dem Materialismus jener Gesinnung der Idealismus steht, der die Wirtschaft als eine untere Lebenssphäre zum bloßen Mittel für außerhalb ihrer liegende Zwecke macht. Dies erscheint ja sehr einleuchtend: daß Wirtschaft nichts als eine Veranstaltung für Zwecke des Verbrauchs ist und daß die sozialen und geistigen Übel der Zeit als die Erhebung des bloßen Mittels zum beherrschenden Zweck gedeutet werden können. Damit aber werden nicht nur die technischen Veranstaltungen der Wirtschaft getroffen; das Leben selbst wird getroffen, soweit es sich im Raum der Wirtschaft abspielt, und das ist ja bei der großen Masse der Menschen für den größten Teil ihres wachen Tages der Fall. Auch insoweit das Wirtschaftsleben Leben ist, gilt es nun als bloßes Mittel für einen außerhalb seiner gelegenen Zweck, für den Verbrauch. Der Anspruch alles Lebens auf Würde und Sinn, dieser irrationale Anspruch darauf, als Selbstzweck zu gelten, ist dem rationalistischen Geiste des Idealismus wie des Materialismus unverständlich; die Entwürdigung der Produktion zu einer bloß technischen

1 Durch Verfeinerung und krtische Besinnung auf die Voraussetzungen hat die Theorie jenes fatale Stadium insbesondere auf englischem Boden radikal überwunden und ist heute ein höchst nützliches Denkinstrument für jeden, der sie zu handhaben weiß und ihr nichts zumutet, was sie nach ihren Voraussetzungen nicht leisten kann.

Veranstaltung, die Entwürdigung der lebendigen Arbeit zu einem bloßen Mittel für den Sachzweck der Güterherstellung ergibt sich unmittelbar aus jener idealistischen Lehre von der Wirtschaft als bloßem Mittel für die Zwecke des Verbrauchs. In diesem Sinne deckt sich der wirtschaftliche, der Gütergesichtspunkt mit dem des Verbrauchers und vergewaltigen beide zusammen den sozialen Gesichtspunkt, den des Produzenten. »Die Arbeit ist der Mensch selbst im Zustande des Wirkens« *(Sinzheimer)*.[1] Wie der Produzent als Produzent lebt, was er in seiner Arbeit erlebt, ist eine dem wirtschaftlichen Rationalismus unzugängliche Frage; es ist die soziale Frage, die Frage des Lebens. Sie ist dem reinen Kapitalismus genau so unbekannt wie seinem theoretischen Abbild, der Nationalökonomie. Und doch war sie im alten Liberalismus beantwortet und gelöst; denn er wollte die Freiheit des arbeitenden Menschen als Bedingung und wieder als Wirkung der gesetzmäßigen Ordnung. Sobald das Programm der kleinbetrieblichen Demokratie durch die großbetriebliche Herrschaftsentfaltung überraschend widerlegt war, ging dem Liberalismus auch das Freiheitsmotiv verloren.

B. Der Privilegcharakter des Eigentums

Erst im Zusammenhang der großbetrieblichen Entwicklung gewinnt auch die Frage der Besitzverteilung ihre grundsätzliche, ja entscheidende Bedeutung für Wesen und Geschichte des Kapitalismus. In theoretischer, formaler Hinsicht konnte nie ein Zweifel herrschen, daß die Einkommensverteilung mit allen ihren nicht nur wirtschaftlichen, sondern sozialen Folgen von der Besitzverteilung abhängig ist; Arbeitseinkommen entspringt aus der Ver-

1 *Grundzüge* S. 8.

wertung des Arbeitsvermögens, arbeitsloses Einkommen aus der Verwertung des Sachvermögens, des Eigentums an den Arbeitsmitteln. Eine Änderung der Eigentumsverteilung zieht eine entsprechende Änderung der Einkommensverteilung nach sich; immer bezieht sich ja das Eigentum auf die Kraftquellen der Güterherstellung, und immer ist das Einkommen das Entgelt für den Einsatz der Kraftquelle in den Dienst der allgemeinen Versorgung. Dabei hat die persönliche Kraftquelle, die Arbeitskraft, keinerlei Vorzug vor den sachlichen, dem Boden und dem Kapital; ob der Beitrag zur Güterversorgung ein persönlicher oder ein sachlicher ist, entgolten wird er ausschließlich nach dem Grade seiner Nützlichkeit in der konkreten Konstellation der Produktivkräfte und Bedarfsintensitäten, nach der verhältnismäßigen Dringlichkeit des Begehrs für die Einheit dieses Beitrages, nach seinem Marktwert. Die Besitzverteilung entscheidet darüber, wer nur die persönliche Leistung und wer außer oder statt ihr sachliche Nutzungen zu der Güterversorgung der Allgemeinheit beizutragen vermag. Darum scheint der bloße Hinweis auf die anfängliche Ungleichmäßigkeit der Besitzverteilung zu genügen, um die frühliberalen Hoffnungen auf Freiheit und Gerechtigkeit ins Herz zu treffen.[1] Denn nur unter der Voraussetzung gleicher Chancen für alle Wettbewerber entspricht der wirtschaftliche Erfolg der persönlichen Leistung; die Proportion wird durchbrochen, wenn der Erfolg außer von der persönlichen Leistung auch von der Verfügung über ungleichmäßig verteilte Sachwerte abhängt.

1 So sagt Briefs, *Das Gewerbliche Proletariat, G. d. S.* VIII, S. 150: »Es ist nicht einzusehen, wieso aus dieser grundsätzlichen Verfassung der Wirtschaft (nämlich der Marktwirtschaft) schon die Existenz von Klassen herausspringen kann ... In die grundsätzliche Verfassung der Wirtschaft schlägt nun eine historische Tatsache von größter Bedeutung ein: der Stand der Eigentumsverteilung.«

Aber auch hier erklärt sich alles aus der ursprünglichen Vorstellung von den Aussichten des Kleinbetriebes und anderseits aus der unvorhergesehenen Überlegenheit des Kapitalbetriebes. Solange man den Kleinbetrieb für allein lebensfähig, für die »natürliche« Produktionseinheit halten durfte, brauchte man das Kapital und die Eigenstumsverteilung an ihm nicht zu fürchten, nicht einmal grundsätzlich zu beachten. Das alles galt einfach als ein irrationaler Rest aus der irrationalen Feudalwelt, die gerade wegen ihrer Irrationalität der bürgerlichen Vernunft und Freiheit unterliegen würde. Nur wenn der Großbetrieb lebensfähig und überlegen ist, wird die Besitzverteilung bedeutsam. Der Sieg des Kleinbetriebes würde die zusammengeballten Vermögensmassen vernichten; es gibt dann nur Arbeitseinkommen, weil nur Arbeitsvermögen. Äußerstenfalls könnte ein aus früherer Zeit herübergekommenes oder zufällig entstandenes Sachvermögen dadurch gerettet werden, daß es in vielen kleinen Beträgen an viele Kleinbetriebe ausgeliehen, also gerade nicht als Kapital verwendet wird. Dann gäbe es zwar arbeitsloses Einkommen und somit keine genaue Proportion zwischen persönlicher Leistung und wirtschaftlichem Erfolg; aber die beherrschende Stellung der Arbeit, die Bedingung der sozialen Freiheit, bliebe unangefochten. Umgekehrt wird die Abhängigkeit der Einkommensverteilung und der Freiheitslage von der Eigentumsverteilung erst durch die großbetriebliche Kapitalherrschaft betont.[1]

Dem widerspricht auch nicht die Verschiebung des Seltenheitsverhältnisses zwischen Kapital und Arbeit zugunsten der Arbeit und die Wirkung dieser Verschiebung auf den Arbeitslohn. In der Wirklichkeit stehen beide

1 Die Untersuchung gilt also nicht dem theoretischen Charakter des Einkommens aus Vermögensbesitz, sondern der Erlangung des Vermögens und des Einkommens daraus: Wenn jeder es erlangen kann, so ist es sozial viel harmloser; erst recht, wenn es nicht bestehen bleiben kann.

Entwicklungen, der Aufstieg der Kapitalherrschaft und die Hebung des Arbeitslohnes, nebeneinander, und auch diese Beziehung vermag die Theorie leicht abzubilden. Das Seltenheitsverhältnis zwischen den Beschäftigungsgelegenheiten für Arbeiter – eben dem Kapital – und der Arbeiterzahl verschiebt sich; jene wachsen rascher, die Kraft ihres Wettbewerbs um die Anwerbung von Arbeitern verstärkt sich, und das Austauschverhältnis zwischen beiden, der Schlüssel, nach welchem der Vorteil ihres Zusammenwirkens aufgeteilt wird, verschiebt sich wie das Seltenheitsverhältnis: der Preis für die Arbeitseinheit steigt, der für die Kapitaleinheit fällt. Schon *Marx* aber hat darauf aufmerksam gemacht, daß das Sinken des Gewinnsatzes durchaus mit steigender Gewinnmasse vereinbar ist, wenn eben nur die Anhäufung von Kapital rasch genug voranschreitet. Denn das sich verschlechternde Austauschverhältnis des Kapitals gegenüber der Arbeit bezieht sich beiderseits auf die Einheit; auf je 100 oder 1000 Mark, die unmittelbar oder mittelbar der Beschäftigung von Arbeitern dienen, entfällt nun geringerer Gewinn, auf die Arbeitseinheit höherer Lohn. Die Frage aber nach der Freiheit einerseits, nach der Macht anderseits bezieht sich auf die Anhäufung des Eigentums an vielen Einheiten in einer Hand. In der Ordnung der rechtlichen Freiheit gehört jede Arbeitseinheit ihrem Träger, also einem besonderen Eigentümer; Anhäufung des Arbeitsvermögens und des Einkommens daraus in einer Hand ist ausgeschlossen. Umgekehrt jedoch ist die Zusammenfassung vieler Kapitaleinheiten in einer Hand möglich und wirklich, und somit gibt es Großbetrieb und Kapitalherrschaft trotz steigenden Lohnes und zugleich mit ihm.

Natürlich brauchen deswegen noch keineswegs die gegenwärtigen Besitz- und Machtverhältnisse unmittelbar auf der Besitzverteilung der kapitalistischen Frühzeit zu beruhen; das Gegenteil gilt offenkundig für die große Mehrzahl der Fälle, da ja die Eigendynamik des Kapitals gerade aus innerkapitalistischen Gründen zur Zusammenballung drängt und die Kapitalien vorkapitalistischen Ursprungs, falls sie nicht längst zerfallen sind, mindestens stark überwuchert sein müssen. Der Kapitalismus ist doch eben während des größeren Teiles seiner bisherigen Geschichte Konkurrenzsystem und seine Oberschicht einem starken Wechsel der Mitgliedschaft unterworfen. Was immer man gegen ihn einwenden mag, der einmal errungene Besitz ist hier kein Ruhekissen, sondern muß durch immer erneute kapitalistische Leistung immer von neuem gesichert werden und ist in zahllosen Fällen auch wieder zerronnen. Erst die neue Feudalisierung, über die später gesprochen wird, bahnt einen Wandel an. Dies alles gilt in besonders hohem Grade von den Unternehmungskapitalien, denen die größten Aussichten winken, aber auch die unmittelbarsten Gefahren drohen; es gilt aber grundsätzlich auch von dem Rentenbesitz der verschiedenen städtischen und ländlichen Formen, der in der kapitalistischen Geschichte periodisch von Inflationen und sonstigen Katastrophen heimgesucht wurde. Die ungeheure Dynamik des Kapitalismus macht vor keiner gegebenen Ordnung halt, sei sie nun vorkapitalistischen oder innerkapitalistischen Ursprungs. Eine auffallende Ausnahme bietet nur der ländliche Großbesitz durch die Zähigkeit seiner Vererbung in derselben altfeudalen Familie; freilich verdankt er das zum großen Teil dem feudalen Rechtsinstitut des Fideikommisses. Auch die bäuerliche Vererbung beruht, soweit sie dem Anerbenrecht folgt, auf bewußt antikapitalistischen Rechtssätzen. Im ganzen also wirkt der Kapitalismus antitraditional auch in der Eigentumsverteilung; auch sie unterwirft er der wirtschaftlichen Rationalität und rechtfertigt insoweit die alte liberale Lehre.

Dennoch bleibt es wahr, daß die Eigentumsverteilung die ökonomische Rationalität weitgehend durchbricht und als ein außer- und vorwirtschaftlicher Tatbestand den wirtschaftlichen Erfolg entscheidend mitbestimmt. Es bleibt wahr, daß es leichter ist, eine einmal errungene, z. B. ererbte Stellung weiterhin zu behaupten als sich hinaufzuarbeiten. Will man die Rationalität der Eigentumsverteilung nachweisen, so muß man also jedenfalls die Vererbung als eine rationales wirtschaftliches Motiv mit einbeziehen, die Vorzugsstellung der Nachkommen im allgemeinen Wettkampf als den Lohn für die Leistung der Vorfahren, die Aussicht auf diesen entfernten Lohn als einen Ansporn zur Leistung anerkennen. Dieser Gesichtspunkt ist in gewissen Grenzen zweifellos berechtigt, obgleich es arge Übertreibung ist, wenn *Sombart* daraufhin die Liebe für eines der Hauptmotive im Kapitalismus erklärt[1], oder wenn gar die Entstehung der Vermögen überhaupt aus der Kombination von Tüchtigkeit und Sparsamkeit abgeleitet wird. Diese von *Marx* als »Kinderfibel« verhöhnte Erklärungsweise ist von aller ernsten Geschichtsschreibung längst preisgegeben; die vollendete Willkürlichkeit der Eigentumsverteilung, mit der der Kapitalismus begann, ihre Herkunft aus Beutekriegen, Inflation, Bauernlegen und Katastrophen aller Art ist offenkundig. Und durch die ganze erste merkantilistische Periode des Kapitalismus, bis zur Herstellung der wirtschaftlichen Freiheit, mußte die Irrationalität der anfänglichen Besitzverteilung sich in unverminderter Stärke fortpflanzen, weil die merkantilistischen Privilegien ihr zur Hilfe kamen; eben dagegen

1 Das tut er auch nur in seinem Kampf gegen den Sozialismus (*Proletarischer Sozialismus 11*); in seiner eigenen Darstellung des Kapitalismus (*Das Wirtschaftsleben im Zeitalter des Hochkapitalismus* I 28) heißt es dagegen, daß »das Handeln des modernen Wirtschaftsmenschen – so seltsam es klingt – doch auch durch die Liebe« bestimmt wird; freilich durch »eine eigentümliche Abart der Liebe«, eine »Pervertierung«, nämlich »die Liebe zu seinem Geschäft«.

richtete sich die liberale Kritik. Aber diese Feststellungen im Marxschen Sinne erledigen das Problem nicht.[1] In voller Schärfe tritt es erst auf, seitdem die Befreiung des Wettbewerbs eine ungehinderte Auswirkung der ökonomischen Rationalität ermöglicht. Denn nun erst sind wirtschaftlich unrationelle Vorzugsstellungen der Vernichtung durch den Wettbewerb ausgesetzt.

Es muß also gezeigt werden, daß das Eigentum die wirtschaftliche Leistung auch im Konkurrenzsystem und auch da erleichtert, wo das System des Kredits und des offenen Kapitalmarktes an sich auch ohne Eigenkapital zu produzieren gestattet. Anders ausgedrückt: Eigentum begründet eine relative – gewiß keine absolute – Monopolstellung inmitten der Konkurrenzwirtschaft. Das gilt nicht für die technischen, organisatorischen und kommerziellen Genieleistungen, die den eigentlichem Ruhm und die eigentliche Dynamik des Kapitalismus ausmachen und einer widerstrebenden Welt einfach aufgezwungen und abgetrotzt werden müssen. Aber die kapitalistische Wirtschaftsleistung ist zum sehr großen Teil spekulative Vorwegnahme künftiger Marktgestaltung, nicht etwa nur an der Börse, sondern ebenso in der Wahl oder Umstellung der Produktionsrichtung; und so wertvoll für diese Leistung das feine und ausgebildete Fingerspitzengefühl ist, so entscheidend werden doch dafür die Informationen, die sich der Wirtschaftler beschaffen kann, die Verbindungen, deren er sich erfreut. Gleichgültig wie hoch man den Anteil dieser Momente am wirtschaftlichen Erfolg einschätzt, ihre grundsätzliche Bedeutung steht ebenso außer Zweifel wie ihre fast ausschließliche Verfügbarkeit für den bereits Arrivierten. In bezug auf die Börsenspekulation

1 Sie erledigen das Problem lediglich unter der Voraussetzung, daß man auf *Oppenheimers* Standpunkt steht. Denn dann ergeben sich alle sozialen Übel aus der Fortdauer des feudalen Großgrundbesitzes; es besteht noch keine »wirklich freie« Konkurrenz.

vollends ist die Abhängigkeit eines dauernden Erfolges von den Informationen und Konnexionen oder von der Herrschaft über den Markt selbstverständlich und allbekannt. Erst in der Gegenwart wird das Informationswesen im großen Maßstabe durchgearbeitet und öffentlich zugänglich gemacht, durch die Konjunkturberichte und Konjunkturprognosen. Aber das bisher Versäumte kann dadurch nicht mehr nachgeholt werden, weil die scheinbare Demokratisierung des Nachrichtenwesens in eine bereits wieder autokratisch organisierte, monopolistisch verfestigte Herrschaftsschichtung der Wirtschaft hineintrifft, ja eigentlich nur eine Teilerscheinung dieser Organisation bildet; in der reinen Konkurrenzwirtschaft wäre sie technisch kaum möglich. Jene Konnexionen sind nämlich kein im engeren Sinne ökonomisches, sie sind ein soziologisches Moment und daher in besonders hohem Grade gesinnungsmäßigen Einflüssen zugänglich. Es ist z. B. nicht ausgeschlossen, daß der schnelle Zerfall so vieler Inflationsvermögen teilweise auf die Abneigung des älteren Bürgertums gegen die »neuen Reichen« zurückzuführen ist, sowenig der Mangel an normaler wirtschaftlicher und organisatorischer Schulung bei diesen oft zweifelhaften Existenzen übersehen werden kann. Umgekehrt verdankt das breite mittlere Bürgertum seine Rettung vor der Inflationsgefahr der völligen Proletarisierung offenbar seinen Verbindungen zu den zentralen Stellen der Wirtschaft und der Bürokratie.[1] Da in der Inflation von organisierter Wirtschaft keine Rede sein konnte, so beweisen auch diese Beobachtungen den konservativen Charakter des Eigentums in der Konkurrenzwirtschaft. Für den Fall der Monopolwirtschaft, über den später gesprochen wird, kann in dieser

1 Es ist ja erstaunlich, wie verhältnismäßig intakt das mittlere Bürgertum aus der furchtbaren Krise hervorgegangen ist; die allermeisten haben sich zu retten vermocht, wenn auch ihre wirtschaftliche Lage mehr oder weniger verschlechtert ist.

Beziehung von vornherein kein Zweifel herrschen. In denselben Zusammenhang gehört auch die gewichtige und altbekannte Beobachtung, daß das Eigentum den Kindern den Wettbewerbsvorsprung besserer Ausbildung sichert, der ceteris paribus im Wettbewerb entscheidet. Aber die anderen Momente dürften ebenso bedeutsam sein.

Die These von dem konservativen Charakter des Eigentums bedeutet nicht etwa eine Irrationalität des Konkurrenzkapitalismus in dem Sinne, daß der wirtschaftliche Erfolg auch ohne wirtschaftliche Leistung errungen werden könnte, wie in den merkantilistischen Fällen von Privilegien und Subventionen und teilweise wieder im Falle des innerkapitalistischen Monopols. Sie bedeutet umgekehrt einen Vorsprung im Wettbewerb um die zum Erfolg erforderliche Leistung. Nicht nur die persönliche Eignung der Bewerber, sondern in starkem, wenn auch wechselndem Maße die sozialen Vorteile, die sich an das einmal errungene Eigentum knüpfen, qualifizieren für die Leistung, das zweite Moment kann das erste ersetzen oder überwiegen. Im Idealbilde der reinen Konkurrenz würden jeweils die gleichzeitigen Wirtschaftshandlungen voraussetzungslos miteinander konkurrieren; in der Wirklichkeit begründet der einmalige Erfolg die Wahrscheinlichkeit weiterer Erfolge auf Lebenszeit und bis in spätere Generationen hinein. Von dem Unbekannten, Uneingeführten und Eigentumslosen wird eine den Durchschnitt weit überragende persönliche Leistung verlangt, wenn er Erfolg haben will; es bedarf anderseits nicht auch nur der durchschnittlichen persönlichen Eignung, um den Erfolg der Vergangenheit oder der dahingesunkenen Generation festzuhalten.

Nochmals: die Leistungen als solche bleiben nicht aus und der Kapitalismus bewährt daher auch hier seine wirtschaftliche Rationalität. Mehr als das: ohne solche

Verbindungen, ohne besondere Ausbildung, bei voraussetzungsloser reiner Konkurrenz würde die Leistung sich verspäten, die Anpassung hinausgeschoben und mit dem Zeitverlust ein wirklicher Nutzenverlust für die Allgemeinheit in Kauf genommen. Denn die Umstellung der Produktion würde dann erst eingeleitet werden, wenn die Umstellung des Bedarfs sichtbar vorliegt; der Zeit- und Nutzenverlust würde also die volle Dauer eines Produktionsprozesses betragen. Denkbarerweise könnte in diesem irrealen Falle der Verlust dadurch wettgemacht oder überwogen werden, daß den von Natur Geeignetsten jeweils der Aufstieg ermöglicht oder erleichtert ist und die Versorgung insofern verbessert wird; dann läge hier eine wirkliche Irrationalität des Eigentumssystems vor. Aber bei der Unwirklichkeit jener Voraussetzung, bei der Unvermeidlichkeit der nützlichen Verbindungen und Informationen ist es nicht möglich, sich ein Urteil zu bilden, weil niemand den quantitativen Anteil jener Momente am tatsächlichen Erfolg abschätzen kann und noch viel weniger den Nutzenentgang, den heute die Versorgung durch die Erschwerung der Auslese tatsächlich erleidet. Es muß genügen, die grundsätzliche Bedeutung jener Momente für die Ermöglichung der Leistung herauszustellen.

Verzichtet man auf den hypothetischen Nachweis einer wirtschaftlichen Irrationalität, so liegt das Problem genau so wie vorher das Problem des Großbetriebes; ja es ist eigentlich nur ein Teilproblem von diesem. Das Eigentum erfüllt eine positive wirtschaftliche Funktion und erhöht dadurch die Beweglichkeit der Wirtschaft. Gegenüber den frühliberalen Hoffnungen auf wirtschaftlichen Fortschritt und soziale Freiheit zeigt sich nochmals das antinomische Wesen des Kapitalismus: die wesenhafte Verbindung zwischen wirtschaftlichem Fortschritt und herrschaftlicher Schichtung. Der wirtschaftliche Fortschritt wird um den

Preis der sozialen Freiheit erkauft. Oder umgekehrt – aber nicht mehr vom liberalen Standpunkt her betrachtet –: Herrschaft wird errichtet und aufrecht erhalten und rechtfertigt sich durch wirtschaftliche Leistungen, die nur ihr zugänglich sind. Wirtschaftliche Rationalität und soziale Freiheit fallen auseinander. Und zwar jetzt in einem prägnanteren Sinn, als aus der bloßen Beschreibung der großbetrieblichen Entwicklung ersehen werden konnte: während die Auslese für die Mitgliedschaft in der großbetrieblichen Herrschaftsschicht an sich rein demokratisch gedacht werden könnte und im Konkurrenzsystem gern so dargestellt wird, ergibt sich aus der Beschreibung der Eigentumsfunktion der konservativ-aristokratische Charakter der Schichtung. Nicht also Freiheit, sondern Herrschaft; und nicht demokratische Auslese der Herrschenden nach der persönlichen Tüchtigkeit, sondern eine starke Tendenz zur Fortdauer der einmal gegebenen Herrschaft – das ist das soziale Wesen des Kapitalismus. Es ist grundsätzlich zu bedeutsam und praktisch zu einflußreich, als daß man von einer bloßen Reibung in dem demokratischen Ausleseverfahren für die kapitalistische Herrschaft sprechen könnte; es ist eine wirkliche Durchbrechung des liberalen Prinzips durch das Prinzip des Privilegs.

Der Privilegcharakter des Eigentums ist unabhängig von dem besonderen Entstehungsgrund des einzelnen Vermögens. Es läge ja nahe, auf die Geschichte der großen Vermögen in U.S.A. zu verweisen, die zum guten Teil die Geschichte von Skandalen und Verbrechen ist. Aber selbst dort scheint dieses Kapitel der Wirtschaftsgeschichte vor dem Abschluß zu stehen.[1] Auf unserem traditionsbeschwerten Boden und – im Zusammenhang damit – unter

1 Andererseits ist die bis in die Kreise der deutschen Wissenschaft wirkende Begeisterung für *Fords* Geschäftsreklame natürlich sinnlos; *Ford* hat weder das laufende Band noch die Finanzierung des Absatzes noch das Arbeitsethos erfunden. »Service« ist, wie es scheint, nur eine neue, pathetische Bezeichnung für eine alte Sache: für die unternehmerische Leistung im »Dienste« des Marktes.

der strengen Aufsicht eines wohldurchdachten Aktienrechts hat es die typisch amerikanischen Sensationen im großen und ganzen nicht gegeben; Ansätze in der Inflationszeit sind ebenso wirkungslos geblieben wie in der Gründerzeit. Das heißt nun freilich zunächst nur, daß die kriminellen Methoden bei der kapitalistischen Vermögensbildung in Deutschland keine erhebliche Rolle spielen; es heißt aber noch keineswegs, daß nur eigentliche unternehmerische Leistung nach der von *Schumpeter* beschriebenen Art den Erfolg gebracht und die Vermögen begründet haben. Zweifellos ist die Geschichte der Mevissen, Krupp, Siemens und Emil Rathenau eine höchst reinliche und rühmliche, nicht nur im Vergleich mit den gleichzeitigen amerikanischen Ereignissen, sondern auch absolut genommen. Das sind eben bedeutende Männer von mächtigem – wenn auch oft dämonisiertem – Arbeitsethos und gewaltiger Leistung. Aber gerade daraus ergibt sich ein Zweifel, ob sie als repräsentativ oder typisch für kapitalistischen Reichtum als solchen gelten können: ihre Geschichte ist Heldengeschichte, nicht Vermögensgeschichte. Es ist ungewiß, inwieweit unternehmerische Arbeitsleistung als das eine Extrem und kommerziell-spekulative Geschicklichkeit als das andere bei der Vermögensbildung beteiligt sind, da beide sich wirtschaftlich in den kapitalistischen Erfolg umsetzen und für ihn grundsätzlich gleichmäßig wirksam sind. Die Bedeutung des kommerziell-spekulativen Moments für die Vermögensgeschichte, sowenig sie quantitativ abgeschätzt werden kann, ist ja grundsätzlich unbestreitbar; und dieses Moment ist moralisch vielfach zweideutiger als das reine Arbeitsmoment. Übrigens ist es das gleiche Moment, das in seiner Angewiesenheit auf Findigkeit den persönlichen Konnexionen so großen Einfluß auf den kapitalistischen Erfolg einräumt und dadurch dem bereits bestehenden Vermögen den privilegierten

Anspruch auf weiteren Erfolg verschafft. In bezug auf die Entstehung der Vermögen aber sind alle diese Erwägungen nicht nur ungewiß, sondern das kommerziell-spekulative Talent ist jedenfalls von Nutzen für die Promptheit der allgemeinen Versorgung, wie durch seinen Erfolg bewiesen wird, unabhängig von seinen moralischen Qualitäten. Das Vermögen, das dieser Gabe verdankt wird, ist ein Seltenheitslohn wie jeder andere. Darum bewegt man sich auf allzu unsicherem Grunde, wenn man unter normalen kapitalistischen Konkurrenzverhältnissen die Entstehung der Vermögen kritisiert; vielmehr ist es ihr einmal gegebener Bestand, der sich mit den beschriebenen privilegierenden Wirkungen verknüpft und den monopolartigen, antiliberalen Einschlag im Konkurrenzsystem bildet.

Von Eigentum ist hier immer im Sinne der tatsächlichen Verfügung über Arbeitsmittel gesprochen, da diese es ist, die die Herrschaft über die Arbeit selbst in sich schließt. Das so definierte Eigentum – für moderne Verhältnisse wohl besser: Großeigentum – verliert seinen Privilegcharakter auch keineswegs durch das Aktienwesen, dem doch eine Demokratisierung des Eigentums nachgerühmt wird. Welches immer das theoretische Wesen der einzelnen Einkommenskategorien sein mag, das zersplitterte Kleineigentum ist in den Aktiengesellschaften stets in der Minorität und daher von der Herrschaft über die Arbeit gerade ausgeschlossen. In der Demokratie kann die Minderheit jederzeit Mehrheit werden: in der Aktiengesellschaft bleibt sie Minderheit, wenn nicht die bisherigen Inhaber der Mehrheit selbst einwilligen, Minderheit zu werden. Von Demokratie ist daher nicht im entferntesten die Rede; das Aktienwesen erlaubt den Inhabern der Aktienmehrheit – oder der Vorzugsaktien oder der Mehrheit in der holding company usw. –, ihren absoluten und ungestörten Herrschaftsbereich um die Beisteuer der Sparer und Kleinaktionäre zu erweitern. Wieder wird die Verstärkung des Produktionsapparates und der wirtschaftlichen Leistungsfähigkeit an den weiteren Aufstieg der herrschaftlichen Macht gebunden und wieder durch die Sichtbarkeit und den Kredit des schon bestehenden Eigentumkomplexes der Erfolg im weiteren Wettbewerb mittels der Heranziehung von Fremdkapital erleichtert, der Privilegcharakter also betont.

Die soziale Bewegung war von Anfang an in ihrer Auffassung des Eigentums gespalten, sie beurteilte seine Wirkungen verschiedenartig. Und auch da, wo eine einheitliche Auffassung sich durchsetzte, herrschten doch im einzelnen immer noch voneinander abweichende Theorien in bezug auf die besonderen Wirkungen des Eigentums. Aber darauf kommt es nicht an. Wichtig ist nur, daß der sozialen Bewegung um der Freiheit willen die Stellungnahme gegen das Privateigentum angeboren ist. Denn der Privilegcharakter des Eigentums wurde stets richtig gesehen, wenn auch vielfach falsch erklärt. Diese Stellungnahme hängt mit der vorher beschriebenen gegen die natürliche Freiheit engstens zusammen; sie ist in jener enthalten, wenn man das im Aufklärungssinne »natürliche« Eigentum – das römisch-rechtliche Privateigentum – als konstitutiv für die »natürliche« Freiheit auffaßt. Wie die natürliche Freiheit die soziale Freiheit vernichtet, so fordert umgekehrt die soziale Freiheit die Schaffung einer besonderen Freiheitsordnung. Und so muß auch das natürliche Privateigentum durch eine besondere soziale Eigentumsordnung als Bedingung der sozialen Freiheit ersetzt werden.

C. Der Herrschaftscharakter des Monopols

I. Grenzen und Sicherungen des Monopols

Die Entwicklung zum industriellen und kommerziellen Monopol bringt für die sozial-theoretische Betrachtung – zum Unterschied von der wirtschaftstheoretischen – nichts grundsätzlich Neues; sie verstärkt noch die Erscheinungen, die sich im Privateigentum am Großbetrieb zeigen, und verschärft die daraus entspringenden Probleme, erweitert aber zugleich auch den Kreis der Betroffenen und für eine Gegenbewegung in Betracht Kommenden.

Das Monopol ist die Aufhebung des Wettbewerbs und zugleich seine logische Konsequenz. Es entsteht aus der Furcht vor den Gefahren weiteren Kampfes, insbesondere in einem späten Stadium des Wettbewerbs, wenn nur noch verhältnismäßig wenige Bewerber übrig geblieben sind und große festgelegte Kapitalien auf dem Spiele stehen. Für die Beurteilung des Monopols kommt alles auf die Frage an, ob ihm eine Macht eigentümlich ist, die der Konkurrenzunternehmung fehlt, und diese Frage ist zu bejahen. In der Konkurrenz ist jeder – bei der begriffsnotwendigen Kleinheit seines Anteils am Gesamtangebot – zur vollen Ausnutzung seiner Leistungsfähigkeit zugunsten der Verbraucher gezwungen; seine Zurückhaltung würde nur seinen Konkurrenten zugute kommen. Er hat auch keinen Einfluß auf die Höhe des Preises, eben weil keinen Einfluß auf die Höhe des Gesamtangebotes; dem größtmöglichen Gesamtangebot entspricht der niedrigste denkbare Preis. Der Monopolist dagegen verfügt über das Gesamtangebot oder doch über einen genügend großen Teil davon, um durch dessen Zurückhaltung oder Einschränkung den

Preis so zu erhöhen, daß sein Gesamtgewinn trotz jener Einschränkung steigt. Er hat nicht nur – als Großunternehmer – Macht über die Arbeiter; als Monopolist gewinnt er Macht über die Verbraucher, nämlich die Freiheit, sie je nach seinem eigenen Vorteil knapper und teurer oder reichlicher und billiger zu versorgen. Das Maß seiner Monopolmacht ist die Größe seines Spielraums für willkürliche Angebots- und Preisgestaltung.

Die tatsächliche Bedeutung und Tragweite der Monopole wird in der Öffentlichkeit meist überschätzt, in der Wissenschaft fast ebenso oft bagatellisiert. Von einer willkürlichen und absoluten Macht des Monopols zur Preiserhöhung auf Kosten der Verbraucher kann natürlich keine Rede sein. Da vielmehr jede Preiserhöhung mit einem größeren oder geringeren Absatzrückgang verbunden ist, so steht für jeden Preis und die zugehörige Absatzmenge dem wachsenden Gewinn am Stück der Ausfall durch den Absatzrückgang gegenüber und muß gegen jenen abgewogen werden. Der noch so mächtige Monopolist ist insoweit von den Marktbedingungen abhängig, und sie sind ihm um so günstiger, je unelastischer der Bedarf ist einerseits, je weniger also der Absatz bei der Preiserhöhung zurückgeht, und je stärker anderseits die Produktion unter dem Gesetz des abnehmenden Ertrages steht und daher bei geringerem Umfang geringere Kosten für das Stück fordert. Um so stärker nämlich wächst der Gewinn bei Zurückhaltung des Angebots; und umgekehrt. Noch günstiger ist die Lage, wenn, statt einen einheitlichen Preis für das ganze Angebot zu stellen, verschiedene Preise der Kaufkraft der einzelnen Käuferschichten angepaßt werden können, so daß die Wohlhabenderen aus dem geringeren Preis für die Ärmeren keine Ersparnis ziehen; so z. B. bei dem Nebeneinander von Luxusausgabe und Volksausgabe eines begehrten Buches.

Aber auch hier ist die Grenze der Kaufkraft und Kaufwilligkeit für die monopolisierte Ware unüberschreitbar. Überdies wird – zweitens – die Grenze dadurch enger, daß, selbst bei lückenlosem Monopol für eine Ware, andere Waren dem gleichen Bedürfnis dienen mögen und die Verbraucher im Falle der Monopolüberspannung zu jenen abwandern können; so bei den verschiedenen Heizstoffen und Beleuchtungsarten, die untereinander auch dann konkurrieren, wenn jede einzelne für sich völlig monopolisiert ist. Drittens ist das Monopol, je stärker sein Gewinn, um so mehr auch der Gefahr neuer Konkurrenz in seiner eigenen Sphäre ausgesetzt, weil die nach neuer Anlage suchenden Kapitalien sich den lohnendsten Geschäftszweigen zuwenden und Konkurrenzunternehmungen zu gründen trachten. Aus den beiden letzten Gründen ergibt sich – viertens – die oft beobachtete Vergänglichkeit der monopolistischen Macht, besonders im Zusammenhang mit den unaufhörlichen Umwälzungen des Marktes und der Technik.

Dies alles bedeutet aber doch nur eine Umgrenzung und keine Aufhebung der These von der monopolistischen Macht. Sowenig die Souveränität eines Staates durch die Feststellung angezweifelt wird, daß er in seinem Handeln von der Kraft und den Hilfsmitteln seines Volkes, auch den mancherlei Strömungen und Spannungen im Volk abhängig ist, anderseits sich nach der weltpolitischen Lage richten muß, sowenig ist der absolute Charakter für den Begriff der Monopolmacht erforderlich. Absolute Macht gibt es schlechterdings nie. Und sowenig es dem Wesen des Staates widerspricht, daß er nicht immer bestand und nicht ewig bestehen wird, sowenig liegt in dem tatsächlichen Aufhören eines Monopols ein Einwand gegen seinen – mehr oder weniger ausgeprägten – Machtcharakter während seiner Dauer. Daher ist auch die Tatsache der Kämpfe zwischen den monopolistischen Machtgebilden nur selbstverständlich, genau wie zwischen den Staaten oder zwischen den politischen Machtgruppen im Staat.

Überdies wird zur Sicherung der Monopolmacht gegen neue Konkurrenz, über die im Wettbewerb üblichen Kampfmethoden hinaus, eine eigene Kampftechnik ausgebildet, deren grundsätzliche Bedeutung für die Theorie des Monopols im Schrifttum nicht gewürdigt wird.[1] Als sicherste Grundlage eines Monopols gilt der Besitz von Rohstoffquellen, die gegenüber dem Ausland noch durch Frachten und durch Zölle geschützt sein mögen. Ferner hat der Rechtsschutz durch das Patent einige Bedeutung, kann aber häufig umgangen werden. Viel allgemeiner und in einem rohstoffarmen Lande viel wichtiger sind die Sicherungen durch Verpflichtung der Lieferanten oder Abnehmer zu ausschließlichem Verkehr mit dem Monopol, sei es lose und einseitig durch Gewährung von Treurabatten oder Androhung von Strafzuschlägen, sei es in der beiderseitigen privatrechtlichen Bindung zweier Monopole an ausschließlichen Geschäftsverkehr miteinander. Dann ist jedes der beiden durch das andere gesichert. Neue Konkurrenten der früheren Produktionsstufe würden keinen Absatz, solche der späteren Stufe keinen Rohstoff finden. Insoweit liegt das Entstehen eines Gegenmonopols geradezu im weitsichtigen Interesse eines Monopols, so unerwünscht die Teilung der Monopolmacht und der daraus gezogenen Gewinne sein mag. In der Tat haben Kartelle die Gründung von Gegenkartellen oft geradezu gefördert.[2] Denn natürlich geht durch das Auf-

1 Eine erste Ausnahme bildet das auch an Tatsachen reiche Buch von Berthold Kaufmann, *Beiträge zur Lehre von der Monopolpolitik und Monopolkontrolle*; zur Zeit im Druck. Die Marxistischen Theoretiker scheuen sich vor der Analyse des Monopols, weil ihre Arbeitswertlehre den Zugang zur Erklärung des Monopolpreises von vornherein versperrt: beim Monopolpreis ist der Zusammenhang mit den Arbeitskosten begriffsnotwendig gelöst.

2 Die herrschende Lehre räumt dem Exklusivverkehr zwar in der historisch-

treten des Nachfragemonopols der Vorteil aus dem Angebotsmonopol dann nicht verloren, wenn jenes seinerseits ein Angebotsmonopol gegenüber seinen Weiterverarbeitern oder letzten Verbrauchern ausübt; der Vorteil aus dem Monopol muß dann nur aufgeteilt werden.[1] Und dies ist ein sehr häufiger Fall. Je mehr aufeinander folgende Produktionsstufen monopolisiert und durch ausschließlichen Verkehr verbunden sind, desto schwieriger in kommerzieller wie in finanzieller Hinsicht wird die Gründung einer Konkurrenzunternehmung, da sie die sämtlichen Stufen in sich enthalten müßte. Vollends wird eine Neugründung annähernd unmöglich, wenn die Reihe der verbundenen Monopole und Gegenmonopole sich an ein Rohstoffmonopol als erstes Glied anschließen kann, dessen natürliche Sicherung sich dann im Vertragswege auf alle anderen überträgt.[2] Der Fall ist von größter Bedeutung auch bei uns, weil er ziemlich weitgehend für den wichtigsten, unentbehrlichsten aller Rohstoffe zutrifft, für den Kredit. Ja, streng genommen liegt bei der Finanzierung

empirischen Darstellung den gebührenden breiten Raum ein, ignoriert ihn aber vollkommen in ihren dürftigen Ansätzen zu einer Theorie der Monopolsicherung, die immer nur von Rohstoffen, Patenten, Frachten und Zöllen handelt und daher, angesichts der Freiheit des Kapitalverkehrs, die Lage und Aussichten des Monopols zu ungünstig einschätzt. In der maßgebenden deutschen und angelsächsischen Literatur bildet die einzige Ausnahme ein früher Aufsatz von Vogelstein, *Zur Frage der Monopolorganisation*, im *Arch. f. Sozialwiss.* XX (1905), wo es über den Exklusivverkehr heißt: »Derartige Verbindungen lassen sich natürlich – theoretisch wenigstens – ins Ungemessene ausdehnen . . . Das sieht heute sehr utopisch aus . . ., aber die Tendenz der monopolistischen Verbände steuert entschieden auf eine derartige Ordnung der Dinge hin.«

1 Die oft gerügte Verschweigung des Monopols in *Cassels* Theorie wird von ihm unbegreiflicherweise mit dem Argument verteidigt, daß in unserer organisierten Wirtschaft meist auf beiden Marktseiten Monopole stehen und sich gegenseitig aufheben.

2 Die herrschende Lehre kennt die Übertragung des Monopols vom Rohstoff auf die nächste Stufe der Produktion nur im Wege der unmittelbaren Interessenahme durch Beteiligung, wie sie ja überhaupt in der Gründung eines Gegenmonopols stets nur eine Schwächung, nicht die Möglichkeit einer dauernden Sicherung für das Monopol erblickt.

einer Unternehmung durch eine Bank nicht der Absatz eines Rohstoffes an einen Weiterverarbeiter vor, sondern jener engere Fall der Verbindung, den die herrschende Lehre allein im Auge hat: wo das Rohstoffmonopol nicht Marktgegner, sondern Miteigentümer der weiterverarbeitenden Unternehmung ist und sein Monopol daher unmittelbar auf diese zu übertragen wünscht. Der Kreditgeber ist, wie der Anteilseigner, unmittelbar am Erträgnis des Werkes interessiert, und wenn die Einwirkung der Banken zugunsten der industriellen Kartellierung allbekannt ist, so werden andererseits die Banken sich normalerweise hüten, eine Konkurrenzgründung gegen die von ihnen selbst finanzierten Monopole zu finanzieren. Daß die Konkurrenz der Banken untereinander einen Ausweg eröffne, die eine Bank also eine Konkurrenzgründung gegen das von der anderen finanzierte Monopol finanzieren würde, ist nicht ganz unmöglich, aber doch sehr unwahrscheinlich, weil, je wichtiger und umfassender das Kartell, um so wahrscheinlicher alle maßgebenden Banken durch ihre Kunden an seinem Bestand interessiert sein werden. Und je größer der Mindestumfang der neuen Unternehmung sein muß, desto mehr wächst nochmals die Schwierigkeit; das sichert gerade die Größten. Schließlich dürfen auch Kostenvorteile der Monopolunternehmung, z. B. solche des Standorts, nicht außer acht gelassen werden; es ist falsch, mit einer weitverbreiteten Meinung anzunehmen, daß viele Monopole nicht ausgenützt werden können, weil die Preiserhöhung alsbald einer Konkurrenzunternehmung zur Rentabilität verhelfen würde.[1] Denn einen ernsthaften Kampf würde das Monopol auf seiner eigenen tieferen Kostengrundlage oder – bei der sicheren Aussicht

1 So selbst Hans Mayer, *Artikel Preis II Monopolpreis* im *Handw. der Staatswiss.*, 4. Aufl., Bd. VI, S. 1033, Marshall, *Industry and Trade* III. Kap. I, § 1, und Barone, *Grundzüge der theoretischen Nationalökonomie* S. 171.

auf Entschädigung nach dem Siege – auch darunter ausfechten, und so ist für Abschreckung gesorgt.

An der Tatsache der Monopolmacht kann ein Zweifel nach alledem nicht bestehen; es ist sinnlos, ihre Bedeutung zu verkleinern, als ob sie sich von der Konkurrenz nicht wesentlich unterschiede.[1]

1 Das theoretische Problem der Monopolsicherung hat als erster *Adolf Löwe* ausdrücklich gestellt und behandelt (*Zur ökonomischen Theorie des Imperialismus*, in: *Wirtschaft und Gesellschaft, Festschrift für Oppenheimer*). Dabei erschwert er sich die Aufgabe, indem er eine rein ökonomische Antwort sucht. Diese Antwort ist sehr scharfsinnig, aber überaus kompliziert, komplizierter, als es die zutage liegenden Tatsachen der Monopolpolitik rechtfertigen, und dürfte auch rein theoretisch nicht zu halten sein. *Löwe* geht davon aus, daß eine monopolistische Preiserhöhung nicht durchführbar ist, weil sie alsbald zur Neugründung von Konkurrenzunternehmungen Anlaß geben würde, die freilich unter ungünstigeren Bedingungen, also mit höheren Kosten arbeiten würden als die Monopolbetriebe, weil jene sonst schon früher hätten errichtet und in der Konkurrenz durchgesetzt werden müssen. Wenn also das Monopol selbst seine Produktion um diese nächst ungünstigeren Produktionsmöglichkeiten erweitert und den Preis auf die nunmehrigen Grenzkosten erhöht, so entstehen für die früheren älteren Monopolbetriebe monopolistische Differentialrenten, die durch keine weitere Neugründung von Konkurrenzunternehmungen wegkonkurriert werden können, weil diese abermals teurer produzieren würden. Der neue Produktionsumfang ist natürlich zu groß; schon beim Konkurrenzpreis mußte die Produktion kleiner sein als sie jetzt ist, und erst recht bleibt also beim neuen erhöhten Produktionsumfang und Monopolpreis ein unverkäuflicher Produktionsrest übrig und muß auf dem Weltmarkt gedumpt werden – so ist diese Monopoltheorie Grundlage der Imperialismustheorie (während sie als Krisentheorie durch *Löwes* neuere Arbeiten überholt ist). Die ganze Theorie fußt aber auf strengen statischen Voraussetzungen: einer ein für alle Mal gegebenen Rangordnung der Produktionsstätten und Produktionsmöglichkeiten in bezug auf die Produktionskosten; sie sieht also von allen organisatorischen und technischen Neuerungen ab oder nimmt an, daß sie allen Betrieben genau gleichmäßig zugute kommen, an der Rangordnung also nichts ändern. Noch schlimmer: die für diesen Teil des Gedankenganges unentbehrliche statische Voraussetzung wird für eine andere Wendung desselben Gedankenganges notwendigerweise und ausdrücklich preisgegeben, wenn es da heißt, daß die Vorteile der Großproduktion in der Konkurrenz zur Akkumulation zwingen: die Erweiterung der Produktion ist also nicht nur zu höheren, sondern bei genügendem Betriebsumfang auch zu geringeren Kosten möglich. In diesem Falle entfällt die Monopolsicherung wie im entgegengesetzten Falle die Akkumulation.

2. Die volkswirtschaftliche Bedeutung des Monopolgewinns

Noch sinnloser als die Leugnung der Monopolmacht überhaupt ist es, den Monopolgewinn als solchen anzuerkennen, aber seine volkswirtschaftliche Bedeutung durch einen terminologischen Kunstgriff zu verschleiern. Der Monopolgewinn verschiebt die Einkommensverteilung zugunsten des Machthabers und zuungunsten der Beherrschten und bringt eben darin das Wesen dieser Herrschaft zum untrüglichen Ausdruck. Selbst wenn es wahr ist, daß die Summe aller Einkommen, also das »volkswirtschaftliche« Einkommen, durch das Monopol nicht verändert wird[1], so wäre diese Feststellung irreführend, weil ihre Absicht nicht auf die Trivialität des Identitätssatzes, sondern auf den Beweis für die »volkswirtschaftliche« Harmlosigkeit des Monopols gerichtet ist.[2] Solange nämlich die »Verteilungstheorie« zur »Volks-

1 Dies ist der Fall bei isoliertem Monopol und allseits horizontal verlaufenden Kostenkurven; für eine allgemeine Monopolisierung, wie sie unserer Wirklichkeit viel eher entspricht, ist die Frage strittig. Daß die Einkommensumme in vielen Fällen durch Monopolisierung wächst, wird weiterhin ausführlich erörtert.

2 Barone, *Grundzüge der theoretischen Nationalökonomie* S. 182, 211; ebenso Lampe, *Notstandsarbeiten oder Lohnabbau?* S. 91 ff.: ». . . Was die Konsumenten verlieren, gewinnen die Monopolisten. Diese gewaltsame Einkommensumschichtung muß, so bedenklich sie sozial sein mag, wirtschaftlich nicht nachteilig werden.« Auch Halm, *Monopolistische Bestrebungen in der Gegenwart, Handw. der Staatswiss.* 4. Aufl., Ergänzungsband S. 689. Übrigens zum Thema *Barone:* Seit wann wird ein aus einer fremden Sprache übersetztes Werk auf dem Titelblatt als ein gemeinsames Werk seines Verfassers und seines Übersetzers bezeichnet? Fühlt man die darin gelegene Mißachtung der produktiven geistigen Arbeit gar nicht? – Ferner: der im Text gerügte Fehler ist eine der zahlreichen Stellen, an denen deutlich wird, daß das ausgezeichnete kleine Werk nur gerade für denjenigen Zweck ganz untauglich ist, für den *Schumpeter* es in seiner Vorrede empfiehlt: für die Einführung in unsere Wissenschaft. Immer ist ja die Abstraktheit der mathematischen Darstellung deswegen besonders gefährlich, weil den Ungeschulten die sachlichen Voraussetzungen und Fragestellungen nicht klar erkennbar sind. Für den kritischen Leser dagegen gibt es in

wirtschaftslehre« gehört, muß sinngemäß die »volkswirtschaftliche« Bedeutsamkeit einer Verschiebung der Einkommen zwischen den Teilen der Volkswirtschaft anerkannt werden; zur Feststellung des »volkswirtschaftlichen Einkommens« braucht man gerade keine Verteilungs- oder Einkommenslehre, da diese von den Grundsätzen handelt, nach denen die Gesamtsumme sich spaltet.

Und auch der volkswirtschaftlichen Beurteilung kann die monopolistische Einkommensverschiebung nicht entzogen werden. Zwar der Gesichtspunkt, daß der eine im Marktablauf »zu wenig«, der andere »zu viel« erhält, hat innerhalb des Systems an sich keinen Platz, solange das Entgelt die rationale Bewertung der Beiträge zur Güterherstellung durch die Gesamtwirtschaft ausdrückt, diese Bewertung also die Bedingung weiterer Rationalität und Produktivität bildet. Jede Abweichung von dem rationalen Preise verhindert ja den Ausgleich des Marktes: eine Senkung schreckt das Angebot ab, eine Erhöhung lockt aus anderen Verwendungen neues Angebot her, verhindert dadurch nochmals den Ausgleich und stört die Rationalität des weiteren Ablaufs. Jeder erhält im Preise seines Beitrages zur Güterherstellung dessen Wert für die Verbraucher vergütet, und wenn es wahr wäre, daß jeder ausschließlich nach seiner persönlichen Leistungsfähigkeit beiträgt, so wäre die individuelle Gerechtigkeit jener Vergütung zugleich die Bedingung für den harmonischen Fortgang der Gesamtwirtschaft im Einklang mit dem Bedarf. Auch nach der Durchbrechung der individuellen Gerechtigkeit durch Großbetrieb und Eigentum bleibt doch immer die rationale Preis- und Einkommensbildung der Regulator der Gesamtwirtschaft. Man mag bedauern, daß der vom Markte am dringendsten begehrte und am höchsten bewer-

deutscher Sprache nichts, das an die hier vollbrachte Verbindung von Präzision und Elastizität der Darstellung heranreichte. Das gilt besonders von dem im Zusammenhang des Textes interessierenden Teil IV, der die Zusammenschlüsse behandelt.

tete Beitrag nicht notwendig dem tüchtigsten Mann verdankt wird, weil andere einen Vorsprung im Wettbewerb haben; man mag über die Abschaffung des Vorsprungs nachdenken; man mag berücksichtigen, daß die Verfälschung des Wettbewerbs auch das Bedarfsbild verfälscht, weil nun andere anderes begehren, als es im frühliberalen System der individuellen Gerechtigkeit der Fall wäre; – immer noch entspricht die Höhe des Einkommens zwar keineswegs der persönlichen Tüchtigkeit allein, jedenfalls aber der sachlichen Wichtigkeit der Leistung im Dienste des nun einmal gegebenen Bedarfs, und immer noch spornt die Höhe dieses Einkommens zur Vermehrung der Leistung, zur besseren und prompteren Bedienung des Bedarfs an. Sieger im Wettbewerb ist, wer einen Vorsprung in der Bedienung der Verbraucher gewinnt, gleichgültig woher der Vorsprung stammt. Im Monopol ist dagegen nur die Form des Vorgangs beibehalten, der Sinn aber ins Gegenteil verkehrt. Die Dringlichkeit des Begehrs bestimmt nach wie vor den Preis und das Einkommen; aber wie die Dringlichkeit im Wege der Angebotsverknappung durch den Leistenden selbst künstlich geschaffen oder erhöht ist, so entfällt auch die künftige Verbesserung der Versorgung, die Anspornung des künftigen Angebots durch den gegenwärtigen Preis. Wenn früher die Höhe des Einkommens von der Güte der Marktleistung abhing, so eröffnet sich nun erstmals die grundsätzliche und systemgerechte Möglichkeit, aus schlechterer Leistung mehr zu verdienen als aus der guten und reichlichen. Und wenn früher eine überdurchschnittliche Einkommenshöhe sich für das Allgemeininteresse dadurch rechtfertigte, daß sie neues Angebot herbeilockte und so für ihren eigenen Abbau sorgte, soweit nicht die natürliche Seltenheit des Talents im Spiele war, so ist diese heilsame Wirkung nun abgerissen. Das Privatinteresse ist aus dem Dienste der

Versorgung ausgebrochen, in den es doch durch die Natur selbst eingespannt zu sein schien; nach der sozialen ist auch die wirtschaftliche Harmonie zerstört. Darum ist das Monopol die gleichsam Fleisch gewordene Widerlegung des privatwirtschaftlichen Systems und ist als solche seit jeher von allem echten Liberalismus bekämpft worden.

Darum ist es im Monopolfalle auch nicht länger angängig, die Rangordnung der Bedürfnisse nach der sie vertretenden Kaufkraft hinzunehmen. An sich kommt in der Stärke der Nachfrage, mit der ein Bedürfnis sich auf dem Markte Geltung verschafft, eine stets wechselnde Kombination von individueller Bedürfnisintensität und persönlicher Kaufkraft zum Ausdruck. Hätten alle Menschen genau gleiche Bedürfnisse und gleich viel Geld, so könnte es zu keiner Überbietung kommen, und man müßte eine andere Art der Verbrauchsbeschränkung bei knappem Angebot suchen; bei gleichen Bedürfnissen und verschiedener Kaufkraft würde die stärkere Kaufkraft, im umgekehrten Falle das stärkere Bedürfnis den Sieg davontragen; wenn – wie heute – die Menschen und ihre Bedürfnisse verschieden sind, ihre Einkommen aber noch viel verschiedener, so bringt die Kraft, mit der ein Mensch Nachfrage nach einem Gut entfaltet, grundsätzlich beide Momente in jeweils wechselnder Kombination zum Ausdruck, jedoch mit stärkster Annäherung an den ersten der beiden Fälle.[1] Die Volkswirtschaft also behandelt die einzelnen Bedürfnisse so, als ob die Menschen, die Bedürfnisträger, gleich starken Bedürfnissen auch gleiche Geldausdrücke verleihen könnten, als ob also die Verschiedenheit der Geldausstattung bei den verschiedenen Menschen keine Rolle spielte: sie macht die individuell unver-

1 Diese Sätze sind entnommen aus dem Aufsatz des Verf. *Zur Kritik des Kapitalismus und der Nationalökonomie, Blätter für religiösen Sozialismus* 1926 Januar/Februar. Der Verfasser hält diesen Aufsatz ausdrücklich aufrecht, und bedauert, daß die ausführliche Kritik von Halm, *Die Konkurrenz*, S. 59, auf dem Mißverständnis eines Wortes beruht. Halm glaubt, daß in der vom Verf. hypostasierten diktatorisch regierten Wirtschaft mit »Bedeutungsgrößen« gerechnet werden solle, und übersieht, daß synonym mit diesem anstößigen Wort im gleichen Absatz von »Preisen« gesprochen wird und daß in der Tat eine echte Preisbildung als Wegweiser für die Zuweisung der Produktionselemente in die rationellsten Verwendungen durch den Diktator vorliegt, bei freier Verausgabung der diktatorisch zugewiesenen Einkommen.

gleichbaren Bedürfnisse durch die Geldform vergleichbar und befriedigt sie in der Rangordnung ihrer Geldausdrücke. Ebenso nimmt die Volkswirtschaftslehre – notgedrungen – zum Maß der Nutzenverwirklichung den Geldausdruck der Bedürfnisse, sieht also ausdrücklich davon ab, daß der Grenznutzen des Geldes bei den einzelnen Menschen und Menschengruppen verschieden ist, daß das Geld eben je nach dem individuellen Reichtum individuell verschiedenes bedeutet.[1] Man kann sagen, daß die Volkswirtschaftslehre im Sinne des von ihr abgebildeten Systems gleiche Grenznutzen des Geldes fingiert, um den Gesamtnutzen der Wirtschaft feststellen zu können.

Diese theoretische Annahme ist zwar falsch; aber sie rechtfertigt sich im liberalen System, wenn man auf dessen ursprüngliche Konzeption zurückgeht. Dann bringt die Rangordnung der Kaufkraft, mit der die einzelnen Menschen Nachfrage entfalten, genau ihre natürliche Rangordnung im Dienste der allgemeinen Versorgung zum Ausdruck, und wenn der Bedarf des kaufkräftigeren Mannes dem gleichartigen Bedarf des weniger kaufkräftigen vorgezogen wird, so wegen der größeren Tüchtigkeit des ersten im Vergleich mit dem zweiten. Die Verschiedenheiten des Reichtums sollen und dürfen hier bei der Bewertung der Bedürfnisse nicht berücksichtigt werden, weil sie ihrerseits rationales Wirtschaftsergebnis sind, den Verschiedenheiten der Leistungen entsprechen. Die Annahme gleichen Geldgrenznutzens ist systemgerecht; sie ist die theoretische Erinnerung an die ursprüngliche Idee gleicher Chancen für alle Wettbewerber. Sie verliert dann ein gutes, vielleicht das beste Stück ihrer Rechtsgrundlage im Laufe der Entwicklung zum Großbetrieb und Großeigentum, weil nun die persönliche Tüchtigkeit aufhört, allein maßgebend für die Geldausstattung und den Geldgrenznutzen zu sein. Aber immer noch bleibt der Reichtum und der Geldgrenznutzen Ausdruck für die sachliche Wichtigkeit des auf dem Markte Geleisteten, gleichgültig warum gerade dieser und nicht jener es zu leisten vermochte. Immer noch ist es insofern möglich – obgleich schon sehr schwer –, von den Verschiedenheiten des Geldgrenznutzens abzusehen und das kaufkräftigere Bedürfnis als vorzugswürdig zu behandeln. Denn immer noch ist das hohe Einkommen eine Bescheinigung über die sachliche Wichtigkeit des Geleisteten und

1 So *Pigou* und *Clark*.

zugleich ein Wegweiser für die künftige Leistungsrichtung der anderen. Der letzte Rest dieser Möglichkeit wird aber vom Monopol zerstört, indem es den freien – obgleich schon durch den Vorsprung des Eigentums verfälschten – Wettbewerb aufhebt. Denn beim Monopolisten ist jeder Zusammenhang zwischen der sachlichen Wichtigkeit seiner Leistung und dem Grenznutzen seines Geldes in Wahrheit zerrissen, obgleich die äußere Form des Preises als Gradmesser für die Wichtigkeit der Leistung auch hier gewahrt bleibt.

Wenn es somit einen innerwirtschaftlichen Maßstab für die Vorzugswürdigkeit der Bedürfnisse nicht mehr gibt, so muß für die Beurteilung der monopolistischen Einkommensverschiebung ein neuer, äußerer, fremder Maßstab gewählt werden. Als solcher bietet sich, da gerade das persönliche Tüchtigkeits- und das sachliche Leistungsmoment durch das Monopol ausgeschaltet sind, nur noch die individuelle psychophysische Stärke der Bedürfnisse, denen die Wirtschaft dient. Diese sind zwar von Person zu Person nicht vergleichbar; aber indem gleichartige Bedürfnisse verschiedener Personen als gleich stark angenommen werden, ist der in Kauf genommene Fehler unendlich viel kleiner als der frühere Fehler, Bedürfnisse von gleicher Kaufkraft auch im Monopolbereich als gleich stark anzunehmen. Der Maßstab ist ganz und gar auf den Verbrauchszweck der Wirtschaft eingerichtet, und die verbrauchenden Menschen werden als einander gleich angenommen; eine Verbindung zwischen dem Maße ihres Verbrauchs und der sachlichen Wichtigkeit ihrer Leistung oder dem Grade ihrer persönlichen Tüchtigkeit besteht nicht.

Vergleicht man nun die Versorgung vor und nach der Errichtung des Monopols und nimmt an, daß die Monopolisten ihren Gewinn aus der Produktionseinschränkung der Ware a für die Erlangung der Ware b ausgeben und dadurch die Produzenten von b zu einer entsprechenden Produktionsausdehnung veranlassen, so ist nur das technische Produktionsvolumen im ganzen unverändert, die Versorgung aber verschlechtert. Die gegenteilige Behauptung beruht entweder auf einem technologischen Mißverständnis oder auf der trivialen und nichtssagenden Frage nach dem »volkswirtschaftlichen« Durchschnittseinkommen oder auf der gerade beim Monopol sinnlosen Bewertung der Bedürfnisse nach ihrem Geldausdruck. Nimmt man gleiche Stärke gleichartiger Bedürfnisse bei verschiedenen Personen an, so ist normalerweise[1] der Nutzenentgang bei den Verbrauchern der Monopolware größer als der – in Geld gerechnet gleich große – Nutzenzuwachs bei den Monopolisten, die ja als Monopolisten schon Großeigentümer sind. Das gilt selbst dann, wenn man den vorhergehenden Konkurrenzzustand als ein wirkliches Gleichgewicht oder relatives Nutzenmaximum ansieht; dann bedeutet die Abweichung vom Gleichgewicht eo ipso eine Verschlechterung.[2]

Das Monopol ist also eine wirtschaftliche Machtstellung eigener Art mit eigentümlichen Machtmitteln und mit grundsätzlich ungünstiger wirtschaftlicher Wirkung.

3. Monopolistische Kostensenkung und Preiserhöhung

Freilich ist die wirtschaftliche Wirkung des Monopols nicht eindeutig; der Monopolpreis liegt möglicherweise bei dem Konkurrenzpreis oder sogar darunter, das Angebot bei dem der Konkurrenzzeit oder darüber, auch dort, wo es sich um ein echtes Monopolunternehmen handelt, nicht um die Niederringung eines Außenseiters oder um die Konkurrenz der Monopolware mit irgendeiner ande-

1 Von dem Fall, wo die Käufer von a reicher sind als die monopolistischen Verkäufer, kann wegen seiner geringen Bedeutung für das Problem der Gesamtversorgung abgesehen werden, außer für die Monopolisierung der Arbeit, die später behandelt wird, vgl. Vierten Abschnitt Zweiten Teil B 7.

2 Die hier beendete umständliche Erörterung dient der Auseinandersetzung mit theoretischen Zweifeln an dem zuletzt eingeschlagenen Verfahren. Der nicht theoretisch eingestellte Leser ist berechtigt, sich unter Berufung auf den gesunden Menschenverstand mit dem letzten Absatz zu begnügen, die vorhergehenden klein gedruckten Absätze also zu überschlagen.

ren, für den gleichen Zweck tauglichen Ware. Zwei Fälle sind dabei zu unterscheiden.

An sich bringt die Produktionseinschränkung – bei unverändertem Stande der Nachfrage – eine Preiserhöhung mit sich. Es fragt sich nun, ob der Preis über den Kosten liegt, also Gewinn bringt. Und zunächst scheint es, als sei diese Möglichkeit bei einheitlicher Beherrschung des Angebots – oder eines genügend großen Teiles davon – immer gegeben. Denn durch den bisherigen Konkurrenzpreis kamen Angebot und Nachfrage zum Ausgleich, und der Preis deckte die Kosten; und gleichgültig, ob die Produktion unter zunehmendem oder gleichbleibendem oder abnehmendem Ertrage vor sich geht, sie wäre nicht bis zu jenem Punkt ausgedehnt worden, wenn nicht bei geringerer Produktion ein Gewinnunterschied zwischen Preis und Kosten zur Ausdehnung angereizt hätte. Anders ausgedrückt: die Tatsache des Schnittpunktes an der bisherigen Stelle schließt schon in sich, daß links von ihm die Nachfragekurve über der Angebotskurve liegt, selbst wenn die Angebotskurve nach links hin steigt. Dennoch kann einerseits die monopolistische Produktionseinschränkung und Preiserhöhung unmöglich sein, anderseits sogar eine Produktionsausdehnung und Preissenkung die Wirkung des Monopols sein. Bei der Produktionseinschränkung nämlich unter den in der Konkurrenz erreichten Stand wird nicht einfach die ehemalige Kostenlage wieder hergestellt; obgleich bei kleinerem Produktionsumfang seiner Zeit ein Gewinn übrigblieb, der eben die Produktionsausdehnung durch die Konkurrenz erzwang, so wird die neuerliche Verkleinerung der Produktion die Kosten vielleicht über den damaligen Stand erhöhen: die alte Kostenkurve gilt nicht mehr. Sie gilt um so weniger, wenn bei der Produktionseinschränkung feste Anlagen unbenutzt bleiben, die es in jenem früheren Stadium vor Erreichung des Konkurrenzgleichgewichts doch noch nicht gab. Da also die Kostenkurve erhöht wird, so steigt sie nun möglicherweise über die Nachfragekurve auch links vom bisherigen Schnittpunkt, und um so leichter, je stärker ihre Erhöhung und je flacher – elastischer – der Verlauf der Nachfragekurve ist. In einem solchen Falle würde eine Produktionseinschränkung somit keinen Gewinn, sondern einen Verlust erbringen, und es gibt dann keine Möglichkeit, das Monopol auszunutzen. Diese Feststellung ist unabhängig von der Gefahr neuer Konkurrenz etwa auf der Grundlage verbesserter technischer Methoden; auch wenn nichts derartiges vorliegt oder das Monopol durch Rohstoffbesitz oder langfristige Exklusivverträge unbedingt gesichert ist, kann es zu einer preispolitischen Auswirkung des Monopols nicht kommen.

Noch wichtiger und in der Tat von größter, grundsätzlicher Bedeutung ist der häufige Fall einer sogar günstigen Wirkung des Monopols auf die Lage der Verbraucher. Diese Möglichkeit ergibt sich genau analog der vorigen, aber in entgegengesetzter Richtung. Im vorigen Falle wurden die Stückkosten durch monopolistische Produktionseinschränkung verändert, und zwar zuungunsten des Monopols und in genügendem Grade, um die der Angebotsverminderung zugehörige Preiserhöhung wettzumachen oder zu überwiegen. Jetzt dagegen wird als Begleiterscheinung der Monopolisierung eine Kostensenkung angenommen, wie sie etwa durch tiefergreifende Arbeitsteilung innerhalb des nun zusammengefaßten Produktionskomplexes oder im Mindestfalle der Kartellierung doch unmittelbar durch das Aufhören des Konkurrenzkampfes und seiner Kampfkosten erzielt wird. An sich kann ein gegebenes Kapital bei geringeren Kosten mehr produzieren und muß und kann dann auch die Preise senken. Das Wesen der Monopolisierung aber äußert sich in einer Zurückhaltung des Angebots von diesem nun erreichbaren Stande und in einer entsprechenden Hochhaltung des Preises über der neuen Kostenlage, so daß eben der Unterschied den Monopolgewinn ausmacht. Trotzdem liegt der nunmehrige Monopolpreis möglicherweise unter dem alten Konkurrenzpreis – das Monopolangebot über dem alten Konkurrenzangebot –, weil für die Monopolrechnung nur das Verhältnis des gegenwärtigen Preises zu den gegenwärtigen Kosten, nicht zu dem früheren höheren

Kosten- und Preisstande in Betracht kommt. Die Nichtausnutzung der produktiven Möglichkeiten kennzeichnet den Fall als einen echten Monopolfall; seine eigentümliche Bedeutung und Kompliziertheit liegt aber in der Tatsache, daß jenes negative Moment durch die Kostensenkung überwogen wird und daß diese entscheidende Kostensenkung gerade nur der Zusammenfassung des Angebots verdankt wird, in der Konkurrenz also unerreichbar wäre. Es ist dann durch die Zusammenfassung ein neuer Wirtschaftsvorteil erschlossen und zum Teil den Verbrauchern zugeleitet, zum andern Teil für den Monopolisten zurückgehalten. Im Grenzfall würde der ganze Vorteil für den Monopolisten beschlagnahmt werden und die Lage der Verbraucher dieselbe sein wie früher in der Konkurrenz. Ein gemeinnütziger Monopolist könnte, falls er technisch und organisatorisch dasselbe leistet, den ganzen Vorteil den Verbrauchern zuleiten; die Konkurrenz aber könnte den Vorteil nicht erzielen.

Eine nähere Prüfung zeigt, daß dieser günstige Fall der Monopolwirkung nicht dem in ihm enthaltenen Monopolelement, sondern der Zusammenfassung als solcher zuzuschreiben ist. Monopolisierung ist immer auch Zusammenfassung; Zusammenfassung aber braucht nicht Monopolisierung zu sein.[1] Sie kann sich auch auf einen Teil der Produktion beschränken und senkt dann, wie im Monopolfall, die Kosten und erlaubt eine Angebotsvermehrung, vermeidet aber zugleich die monopolistische Nichtausnutzung dieser produktiven Möglichkeiten und die monopolistische Hochhaltung des Preises über den Kosten. Die Monopolisierung bringt eine eigene Wirkung hervor, die der produktiven Zusammenfassung an sich fremd ist. Die

1 *Barone* behandelt den günstigen Monopolfall nicht als solchen, sondern als einen Sonderfall der kostensparenden Zusammenfassung und vermeidet so die Notwendigkeit, vom Monopolprinzip gesondert zu sprechen.

Zusammenfassung ihrerseits ist überhaupt keine arteigene Erscheinung, sondern nur ein anderer Name, allenfalls eine Gradsteigerung des Aufstiegs zum Großbetrieb. Die Versorgungsfrage im Monopolbereich klärt sich also dahin, daß die Monopolisierung, insoweit sie die großbetriebliche Kraft verstärkt, günstig wirkt, ungünstig dagegen, insoweit sie Monopolisierung ist. Welches der beiden Elemente überwiegt, das hängt in jedem einzelnen Fall von dem gerade hier erreichbaren Vorteil aus der großbetrieblichen Kostenersparung einerseits, von der Nachfragegestaltung – dem Verlauf der Nachfragekurve – anderseits ab. Überwiegt der Vorteil, so liegt ein neues Prinzip überhaupt nicht vor, lediglich ein Fortschreiten auf dem bereits bekannten Wege der großbetrieblichen Entwicklung; ein gemeinnütziges Monopol könnte den Vorteil unvermindert zur Geltung bringen. Überwiegt der Nachteil, so ist – wie oben beschrieben – die Selbstwiderlegung des privatwirtschaftlichen Prinzips Ereignis geworden. Im günstigen Falle sind die Wirkungen die aus dem Übergang zum Großbetrieb bekannten: Verbesserung der Versorgung um den Preis einer weiteren Freiheitsverminderung. Im ungünstigen Falle ist einfach eine programmwidrige – aber freilich im privatwirtschaftlich-herrschaftlichen Organisationsprinzip selbst angelegte – Tyrannei und Ausbeutung errichtet.

Die soziale Wirkung des Monopols ist unabhängig von der wirtschaftlichen, also von der Preisstellung. Die Demokratie war schon durch den Großbetrieb zerstört, die demokratische Auslese der Herrschaftsschicht durch das Eigentum durchbrochen; das Monopol bringt die grundsätzliche Abriegelung gegen unten, die Stabilisierung der herrschenden Schicht als einer neuen Feudalklasse, deren Mitglieder den Anspruch auf Herrschaft grundsätzlich auch ohne die Beglaubigung durch eine Leistung durchsetzen können. Darin unterscheidet sich das Monopol vom bloßen Eigentum, das von der Leistung ja keineswegs entbindet, sondern sie – umgekehrt – erleichtert: das Monopol muß zwar nicht, kann aber schlechtere Leistung bringen. Auch reicht die soziale Wirkung des Monopols weiter als die wirtschaftliche, sie tritt auch dort ein, wo jene fehlt, wo nämlich die monopolistische Kostengestaltung einen vom Konkurrenzpreis abweichenden Monopolpreis unmöglich macht[1] und die Verbraucher daher unberührt bleiben. Es ist nicht richtig, zu sagen, daß ein derartiges Monopol überhaupt keine Wirkung habe, da ihm doch nur die wirtschaftliche Wirkung fehlt: der Inhaber der Monopolmacht als solcher ist vor der Konkurrenz gesichert; er ist nicht in Gefahr, verdrängt zu werden, wie alle Wirtschafter sonst, und das mag ihm persönlich viel wichtiger sein als ein Gewinn und ist jedenfalls grundsätzlich viel wichtiger.

4. Verbraucherschutzpolitik

Die Gegenwirkung gegen die monopolistische Politik wird ursprünglich nicht von der sozialen Bewegung getragen. Denn so sehr die sozialen Probleme durch die monopoli-

1 Vgl. oben S. 75. Der Monopolist hat, wenn er keinen Monopolgewinn erzielen kann, auch keine besondere Konkurrenz aus der Neugründung von Unternehmungen zu befürchten; er genießt schon an sich die Sicherheit der aus der Menge nicht Hervorragenden, kein Interesse Erregenden. Aber das genügt ja gerade in der dynamischen Konkurrenzordnung keinesfalls, und darum kann die tatsächliche Sicherheit der Monopolstellung auch in diesem Falle, wo sie überflüssig erscheint, bedeutsam werden. Das schließt wieder nicht aus, daß der Dynamik eines wirklichen Fortschritts auch die zunächst gesicherte Monopolstellung über kurz oder lang weichen muß, wenn sie nicht fähig sein sollte, ihn sich zu eigen zu machen; Exklusivverträge z. B. laufen ab, und die Kontrahenten werden sich der Erneuerung entziehen, wenn ihnen das größeren Vorteil bringt. Aber jedenfalls reicht die Monopolstellung weiter als der Monopolgewinn.

stische Befestigung der Kapitalmacht verschärft werden, so ist das Problem des Monopolismus doch in erster Reihe und ganz unmittelbar ein wirtschaftliches in dem neuzeitlichen Sinne dieses Wortes: ein Verbraucherproblem. Insoweit reicht es auch weit über den Umkreis derer hinaus, die von der sozialen Frage betroffen sind. Recht eigentlich die Allgemeinheit, gleichgültig welches ihre soziale Zusammensetzung und ihre Gliederung im Wirtschaftsprozeß ist, findet sich an der Monopolfrage interessiert, und so greifen von vornherein die öffentlichen Körper ein. Dies geschieht in dem wieder konservativ-obrigkeitlich eingestellten Deutschland vergleichsweise etwas früher, bereitwilliger und radikaler als in den eigentlichen liberalen Weststaaten, obgleich die liberale Theorie eigentlich keinen Grund zur Ängstlichkeit in dieser Beziehung bietet. Denn allen liberalen Theoretikern von *Smith* ab ist es eine Selbstverständlichkeit, daß die Voraussetzung der Privatwirtschaft die Konkurrenz ist, daß aber das Monopol in die öffentliche Hand gehört, weil es von der privaten Hand zur Ausbeutung benutzt werden würde. Wenn sich dennoch gegen die Überführung der Monopolbetriebe in die öffentliche Hand oder gegen die Einrichtung einer öffentlichen Kontrolle über Monopolbetriebe bei jedem Schritt Widerstände geltend machen, so einfach deswegen, weil die privaten Interessen nun einmal in die Macht eingesetzt worden sind, unter wirksamer Mithilfe eben der liberalen Theorie, und nicht gewillt sind, etwas davon aufzugeben, wenn das unter einem ihnen fremden Gesichtspunkt wünschenswert erscheint. Die Schwankungen und Probleme der Theorie und der Praxis in der Monopolübernahme und Monopolkontrolle[1] gehören nicht in diesen Zusammenhang. Es muß der Hinweis genügen, daß die öffentlichen Gewalten die Notwendigkeit eines Verbraucherschutzes gegenüber

1 Vgl. jetzt vor allem das oben bereits erwähnte Buch von *B. Kaufmann*.

den Monopolen schon frühzeitig anerkannten und ihn besondern bei den Verkehrsanstalten sowie der Wasser-, Gas- und Stromverteilung in energischer Weise ausübten, lange ehe die soziale Bewegung die Kraft gewann, ihrerseits in Wirtschaftsablauf und Eigentumsverteilung einzugreifen. Das schließt nicht aus, daß die beiden Ströme sich vereinigen, daß die grundsätzliche Gegnerschaft gegen das Privateigentum den Kampf gegen das Monopoleigentum verstärkt, wie besondern der in England so genannte Munizipalsozialismus zeigt. Noch wichtiger ist die Wirkung in umgekehrter Richtung: die Kritik der sozialen Bewegung an der Kapitalherrschaft, die Klagen über die soziale Not begegnen außerhalb der betroffenen Kreise einem wachsenden Verständnis, sobald man auch hier die Kapitalmacht in der Form des Monopols zu fühlen bekommt. Es kann in der Tat nicht verborgen bleiben, daß Monopolabwehr und soziale Bewegung denselben Gegner bekämpfen, und so kommen die Erfahrungen jener auch dieser zugute, und die Front der sozialen Bewegung erweitert sich in die Verbraucherschutzpolitik hinein.

D. Kapitalismus und rationalistische Eigengesetzlichkeit

Die dargestellte Dialektik der Freiheit führt von der Freiheit des Menschen, die der Sicherung durch Eigentum bedarf, zur Freiheit des Eigentums und ihrem Sieg über die Freiheit des Menschen und erzeugt schließlich aus sich die neue Freiheitsbewegung, deren institutionelles Programm dem der alten entgegengesetzt ist. Ein seltsamer Weg, und ganz verständlich nur, wenn man bedenkt, welches die treibenden Kräfte in diesem wie in jedem Geschichtsprozeß sind.

Die liberal-kapitalistische Entwicklung faßt sich selbst als rational auf. Sie glaubt an die Kraft der Vernunft und der Freiheit; mit dieser Kraft kritisiert und zerstört sie die irrationalen Gebundenheiten des Mittelalters, die sich wegen ihrer Irrationalität vor der kritischen Vernunft nicht rechtfertigen konnten, und mit dieser Kraft baut sie die neuzeitliche Welt der Wissenschaft, der Technik und des Kapitalismus. Das Irrationale erscheint dem liberalen Denken als ein schlechthin Negatives; es ist ihm nicht das »Unbegreifliche«, das »Unerforschliche«, sondern das »Unvernünftige« und wegen der Vernünftigkeit der aus der Allvernunft stammenden Schöpfung auch das Naturwidrige; eben deswegen scheint es zum Untergang bestimmt, sobald nur die natürliche Vernunft sich ihrer Kraft bewußt wird. Das Irrationale gilt hier als der kontradiktorische Gegensatz des Rationalen, nach seiner Substanz wie nach seinem sittlichen Wert und seiner Lebenskraft und -dauer. Aber das Rationale ist nicht das Prinzip des Lebens. Kein Wesen lebt aus dem Denken; keine lebendige Leistung entstammt ihm, nicht in der Wissenschaft noch in der Praxis. Das Denken kann sich nur des bereits Vorhandenen bemächtigen und es klären; es kann mit dem Gegebenen und von ihm aus rechnen. Leben aber und Geschichte ist die Aufeinanderfolge, das Auseinander-hervorgehen immer neuer lebendiger Qualitäten, neuer sinnvoller Wesenheiten, deren keine mit der vorigen kommensurabel, aus ihr errechenbar, sondern nur dem Mitlebenden verständlich ist. Das Irrationale ist nicht der Gegensatz des Rationalen; es ist eine viel tiefere Schicht, die eigentliche Tiefenschicht des Lebens: der Drang der lebendigen Wesenheit nach Verwirklichung, Gestaltung und Erfüllung. Es ist das Lebendige im Leben, das Bewegte und Bewegende, das dynamische Element; daher »transzendiert« es die Unbewegtheit der rationalen Maßstäbe und ihrer Anwendung: es bricht in sie ein und zerbricht sie immer von neuem. Es verbindet sich zwar auch mit ihnen, es bedarf ihrer zu jeweils neuer Verwirklichung und Gestaltung; denn die Vernunft ist ein gewaltiges Werkzeug des Lebens. Aber die Vernunft in ihrer Zeitlosigkeit hält ihr Werk leicht für ewig und für ihr Werk und pocht darauf; und so bricht in die Form, die dem Wesen rational angepaßt war, neues gewandeltes Wesen ein und droht in ihr zu ersticken oder sie zu mißbrauchen, bis sie endlich gesprengt wird. In den rational-begründeten Bestrebungen und hinter ihnen wirkt die Kraft der lebendigen Wesenheit, in ihnen wird sie ins Bewußtsein gehoben und zum Ausdruck gebracht; aber sie geht nicht ganz in sie ein, sie erschöpft sich nicht in ihnen. Der Konflikt wird um so schwerer, je mehr das Bewußtsein diesen Tatbestand verkennt und sich selbst für das ganze Leben hält. Dies ist die Tragödie des liberalen Freiheitsgedankens, wie *Tillich* sie darstellt.

Das Vernunftpathos der liberalen Freiheitsidee war, aus der jenseits ihrer gelegenen Zeit betrachtet, alles andere als natürlich, selbstverständlich und voraussehbar; es war ein irrationaler Einbruch, der die ihm innewohnende Kraft und Leidenschaft durch die Umgestaltung des Erdballs bewährt hat. In vielen früheren und gleichzeitigen Kulturkreisen hat es Mittelalter gegeben, darin stets auch das verhältnismäßig beweglichste Element, den Handel; aber nur einmal in der Geschichte ist Kapitalismus daraus hervorgebrochen. Sein Ursprung galt den damaligen Menschen weithin als ein teuflisches Beginnen und ist auch uns Nachgeborenen und in ihm Lebenden ein doppeltes Rätsel. Jede Geschichtswende bietet uns Beispiele für den dynamischen Vorgang, durch welchen aus einer Lebensform eine andere hervorgeht und ihre Stelle einnimmt, und der das allgemeine Rätsel des Lebens in sich birgt. Aber die jeweilige geschichtliche Gestalt war doch sonst immer in sich verhältnismäßig beruhend und gleichförmig; nicht unbewegt – denn sie war lebendig –, aber sich allmählich nach dem Bilde des Organismus wandelnd; sie war stets vergleichsweise statisch. Erst die kapitalistische Lebensform ist nicht nur gegen die frühere dynamisch abgesetzt, d. h. einfach: andersartig; sie ist in sich während ihrer ganzen Dauer dynamisch, eine permanente Revolution, wo jede Welle die vorige verschlingt und nichts Dauer hat als der Wechsel. Ihren Ursprung können wir beschreiben und anschaulich machen; wie aber aus dem sonst immer statischen Wesen des Menschen das grundsätzlich dynamische Wesen hervorgehen konnte, das ist ein besonderes und einmaliges Rätsel zu dem allgemeinen Rätsel der Geschichte.[1] Im Verlauf der liberal-kapitalistischen Geschichte gibt es nochmals eine besondere Etappe, an welcher das schlechthin Irrationale – hier das »Unvorstellbare« – ihres weiteren Ganges grell beleuchtet wird: die Wendung zur Maschine und zum Großbetrieb und die dadurch vollzogene Zerschlagung der Freiheitslehre.

An dem Rätsel ändert sich nichts, auch wenn man es durch so kompakte Begriffe wie »Konkurrenz« oder »Kapital« zu beheben glaubt: dann steckt es einfach in diesen Begriffen. Konkurrenz hat es oft gegeben, aber statische; ja sogar bis zum heutigen Tage hat sich inmitten aller kapitalistischen Dynamik die statische Konkurrenz der Kleinhändler, der Bauern und z. T. der Handwerker erhalten; sie empfindet alle über die Erreichung eines kleinbürgerlichen Daseins hinausgehende Anstrengungen als »unrationell«, »unökonomisch«, unlohnend und zwingt dank der unbeschränkten Herrschaft dieser Emp-

1 Diesem besonderen Rätsel als solchem und gerade im Vergleich mit dem sozusagen normalen Verlauf aller sonstigen Geschichte, dem statischen, galt *Max Webers* Lebensarbeit.

findung niemandem solche Anstrengungen auf.[1] Sie ist der lebende Gegenbeweis gegen die Behauptung, daß Konkurrenz an sich dynamisch sei; es wäre nur ein terminologischer Kniff, wollte man der dynamischen Konkurrenz den Namen »Konkurrenz« vorbehalten, die statische Konkurrenz aber nicht als solche gelten lassen, obgleich keinerlei Verabredung vorliegt. Der Unterschied liegt eben nicht in der Organisationsform der Konkurrenz, sondern in der geistigen Wesensart der beteiligten Menschengruppen. Genau so muß eine rein ökonomische oder »materialistische« Betrachtungsweise das Geschäftskapital des kleinen Kaufmanns durchaus als »Kapital« anerkennen, obgleich ihm der dynamisch-revolutionäre Charakter des spezifischen Kapitalbegriffs ganz und gar abgeht. Und entsprechend umgekehrt wird durch das Auftreten einer wirklichen »kapitalistischen« »Konkurrenz« die statische Atmosphäre zerstört, wie heute im Einzelhandel – durch Warenhäuser und Filialbetriebe – und wie stets beim Übergang aus jedem Stück Mittelalter in den Kapitalismus, z. B. am Beginn; immer wird dadurch die organisatorische Zugänglichkeit der statischen Sphäre für die dynamische Konkurrenz, also der Konkurrenzcharakter jener bewiesen. Auch die marxistischen Begriffe also erklären nicht, wo nichts Erklärbares ist: im Gegenteil verrät gerade ihre dynamische Geladenheit den geistigen Charakter dieser vermeintlich »materialistischen« Begriffsbildung, welche den Geist in die »Dinge« einschließt und ihn dadurch unsichtbar zu machen glaubt.[2]

Nach alledem muß es als ein erstaunliches Paradoxon der Geschichte erscheinen, daß die ganze ungeahnte Entwicklung sich selbst als Rationalismus auffaßt. Diese

1 Hierüber und über die daran sich knüpfenden wirtschaftlichen Probleme handelt der zweite Abschnitt.

2 Unsichtbar nicht für *Marx* selbst, aber für die meisten seiner Nachfolger seit *Engels* und für die meisten seiner Kritiker.

Auffassung ist ja durchaus zutreffend, weil in technischer Beziehung die Maschine, in kommerzieller die Buchführung, in theoretischer die Entdeckung der Rationalität des Marktes ihm das Gepräge geben. Aber wenn die Entdekkerfahrten des dynamischen Geistes sich auf dem bisher ungenutzten Schiffe der Vernunft vollzogen, so ist er darum doch nicht minder abenteurerisch. Genau so hat die zum Kapitalismus gehörige, ihn abbildende Nationalökonomie ihn seit jeher und bis in den Beginn unseres Jahrhunderts als ein statisches System beschrieben; nicht als unbewegt, aber doch im Prinzip als geschichtslos, vernunftgemäß, dauernd; ja als mit leichten Schwankungen in einem Gleichgewicht ruhend und immer zu ihm zurückkehrend. Nur *Marx,* der Gegner, hat mit der Liebeskraft des Hasses[1] das dynamische Wesen des Kapitalismus unter der verschleiernden Statik der Theorie, seine Vitalität unter dem Anschein seiner Rationalität, seinen einmaligen historischen Geist in der Verkleidung zum bloßen Naturgesetz aufgedeckt. In diesem Nachweis war aber der Nachweis der Vergänglichkeit, weil der Geschichtlichkeit, enthalten und er wurde zu diesem Zweck überhaupt unternommen; der Glaube des Kapitalismus an seine Allgemeingültigkeit und ewige vernunftgesetzliche Dauer mußte daher seine eigene Geschichtlichkeit, Vitalität und Dynamik nach wie vor ableugnen. Heute ist die praktisch-politische Form des Kapitalismus immerhin genügend erschüttert, um die These von seiner Unvergänglichkeit zweifelhaft erscheinen zu lassen; um so stärker klammert er sich an die – im Grunde damit identische – These von seiner alleinigen Vernünftigkeit und Nichts-als-Vernünftigkeit.

Der Kapitalismus weiß von dem irrationalen Wesen des Lebens und daher auch von seinem eigenen Wesen nichts

1 *Sombart* in seinem Geleitwort zu seinem *Hochkapitalismus* S. XX.

und darf schon seit langem nichts davon wissen wollen. So richtig seine Selbstdeutung als Rationalismus auch ist und bleibt, so wird sie doch mehr und mehr zum Irrtum, weil sie behauptet, die ganze Wahrheit zu sein, und nur eine Teil- und Oberflächenwahrheit ist. Der Kapitalismus hält sich an die rationalistische Auffassung, daß Wirtschaft nichts ist als ein vernünftiges Mittel zum Zweck des Verbrauchs; eine Unternehmung eine Kombination von Maschinen, Buchführung und Betriebsdisziplin für die Produktion im Dienste des Verbrauchs; die soziale Schichtung die Folge der verschiedenen Tauglichkeit für den Dienst des Verbrauchs usw. usw. Er weiß nichts von seinem eigenen Machtcharakter, von dem Machterlebnis seiner Träger in den rationalen Formen, von der Erfüllung ihres Lebensdranges durch die tätige Herrschaft über Menschen und Dinge. Wer von den irrationalen Mächten des Lebens weiß, versucht sie in die Gestaltung des Lebens einzubeziehen, ihnen ihren Raum und ihre Grenzen anzuweisen; natürlich immer nur vorläufig, immer bereit, ihren Wandel zu beobachten und ihm elastisch zu folgen, damit sie nicht zerstörend ausbrechen. Der liberale Rationalismus dagegen definierte das Irrationale als das dem Vernunftgesetz der Schöpfung Entgegengesetzte und sittlich Verworfene und sprach auch hier eine Teilwahrheit und somit einen Irrtum aus. Als Verkörperung jenes Begriffs galt ihm die Macht der außer- und überwirtschaftlichen Gewalten, die den Menschen und die Wirtschaft durch die Jahrhunderte beherrscht hatten und gegen die er, der Rationalismus, die neue Freiheit zur Verwirklichung der Vernunft erkämpfen mußte. Diese Mächte also, die er haßte und mit der Waffe der kritischen Vernunft in Theorie und Praxis überwand, sollten aus der Wirtschaft und dem Leben verbannt bleiben; nicht die Macht, die Willkür, das Unberechenbare, sondern das Gesetz der vernünftigen

Natur sollte die Ordnung der Welt übernehmen. »Freies Spiel« wurde für die als bloße Vernunft aufgefaßten Naturkräfte der Wirtschaft gefordert und damit nochmals die Verbannung der irrationalen Macht aus dem Bereich der Wirtschaft vermeintlich gesichert.

Macht aber ist eine Grundqualität des Lebens. Wenn die politischen Gewalten aus der Wirtschaft vertrieben sind, so erhebt sich in und mit der rationalen Wirtschaft die Wirtschaftsmacht und bleibt doch unerkannt, weil die Wirtschaft rational geordnet, dem rationalistischen Geist daher befriedigend erklärt ist. Und wenn die rationalistische Sehweise vor dem irrationalen Wesen der wirtschaftlichen Rationalität notwendig versagt, so bleibt die kapitalistische Welt ihrer eigenen Gewaltsamkeit und Gewalttätigkeit ausgeliefert, da sie die fremden Gewalten verbannt hat. Macht und Übermacht erwachsen nun aus dem Grunde der von fremder Herrschaft befreiten Wirtschaft selbst und sind ausgestattet mit allen positiven Insignien des Gestaltungsdranges und der Gestaltungskraft, aber auch mit allen negativen Insignien des Unbeherrschten, Ungeformten, sich grenzenlos Ausrasenden, Dämonischen. Die Mächte des Lebens rächen sich an der Hybris des Rationalismus, der das Leben mit bloßer Vernunft zu meistern sich vermaß; sie verfälschen sein Werk in das Gegenteil seiner ursprünglichen Absicht. Aus der Freiheit des arbeitenden Menschen machen sie die Freiheit der Herrschaft über den arbeitenden Menschen, aus dem freien Reigen der zur Harmonie bestimmten Kräfte die Maßlosigkeit der Übermacht, der niemand in den Weg tritt, weil niemand sie als solche erkennt. »Freies Spiel der Kräfte« ist das Programm, welches die Harmonie der sich selbst überlassenen vernünftigen Wirtschaft gegen die störenden Eingriffe der politischen Gewalten verteidigen soll. Aber diese Losung war ehemals der Kampfruf gegen die Macht der verjährten

Rechte und Ansprüche über die Wirtschaft; nun ist sie der Kampfruf gegen die Versuche der außerwirtschaftlichen Macht, die Freiheit der Wirtschaftsmacht zu begrenzen und ihr die Freiheit des Menschen in der Wirtschaft abzutrotzen.

Die Lage wird zweideutig und peinlich, wenn dieselbe staatsfeindliche Wirtschaftsmacht den staatlichen Eingriff zu Hilfe ruft, wo das ihrem Interesse entspricht: der Staat soll aus patriotischer Pflicht gegenüber der nationalen Wirtschaft ihre Verluste durch Subventionen übernehmen oder die Frachten verbilligen oder gar durch Zölle die heimischen Monopole gegen fremde Unterbietung sichern – dies ist ja ein unentbehrlicher und allbekannter Bestandteil des Monopolsicherungssystems. Die nunmehrige Unterscheidung zwischen den erlaubten und den unerlaubten Staatseingriffen in die Wirtschaft kann nicht darüber hinwegtäuschen, daß der alte theoretische Sinn der Wirtschaftsfreiheit preisgegeben ist. Als die kapitalistische Wirtschaft aus der Bevormundung durch den Patrimonialstaat herausstrebte, galt der Satz von der Wirtschaftsfreiheit ohne Einschränkung. Nun fühlt sich die Wirtschaft genügend mächtig und genügend mit dem Staate verbunden, um vor einer unliebsamen Richtung der staatlichen Wirtschaftspolitik sicher zu sein; sie braucht sich daher nicht mehr grundsätzlich gegen staatliche Wirtschaftspolitik überhaupt zu verwahren. Hier wurzelt der neuzeitliche Imperialismus, in welchem der Machtwille des Staates nach außen hin mit dem gleichgerichteten Machtwillen der Wirtschaftsmacht ein Bündnis eingeht. Die Demokratisierung des Staates führt nochmals zu einer Änderung, weil nun die Gefahren eines Staatseingriffs wieder größer erscheinen im Vergleich mit dem Nutzen, den man äußerstenfalls noch erwarten kann. Die staatsfeindliche Strömung kann aber zu einer grundsätzlichen theoretischen

Formulierung angesichts des Interesses an Zöllen usw. nicht mehr gelangen.

Methodisch also steht man nun allerseits auf dem einzig möglichen Boden, die Frage des politischen Eingriffs von Fall zu Fall je nach seinem Inhalt zu entscheiden. Damit ist der Anspruch auf Wirtschaftsautomonie endgültig gefallen und das Wirtschaften als das anerkannt, was es ist: ein Politikum. Denn ob irgendeine außerwirtschaftliche Macht im einzelnen Fall zugezogen wird, oder ob man der Wirtschaftsmacht selbst nach den ihr innewohnenden Gesetzen die Erledigung überläßt, entscheidet sich jeweils aus dem Sinn und der Richtung des Zusammenlebens überhaupt, in dessen Zusammenhang die Wirtschaft steht. Auch wenn die Antwort dem reinen Wirtschaftsgesetz überlassen bleibt, so ist doch die Frage eine politische, und auch jene Antwort ist eine politische, weil die Wirtschaftsmacht, die in dem Wirtschaftsgesetz steckt, ein politischer Faktor ist und die Wirtschaftshandlung ein politisches Faktum. Wirtschaftsfragen sind nicht Fachfragen für Interessenten, es sind politische Fragen, Fragen des Zusammenlebens, Machtfragen. Das schließt nicht aus, es schließt im Gegenteil ein, daß die Macht hier wie anderwärts an natürlich-technische Gegebenheiten gebunden ist, mit ihnen rechnen muß und ihre Grenzen nicht verrücken kann, ohne Rückwirkungen zu erfahren. Die theoretische Nationalökonomie ist der unentbehrliche Ratgeber der Politik. Aber ob die Politik jene Rückwirkungen in Kauf nehmen will, und bis zu welchem Grade, das ist wieder die politische Frage. Man kann keineswegs beliebig gestalten, man kann nicht jede Politik machen, man ist im ganzen wie im einzelnen an das Gegebene gebunden. Und man kann sowohl gute als auch schlechte Politik machen, je nach der Kraft, dem Weitblick, der fachlichen Kunst. Immer aber bleibt es Politik, d. h. auf deutsch: eine Frage der Macht zur Gemeinschaftsgestaltung. So ist auch die soziale Frage eine politische Frage, nicht obgleich – sondern weil sie auf dem Felde der Wirtschaft erwächst, auf dem Felde, welches die Politik der Wirtschaft übergeben hatte.

»Freies Spiel der Kräfte« – das ist nach allem heute kein weltanschauliches Programm mehr; es ist nur der überlieferte Ausdruck für den sozialen Machtanspruch der Wirtschaftsmacht, die rationalistisch verbrämte Formel für ihren Widerstand gegen eine neue Freiheitsordnung. Denn die ursprüngliche Freiheitsordnung des alten Liberalismus brauchte von dem Glauben an das Naturgesetz nur durch Abbau aller positiven Satzung bloßgelegt zu werden; im Wesen der neuen Freiheitsordnung liegt es, daß sie eigens durch politische Satzung positiv errichtet, die natürliche Freiheit der Wirtschaftsmacht also vernichtet werden muß. Wird auch die neue Satzung wieder rationalistisch sein? Sich brüsten mit dem Anspruch auf allgemeine Geltung und ewige Harmonie, bewußt nur der toten Einrichtungen, unbewußt der lebendigen, wechselnden, spannungsreichen Kräfte in den Menschen und ihren Schöpfungen? Oder wird sie wissend, demütig und elastisch sein?

Zweiter Abschnitt
Wirtschaftliche Hemmungen im Kapitalismus und der wirtschaftliche Flügel der sozialen Bewegung

Erster Teil

Vorkapitalistische Hemmungen im Kapitalismus

Der Gang vom demokratischen Liberalismus über den freien Kapitalismus und den Monopolismus zur sozialen Bewegung macht zwar das Kernstück der neuzeitlichen Sozialgeschichte aus. In der theoretisch angenommenen Reinheit und Geradlinigkeit aber vollzieht er sich nicht, sondern weist mancherlei Reibungen auf, die auch vom eigenen Gesichtspunkt des liberalen oder des kapitalistischen Programms aus als Störungen und Abirrungen erscheinen, die aber von der populären Meinung gern dem Kapitalismus zur Last gelegt werden, weil sie in seinem Raum auftreten. Der Vorwurf ist dort berechtigt, wo die kapitalistischen Kräfte aus dem ihnen programmatisch vorgezeichneten Wege zur Bedienung der Verbraucher ausbrechen, ohne mit der erwarteten Schnelligkeit in ihre Bahn zurückgezwungen zu werden. Er ist nur zum Teil berechtigt, wo die kapitalistischen Prinzipien auf außerkapitalistische Elemente auftreffen und aus dieser Kombination ein anderes Ergebnis als das kapitalistisch erwartete hervorgeht. Immerhin ist beiden Fällen gemeinsam, daß die Promptheit der kapitalistischen Wirkung zugunsten des Verbrauchs überschätzt wurde und daß die »Übergangszeit« bis zu ihrer Herstellung zu lang und opferreich war, als daß man sich bei der programmatischen Verheißung hätte vertrösten können. Darin liegt auch die Verbindung dieses Problems mit der Sozialtheorie: zu den sozialen Beschwerden gegen den Kapitalismus kommen nun noch wirtschaftliche Beschwerden im engsten Sinne hinzu und veranlassen die soziale Bewegung auch zu wirtschaftlichen Abwehrversuchen.

Bedingung für die Herrschaft des Verbraucherinteresses über die Wirtschaft ist die Konkurrenz, und zwar in ihrer dynamischen Form, wo niemand bei einem einmal erreichten Stande der Leistungen verharren kann, weil er sonst alsbald überholt und niederkonkurriert wäre. Die bereits mehrfach beschriebene statische Konkurrenz, in der freie Selbstbestimmung des einzelnen mit einer auf das Hergebrachte gerichteten Gesinnung verbunden ist, genügt dem Verbraucherzweck nicht; hier kommt niemand auf den Gedanken, durch Übergang zu intensiveren, produktiveren Methoden der Leistung einen – wenn auch vorübergehenden – Kostenvorsprung und überdurchschnittlichen Gewinn zu erstreben, und daher sieht anderseits niemand sich in seiner Existenz bedroht, wenn er am Hergebrachten festhält. Von der für den Verbraucherzweck normalen dynamischen Konkurrenz her gesehen, stellt die statische Konkurrenz sich als gehemmte, unfreie, uneigentliche Konkurrenz dar; die Bindungen an die Überlieferung sind hier nicht gelöst, so vollständig auch die organisatorisch-institutionellen Bedingungen der Konkurrenz erfüllt sein mögen. Oder es mögen irgendwelche technisch-natürlichen Tatsachen einer freien Auswirkung des Konkurrenzgrundsatzes im Wege stehen und die Abweichungen vom theoretischen Konkurrenzergebnis verständlich machen.

Das erste ist der Fall des Kleinhandels und des Handwerks, in der Landwirtschaft kommt noch das zweite hinzu.

A. Landwirtschaft

Man könnte versucht sein, die eigentümlichen Hemmungen der Konkurrenz in der Landwirtschaft ganz auf die natürlich-technische Tatsache des Ertragsgesetzes zurückzuführen: auf die Tatsache also, daß unter sonst gleichbleibenden Umständen steigende Aufwendungen auf dem Boden nicht proportional steigende Erträge liefern, die Kosten der Fruchteinheit also steigen. Zwar bleiben die »Umstände« keineswegs »gleich«, vielmehr verbessert sich die Technik trotz der Konkurrenzhemmungen in gewaltigem Grade. Aber dadurch wird, weltgeschichtlich gesprochen, das Ertragsgesetz nur in seiner Schärfe gemildert; es wird nicht aufgehoben oder gar überwogen. Denn nirgends konnte der wachsende Nahrungsbedarf der wachsenden kapitalistischen Völker durch entsprechende Intensivierung des heimischen Anbaus befriedigt werden; stets wird man zur Versorgung aus entfernten und fremden Böden gedrängt, und stets werden die Nahrungsmittel im Verhältnis zu den Industrieerzeugnissen teurer. Natürlich handelt es sich um eine reine Tatsachenfrage, nicht um eine logische Naturnotwendigkeit; aus der Vergangenheit aber kann jedenfalls kein Grund für jenen uferlosen Optimismus entnommen werden, dem in dieser Hinsicht viele Sozialisten und insbesondere *Oppenheimer* huldigen.[1] Dann erklärt sich aus der Herrschaft des Ertragsgesetzes viel von der Gelassenheit, welche

1 *Oppenheimers* statistischer Beweis für das Überwiegen des technischen Fortschritts in der Vergangenheit ist verfehlt; der prozentuelle Rückgang der landwirtschaftlichen Bevölkerung beweist keinen Rückgang der Anforderungen an die Arbeit des Landwirts. Ganz abgesehen von der Auswanderung und der Getreideeinfuhr ist der heutige Landwirt ökonomisch nicht dasselbe wie der frühere und statistisch nicht mit ihm vergleichbar; denn er bezieht nun viele Textilien und Kleidungsstücke für den persönlichen Bedarf, viele Werkzeuge für die Landarbeit und viele Chemikalien für die Düngung aus der Stadt und ihrer Industrie und widmet daher seine Arbeitskraft viel ungeteilter als früher dem eigentlichen Landbau: So *Julius Wolf* und *Dietzel* gegen *Oppenheimer,* in anderem (konjunkturtheoretischem) Zusammenhang auch *Cassel.*

dem Landwirt inmitten einer formal freien Konkurrenz häufig eigen ist. Die Zeit arbeitet für ihn. Man kann vielleicht eine größere Ernte als er erzielen, aber man kann gerade dadurch die Kosten nicht senken, ihn nicht unterbieten. Das Mittel der Kostensenkung ist ja bei normaler technischer Entwicklung nicht die Intensivierung, sondern die Extensivierung; nicht die Größe, sondern die Kleinheit der Erträge von der Flächeneinheit. Aus einer größeren Ernte kann der einzelne bei gegebenen Weltpreisen mehr verdienen; hält er aber seine Ernte klein, so hat er weniger Mühe und verdient immer noch an dem Abstand zwischen seinen Kosten und dem Preise. Die Lockung zum technischen Fortschritt ist durchaus gegeben; aber der Zwang zu ihm fehlt völlig, solange nicht außergewöhnliche Ereignisse eingreifen.

Aber freilich können sie eingreifen; die Unterbietung bleibt möglich, und zwar von den beiden entgegengesetzten Seiten her. Ein überwältigender Fortschritt der Technik kann sehr wohl einmal die Widerstrebenden in Gefahr bringen und sich ihnen dadurch aufzwingen. Praktisch wichtiger aber ist die Gefahr der Unterbietung von der anderen Seite her, eben von der Extensität. Nicht als ob wirklich ins Gewicht fallende Kreise der Landwirtschaft aus Konkurrenzgründen zur Extensivierung übergingen; falls sie ins Gewicht fallen, so würde der Rückgang der Ernten die Preise heben und das Gespenst der Unterbietung verscheuchen. Auch sind Kapitalanlagen für Zwecke des intensiven Anbaus nun einmal dem Boden einverleibt und müßten verzinst und getilgt werden, auch wenn man sie nicht ausnützt. Der Weg der Intensivierung kann technisch ohne Hemmungen beschritten werden; eine plötzliche Extensivierung bringt Kapitalverlust.[1] Aber wenn die Unterbietung durch Extensivierung allerdings nicht in Betracht kommt, so desto mehr die Unterbietung durch die neu auftretende Konkurrenz junger extensiv bebauter Böden in fernen Ländern. Und da man ihr nicht durch Extensivierung begegnen kann, so bleibt außer dem Mittel des Zolles – nur die Intensivierung in der besonderen *Thünenschen* Form übrig: die Besinnung auf diejenigen Produktionsarten, die nahe dem Markte ihren rationellen Standort haben, wegen ihrer Anforderungen an die Intensität nämlich in größerer Ferne gar nicht verwendet

1 Darum ist im Falle des tatsächlichen Kapitalverlustes die Drohung mit der Extensivierung immer eine furchtbare Waffe der Landwirte.

werden können. Verfeinerung, um dem Kapitalverlust zu entgehen, das ist der immer empfohlene Ausweg aus der Bedrängnis, und so ist die Besonderheit der ländlichen Wirtschaft durch den Hinweis auf die Ertragsabnahme nicht hinlänglich gekennzeichnet, ihr Konservatismus nicht ausreichend erklärt.[1]

Daß die Konkurrenzhemmung positive geschichtlich-geistige Gründe haben muß, da die kapitalistische Organisation des Marktes rein durchgeführt ist, wurde schon in anderem Zusammenhang gezeigt[2]; es wird nochmals besonders klar, wenn die technische Tatsache der Ertragsabnahme im Landbau zwar manches, aber keineswegs alles verständlich macht, und wenn übrigens, im Gegensatz zu unseren Landwirten, die amerikanischen Farmer die volle kapitalistische Beweglichkeit besitzen. Zur sozialen Theorie des Kapitalismus liefert die Analyse der landwirtschaftlichen Konkurrenzhemmung keinen unmittelbaren Beitrag. Nicht nur geistig, auch räumlich vollzieht sich die Landwirtschaft abseits von dem Lebenskreise der sozialen Bewegung, und so kommt ein Eingreifen nicht in Frage, und der erfolgreiche Betrieb eines Rittergutes durch einen Konsumverein bleibt vereinzelt und ohne grundsätzliche Auswirkung.

B. Kleinhandel

I. Vorkapitalistische und kapitalistische Konkurrenz

Für die Konkurrenzhemmung im Kleinhandel und im

1 Nicht ausreichend, aber allerdings bis zu einem gewissen Grade. Es fehlt eben, wegen des Ertragsgesetzes, die dauernde Erziehung durch die Konkurrenz, der Zwang zu täglicher Anpassung, und so können die überlegenen Einbrüche einer extensiven Konkurrenz oder eines einmaligen großen Fortschrittes als Zufälle und Katastrophen aufgefaßt werden und ihren Erziehungszweck verfehlen, um so mehr als der Zufall und die Katastrophe im normalen Verlauf des ländlichen Lebens überhaupt eine so sehr große Rolle spielen.
2 Vgl. oben S. 87.

Handwerk kommt ein natürlich-technischer Erklärungsgrund von vornherein nicht in Betracht. Vielmehr ist beiden Gruppen wie auch der Landwirtschaft eigentümlich, daß ihre Tätigkeit dem äußeren Anblick wie dem inneren Wesen nach sich ziemlich unverändert und jedenfalls bruchlos seit dem Mittelalter fortgesetzt hat, sehr zum Unterschied von Finanz, Industrie, Großhandel und Großverkehr. In den alten Formen also lebt der alte Geist, und ihm gelten Gelassenheit und ein auskömmliches Dasein höher als die kapitalistische Neuerungssucht und Erwerbsfron.[1] Daher bleiben die Leistungen erheblich hinter dem Maße dessen zurück, was bei kapitalistischer Erziehung erreicht werden würde. Das äußert sich bei der Landwirtschaft in der Notwendigkeit fremder Zufuhren, beim Kleinhandel in der Überfülle der Tätigen; mangels genügender Intensität müssen für den Nahrungsbedarf fremde Landwirte herangezogen, für den Kleinhandel übermäßig viele Menschen beschäftigt werden, die sonst einer produktiveren Tätigkeit zugeführt werden könnten. Man kann den ganzen Vorgang durchaus als eine Abart der kapitalistisch geläufigen Konkurrenzhemmung auffassen: als eine stillschweigende Kartellierung. Stillschweigend deswegen, weil für die kleinbürgerlich-mittelalterliche Lebensform der beteiligten Menschen das entsprechende Verhalten auf dem Markt zu selbstverständlich, ihrer soziologischen Natur zu sehr gemäß ist, als daß es einer bewußten und verabredeten Planmäßigkeit bedürfte. Und Kartellierung deshalb, weil die Überhöhung des Preises sich nur bei allseitigem Verzicht auf Unterbietung durch-

1 Dies ist im Grunde nur eine Feststellung, keine »Erklärung« von der Art, wie etwa der »materialistische« Hinweis auf das Ertragsgesetz sie liefern würde, wenn er durchgriffe. Denn warum hat der Kapitalismus zwar von jeher in der Form der Industrie das Handwerk, aber erst seit kurzem in der Form des Warenhauses den Einzelhandel heimgesucht? Vgl. die weiteren Ausführungen im Text.

halten läßt, während in einer wirklich kapitalistischen Konkurrenz die Überhöhung alsbald durch Unterbietung zerstört werden würde. Die von jeher beklagte Überfüllung des Kleinhandels erklärt sich ja nur auf der Grundlage dieser quasikartellistischen Preisstellung, die dem Kleinhändler durch größeren Verdienst am einzelnen Umsatz die Mühe um die Erweiterung des Umsatzes erspart. Die Kombination unausgenutzter Leistungsfähigkeit mit entsprechend erhöhtem Preise macht das Wesen des Monopols aus. Bei voller Ausnutzung der Leistungsfähigkeit würde ein Teil der jetzt Beschäftigten seine Beschäftigung verlieren und stände für andere produktivere Tätigkeiten zur Verfügung; der dadurch bewirkte Zuwachs an Gütern würde anderseits auch Absatz finden, weil die Verbraucher dank der Senkung der Kleinhandelspreise mehr Güter kaufen könnten. Ein gewisser Teil der jetzt im Kleinhandel Überzähligen würde übrigens gerade durch das Anschwellen des Güterstromes und der Verteilungsaufgabe nun erst im Kleinhandel eine legitime Unterkunft finden. Das Quasikartell der Kleinhändler verhindert die ganze heilsame Umstellung.

Das Quasikartell ist – sein Name soll dies andeuten – kein rationales kaptialistisches Kartell. Sonst müßte erwartet werden, daß das Einkommen jedes Beteiligten größer ist als bei Konkurrenzpreisen, und eben dies ist bestimmt nicht der Fall. Nur das Gesamteinkommen aus dem Kleinhandel – anders ausgedrückt: die Aufwendung der Verbraucher für den Unterhalt dieses Verteilungsapparats – ist größer als es bei wirksamer Konkurrenz wäre, und muß größer sein, weil es unter übermäßig viele Einkommensbezieher aufgeteilt werden muß. Der Grund wieder hierfür liegt in der unrationellen Art der Leistung im Kleinhandel, die eine unrationell große Anzahl von Menschen beschäftigt. Festhaltung des Überlieferten in

Hinsicht der Leistung wie des Einkommens, das ist das konservative Ideal aller kleinbürgerlichen Wirtschaft und der ihren Interessen dienenden Mittelstandspolitik; und dieses vorkapitalistische Ideal steht im Gegensatz zum kapitalistischen Erwerbs- und Herrschaftsideal auch dann, wenn kapitalistische Kartelle häufig genug für einige Zeit eine Mittelstandspolitik zugunsten ihrer schwächsten Mitglieder treiben, insbesondere deren Kosten zum Maßstab der Preispolitik nehmen – solange der Kartellvertrag eben läuft. So setzt auch das Quasikartell der Kleinhändler den Gewinnaufschlag auf den einzelnen Umsatz hoch genug fest, um allen Beteiligten die Fristung der Existenz zu erlauben, oder genauer: der einzelne Kleinhändler bemißt den Nutzenaufschlag im umgekehrten Verhältnis zur Gesamtzahl seiner Umsätze und weiß sich dabei ungestört durch seine ebenso rechnenden »Konkurrenten« – solange der Kartellvertrag eben läuft, d. h. solange niemand die organisatorisch mögliche und durch die Kosten- und Preishöhe herausgeforderte Unterbietung ins Werk setzt. Geschieht das aber, so wird vollends klar, daß nun das kapitalistische Prinzip, wenn auch verspätet, in eine vorkapitalistisch behütete Sphäre einbricht, daß also der Übelstand nicht dem Prinzip des Kapitalismus, sondern nur seiner zufälligen Verspätung zur Last gelegt werden kann und gerade durch den Kapitalismus behoben wird. In der Formulierung *Vogelsteins*[1]: nicht zu viel, sondern »zu wenig Kapitalismus« begründet den Mißstand im Kleinhandel, die »Ausbeutung« der Verbraucher durch einen aufgeblähten und nicht voll leistungsfähigen Verteilungsapparat.

Im Handwerk liegen die Dinge grundsätzlich ebenso wie im Kleinhandel. Um so auffälliger ist die Verschiedenheit der historischen Entwicklung, die das Handwerk von

1 Mündlich in der Sozialisierungskommission 1919.

allem Anfang an mit der überlegenen Konkurrenz der Industrie heimsuchte, den Kleinhandel dagegen bis zur letzten Jahrhundertwende fast ganz mit der Konkurrenz der Warenhäuser und Filialbetriebe verschonte, obgleich diese großkapitalistischen Unternehmungen des Warenvertriebs doch wohl keine größeren Anforderungen an die Organisationskunst stellen als jene der gewerblichen Güterherstellung. Solange für das verschiedene Tempo der beiden parallelen Entwicklungen kein einleuchtender Erklärungsgrund angegeben wird, spricht man von einem historischen Zufall. Aber dieser Verlegenheitsausdruck darf das Wesen der eigentümlichen Erscheinung nicht verdecken: daß im Einzelhandel, also im Herzen der kapitalistischen Welt, ähnlich wie in der Landwirtschaft der kapitalistischen Länder der Kapitalismus sich nur verspätet und zögernd durchsetzt, auch wenn rechtlich-organisatorische Hindernisse längst nicht mehr bestehen. Der Hinweis auf diese Erscheinung diente im Früheren der Beweisführung gegen die vulgär-materialistische, »geist«-lose Auslegung der *Marxschen* Begriffe, als ob das Wesen der Dinge im rein Institutionellen liege.[1] Aber ebensowenig darf der Geist im idealistischen Sinne als der Willkür und Einsicht der Menschen anheimgegeben aufgefaßt werden. Vielmehr zeigt sich einer ungezwungenen realistischen Betrachtung die Gebundenheit des vorkapitalistischen Geistes an die vorkapitalistische Lebensform, die Einheit und Einheitlichkeit der historischen Gestalt auch inmitten einer anders gearteten Umwelt. Dem widerspricht auch nicht die Möglichkeit, daß die Gestalt sich wandelt oder zerfällt oder von außen zerstört wird: das Lebendige ist vergänglich. Aber es ist ein Lebendiges, nicht einfach durch kapitalistische Einsicht Überwindbares, wie der kapitalistische Rationalismus doch meinte; es lebt nach

1 Oben S. 85.

dem Gesetz, nach dem es angetreten, und geht nach diesem Gesetz unter. Es wandelt sich nicht in die kapitalistische Gestalt hinein: nicht der kapitalistische Geist ergreift einfach von den Menschen des Kleinhandels oder des Handwerks Besitz und veranlaßt sie, zu kapitalistischen Geschäftsmethoden überzugehen; sondern von außen werden die neuen Methoden – Industrie bzw. Warenhaus – durch neue Menschen und neue Unternehmungen in die konservative Sphäre hineingetragen und verdrängen wieder nicht nur den alten Geist, die alten Methoden, sondern weitgehend auch ihre Träger, die bisher hier berufstätigen Menschen. Sie müssen erst von ihrer Scholle losgerissen sein, um tiefer oder höher in den Strudel des modernen Wirtschaftslebens hineingezogen zu werden. Das alles muß keineswegs nach irgendeiner logischen oder theoretischen Notwendigkeit so sein; auch das Gegenteil ist durchaus denkbar und wirklich, da im Beginn massenhaft ländliche und städtische Betriebe sich von innen heraus in kapitalistische Unternehmungen umformten und Entsprechendes auch heute jeden Tag geschehen kann. Ebenso haben Aristokraten die bürgerliche Revolution mitgekämpft, Aristokraten und Bürgerliche sich dem proletarischen Sozialismus angeschlossen, keineswegs nur oder vorherrschend aus privatem Ressentiment. Aber so groß die soziologische Bedeutung dieser Erscheinungen ist – für die es im vulgären Materialismus keinen Platz gibt –, so bleibt dennoch die bürgerliche Revolution bürgerlich und der proletarische Sozialismus proletarisch[1], und so auch der Kleinhandel vorkapitalistisch in den kapitalistischen Verkehrsformen und in der kapitalistischen Umwelt. Daß es so ist, vermag keine rationale Theorie zu erklären; sie kann nur die gänzlich irrationale Tatsache der Konkurrenzhemmung zur Kenntnis nehmen und daraus ihre rationalen Schlüsse ziehen.

1 Hierüber wird im Dritten Abschnitt Zweiter Teil mehr gesagt.

Das Versagen der rationalen Theorie spricht nicht gegen ihre Geltung für kapitalistische Verhältnisse, es entspricht genau dem Versagen des kapitalistischen Geistes vor der irrationalen Wirklichkeit des Kleinhandels und übrigens ähnlich der Landwirtschaft. Der Vorwurf trifft nicht das theoretische Abbild, sondern das reale Urbild, welches anders ausfiel als nach den programmatischen Ankündigungen erwartet werden mußte: auch hier war das Irrationale als bloß Negatives, als ein bloßes Minus an Rationalität aufgefaßt und ohne weiteres durch die erstarkende ratio für überwindbar gehalten worden; auch hier also sein Eigenwesen und seine Eigenkraft verkannt worden. Auch hier hatte der kapitalistische Rationalismus zu viel versprochen, hatte er die Schwierigkeiten seiner Aufgabe unterschätzt, die ihm angepaßten Rechtsformen sind mit fremdem Wesen gefüllt und um ihren Sinn gebracht; das Wirtschaftsinteresse, das Verbraucherinteresse ist verletzt. Man kann freilich zweifeln, wie weit man das Recht hat, den Kapitalismus in dieser Beziehung zu kritisieren, da er sich nun seit einiger Zeit aufgemacht hat, das Versäumte nachzuholen und fraglos auch hier ganze Arbeit leisten wird. Dadurch wird aber der Vorwurf nur abgeschwächt, nicht völlig entkräftet. Denn es bleibt doch eben bestehen, daß der Kapitalismus die irrationale Organisation des Gütervertriebs mehrere Generationen hindurch unangetastet ließ, ohne irgendeinen äußerlich erkennbaren Grund und im Widerspruch zu seiner eigenen Ankündigung.

Nicht eigentlich daß der Vorteil für die Verbraucher so lange ausblieb, ist in diesem Zusammenhang entscheidend, da ja auch das kapitalistisch-rationale Monopol dem Verbraucher den Vorteil mehr oder weniger vorenthält; sondern daß im Kleinhandel auch die Kosten auf einer Höhe verharren, welche einer rationalen Beweglichkeit und Gewinnstrebigkeit schlechterdings als irrational auch vom

Standpunkt der Monopolisten aus erscheinen muß.[1] Die unrationelle Arbeitsmethode bringt nun einmal die Notwendigkeit mit sich, unrationell viele Arbeitskräfte auf eine noch so bescheidene Weise zu unterhalten und die Verbraucherpreise diesen überhöhten Arbeitskosten anzupassen. Die Preise werden quasi-monopolistisch hochgehalten, nur, um die Kosten hochhalten zu können; rational ausgedrückt: der seelische Kostenaufwand, den der Übergang zu neuen kostensparenden Geschäftsmethoden erfordern würde, kann durch keine Einkommenssicherung und -steigerung gedeckt werden. Gerade deswegen ist das kleinhändlerische Quasi-Monopol ohne weiteres angreifbar und besiegbar; es ist irrational-vorkapitalistischen Wesens, lebt zwar in den kapitalistischen Formen, ist aber in diese Formen nicht wirklich ein- und durch sie hindurchgegangen und kann daher auch von dem spätkapitalistischen rationalen Monopolismus nicht einfach übernommen werden; es entbehrt aller kapitalistischen Bedingungen und Sicherungen und bleibt daher in jedem Stadium des Kapitalismus ein Fremdkörper, vermöge seines Kostenprinzips, nicht seines Monopolprinzips. Gegen sein Kostenprinzip also geht der Stoß des Kapitalismus und hätte er längst gehen können. Aber eben dies wäre in der Konkurrenzepoche des Kapitalismus uneingeschränkt zum Nutzen der Verbraucher ausgeschlagen und

1 Nichts ist ja verkehrter als die immer wieder geäußerte Meinung, daß ein rationelles Monopol, weil es die Preise hochzuhalten wünscht, an einer Kostensenkung nicht interessiert sei. Ihm wie jedem Wirtschafter liegt nicht unmittelbar am Preise, sondern an der Spanne zwischen Preis und Kosten, genauer: zwischen Gesamterlös und Gesamtkosten; es unterscheidet sich von der Konkurrenz durch die Möglichkeit, die Spanne nicht nur im Wege der Kostensenkung, sondern unter den oben beschriebenen Umständen auch im Wege der Preiserhöhung zu vergrößern, ohne daß aber der rationelle Anreiz zur Kostensenkung dabei verloren ginge. Nur insofern steckt in jener populären Meinung ein richtiger Kern, als zwar nicht der Anreiz, wohl aber der Zwang zur Kostensenkung mit der Konkurrenz entfällt – solange eben das Monopol seiner Sache sicher ist.

muß ihnen auch heute sehr weitgehend zugute kommen.[1] Und der Vorwurf geht also dahin, daß auf diese kapitalistisch selbstverständliche Wirkung Generationen warten mußten und auf sie vertröstet wurden, gerade in der Zeit des größten Massenelends.

2. Die Entstehung der Konsumgenossenschaft

So erklärt sich die paradoxe Erscheinung, daß die schwächsten, genügsamsten und von kapitalistischer Herrschaft am weitesten entfernten Mitglieder der kapitalistischen Ordnung als erste dem Angriff der anti- und nachkapitalistischen Bewegung ausgesetzt waren, lange bevor sie den Angriff des eigentlichen Kapitalismus selbst erlitten. Die Konsumgenossenschaften sind ein besonderes und das zeitlich früheste Mittel der Verbraucherschutzpolitik und gehören in dieser Eigenschaft zunächst garnicht zur sozialen Bewegung im engeren Sinne, die es mit der Freiheit des großbetrieblichen Arbeiters zu tun hat. Weder sind sie ihrer Natur nach auf Arbeiter beschränkt, noch ist ihr eigentlicher und ursprünglicher Gegner, wie sie selber bis auf den heutigen Tag glauben, der Kapitalismus. Die wirkliche Beziehung ist vielmehr die, daß sie selbst eine Lücke im kapitalistischen System, eine Unterlassung statt eines vermeintlichen Mißbrauches ausfindig machen und diese Lücke auszufüllen trachten, indem sie ihrerseits eine verschärfte Konkurrenz in die Kleinhändlersphäre hineintragen. Sie kommen also dem Kapitalismus recht eigentlich zuvor und geraten erst dadurch sekundär in den Gegensatz

1 Hiergegen kann nicht eingewendet werden, daß die Warenhäuser heute vielfach nicht mehr billiger sind als die kleinen Läden. Ob sie mit geringeren Kosten Gleiches oder aber mit gleichen Kosten mehr für die Bequemlichkeit der Käufer leisten – reichliche Auswahl, Kauf- und Schauvergnügen –, macht ökonomisch keinen Unterschied aus.

zu ihm, den sie für primär halten, weil sie nicht erkennen, daß sie es primär mit dem vorkapitalistischen Flügel der kapitalistischen Ordnung zu tun haben. Wenn nämlich der Kapitalismus sich nun verspätet anschickt, das bisher vernachlässigte Gebiet zu besetzen, findet er es zum Teil schon besetzt vor, und so stehen nun hier im Grunde drei verschiedene Organisationsformen im Wettkampf miteinander: der vorkapitalistische Kleinhandel, der großkapitalistische Einzelhandel und die nachkapitalistischen Genossenschaften. Von da ab – aber erst von da ab und nachträglich – wird es dann richtig zu sagen, daß die Genossenschaften den kapitalistischen Handel bekämpfen. Sie wachsen in diese Kampfstellung um so unmerklicher hinein, als sie sie von Anfang an innezuhaben glauben; entstanden aber sind sie aus dem Gegensatz gegen das Quasi-Monopol des vorkapitalistischen Kleinhandels, das der Kapitalismus in pflichtwidriger Weise unangefochten gelassen hatte. Es besteht sehr viel Grund zu der Annahme, daß für die Genossenschaften kein Raum oder ungleich weniger Raum als heute verfügbar wäre, wenn der Kapitalismus nicht jenes Versäumnis begangen hätte; mit einem voll leistungsfähigen Einzelhandel zu konkurrieren wäre offenbar weitaus schwerer gewesen. So aber haben sie bereits Großes für die Versorgung ihrer Mitglieder geleistet, bevor es zum eigentlichen Zusammenstoß mit dem Kapitalismus kommt.

Und war mehr ist: sie haben dadurch einen unverlierbaren Platz in dem sozialen Bewußtsein ihrer Mitglieder errungen. Im sozialen Bewußtsein; denn nun handelt es sich schließlich doch um eine spezifische Einrichtung der Arbeiter, obgleich das nicht im Wesen dieser Organisationsform liegt, wie durch zahlreiche nicht-proletarische Konsumvereine noch ausdrücklich belegt wird. Jede unnötige wirtschaftliche Belastung wird am schwersten fühlbar für denjenigen, der ohnedies schon am Rande des Existenzminimums steht, also für die Arbeiter, besonders im Früh- und Mittelkapitalismus. Überdies und vor allem sind die Arbeiter am ehesten und am stärksten zu einem solchen, vermeintlich antikapitalistischen Vorgehen geneigt, weil sie dem Kapitalismus schon aus anderen Gründen skeptisch oder feindlich gegenüberstehen. Es liegt ungemein nahe, daß der Arbeiter sein Verbraucherschicksal parallel seinem Erzeugerschicksal deutet: wie der Kapitalismus ihm die versprochene Freiheit vorenthält, so auch die versprochene Senkung der Güterpreise. Und das nun gerade an derjenigen Stelle, die dem kritischen Blick am besten zugänglich und am meisten ausgesetzt ist, weil jeder Arbeiterhaushalt täglich mit dem Kleinhandel zu tun hat. Der Arbeiter hat mit dieser Auffassung und dem praktischen Schluß daraus keineswegs ganz unrecht, weil das, was er für ein positives Verschulden des Kapitalismus hält, in der Tat durch eine programmwidrige Unterlassung des Kapitalismus zustandekommt. Als Arbeiter erlebt er den sozialen Druck des kapitalistischen Systems, als Verbraucher dessen wirtschaftliche Lückenhaftigkeit. Wie als Arbeiter, so greift er auch als Verbraucher zur Selbsthilfe, und wenn der Kapitalismus sich endlich besinnt, so hat der Arbeiter längst die Erfahrung gemacht, daß er für den Verbraucherzweck der Preissenkung im Einzelhandel nicht auf den Kapitalismus angewiesen ist.[1] Das bedeutet sozial

1 Wie das Warenhaus, so verkauft auch der Konsumverein heute nicht billiger als der selbständige kleine Laden. Aber darin liegt noch weniger ein Einwand gegen den Konsumverein als gegen das Warenhaus, weil der Genosse des Konsumvereins eine »Dividende« im Verhältnis zum Gesamtbetrage seiner Käufe – nicht seines Geschäftsanteils – bezieht, in Wahrheit also um diesen Betrag billiger kauft. Dagegen steht es mit der Bequemlichkeit, insbesondere mit der Promptheit der Bedienung, in den Läden der Konsumvereine oft ziemlich schlecht. Aber dies spielt keine erhebliche Rolle gegenüber der Geldersparung einerseits, dem Stolz auf die im Konsumverein sich äußernde Eigenkraft der Arbeiterbewegung anderseits.

ungeheuer viel; denn in dieser Erfahrung verbindet sich der wirtschaftliche Vorteil einer Generationen hindurch verbilligten Versorgung mit dem sozialen Kampfzweck, die eigenen Kräfte der Arbeiterbewegung an wirtschaftlichen Aufgaben immer neu und immer intensiver zu schulen. Das alles liegt nicht im Prinzip des Konsumvereins, ergibt sich aber aus der eigentümlichen Konstellation, in welcher er entstand.

Das jüngste Beispiel für jene schiefe Auffassung der Konsumvereine liefert der ihnen gewidmete Abschnitt in dem Buch *Wirtschaftsdemokratie*, einer auf Veranlassung des Allgemeinen Deutschen Gewerkschaftsbundes unternommenen, von *Naphtali* redigierten Gemeinschaftsarbeit, die uns noch begegnen wird, weil sie nicht nur die hervorragendste Darstellung des gegenwärtigen Sozialismus bildet, sondern in der Geschichte der sozialen Bewegung eine deutlich markierte Funktion erfüllt. Der ganze Abschnitt stellt die Konsumgenossenschaften von Anfang an und ausschließlich in den Gegensatz zum Kapitalismus und gibt dafür die übliche theoretische Begründung (S. 75): ». . . auch sonst drückt freie Konkurrenz nicht immer die Preise. Je mehr Händler, desto geringer der Umsatz . . ., desto höher der Anteil der Generalunkosten am einzelnen Stück. Und der Konsument ist der Leidtragende.« Hier wird also ausdrücklich die freie Konkurrenz für die Leiden der Verbraucher verantwortlich gemacht; daß die Verringerung des Umsatzes und die Überfüllung mit Händlern das extreme Gegenteil der freien Konkurrenz ist, tritt nicht ins Bewußtsein. Ähnlich heißt es auf S. 83: »Die Vorteile der freien Konkurrenz werden durch ihre Nachteile kompensiert.« Noch weiter versteigt sich diese Konsumvereinstheorie mit der Behauptung (S. 79), daß in der kapitalistischen Wirtschaft den Profit »zum Teil der Verbraucher zu tragen hat«. Insoweit der Profit den Preis der Kapitalnutzung darstellt, ist dieser Satz scheinbar selbstverständlich, weil die Verbraucher eben immer und in jeder Wirtschaftsorganisation die Produktionskosten zu tragen haben. Aber in diesem harmlosen und neutralen Sinne der modernen ökonomischen Theorie ist jener Satz nicht gemeint, wie schon aus der einschränkenden Bemerkung »zum Teil«

hervorgeht. Zwar wird in dem ganzen Buche von der *Marxschen* ökonomischen Theorie – sehr zum Unterschied von der *Marxschen* Sozialtheorie – kein Gebrauch gemacht, und das ist äußerst bemerkenswert, weil diese offizielle Darstellung damit den sicher ungewollten Nachweis erbringt – oder vielmehr den oft erbrachten Nachweis ungewollt bestätigt –, daß der Sozialismus in keiner Weise an die *Marxsche* Wirtschaftstheorie gebunden ist; wiederum: sehr zum Unterschied von der *Marxschen* Sozialtheorie. Aber wenn das Buch von der *Marxschen* Wirtschaftstheorie keinen Gebrauch macht, so widerruft es sie doch auch nicht ausdrücklich, sondern glaubt vermutlich, stillschweigend auf ihrer Grundlage zu stehen. In diesem Sinne also wird der Profit nur »zum Teil« aus der Belastung der Verbraucher erklärt, zum andern Teil nämlich offenbar für die marxisch gedeutete Ausbeutung der Arbeiter reserviert. Dabei will es das Mißgeschick, daß aus der Verbeugung vor der *Marxschen* Theorie ein schwerer Verstoß gegen sie wird, weil es für sie grundlegend ist, daß aller Profit im Kapitalismus aus der Ausbeutung der Arbeiter stammen muß, kein Profit im Verkauf der Waren erzeugt werden kann. Sachlich ist jenes eingeschränkte Zugeständnis natürlich im Recht; eine Belastung, genauer: eine Mehrbelastung der Verbraucher, wird durch die scheinkapitalistische Organisation des Kleinhandels bewirkt. Mehrbelastung der Verbraucher aber ist wieder das Merkmal des Monopols, also gerade nicht der »freien Konkurrenz«; des Monopols, zu welchem die *Marxsche* Werttheorie keinen Zugang hat, so daß sie im vorliegenden Fall geradezu die freie Konkurrenz für die Wirkung des Monopols verantwortlich macht. Zu dem werttheoretischen Grund des Versagens kommt natürlich der früher schon behandelte sozialtheoretische Grund: das Quasi-Monopol des Kleinhandels ist nicht institutionell sichtbar und entzieht sich daher dem Blick des »Materialismus«.

Zweiter Teil
Kapitalistische Hemmungen

A. Die Trägheit der Konkurrenz

Nun ist die Konkurrenzhemmung im Kleinhandel nicht die einzige programmwidrige Erscheinung im wirtschaftlichen Gesamtbilde des Kapitalismus. Jene hat einen positiven vorkapitalistischen Grund; aber es bedarf nicht immer eines solchen, um eine Konkurrenzhemmung mit ihren für den Verbraucher schädlichen Folgen entstehen zu lassen. Mag der Geist der Zeit sich noch so gründlich zur Dynamik gewandelt haben, immer bleibt doch ein wesentlich dynamisches Verhalten und der Zwang zu ihm eine große Unbequemlichkeit, und immer versucht menschliche Trägheit sich diesem äußeren und inneren Zwang zu entziehen. Immer also bleiben produktive Möglichkeiten, die nach dem jeweiligen Stande des technologischen und organisatorischen Wissens erreichbar sein müßten, auch im Herzen der kapitalistischen Welt unausgenützt, ohne daß es für diese weitverbreitete Anomalie einen ausreichenden Erklärungsgrund gäbe. Denn auch der Hinweis auf die Trägheit liefert nicht eigentlich einen solchen, weil sich alsbald die Frage erhebt, warum der Träge nicht niederkonkurriert wird, wenn der kapitalistische Geist des Gewinnstrebens wirksam ist. Man sieht eben nur, daß er nicht vollkommen wirksam ist; eine wirksame Konkurrenz würde auch hier wie im Kleinhandel, und hier erst recht, alsbald die ausgebliebene Verbesserung und Verbilligung erzwingen. Daß sie nicht eintritt, wird nun zu einem grundsätzlichen Argument gegen den Kapitalismus ausgewertet.[1] Bei jeder Lohnerhöhung oder Arbeitszeitverkürzung werden die Angaben über die Geschäftsergebnisse der betroffenen Unternehmungen – gleichgültig welches sonst ihre Glaubwürdigkeit sein mag – mit dem Hinweis beiseite geschoben, daß die geforderte Maßregel geeignet sei, die Unternehmer aus ihrer Trägheit aufzustören und zu höheren Leistungen anzuhalten; daß die geforderte Maßregel, wenn sie für die gegenwärtige Organisation nicht tragbar sei, eben durch eine Reorganisation tragbar gemacht werden müsse.[2]

Daß dies im einzelnen Falle zutreffen mag, ist nach aller Erfahrung durchaus möglich; daß es immer zutreffe, kann nicht angenommen werden, ohne dadurch alle grundlegenden Sätze der Nationalökonomie, der *Marxschen* wie der sog. bürgerlichen, zu widerrufen. Es ist doch eben eine grundlegende, von aller Nationalökonomie anerkannte und erklärte Tatsache, daß der Kapitalismus aus sich selbst heraus die ungeheuren Leistungen der Technik und Organisation vollbracht hat und täglich vollbringt; darin besteht sein historischer Beruf, den niemand höher eingeschätzt hat als *Marx*. Ist doch bei *Marx* die Selbstsozialisierung, die Selbstorganisierung der kapitalistischen Produktion so gedacht, daß die proletarische Revolution grundsätzlich nur die Eigentumsform und den »Überbau« nicht aber den Produktionsapparat selbst zu verändern hat; daß sie – mit anderen Worten – sich darauf beschränken kann und muß, »soziale Revolution« zu sein, und ökonomische Revolution weder sein kann noch sein darf.[3] Diese hohe Meinung

1 Vgl. nochmals den oben behandelten Satz aus dem Gewerkschaftsbuch *Wirtschaftsdemokratie*: »Freie Konkurrenz drückt nicht immer die Preise.«

2 *Theodor Brauer* hat diesem Vorgehen eine ausdrückliche Theorie unter dem Titel der »spekulativen Lohnerhöhung« geliefert; in seinem Koreferat über »Die Wirkung von Lohnerhöhungen« bei der 10. G.-V. der Gesellschaft für soziale Reform 1927, vgl. *Schriften der Ges.* usw. Heft 80. Es ist sehr bemerkenswert, wieviel zurückhaltender der politisch radikalere, aber zugleich theoretisch überlegene erste Referent *Lederer* sich über diesen wichtigen Punkt ausgesprochen hat.

3 Hierüber wird im letzten Abschnitt ausführlich gehandelt.

von den organisatorischen Leistungen des freien Kapitalismus ist, wie seine Geschichte zeigt, im großen und ganzen berechtigt, und man ist weder Nationalökonom noch gerade besonders Marxist, wenn man es bestreitet. Dem widerspricht aber andererseits nicht, daß auch der Kapitalismus durch die allgemein-menschliche Trägheit und Schwäche von einer vollkommenen Erfüllung seiner Aufgabe zurückgehalten wird, so daß eine öffentliche Kontrolle Lücken ausfindig machen kann, die von der privaten Initiative und Konkurrenz offengelassen werden. Es ist sehr wahrscheinlich, daß eine zweckmäßige Mischung von Konkurrenz und Kontrolle noch mehr erreichen könnte als die bloße Konkurrenz für sich allein. Das ganze Feld, welches mit dem angelsächsischen Schlagwort als »Verschwendung in der Industrie« bezeichnet wird, ist angefüllt mit Beispielen für ein solches Vorgehen, und man kann in diesem Vorgehen durchaus ein formal-sozialistisches, also über den reinen Kapitalismus hinausgehendes Element sehen. Dann muß man aber erst recht volle Klarheit über Tragweite und Grenzen dieser Erscheinung besitzen; man muß insbesondere erkennen, daß es sich wirklich nur um eine Ergänzung zum Kapitalismus und in keiner Weise um einen Einbruch in ihn handelt; daß diese Ergänzung mit seinem Wesen völlig vereinbar ist und nur die eine Wirkung hat, ihn zu stützen.[1] Denn wenn eine zweckmäßige Mischung von privater Initiative und öffentlicher Kontrolle sich der bloßen privaten Initiative überlegen zeigt, so wäre es offenbar falsch, hieraus zu schließen, daß die bloße öffentliche Kontrolle der bloßen privaten Initiative überlegen sei und an ihre Stelle treten müsse. Und wenn der Kapitalismus hinter seinem eigenen rational-dynamischen Wirtschaftsideal zurückbleibt, so ist dieses Ideal doch darum noch nicht für eine andere Wirt-

1 Auch hierüber, besonders über die planwirtschaftliche Stabilisierung der Konjunktur, wird im letzten Abschnitt mehr gesagt.

schaftsorganisation erreichbar. Gemessen am Ideal, versagt jede Wirklichkeit; darum braucht sie aber im Vergleich mit einer anderen möglichen Wirklichkeit noch durchaus nicht zu versagen. Korrekter gesprochen: auch die kapitalistische Dynamik überwindet die allgemein menschliche Trägheit nicht vollkommen, und darum können sehr wohl sozialpolitische Belastungen und öffentliche Kontrolle ergänzende Dienste leisten; aber dies beweist nichts gegen das Prinzip des Kapitalismus. Fairerweise wäre ein solcher Beweis nur dann gegeben, wenn unter Ausschaltung des kapitalistischen Prinzips mehr an organisatorischer Leistung vollbracht würde als im Kapitalismus. Das kann in einem revolutionären Siegeselan oder unter einer sehr straffen und rücksichtslosen Diktatur wohl gelgentlich und vorübergehend der Fall sein; aber als System erscheint der Kapitalismus auf dem Felde seiner eigentlichen Leistung unübertrefflich.

Will man ihm auf diesem Felde – der Organisation und Produktion – ein Versagen über das menschlich unvermeidliche Maß hinaus nachweisen, so ist dies mit allgemeinen Erwägungen über das Auseinanderfallen von Privatinteresse und Gemeinwohl niemals erreichbar. Gerade dies ist ja seine Leistung, die konkurrierenden Privatinteressen zum ungewollten Dienst am Gemeinwohl zu zwingen. Vielmehr muß dann erst konkret nachgewiesen werden, inwiefern die Bedingungen jenes normalen kapitalistischen Erfolges verletzt sind; erst dann liegt mehr vor als eine Beschwerde über menschliche Unvollkommenheiten. Der allgemeinste und grundsätzlichste Fall einer solchen Abweichung von den Normalbedingungen ist im Monopol gegeben, und ein monopolistisches Element muß sich in allen hier einschlägigen Fällen nachweisen lassen. Vom Monopol selbst und vom Monopolismus wird hier nicht mehr gehandelt, weil sie auf der Hauptstraße der kapitalistischen Entwicklung liegen; hier handelt es sich um Teilabweichungen, die ihrerseits, ohne das Gesamtbild des Kapitalismus grundsätzlich zu bestimmen, im Einzelfall bis zu schicksalhafter Bedeutung anwachsen können. Eine solche Teilabweichung findet sich in der Landwirschaft, eine zweite im Kleinvertrieb der Güter, und sie wurden beide als vorkapitalistische Quasi-Monopole dargestellt, wobei dasjenige in der Landwirtschaft noch den Schutz des Ertragsgesetzes genießt, während dasjenige im Kleinhandel jedem rationalen Eingriff ausgesetzt ist und daher sein Bestand über mehrere Generationen einen theoretisch nicht faßbaren Rest in sich schließt. Die theoretische Betrachtungsweise kennt freilich »Übergangsschwierigkeiten« und »Reibungswiderstände« sehr wohl, und sie sieht von ihnen nur deswegen ab, weil es ihr um die Dauerwirkung, die Wirkung »on the long run« zu tun ist. So also rechtfertigen sich der Kapitalismus und die ökonomische Theorie heute durch die tatsächliche Umgestaltung der Einzelvertriebsorganisation, und es bleibt nur die Frage übrig, wie lang jenes Übergangsstadium und wie groß die mit ihm verbundenen Opfer sind. Was theoretisch als Reibungswiderstand erscheint, kann praktisch das Schicksal weiter Volkskreise durch ganze Generationen entscheidend mitbestimmen; ob es das tut, ist offenbar eine Frage der Größenordnung. Dann liegt in dieser Reibung, die den theoretisch notwendigen Verlauf verzögert, für die Dauer dieser Verzögerung ein quasi-monopolistisches Element, eine Konkurrenzhemmung. Dabei ist es für den rationaltheoretischen Begriff der Reibung selbstverständlich, daß es sich nur um einen Mangel an der vorausgesetzten Beweglichkeit, um eine Schwäche gegenüber der vorausgesetzten Kraft der Vernunft handeln kann, also um technische Momente und um die menschliche Trägheit. Der Rationalismus dieser Theorie kennt ja keine positive

»irrationale« Gegenkraft, wie sie in den vorkapitalistischen Restbeständen doch gerade vorliegt; darum ist auf diese die Kategorie der Reibung besonders schwer anwendbar. Viel leichter und ungezwungener ist die Anwendung auf die innerkapitalistischen Konkurrenzhemmungen, die meist von geringerer Kraft und Lebensdauer sein werden, ohne daß deshalb die Möglichkeit ihrer gelegentlich schicksalhaften Bedeutung bestritten werden könnte.

B. Qualitätsverschlechterung und konsumgenossenschaftliche Eigenproduktion

Die Konkurrenz zwingt die Unternehmer auf die Dauer zu immer besserer Versorgung der Verbraucher. Die einen streben nach besseren Leistungen, um die anderen aus dem Markte zu werfen, und zwingen eben dadurch diesen anderen das gleiche Verhalten auf. Aber wenn das in der Regel und auf die Dauer sicher der Fall ist, wie eben die Geschichte des Kapitalismus beweist, so werden dadurch vorübergehende Abweichungen nicht unmöglich gemacht, sondern stillschweigend zugegeben. Man muß den Konkurrenten unterbieten, um vor ihm sicher zu sein oder auf seine Kosten das Einkommen zu vergrößern. Auf weite Sicht ist bessere Leistung, schnellere Arbeit, sparsamerer Stoffverbrauch die Bedingung der Unterbietung; aber die Trägheit widerstrebt solchem Energieaufwand und versucht es zunächst mit dem bequemeren Ausweg der Qualitätsverschlechterung. Der Mangel an Warenkenntnis bei den Verbrauchern, in der Frühzeit auch der Mangel an technischen Kenntnissen erleichtert ein solches Vorgehen noch besonders. Nun ist es völlig klar, daß dieser Weg nicht auf die Dauer gangbar ist, und daß man über kurz oder lang gerade durch die Erprobung seiner Ungangbarkeit auf die Hauptstraße der Leistungssteigerung hinübergezwungen wird. Es sind ja nur zwei Fälle denkbar. Entweder die Verbraucher bemerken die Verschlechterung nicht und nehmen sie jedenfalls ohne Gegenwehr hin; dann findet die Konkurrenz bald auf dem der schlechteren Qualität entsprechenden tieferen Kostenniveau statt, und der Gewinnsüchtige müßte nun mit einer weiteren Verschlechterung vorangehen, wenn er einen Konkurrenzvorsprung gewinnen will. Zugleich führt die Verbilligung zu verstärkter Nachfrage nach diesen oder irgendwelchen anderen Waren, so daß die Verschlechterung, falls sie sich einbürgert, in anderer Beziehung eine Verbesserung mit sich bringt und an sich selbst als dauernde Quelle der Bereicherung nicht in Frage kommt. Oder die Qualitätsverschlechterung ist den Verbrauchern unerwünscht, und auf irgendeinem Stande muß sie ja haltmachen; dann und von da ab ist gegenüber einer weiteren Verschlechterung gerade die bessere Qualität das Mittel einer wirksamen Konkurrenz und wird die Käufer zu sich locken. Früher oder später, nach einem geringeren oder größeren Maß der Verschlechterung, die auch ihrerseits nicht ohne Vorteile für die Verbraucher bleiben kann, muß notwendig dieser zweite Fall der Qualitätserhaltung oder -erhöhung in Geltung treten, falls nur Konkurrenz herrscht.

Aber auch hier kann die Übergangszeit lang und das Lehrgeld der Verbraucher bitter sein. Das »billig und schlecht« war in der Tat lange Zeit hindurch die Bezeichnung für den Eindruck der kapitalistischen Produktionsweise, und wenn das theoretisch falsch ist, so hatte der Beweis für die Notwendigkeit einer besseren Zukunft doch nur geringe Kraft, verglichen mit den handgreiflichen Erfahrungen einer schlechten Gegenwart. Als Arbeiter wurden die Menschen vom Kapitalismus bedrückt, als Verbraucher von ihm durch Schundwaren um den vollen

Realwert ihres kümmerlichen Lohnes geprellt. Und auch dieses Übel, fast mehr noch als die täglichen Erfahrungen mit dem Kleinhandel, war ihrem kritischen Blick ohne weiteres erkennbar, weil sie selbst den Schund ja herstellen mußten. So liegt hier nochmals ein entscheidender Anstoß zur Konsumgenossenschaft, und zwar gerade zu ihrer höchstentwickelten und weitesttragenden Funktion: zur Eigenproduktion. Auch hier wäre der Anstoß gewiß nicht mit solcher Kraft aufgenommen und verfolgt worden, wenn das Übel isoliert erschienen wäre. Auch hier aber schärfte das soziale Leiden den Blick für den wirtschaftlichen Mißstand und stärkte den Willen zu einer positiven Abwehr. Auch hier also trat die Verbraucherschutzpolitik von allem Anfang an als ein Flügel der sozialen Bewegung auf, obgleich das in den allgemeinen Prinzipien nicht begründet liegt, und die besondere Form, in der es geschah, erschien seitdem als eigentümliche Äußerung der sozialen Bewegung und leistete noch mehr als das bloße Handelsgeschäft der Konsumgenossenschaften dafür, den Stolz, das Kraftgefühl und die Zukunftsansprüche der sozial Gedrückten zu steigern.

C. Die Wohnungsnot

I. Grundsätzliches

Ein besonders wichtiges Verbrauchsgut von unzweifelhaft vermehrbarem Charakter, auf das also die Bedingungen einer kapitalistischen Konkurrenz und Produktionsverbesserung grundsätzlich zutreffen, stand wieder unter einer anderen Konkurrenzhemmung: die Wohnung. Es ist ja sichtbar genug, daß trotz aller grundsätzlichen Erweiterungsfähigkeit der Industriestädte die tatsächliche Erweiterung mit dem Bedarf danach kaum Schritt halten konnte, weil der Hausbau erheblich mehr Zeit beansprucht als die Ortsveränderung der Menschen, die ihn notwendig macht. Dazu kommt in den Großstädten, je länger desto mehr, die Bindung der Stadterweiterung an die Verkehrsmittel: außerhalb der Verkehrszone kann normalerweise nicht gesiedelt werden, so viel Acker- und Gartenland auch immer auf die werterhöhende Verwandlung in städtischen Wohnboden warten mag. Überdies entsteht hier eine weitere Schwierigkeit, weil jedenfalls unter weniger entwickelten privatwirtschaftlichen Verhältnissen die Erweiterung der Verkehrszone die Erweiterung der Wohnzone ihrerseits voraussetzt, so wie sie andererseits von ihr vorausgesetzt wird. Erst eine moderne, auch hier formalsozialistische Politik erkennt das Ineinandergreifen und die wechselseitige Abhängigkeit dieser Bindungen und treibt Siedlungs- und Verkehrspolitik und die dazu erforderlichen Aufschließungsarbeiten nach einheitlichen städtebaulichen Gesichtspunkten, nicht ohne daß auch dem Durchbrauch dieser Erkenntnis sehr bittere Erfahrungen hätten vorangehen müssen.

Und die Verbraucherschutzpolitik zeigt hier eine sehr andere Gestalt als gegenüber dem Kleinhandel und der Qualitätsverschlechterung in der Industrie. Zwar wurde auch der Wohnungsbau auf konsumgenossenschaftlicher Grundlage versucht; er stellt doch aber viel zu hohe Anforderungen an die Kapitalkraft, als daß nicht die Erfolge unverhältnismäßig bescheiden hätten ausfallen müssen, sowohl im Vergleich mit dem Umfang des Übels selbst als auch mit den sonstigen Erfolgen der genossenschaftlichen Eigenerzeugung. Daher blieb die Abhilfe in der Hauptsache den öffentlichen Trägern der Verbraucherschutzpolitik überlassen, hier den Stadtverwaltungen.

2. *Wohnungsnot als soziales Problem*

Wenn die Wohnungsfrage in der Hauptsache nicht durch besondere Einrichtungen der sozialen Bewegung ihrer Lösung nähergebracht wurde und grundsätzlich als eine allgemeine Verbraucherfrage gelten muß, so schließt das doch keineswegs aus, daß sie praktisch in die unmittelbare Nachbarschaft der sozialen Frage gehört und auch von jeher dahin gerechnet wurde. Nicht nur ist der Geldaufwand für die Wohnung im Arbeiterhaushalt aus bekannten Gründen verhältnismäßig größer als auf höheren Einkommensstufen; sondern vor allem differenzieren sich die Wohnungen auf das denkbar stärkste nach sozialen Klassen, sehr zum Unterschied von vielen der täglichen Nahrungsmittel oder gewerblichen Verbrauchsgüter. Anderseits waren aber die bereits beschriebenen Reibungen, welche eine geordnete und prompte Versorgung mit Wohnungen erschweren, gerade auf dem Markte der Arbeiterwohnungen hervorragend wirksam, so daß der wirtschaftliche Druck auch hier wieder den sozialen Druck verstärkte und die Wirkungen beider im Bewußtsein der Arbeiter wie der Öffentlichkeit miteinander verschmolzen wurden. Denn die Umsiedlung der Menschen, die mit dem Wachstum der Industrie einhergeht und die Voraussetzung dafür ist, betrifft gerade die Arbeiter; und die erforderliche Billigkeit der Wohnungen konnte nur auf den billigsten, für den Verkehr am schlechtesten gelegenen Böden gesichert werden. Aus beiden Gründen war die für die kapitalistischen Großstädte typische Wohnungsnot stets so gut wie ganz eine Arbeiternot, ein integrierender Bestandteil der proletarischen Not überhaupt. Nun wurden die Menschen zusammengepfercht, weil die Wohnzone, trotz aller grundsätzlichen Vermehrbarkeit der Wohnungen, nicht schnell genug ausgedehnt werden konnte, der vorhandene Wohnraum also durch höhere Preise rationiert werden mußte. Nun herrschte bei dem unaufhörlichen Zustrom der Menschen in die Stadt ein dauerndes, sich immer wieder erneuerndes Unterangebot auf dem Markte der Arbeiterwohnungen; ein Quasi-Monopol, das dem Verkäufer eine nahezu unbedingte Gewißheit des Absatzes verschaffte und ihn somit der Konkurrenz um die gute und bessere Leistung enthob. Aus einer sich immer erneuernden Konkurrenzhemmung erklärt sich das Versagen des Kapitalismus in dieser großen Frage der Verbraucherwohlfahrt.[1]

Freilich ist das nur eine Teilerklärung, obgleich sie an sich für die Erklärung des ganzen Übels theoretisch ausreichen würde. Wir wissen doch, daß wir den barbarischen Anblick der kapitalistischen Städte und ihrer Arbeiterviertel nicht ausschließlich aus der Marktlage erklären dürfen, auch wenn wir es können; daß vielmehr der Barbarengeschmack, der ein ewiges Schandmal der kapitalistischen Epoche bleiben wird, ganz allgemein dabei mitgewirkt hat. Nicht als ob der sich zufällig mit dem Kapitalismus verbunden hätte; ihre wesensmäßige Verbundenheit macht gerade die Schmach aus. Aber eben deswegen kommt diese allgemeine Haltung gegenüber ästhetischen und vitalen Dingen zu der rational-theoretischen Markterklärung als ein weiterer Erklärungsgrund hinzu. Auch dort, wo die Markterklärung nicht hingehört, wo von Geld-und Raummangel keine Rede sein kann, sind ja grundsätzlich die gleichen Erscheinungen zutage getreten: es gab vielfach in eleganten Häusern dürftige, unhygienische und unästhetische Wohnräume neben prunk-

1 Ausführlicher in *Mehrwert und Gemeinwirtschaft* S. 112. Adolf Weber *(Die Wohnungsproduktion,* G. d. S. VI 2. Aufl. S. 261) stimmt dieser Theorie in der Hauptsache bei.

vollen – wenn auch natürlich geschmacklosen – Empfangs- und Gesellschaftsräumen. Das gleiche Zeitübel aber, das hierfür verantwortlich ist, wurde bei den Arbeiterwohnungen noch durch die ökonomische Konkurrenzhemmung verstärkt.[1]

1 Das Kapitel über Konkurrenzhemmungen im Kapitalismus ließe sich noch um einige Abschnitte verlängern. Der Hauptfall, das rationale kapitalistische Monopol, ist aber schon in früherem Zusammenhang ausführlich behandelt worden. Ein anderer sehr wichtiger Fall, die mangelnde Marktschulung der Arbeiter für den Arbeitsmarkt, gehört in den engeren Zusammenhang der Sozialpolitik und wird dort behandelt werden.

Dritter Abschnitt
Die soziale Bewegung

Erster Teil
Die Unfreiheit des Arbeiters

A. Grundsätzliches

Die Unfreiheit ist das soziale Merkmal des entfalteten Kapitalismus.[1] Kaum gewonnen, ja kaum angekündigt, ist die Freiheit dem arbeitenden Menschen wieder verloren gegangen. Statt des natürlichen Gesetzes, welches über ihm und zugleich in ihm walten sollte, hat er nun wieder den fremden Herrn über sich und ist seinem Befehl unterworfen. Vom Standpunkt einer konservativen Weltanschauung

1 Die nationalökonomische Literatur bietet hierüber wenig, auch die *Marxistische,* weil sie in erster Reihe ökonomisch orientiert ist. Wertwolle Ausnahmen sind – von der Psychologie her kommend – die Bücher von H. de Man sowie Gerhardt, *Arbeitsrationalisierung und persönliche Abhängigkeit;* das wichtigste die gedrungene und umfassende Darstellung von Briefs *(Das gewerbliche Proletariat,* G. d. S. VIII, insbesondere Kapitel I und II), der die Gedankengänge von *Lorenz von Stein* und *Marx* in die katholische Gesamtanschauung hineinnimmt. Sehr ergiebig ist die juristische Literatur. Aus ihr ragen die monumentalen Werke von Karl Renner *(Die soziale Funktion der Rechtsinstitute)* und von Sinzheimer *(Grundzüge des Arbeitsrechts* 2. Aufl.) hervor, die ebenfalls von *Marx* herkommen und schon durch ihre Themastellung der ökonomischen Einseitigkeit entgehen. »Die Verfügungsgewalt (scil.: über die Arbeit) ist fremde Gewalt, ... wenn sie einer von den einzelnen (Arbeitern) getrennten Person zusteht, der die einzelnen nur unterworfen sind. Sie drückt nicht einen Gemein- oder Gesamtwillen der Unterworfenen, sondern nur den eigenen Willen ihres Trägers aus« (Sinzheimer S. 15). Ähnlich, aber nach *Sinzheimers* Meinung (S. 15 Anm.) nicht scharf genug, spricht *Höniger* von »fremdbestimmter Arbeit« (in der Abhandlung *Grundformen des Arbeitsvertrages* in der von ihm herausgegebenen Gesetzessammlung *Arbeitsrecht,* 3.–5. Aufl.). Den Inhalt der »Fremdbestimmtheit« analysiert Briefs S. 150.

aus kann in der Rückkehr zur herrschaftlichen Ordnung die Überwindung der Freiheitslehre überhaupt und die Anerkennung der Herrschaft als einer allgemein menschlichen Notwendigkeit gesehen werden; das konservative Interesse des Großbürgertums zielt auf eine solche Ideologie hin. Innerhalb der liberalen Gedankenwelt dagegen kann der Verlust der Freiheit nicht einfach hingenommen werden, auch nicht als legitim gelten, weil er seinen Grund nicht in einem Versagen der Freiheit, sondern in der irrationalen Zufälligkeit der technischen Entwicklung hat. Die Freiheit ist ja noch gar nicht auf die Probe gestellt worden, sie hat noch keine Gelegenheit gehabt, sich zu bewähren; das theoretisch entscheidende Zwischenstadium der kleinbetrieblichen Demokratie ist von der Geschichte einfach überschlagen worden, weil die wirtschaftliche Freiheit nicht älter ist als die technische Revolution, die auf der Grundlage der wirtschaftlichen Freiheit erwuchs und der sozialen Freiheit alsbald das Ende bereitete. Die Erfüllung des Freiheitsversprechens steht also noch aus, und doch ist mit diesem Versprechen und mit der Hoffnung auf seine Erfüllung das neuzeitliche Leben überhaupt eingeleitet worden. Dies alles wurde bereits dargestellt.

Auch der Bedeutungswandel des Freiheitsbegriffs wurde bereits dargestellt. Die Freiheit des Kleinbetriebs ist negativ auf die Abwesenheit jeglicher über den Rechtsschutz hinausgehenden politischen Satzung gerichtet; die Freiheit im Großbetrieb muß der natürlichen Freiheit des Eigentums durch eine positive Satzung abgerungen werden. Der individuellen Freiheit, die sich selbst genügt, tritt im zweiten Stadium die kollektive Freiheit als Bedingung der individuellen Freiheit für alle gegenüber. Damit ist zugleich schon gesagt, was logisch eigentlich vorausgeht: daß auch die Unfreiheit, welche zu der Freiheitsforderung

Anlaß gibt, in den beiden Fällen von sehr verschiedenem Charakter ist; daß Unfreiheit und Freiheit an sich ganz abstrakte Begriffe sind, historisch aber jeweils konkrete und jeweils verschiedenartige Realitäten. Die liberale Freiheitsforderung ergeht an die rechtliche Unfreiheit der Feudalordnung; die soziale Freiheitsforderung ergeht an die auf der Grundlage der rechtlichen und wirtschaftlichen Freiheit erwachsende soziale Unfreiheit des Kapitalismus. Dort ist der Gegner die vom Standpunkt der Wirtschaft aus irrationale Feudalmacht, hier ist es die vermeintlich rationale Wirtschaftsmacht. Die mit ihr gegebene, durch sie verschuldete soziale Unfreiheit trägt natürlich die Züge ihres Ursprungs aus der rechtlichen Freiheit der Person; die soziale Unfreiheit eines rechtlich Freien äußert sich in seinem Leben anders, ja: sie ist ihrem Wesen nach etwas anderes als die rechtlich-soziale Unfreiheit der Feudal- und Patrimonialordnung. Soziale Unfreiheit aufgrund rechtlicher Freiheit ist ein eigentümlicher Schwebezustand, ein Widerspruch in sich selbst, der zur Lösung in der einen oder anderen Richtung drängt: zur Aufhebung entweder der rechtlichen Freiheit oder der sozialen Unfreiheit. Jenes ist die Tendenz der neuen Feudalisierung in den »industriellen Herzogtümern«, die durch »Werkgemeinschaften«, eigene Erziehungseinrichtungen usw. das ganze Leben des bislang »freien« Arbeiters in sich einzusaugen und so eine neue Bindung an die vom Herrn beherrschte »Scholle« herzustellen streben. Aufhebung der sozialen Unfreiheit ist die Tendenz der sozialen Bewegung, die die rechtliche Freiheit benutzt, um aus ihr die sozialen Folgerungen zu ziehen. In *Hegelscher* Art gesprochen: Aus der einheitlichen Konzeption des Wirtschafts- und Soziallebens im liberalen Programm entwickelt sich der kapitalistische Widerspruch zwischen der Wirtschafts- und der Sozialsphäre und nimmt reale Gestalt an in der Aufgipfelung zum Monopolismus hüben und zur sozialen Bewegung drüben; der Ausgang des Widerstreites ist nicht zweifelhaft, wenn Freiheit das Ziel der Geschichte ist, oder sie müßte die Freiheit der Unterwerfung meinen. Besser aber: Die irrationale Dynamik der wirtschaftlichen Rationalität hat unversehens die herrschaftliche Organisation erzeugt und will sie extensiv und intensiv ausbauen; die Dynamik des Freiheitswillens kämpft darum, die Freiheit zu organisieren. Die Waffe des Freiheitswillens und die Art ihrer Handhabung werden später beschrieben.

Die soziale Unfreiheit im Kapitalismus läßt die rechtliche Freiheit bestehen – zunächst wenigstens –, und erneuert sich gerade aus ihr immer wieder in der grundsätzlich von *Marx* dargestellten Weise.[1] Die Freiheit der Person braucht zu ihrer Sicherung die freie Verfügung über Sachen; infolge der technischen Entwicklung aber gewinnt das Sacheigentum die Fähigkeit, die Freiheit der Arbeit in sich einzusaugen, und von dieser Freiheit bleibt nun nichts übrig als dies, daß sie periodisch – beim jeweiligen Ablauf des Arbeitsvertrages – sich selbst immer wieder aufgibt. Denn der Verzicht auf die soziale Freiheit geht in der rechtlichen Form eines freien Entschlusses und eines freien Vertrages vor sich, so sehr auch der Entschluß durch den Zwang der Tatsachen zu einem unvermeidlichen gemacht wird. Sacheigentum und Arbeit sind in der rechtlichen Ordnung, in der ökonomischen Wirklichkeit und in ihrem

1 »Es ist nicht mehr der Zufall, welcher den Kapitalisten und den Arbeiter als Käufer und Verkäufer einander auf dem Warenmarkt gegenüberstellt ... In der Tat gehört der Arbeiter dem Kapital, bevor er sich dem Kapitalisten verkauft. Seine ökonomische Hörigkeit ist zugleich vermittelt und versteckt durch die periodische Erneuerung seines Selbstverkaufs ...« usw. Ähnlich an unzähligen Stellen. Dieser Satz ist für *Marx* der Ausgangspunkt für die Deduktion der ökonomischen Mehrwertlehre. Unabhängig von ihr und dem an sie anknüpfenden Streit sind die sozialtheoretischen Folgerungen aus jenem grundlegenden Satz, die von *Briefs*, von *Sinzheimer* und in dem vorliegenden Buch gezogen werden, und die auch *Marx* selbst klar bewußt sind.

theoretischen Abbild einander gleichgestellt und aufeinander angewiesen. In sozialer Hinsicht aber können lebendige Menschen und tote Dinge einander nicht in Wahrheit gleichgestellt sein, und darum bedeutet der formelle Tauschvertrag und Platzwechsel zwischen ihnen nichts anderes, als daß der lebendige Mensch mit seiner Arbeit an die Stelle von Sachgütern tritt, an ihrer Stelle in das Privateigentum eines anderen zu beliebiger Benutzung eingeht. Dies ist der entscheidende Tatbestand: daß die Arbeit als Ware ihrem Käufer gehört. »Die Verfügung über Arbeit ist eine Form der Verwertung des Eigentums« (*Sinzheimer*).[1] Das liegt völlig im Sinne der technisch-wirtschaftlichen Rationalität, die alle übertechnischen Beziehungen zwischen Menschen und Dingen zerstörte und dadurch die Dinge der Welt für einen ungehemmten Gebrauch im Dienste produktiver Zwecke frei machte. Indem das aber auch an der Arbeit geschieht, indem also die Arbeit einem beliebigen Gebrauch im Dienste privater Zwecke zugeführt wird, erlebt der Träger der Arbeit, der Mensch, seine Erniedrigung zum Ding.

Es wurde schon in anderem Zusammenhang gezeigt, wie der Rationalismus seiner ganzen geistigen Haltung nach in der Wirtschaft nichts anderes sehen kann als eine Veranstaltung für produktive Zwecke im Dienste der Güterversorgung und wie alle Erscheinungen der Wirtschaft nur unter dem Gesichtspunkt ihrer Zweckmäßigkeit, nur als Mittel für den produktiven Zweck behandelt werden. Dieser Grundsatz wird mit sehr weitgehendem – nicht ganz unbeschränktem – Recht auf die Sachgüter angewandt; er wird aber auch auf die Arbeit angewandt, der man überdies soeben die Freiheit und Überlegenheit des Kleinbetriebs versprochen hatte. Nach eigenem Entschluß und eigenem Gutdünken für sich selbst zu arbeiten und

1 *Grundzüge* 25.

dabei das Bewußtsein eines Dienstes an der Gemeinschaft zu hegen, das ist etwas anderes, als sich mit formell freiem Entschluß in das Eigentum eines andern zu begeben und von ihm willkürlich gebrauchen zu lassen. Darum kann auch nicht eingewendet werden, daß die entwürdigende Entpersönlichung der Arbeit durch den Rationalismus, wenn überhaupt, so für alle in der Wirtschaft Tätigen gelten müsse, für die Unternehmer wie für die Arbeiter. Hinter dem Rationalismus der Unternehmer verbirgt sich die irrationale Dynamik: sie arbeiten nach eigenem Entschluß und eigenem Gütdünken für sich selbst und mit dem Bewußtsein des Dienstes an der Gemeinschaft, zugleich aber mit dem Bewußtsein der Herrschaft über diejenigen, die in ihr Eigentum eingegangen sind und nach ihrem Gutdünken arbeiten müssen. Macht um der Leistung willen, oder Macht um der Macht willen; Leistung um der Leistung willen oder Leistung um der Macht willen – das sind die Verflechtungen in der irrationalen Dynamik des Unternehmertums. Und das ist, bei aller formellen Gleichheit vom Standpunkt des Rationalismus aus, in Wahrheit das Gegenteil des Arbeiterschicksals, in dem es weder Macht noch Leistung gibt, weder Verantwortung noch Gestaltung, nur die Entpersönlichung, die Entwürdigung zu einem produktiven Ding. In dieser Formel fassen sich alle Einzelerscheinungen der sozialen Unfreiheit zusammen; in ihr drückt sich der Geist der kapitalistischen Institutionen aus. »Das Eigentum enthüllt sich nicht nur als Herrschaft über Sachen, sondern auch als Herrschaft über Menschen« (*Sinzheimer*).[1]

1 *Grundzüge* 25.

B. Im Einzelnen

I. Auf dem Arbeitsmarkt

Das zeigt sich zunächst auf dem Arbeitsmarkt selbst, wo der Eigentumswechsel an der Arbeit vor sich geht. Als Eigentumswechsel, als Gütertausch steht er unter den allgemeinen Bedingungen des Gütertausches, unter den Marktgesetzen, und eben dadurch wird die Arbeit erstmals zum Ding, noch ehe sie in das fremde Eigentum eingeht; sie wird zum Gegenstand des Marktverkehrs und wird nach ihrer Marktlage bewertet. Das geistige Wesen dieser Regelung erhellt aus dem Vergleich etwa mit der Preisbildung in den Zünften des Mittelalters, die bei formell monopolistischem Charakter ihrem Wesen nach auf die Lebensnotwendigkeiten – die »Nahrung«, den »standesgemäßen Unterhalt« – also auf den sozialen Gesichtspunkt gerichtet war. Ob der den Marktgesetzen entspringende Arbeitspreis für den Unterhalt ausreicht – wirtschaftlich gesprochen – und ob er in einem angemessenen Verhältnis zu der Mühe, dem Ernst, der Würde der Arbeit steht – geistig gesprochen –, danach wird nicht gefragt. Die Lohnhöhe ist eine ökonomische, keine soziale Angelegenheit; Wirtschaft ist eine Veranstaltung für Zwecke der Gütervermehrung, nicht für das leibliche und seelische Wohlbefinden der produzierenden Menschen. Natürlich ist sie es im ursprünglichen liberalen Programm doch, weil es hier nur Arbeiter gibt; alles, was für die Verbraucher geschieht, geschieht hier für die Arbeiter, und es geschieht nach dem freien Entschluß und Gutdünken der für sich selbst arbeitenden Arbeiter. Erst durch die großbetriebliche Technik wird die Entwicklung von diesem programmatischen Ausgangs- und Zielpunkt abgedrängt; erst durch sie entsteht die soziale Teilung der Wirtschaftsfunktionen Eigentum und Arbeit; erst dadurch wird das wirtschaftliche Seltenheitsverhältnis zwischen Kapital und Arbeit sozial bedeutsam. Solange es nur wenig Sacheigentum gibt, solange es vor allem gleichmäßig auf die Arbeitenden in ihren kleinen Betrieben verteilt ist, solange nur die Arbeitenden das Eigentum festhalten können, weil es in der Zusammenballung zum Großbetrieb alsbald zerrinnen würde – solange bleibt das Seltenheitsverhältnis zwischen Kapital und Arbeit ohne wirtschaftliche Dynamik und erst recht ohne soziale Bedeutung. Ohne wirtschaftliche Dynamik, weil mit größeren Eigentumsbeträgen nichts Wirksames anzufangen ist, größere Schwankungen in dem Seltenheitsverhältnis daher gar nicht auftreten. Und selbst wenn sie trotzdem auftreten würden, so müßten sie doch vor allem ohne soziale Bedeutung bleiben; sie würden nichts sein als ein interner Rechenvorgang innerhalb des Betriebes, weil die größere oder geringere Seltenheit und Marktbewertung des einen Faktors durch die entgegengesetzte Bewegung des andern in der Hand des gleichen Einkommensbeziehers aufgewogen werden müßte. Das Ganze ist unabhängig von der Bewegung der Teile, wenn diese gegenläufig ist; Bedeutung für das Leben hat dann nur die Gesamtbewegung: die gemeinschaftliche Ergiebigkeit von Arbeit und Kapital. Erst indem die großbetriebliche Entwicklung das Eigentum konzentriert und es von der Masse der Arbeitenden trennt, wird das Seltenheitsverhältnis von Kapital und Arbeit sozial bedeutsam und sozial entscheidend; erst jetzt wird die Marktlage der Ware Arbeit zum Schicksal für den Arbeiter; erst jetzt herrscht der ökonomische über den sozialen, der sachliche über den menschlichen Gesichtspunkt.

Für die soziale Fragestellung kommt alles darauf an, die

Sprache der Institutionen zu verstehen, das Institutionelle ins Geistige zu übersetzen, den Sinn zu deuten, der sich in den Institutionen ausprägt. Daß die lebendige Leistung des Arbeiters von der wirtschaftlichen Gesellschaft ausschließlich unter sachlich-wirtschaftlichem, nicht unter menschlich-sozialem Gesichtspunkt bewertet wird, ist bezeichnend für das geistige Wesen dieser Ordnung; sie erblickt im Arbeiter ein mehr oder weniger taugliches, mehr oder weniger dringend begehrtes Mittel für einen Sachzweck, nicht ein lebendiges Glied der Gemeinschaft. Ökonomisch und schließlich auch sozial liegt nun eine Milderung des Übels in der historischen Tatsache, daß Seltenheit und Bewertung sich langsam und stetig zugunsten der Arbeit verschieben, die Arbeit also an gesellschaftlicher Geltung, wenn auch aus rein ökonomischen Gründen, allmählich gewinnt.[1] Aber dieser Erfahrung eines säkularen Überblicks tritt eine andere für die kürzere Frist eines Menschenlebens oder eines Stadiums im Menschenleben entgegen. Was in der langfristigen Betrachtungsweise und abgeklärten Erhabenheit der ökonomischen Theorie auch hier wieder als bloße »Reibung« bagatellisiert wird, ist im Bewußtsein der lebenden und leidenden Menschen das grausamste Schicksal: der Rückschlag, ja die Vernichtung des Einkommens durch die periodisch wiederkehrende Arbeitslosigkeit in der Krise. Gleichgültig wie man die Krise erklärt, ob aus einem allmählichen Nachlassen der Kapitalbildung oder umgekehrt aus einem Zuviel an Kapitalbildung und technischem Forschritt, so herrscht doch jedenfalls allgemeine Übereinstimmung in dem einen Punkte ihrer Zuordnung zum entfalteten Kapitalismus, ihrer Erklärung aus der Eigenbewegung des Kapitals, aus der großbetrieblichen Dynamik.[2] Die kapitalistische Ent-

1 Vgl. oben Ersten Abschnitt Ersten Teil C.

2 Die Frage, ob es in einer sozialistischen Wirtschaftsordnung Krisen geben kann, ist sehr umstritten. Insofern die Dynamik des Kapitals in ihr erhalten

wicklung des Liberalismus macht aus der Arbeit eine Sache überhaupt, und sie führt auch periodisch die besondere Lage herbei, in welcher die Entwürdigung sich vollendet, in welcher der Arbeiter seine tiefste Erniedrigung erlebt. Als ein bloßes Mittel für den außerhalb seiner gelegenen Sachzweck der Güterherstellung wird der Arbeiter grundsätzlich nur nach seinem Wert für diesen Zweck geschätzt; nur die Tauglichkeit für diesen Zweck verleiht ihm gesellschaftliche Bedeutung. Wenn der Zweck entfällt, so ist das Mittel wertlos. Wenn aus Gründen, an denen der Arbeiter unschuldig ist, die Güterherstellung eingeschränkt und unterbrochen wird, so versiegt der Bedarf nach dem Mittel der Güterherstellung und somit der Lohn. Damit wird dem Arbeiter der Zugang zu den Gütern, die er für die Fristung des Lebens braucht, von Gesellschafts wegen gesperrt. Er hat für sich allein kein Lebensrecht, nur als Mittel für den Sachzweck: sein Lebensrecht ist verwirkt, wenn der Sachzweck aus sachlichen Gründen aufgegeben werden muß. Vielleicht daß die Armenfürsorge sich seiner annimmt und ihm so schließlich doch materielle Hilfe von Gemeinschafts wegen zuteil werden läßt. Aber die Armenunterstützung, von ihrer materiellen und organisatorischen Ausgestaltung ganz zu schweigen, war schon rein rechtlich mit dem Verlust der bürgerlichen Ehrenrechte verknüpft. Statt also den schuldlos Gekränkten aufzurichten, bescheinigte sie ihm in aller Form Rechtens seine Entehrung, seine Ausstoßung aus der bürgerlichen Gemeinschaft und bestätigte ihm dadurch nochmals, daß die Gemeinschaft sein Dasein als sinnlos betrachtete, wenn ihm die Rechtfertigung durch Benutzung für produktive Zwecke versagt blieb.

bliebe, wären ökonomische Erscheinungen von krisenähnlichem Charakter sehr wohl denkbar. Gerade dann aber wäre wieder entscheidend, daß sie auf das bloß ökonomische beschränkt und um die soziale Auswirkung gebracht werden würden.

2. In der technischen Ordnung des Betriebes

Daß der Arbeiter in den Betrieb des Unternehmens als ein Mittel für den Betriebszweck eingeht, wurde schon gesagt. Die Arbeit ist um den ihr marktmäßig zukommenden Preis, also um ihren wirtschaftlichen Gegenwert gekauft worden und gehört nun ihrem Käufer zu beliebiger privateigentümlicher Verwendung. Die technische Art ihrer Verwendung im Sinn des Betriebszweckes zeigt nochmals den Geist ihrer Behandlung. An die Technik denkt man in erster Reihe, wenn man von der Entpersönlichung, Entseelung, Mechanisierung der Arbeit in der modernen Welt spricht, und meint also mit diesen Bezeichnungen die Herabwürdigung des Menschen zum Rädchen in der Maschinerie. Es ist aber im allgemeinen und im besonderen falsch, dafür die moderne Arbeitstechnik und ihre maschinelle Grundlage verantwortlich zu machen; nicht bleibende technische Notwendigkeit, sondern soziale Eigentümlichkeit ist der Grund, und er ist, wie alles Soziale, der geschichtlichen Veränderung unterworfen. Als ein lebendiges Wesen, ganz gleichgültig ob über sich selbst formell frei verfügend oder im fremden Eigentum stehend, unterliegt der Arbeiter gewissen Bedingungen seiner Leistungfähigkeit im körperlichen wie im geistigen Sinne; Verletzung dieser Bedingungen wirkt lähmend und zerstörend auf seine Kraft, ihre pflegliche Beobachtung steigert die Kraft. Dies ist keine Besonderheit der menschlichen Arbeit, findet sich mit entsprechender Abwandlung auch beim Zugtier, bei der Garten- und Ackerflur, ja bei den toten Stoffen und Maschinen selbst und ist bei allen diesen dem Eigentümer immer bewußt gewesen und von ihm sorgsam beachtet worden. Es mußte von ihm beachtet werden; denn davon hing zum sehr erheblichen Teile sein

Wirtschaftserfolg, seine Selbstbehauptung in der Konkurrenz ab. Die Verbesserung der Leistungsbedingungen im Betriebe ist ein Hauptmittel des Konkurrenzkampfes. So hätte also eine rationale Konkurrenz vor allen Dingen auf eine Verbesserung in den Leistungsbedingungen der Arbeit als des wichtigsten Produktionsmittels Bedacht nehmen müssen. Aber während eines ganzen Jahrhunderts und länger hat sie die so verstandene Rationalisierung der Arbeitsbedingungen versäumt, obgleich dafür die innerbetrieblichen, innerkapitalistischen Antriebe vollständig hätten ausreichen müssen und nicht eine Spur mehr sozialer Geist erforderlich gewesen wäre als etwa für die Agrikulturchemie. Man hielt auf den bürgerlichen Respekt vor dem »Privatleben« des andern, in das man auch durch keinerlei Fürsorge einzugreifen wünschte; man begnügte sich mit dem Hinweis auf die Freiheit des Arbeiters, sich im Interesse eines hohen Arbeitsverdienstes gehörig anzustrengen; man nahm also in jedem Falle die Arbeit als automatisch funktionierend und keiner Pflege bedürftig an. Im Mutterlande des Kapitalismus und seiner Industrie spricht man heute noch statt von der Arbeiterzahl des Betriebes von der Anzahl der beschäftigten Hände und drückt dadurch mit unübertrefflicher Deutlichkeit die Gesinnung aus, für die es lediglich auf das funktionierende Organ und in keiner Weise auf den hinten daran hängenden Menschen ankommt. Und als man im fortschrittlichen Amerika sich schließlich doch auf das Problem der Arbeit besann, geschah es in der nochmaligen Übersteigerung des technologisch-mechanistischen Denkens durch das Taylor-System, das nun ausgesprochen den Menschen in seine Teile zerlegte und die Bewegung der Teile jedes für sich studierte, um ihn zum höchsten Wirkungsgrad zu führen.

Angesichts der Auslöschung des Unterschiedes zwischen Mensch und Maschine galt auch die Beziehung zwischen diesen beiden Polen des Betriebes als problemlos, und der Mensch wurde nicht nur in die Maschinerie als Ganzes hineingesetzt, er wurde gleichsam in die einzelne Maschine hineinmontiert, ihm die Funktion eines Rades oder Hebels zugewiesen. Diese Funktion erfüllte er nun von Tag zu Tag, von Jahr zu Jahr, ein Menschenleben hindurch und vielleicht von einer Generation zur anderen, und mußte noch froh sein, wenn er möglichst ohne Unterbrechungen durch Geschäftsstockungen und dgl. zu ihr zugelassen wurde. Der Bau der Maschine unterstand eben wieder nur den technologischen Gesetzmäßigkeiten, und nichts lag dem Ingenieur und seinem Auftraggeber ferner als eine Erwägung darüber, wie die Arbeit an der Maschine im Falle dieser oder jener Konstruktionsweise sich für den Arbeiter anlassen würde. Unter diesen Umständen fällt dann die Schuld an der Unmenschlichkeit solcher Arbeit nicht auf die Maschine, sondern im Gegenteil auf ihre Unvollkommenheit, und es ist merkwürdig, wie richtig das in der Arbeiterschaft stets gefühlt worden ist, da ihr Verhältnis zur Maschine nach der Überwindung der Maschinenstürmerei nie ein ganz schlechtes, immer ein hoffnungsvolles gewesen ist. Die Maschine nämlich muß als unvollkommen gelten, solange sie dem Menschen an ihr selbst Tätigkeiten überläßt, die nach ihrer mechanischen Natur von ihr selbst besorgt werden könnten und müßten. Sobald sie alle mechanischen Vorgänge in sich vereinigt, ist der Mensch aus ihrer mechanischen Gesetzmäßgikeit entlassen und die Beziehung zwischen beiden von Grund auf verändert. Nun steht die Maschine als ein Ganzes von eigener Art dem Menschen gegenüber; nun steht – umgekehrt – der Mensch neben der Maschine als ihr Freund, über ihr als ihr Herr, als ihr Kenner, als ihr Arzt im Falle ihrer seltsamen individuellen Krankheitsanfälle. Eine menschliche Ordnung des Maschinenwesens – statt einer maschinellen des Menschenwesens – erfüllt erst den Sinn der Maschine, die doch den Menschen entlasten will. Darum besteht zu einem sozialen Pessismismus gegenüber den technischen Notwendigkeiten der modernen Arbeitswelt keinerlei Grund. Und darum erscheint die tatsächliche Versklavung des Menschen an die Maschine in dem kapitalistischen Jahrhundert nochmals als eine Äußerung kapitalistischen Geistes, als ein Beispiel für die Entwürdigung des arbeitenden Menschen zum bloßen Mittel für einen Sachzweck.

3. In der sozialen Ordnung des Betriebes

Mittel zum Zweck ist der Arbeiter aber nicht nur in technischer Beziehung und allgemeiner in Hinsicht auf den Zweck der Güterherstellung. Denn in diesem rationalproduktiven Zweck erschöpft sich ja der Sinn des Betriebes keineswegs, so gern aller Rationalismus das glauben möchte. Die rationale Ordnung des Betriebes zusamt allem seinem Zubehör ist Wirkung und wieder Mittel des unternehmerischen Machtwillens, der in dem rationalen Funktionieren der großen Maschinerie seine Erfüllung erlebt. Je weniger man sich dessen bewußt ist, um so mehr ist es so, und die aus technischen Gründen notwendige Betriebsordnung wird zur Verhüllung, in der der Machtwille sich verbirgt und durch die hindurch er seine Ansprüche an die Unterworfenen geltend macht. Umgekehrt sind die Arbeiter als Mittel für den rationalen Betriebszweck nun zugleich auch Mittel für den irrationalen Betriebszweck, für das Machterlebnis nicht nur des wahrhaft Mächtigen, des Unternehmers, sondern aller seiner Nachgeordneten, die vor ihm zittern und sich dafür an dem Letzten, Wehrlosesten schadlos halten. Dies ist die besondere deutsche Atmosphäre des kapitalistischen

Betriebes und wurzelt tief in der deutschen religiös-ethischen Vergangenheit. In Deutschland ist es nie üblich gewesen, daß der Unternehmer auf jene angelsächsische Weise, die alles Menschliche auslöscht, von den in seinem Betriebe tätigen »Händen« spricht; er nennt die Arbeiter seines Betriebes »seine Leute« und empfindet sich als den »Herrn des Hauses«. Die unverhüllt feudalistische Gesinnung, die sich in dieser Sprechweise äußerst, fordert also den dem Hausvater in einer patriarchalischen Ordnung geschuldeten Gehorsam als Bedingung seiner Fürsorge für die Gehorchenden. Die falsche »Wort«gläubigkeit in den christlichen Kirchen, die sich nicht auf die Offenbarung beschränkt, sondern auch auf die Dokumente der kirchlichen Ursprungsgeschichte bezieht, hat die sozial-ethische Lehre des Luthertums bis heute bei den Ausdrücken und Beispielen aus Luthers feudaler Umwelt festgehalten; dadurch wurden die Moral- und Sozialanschauungen der in ihr Erzogenen natürlich sehr weitgehend bestimmt und ihr Blick für neues Werden in der sozialen Welt und neue ethische Anforderungen getrübt. Die Verklärung der feudal-patriarchalischen Welt durch die Glaubenslehre hat das ihre dazu beigetragen, den Gestaltungs- und Machtwillen des Bürgertums zu dämpfen, so daß die bürgerliche Ordnung in Deutschland nicht einfach an die Stelle der alten herrschaftlichen Ordnung trat, wie in den Ländern der bürgerlichen Revolution, sondern sich mit dem städtisch-kapitalistischen Kreise ihres Ursprungs als ihrem Herrschaftsbereich begnügte. Dadurch aber wurde das Bürgertum erst recht reif zur Aufnahme in den Verband der Herrschenden, natürlich gerade nicht an führender Stelle, und wuchs nochmals in die Obrigkeitsideologie hinein, die nun auch seiner eigenen Herrschaft über die Wirtschaft und die Arbeiter die Weihe gab. In gleicher Richtung, wenn auch nicht ungebrochen und jedenfalls mit weit schwächerem kapitalistischen Impuls, verlief die Entwicklung auf katholischem Boden. Hier stand schon die grundsätzliche Geisteshaltung einer vorbehaltlosen Erkenntnis des neuzeitlichen Wesens schlechterdings im Wege; das bloße Wort Kapitalismus und die in ihm enthaltene Einsicht in eine ungeheure, moral-entrückte, eigengesetzliche Dynamik war vom offiziellen Sprachgebrauch ausgeschlossen, und der Arbeitgeber wurde in den päpstlichen Botschaften mit dem feudalistischen Worte »dominus« bezeichnet.

Die Rechtfertigung des Kapitalismus durch feudalistische Gedankengänge ist natürlich immer schief; seine Herrschaftsstellung beruht gerade auf den liberalen Methoden des formell freien Privatvertrages und der Verantwortung lediglich für den privaten Erfolg; seine Lebensluft ist die vollkommene Anonymität und Versachlichung aller Beziehungen im schärfsten Gegensatz zu der persönlichen Nähe des Zusammenlebens unter feudalen Verhältnissen.[1] Man kann das an der Art und den Grenzen der Fürsorge sehen, die zusammen mit ihrem Gegenpol, der Gehorsamspflicht, die Achse der feudalen Lebensordnung bildet. Die Aussicht auf den Genuß der Fürsorge – in Arbeiterwohnungen und sonstigen Wohlfahrtseinrichtungen – ist Lockung für den Schwankenden, ihr Entzug ist Strafe für die Unbotmäßigkeit, das ganze System also Waffe im Interessenkampf der sozialen Parteien und ausdrücklich in Konfliktsfällen als Waffe gehandhabt; beim Eintritt der wirklichen Not, der Geschäftsstockung fühlt sich andrerseits der Starke durch die Gewalt der Tatsachen von der Fürsorgepflicht gegenüber dem Schwachen regel-

1 Diese Sätze über die feudalistische Umdeutung und Rechtfertigung des Kapitalismus sind, z. T. wörtlich, aus der umfassenden Darstellung in der Abhandlung des Verfassers über *Die christlichen Kirchen und die soziale Krise* entnommen (*Kölner Sozialpol. Vierteljahrsschrift* VII Heft 2/3, insbesondere S. 140 und 149/150).

mäßig befreit und beruft sich auf die Selbstverantwortung. Die Logik des Systems gibt ihm Recht; die feudalistische Verbundenheit auf Gedeih und Verderb setzt grundsätzlich statische Verhältnisse, einen Normalverlauf des Lebens voraus. Eben deswegen aber sind die feudalistischen Kategorien auf die moderne Arbeitsorganisation nicht anwendbar, und wenn sie dennoch angewandt werden, so dient das einer objektiv unwahrhaftigen, wenn auch noch so unbewußten Interessenverhüllung.[1]

Anderseits lebt in der feudalistischen Deutung des Kapitalismus ein sehr richtiges Gefühl für den Macht- und Herrschaftscharakter dieser Ordnung, von dem die offizielle Theorie doch keine Kenntnis hat; das Hineinragen der vorkapitalistischen Denkweise in die kapitalistische Welt enthüllt die kapitalistische Freiheitslehre als das, was sie ist, als Ideologie und Fiktion, und führt die vor- und die nachkapitalistische Kritik am Kapitalismus für ein Stück Weges immer wieder zusammen. Vom Standpunkt des nachkapitalistischen Freiheitswillens aus aber ist mindestens ebenso wichtig jene unsaubere Verschmelzung der kapitalistischen und der feudalistischen Gedankengänge, welche nicht nur den herrschaftlichen Charakter der bürgerlichen Ordnung, sondern zugleich die kapitalistische – natürlich historisch unvermeidliche – Entartung der Feudalwelt bloßgelegt. Das Leben des Arbeiters in der kapitalistischen Welt ist eben nicht durch Vernunft und Freiheit bestimmt, auch nicht durch die Fürsorge einer Obrigkeit, die an sich schon seinem neuzeitlichen und ausdrücklich aufgerufenen Freiheitsdrang zuwider wäre; der Arbeiter ist Knecht um der Verherrlichung seines Herrn willen; er ist einer »Hausordnung« unterworfen, die sich als rein technisch bedingt gibt, zugleich aber die obrigkeitlichen Rechte und Verantwortungen in keiner

1 Vgl. zu diesem ganzen Absatz Lederer-Marschak im G. d. S. IX 192.

Weise umgrenzt und daher jeden menschlichen Mißbrauch der technischen Notwendigkeiten zuläßt. Der Arbeiter ist auch in dieser sozialen Beziehung Mittel für fremden Zweck.[1]

1 Daß dem Arbeiter die Stellung eines ebenbürtigen Gliedes der Gemeinschaft in der bürgerlichen Ordnung vorenthalten ist, zeigt sich nochmals in der Bildungssphäre. Die bürgerliche Bildung ist rationalistisch mit sentimentalem Einschlag; als gebildet gilt derjenige, der über ein Mindestquantum akademisch-rationalen Wissens verfügt. Insoweit nun Bildung in der vertieften Ausprägung des eigenen Lebenssinnes besteht, in der bürgerlichen Ordnung aber zu einer Frage der Wissensmenge und so durch die Schul- und Hochschulkosten zu einer Funktion der wirtschaftlichen Lage gemacht wird, fühlt sich der Arbeiter von dem Zugang zum Sinnzentrum des Lebens abgesperrt, also nochmals auch im geistigen Bereich der Sinnlosigkeit preisgegeben. In jeder substantiell religiösen Ordnung ist ihm dieser Zugang grundsätzlich offen, weil die Frage nach dem Sinn nicht eine solche des rationalen Wissens ist. Wird sie mit den Mitteln des rationalen Wissens behandelt, so wird sie notwendig verfehlt, und darum endet der bürgerliche Bildungsweg in Skepsis und Verzweiflung. Aber das weiß der von der bürgerlichen Bildung ausgeschlossene Arbeiter nicht; ihm erscheint sie als der Weg der Sinnerfassung. Darum ist die Tragödie der bürgerlichen Bildung kein Rechtfertigungsgrund für die durch das Bildungsmonopol verschuldete Sinnlosigkeit des proletarischen Daseins. (Dieser Gedankengang ist etwas ausführlicher in einem besonderen Abschnitt einer populären Schrift des Verfassers: *Die sittliche Idee des Klassenkampfes* 1926, S. 42 ff. dargelegt, welche in bezug auf die wirtschaftlich-sozialen »Entzündungspunkte« der soben beendeten Darstellung in diesem Buche parallel geht, aber weniger ausführlich ist.) Es ist klar, daß das Bildungsmoment nicht auf rationalistische oder ästhetizistische Weise überschätzt werden darf; aber seine Bedeutung ist natürlich sehr groß. Insoweit die Arbeiterbildungsvereine des älteren Liberalismus und die nachrevolutionären großstädtischen Volkshochschulen die Bildungsnot der Arbeiter durch Übermittlung von popularisiertem akademischem Fachwissen zu heilen versuchen, waren und sind sie natürlich nicht nur unwirksam, sondern unmittelbar schädlich, weil sie auf dem kapitalistischen Prinzip beruhen.

Zweiter Teil

Inhalt und Zielsetzung der sozialen Bewegung

A. Die grundsätzliche Beziehung zwischen der sozialen Idee und der sozialen Bewegung

Gegen die Entwürdigung der Arbeit in der modernen Arbeitswelt erhebt sich die Gegenkraft, die Arbeiterbewegung; an sie ist die soziale Dynamik im Kapitalismus gebunden. Sie ist eine reale Gegenkraft und unmittelbare Gegebenheit im Kapitalismus; nicht erst durch sittliche Überlegungen und Programme wachgerufen noch durch böswillige Verhetzung verschuldet. Insoweit ein Mensch als Arbeiter in die kapitalistische Arbeitswelt hineingeboren ist, lebt in ihm notwendig der Wille, der den Sinn und die Stoßkraft der Arbeiterbewegung ausmacht: der Wille zur Freiheit und Würde der Arbeit in der großbetrieblichen Arbeitsorganisation.

Der Arbeiter tritt mit dem verbrieften Anspruch auf Freiheit in die Welt ein, er findet sich um diesen Anspruch betrogen, und zwar durch die individuelle, in Wahrheit also ungleichmäßige Freiheit selbst; er macht daraufhin von seinem persönlichen Freiheitsrecht Gebrauch, um seinen Anspruch durchzusetzen. Die ganze Bewegung steht auf dem Boden des Liberalismus und ist nur auf ihm denkbar; sie benutzt die vom Liberalismus ihr eingeräumten Waffen, und sie kehrt sie gegen die vom Liberalismus geschaffene Wirklichkeit, nicht um sie zu zerstören, sondern um sie zu überwinden, zu übertreffen, darüber hinauszugehen. Dies ist ihre Paradoxie und ihre Dynamik: als eine Erscheinung der liberalen Welt über sie hinauszustreben. In der persönlichen Freiheit des Liberalismus, die zur Grundlage der privatvertraglichen und daher unverantwortlichen Herrschaft im Kapitalismus wird, liegt aller Anspruch auf echte Freiheit beschlossen und zugleich die Möglichkeit, sie zu erkämpfen, die kapitalistische Verwirklichung des Liberalismus also zu überwinden. Durch die auf seinem Boden wachsende soziale Bewegung überwindet der Liberalismus sich selbst.[1]

Die Kraft der Arbeiterbewegung ist der Wille zur Freiheit und Würde der Arbeit in der großbetrieblichen Arbeitsorganisation. Dieser Wille ist notwendig da, auch bevor er eine programmatische Wortfassung und Zielsetzung gefunden hat; er ist elementar und existentiell, vormoralisch und vorrational; er ist der Lebensdrang in den geknechteten Menschen der kapitalistischen Arbeitswelt. Darum ist er auch im echten Sinne des Wortes geistig: unmittelbar aus der Tiefe des Lebens aufsteigend und neuartigen Lebenssinn verwirklichend, auf neuartige Weltgestaltung gerichtet. Er ist eine echte Idee: hineingeboren in die werdende Sozialgestalt der Arbeiterbewegung und durch sie in die Welt geboren, ihre Kraft ausmachend und mit ihrer Kraft sich selbst durchsetzend. Er kann sich durchsetzen, weil die Kraft der freien Arbeiterschaft die moderne Arbeitswelt trägt und daher ihre Ansprüche zur Geltung zu bringen vermag.[2] Er ist nicht auf ein Ideal gerichtet, das ewig, gleichförmig und allgemeingültig in einem allgemeingültigen sittlichen Bewußtsein seinen Sitz haben würde, wegen seiner allgemeinen Geltung aber der Konkretheit, Lebensnähe und Lebenskraft ermangeln müßte. Leben kann doch nicht anders als konkret, indivi-

1 Daß dies gerade nicht die Vollendung und Abrundung im statischen Sinne für den Liberalismus ist und sein kann, wird später noch erörtert.
2 In diesem Satze liegt die Theorie der Sozialpolitik und der Sozialisierung, vgl. die unten folgenden besonderen Abschnitte.

duell und dynamisch sein; es wandelt sich von Wesen zu neuem Wesen, es trägt seinen besonderen, individuell eigentümlichen Sinn und damit seine besondere Würde und Schönheit in sich und stellt sie durch sich in der Welt dar. Man verfehlt das dynamische Wesen des Lebens überhaupt und damit das Wesen jeder besonderen zeitlichen Ausprägung des Lebens, wenn man versucht, das einzelne Stück Leben – eine Person oder eine Sozialgestalt oder eine Epoche im Leben dieser oder jener – als Sonderfall einer allgemeingültigen Gesetzmäßigkeit zu begreifen; nicht quantitative Verschiebung gleichbleibender Elemente, sondern das Hervorbrechen neuer Qualität aus der vorhandenen, neuer geistgeladener Gestalt aus der alten, das ist das Wunder des Lebens und der Geschichte. So lebt in der kapitalistischen Arbeiterschaft der Wille zur Würde der Arbeit als konkrete, machtvolle, gestaltungshungrige Kraft. Dies ist die Realität der Idee – oder mit dem auf *Marx* hinweisenden Ausdruck von *Hermann Heller*: Ihre »Materialität«, ihre Stoffgebundenheit. Die Idee macht die Kraft und den Sinn der lebendigen Gestalt aus, ist aber eben darum auch an die lebendige Gestalt gebunden; sie ist real, dynamisch, lebendig, aber ebendarum von beschränkter historischer Geltung. So lebt das aufsteigende Leben der Arbeiterbewegung aus der ihr eingeborenen Idee der Arbeitswürde; so wird die Idee der Arbeitswürde durch die Arbeiterbewegung real und drängt zur Wirklichkeit; so wird die Idee allererst Idee. Denn der Geist, das Prinzip der Schöpfung, ist tätiger, wirkender, schaffender Geist.[1]

1 Hat es Sinn, die Lehre vom Geist als der wirkenden Kraft des Lebens als »materialistisch« zu mißdeuten? Man kann sich ihr dadurch ideologisch entziehen; ihre Wahrheit aber, d. h. gerade ihr wirkende Kraft kann man dadurch nicht auslöschen, weder in anderen noch auch nur in sich selbst, insoweit man lebt; denn aus irgendeiner noch so überholten, noch so dämonisierten schaffenden Wirklichkeit lebt man und hat man seine Ideen.

Ebenso wie dies früher für die Begriffe des Kapitals und der Konkurrenz gezeigt wurde[1], so ist auch ihr Gegenbegriff, der des Proletariats, bei *Marx* mit Dynamik und daher mit Geist geladen. Er gibt sich zunächst rein materialistisch-institutionell: Proletariat, das ist die den Mehrwert abtretende Klasse. Aber alsbald ergibt sich doch: Proletariat, das sind die Menschen, die mit der elementaren Wucht ihrer Existenz den Sozialismus wollen müssen. Auch hier wieder wird das Geistige »materialistisch« verhüllt, nämlich in das Institutionell-Ökonomische eingeschlossen und dadurch für eine wirklich materialistische, statische Denkweise unsichtbar gemacht und zwar mittels des Wortes »Interesse«: der Sozialismus liegt im Interesse des Proletariats. Für *Marx* kam doch alles darauf an, den Glauben an die Allgemeingültigkeit von Vernunft und Freiheit zu zerschlagen und die konkreten Sozialideen den konkreten Sozialgestalten zuzuordnen: die individualistisch-naturalistische Freiheitsidee dem Bürgertum, die soziale Freiheitsidee der Arbeiterschaft. Daß diese Sozialgestalten aus der wirtschaftlich-sozialen Sphäre entstehen und in ihr wurzeln, daß sie also am leichtesten mit »materialistischen« Kategorien beschrieben werden, bestreitet niemand[2]; ebensowenig, daß die Zuordnung der Ideen im Prinzip richtig erfolgt ist.[3] Bleibt die gewollt und protestlerisch materialistische Ausdrucksweise, der Bürgerschreck einer Welt, die nur allzu gern zu ihrer eigenen Rechtfertigung vernunft- und idealgläubig ist, nämlich an die ewige Vernünftigkeit und Idealität der von ihr selbst gestifteten Ordnung glaubt und sie auch den zweifelnden

1 Vgl. oben S. 84.

2 »Die Arbeiterklasse ist ja geradezu (auch im Bewußtsein der übrigen Klassen sowie in ihrem eigenen Bewußtsein) ein Anhängsel der Produktionsweise; sie ist durch ihre Stellung im Wirtschaftsleben auch sozial und politisch nahezu restlos definiert« (Lederer-Marschak im G. d. S. IX 111).

3 Natürlich liegt hier noch das Sonderproblem der Beziehung zwischen sozialer Idee und Sozialismus. Darüber handelt der letzte Abschnitt dieses Buches.

Arbeitern beweisen möchte. Aus Protest also sagt *Marx*: die Ideen entsprechen den »Interessen« der Sozialgestalten. Auch die Mißdeutung und ökonomische Verengung dieses Ausdrucks fällt wieder der materialistischen Gesinnung bei Gegnern wie Anhängern des Marxismus zur Last, die schon seit *Engels* in den äußersten Fällen so weit gehen zu behaupten, daß nach *Marxscher* Lehre die Ideen »bloßer Schein« sind, weil das »Interesse« dem Gelde gilt. Der Scheincharakter kann allenfalls und bis zu einem gewissen Grade – keineswegs unbeschränkt – von der Ideologie nach *Marxscher* Auffassung behauptet werden; ihn aber von der Idee zu behaupten, die doch ausdrücklich das Echte, der Ideologie Gegenübergestellte ist, das ist nicht mehr nur ein Zerrbild, es ist das Gegenteil der *Marxschen* Lehre. Wenn die Durchsetzung der Idee dem Interesse der Sozialgestalt entspricht, so deswegen, weil die Idee ihr eingeboren ist. Die Idee ist nicht idealer, d. h. rein gedanklicher Natur, sie hat eine Existenz von höchst massiver Realität: sie ist das innere Leben, die kämpfende und gestaltende Kraft der Menschen, in die sie hineingesenkt ist, und sie ringt sich mit ihnen und durch sie empor. Die Durchsetzung der Idee geschieht durch die gestaltende Kraft der Menschen, in denen sie lebt und deren historische »Natur« dazu drängt, das Leben auf die ihnen gemäße, in der Idee ausgedrückten Weise zu gestalten. Das Interesse und die Idee sind in diesem Sinn geradezu dasselbe: der Lebens-, Freiheits- und Gestaltungsdrang in den Menschen.

Nur die rationalistisch-materialistische Auffassung, welche in der Wirtschaft nichts sieht als eine Rechenaufgabe nach immer gleichbleibenden Regeln und abseits vom Leben der Wirtschaftenden, kann das »Interesse« als eine bloße Geldangelegenheit mißdeuten und die Herabziehung der Idee auf die Ebene des Geldes beklagen. In Wahrheit wird die Wirtschaft in die Sphäre des Lebens und des Geistes erhoben und eingeordnet; es wird klar, daß in allem noch so nüchtern sich gebenden Wirtschaften eine Sozialidee steckt, daß jede Wirtschaftshandlung das Zusammenleben und Zusammenarbeiten der Menschen mitgestaltet; daß also historisch-soziale Andersartigkeit an einer neuen Art des Zusammenlebens und Zusammenarbeitens »interessiert« ist, nicht einfach, weil man dann mehr Geld bekommt, sondern weil die neue Art den neuen Menschen gemäß ist. Die Anweisung einer zentralen und fundamentalen Stellung im Leben an die Wirtschaft ist nicht gleichbedeutend mit einer Materialisierung des Lebens, wenn man in der Wirtschaft Leben und Geist sieht und damit allerdings die kapitalistische Sehweise überwunden hat, in welcher Wirtschaft als eine bloß technisch-rationale Veranstaltung abseits von Leben und Geist erscheint. Dies ist das irrational-dynamische Wesen in der rationalen Wirtschaftsform; dies auch der Rechtfertigungsgrund für das Unternehmen einer »sozialen Theorie des Kapitalismus«. Ebensogut wie auf das Geld geht das »Interesse« doch geradezu auf die Verantwortung. Die verantwortliche Weltgestaltung im Sinn ihrer individualistischen Wertvorstellungen sich zu bewahren, ist das Interesse der bürgerlichen Wirtschaftsführer; zur verantwortlichen Neugestaltung im Sinne ihrer neuartigen Wertvorstellungen zugelassen zu werden, darauf richtet sich das Interesse der Arbeiterschaft. Alle ihre Wertvorstellungen aber sind aus der grundlegenden und elementaren Idee abgeleitet, die in besonderem prägnanten Sinne die soziale Idee heißt: Freiheit und Würde der Arbeit in der großbetrieblichen Arbeitswelt.

Zwei Fragen sind zunächst zu unterscheiden. Die Frage, ob die *Marxsche* Lehre hier richtig, d. h. in dem von *Marx* selbst gemeinten Sinne, interpretiert ist, hat vergleichsweise geringes, nämlich nur philologisches Interesse. Entscheidend ist allein und ganz und gar die andere Frage, ob die sozialgeschichtlichen Vorgänge mit jenen realistisch-dynamischen Kategorien richtig verstanden und wahrheitsgemäß beschrieben sind. Die zweite Frage ist zunächst ganz unabhängig von der ersten. Es gibt aber eine Brücke zwischen beiden, die etwa als die Frage nach der geistesgeschichtlichen – zum Unterschied von der philologischen – Bedeutung des *Marxismus* zu bezeichnen wäre. Welche subjektiven Absichten immer *Marx* selbst in seiner zeitgebundenen wissenschaftlich-politischen Kampfeslage mit seiner Begriffsbildung verfolgt haben mag, nun ist diese Begriffsbildung da und hat ein von der Person ihres Urhebers losgelöstes, objektiviertes Dasein. Wenn nun, zwei Generationen nach *Marx*, neue Menschen mit neuen Erfahrungen und einer neuen Sehweise sich der von *Marx* geprägten Begriffe bemächtigen und in ihnen die eigene Sehweise ausdrücken können, so ist das keine Fälschung der *Marxschen* Begriffe, es ist im Gegenteil der Beweis für ihre Lebendigkeit und Fruchtbarkeit über *Marxens* eigenen zeitgebundenen Standpunkt hinaus. Dann hätten eben die *Marxschen* Begriffe ihre Geschichte im echten Sinne dieses Wortes; sie würden sich in ihrem Wesen und ihrer Bedeutung wandeln, aus ihrem ursprünglichen Kern heraus, und würden eben damit die Probe ihrer Lebendigkeit liefern. Auch dies, gerade dies ist Dialektik. Das ist ja der Sinn aller Beschäftigung mit der Geschichte, auch der Geistesgeschichte, daß wir die Gestalten der Vergangenheit auf uns wirken lassen, nach ihren Voraussetzungen, aber auf uns.[1] Daher kommt es nicht – unsere erste Frage – auf das an, was *Marx* mit seinen Begriffen gemeint hat, sondern – die dritte Frage – auf das, was sie uns sagen. Es kommt darauf aber nicht deswegen an, weil hier etwa *Marx* zum Thema genommen wäre, sondern weil wir eine historische Wesenheit, in unserm Fall die soziale Bewegung, nur mit den ihr gemäßen, also realistisch, nicht nominalistisch gebildeten Begriffen fassen können und daher nach solchen Begriffen suchen müssen. In der Einheit der Gestalt ist doch eben auch die zugehörige Denkweise enthalten, und wenn unser Sehen heute um zwei Generationen

1 So hat – um ein diesem Buche ziemlich entferntes, hier aber paralleles Beispiel anzuführen – *Gundolf* in doppelter Entfaltung desselben Prinzips ein Buch über *Cäsar* und »die Geschichte seines Ruhmes« geschrieben.

entfalteter ist als das *Marxsche*, so zeigt sich die Einheit der Gestalt erst recht in der Kontinuität der Begriffsbildung.

Anderseits ist Kontinuität nicht Identität; unser Streben ist nicht auf eine orthodoxe und ausdrückliche Unproduktivität gerichtet, wir sind durchaus bereit, das von den Vätern Ererbte zu erwerben, um es zu besitzen. Wir stehen damit in der Front des Zeitdenkens. Wenn die *Marxsche* Lehre zu ihrer Zeit als ein riesiger, unheimlicher und anstößiger Fremdkörper im Zeitdenken erscheinen mußte, als ein zusammenhangloses Bruchstück um so mehr, als ihr Urheber sich außerhalb der Sozialtheorie ausdrücklich als Agnostizist bekannte – nicht etwa als Materialist –, so hat das Wachstum der neuen, nachbürgerlichen Sozialgestalt die Gedankenfront inzwischen nach allen Seiten verbreitert und auf allen Seiten verstärkt. *Paul Tillich* hat das *Marxsche* Gedankengut aus der Isolierung und Gefahr der Teilwahrheit befreit und in die umfassendste Lehre vom Leben und vom Geist eingeschmolzen[1], aus der auch die *Marxsche* realistische Sozialdialektik ursprünglich stammt[2]: in die Lehre von der überpersönlichen dialektischen Gewalt des Geistes und des Widergeistes bei *Jakob Böhme* und seinen Nachfolgern; dadurch wurde insbesondere die Parallelität zu *Kierkegaard* und der auf ihn zurückgreifenden neuprotestantischen Bewegung gewonnen. Vom *Kantschen* Idealismus und seiner allgemeinen Gesetzmäßigkeit her führte der Weg über *Rickert* und *Max Weber* zu dem großen Durchbruch, den *Tröltsch* in die Erkenntnis des geschichtlich-individuellen Wesens und seiner Wandlung hinein vollzogen hat. In phänomenologischen Gedankengängen, also unter Anknüpfung an die aristotelisch-katholische Lehre, hat *Scheler* Sozialerkenntnis, zuletzt soziale Anthropologie getrieben, in anderer Weise v. *Gottl* »Wirtschaft als Leben«, d. h. als der mechanischen und gleichförmigen Gesetzmäßigkeit entzogen zu beschreiben versucht. Alle diese Männer und ihre Geistesverwandten stehen wieder untereinander in Beziehung und z. T. – vor allem *Tröltsch* – in Abhängigkeit von *Marx;* alle aber besonders unter dem mächtigen Eindruck, den *Diltheys* Arbeiten über das »historische Erkennen«

1 Besonders in seinem System der Wissenschaften nach Gegenständen und Methoden, auch in der religiösen Lage der Gegenwart, und eigentlich in allen seinen Schriften.

2 Vgl. Tillich, *Logos und Kairos,* in dem von ihm herausgegebenen Jahrbuch *Kairos I.*

im Wege des »Verstehens« allmählich auszuüben begannen. Wieder von einem andern, dem ästhetischen Ausgangspunkt her beschreiben die an *George* geschulten Historiker die wesenhafte Einheit der lebendigen »Gestalt«. Überall ist die idealistische Allgemeingültigkeit und Gesetzlichkeit, die im menschlichen Bewußtsein wurzelt, überwunden, überall die historische Besonderheit und Wesenhaftigkeit der Dinge und z. T. – bei *Tröltsch* und seinem Vollender *Mannheim* – ihre Dynamik erreicht. In diesem Zusammenhang erscheint der Marxismus als der früheste Durchbruch einer Gesamtanschauung, die bei weittragenden Meinungsverschiedenheiten im einzelnen doch durchgehend als realistisch-dynamisch bezeichnet werden kann. Der Satz, daß die Idee der Gestalt eingeboren ist und ihren historischen Sinn ausmacht, und der damit identische »materialistisch« pointierte Satz, daß die Idee im Interesse der Gestalt liegt, können heute weit über die ursprünglichen Kreise des Marxismus hinaus auf Verständnis und Zustimmung rechnen.[1]

Der Geist also besondert sich in der besonderen Sozialgestalt der Arbeiterbewegung zu der wirkenden Idee der Arbeitswürde. Um Arbeitswürde zu ringen, ist das Wesen – realistisch gesprochen – und der historische Auftrag – theologisch gesprochen – der Arbeiterbewegung. Die Idee der Arbeitswürde ist zu allertiefst in die Arbeiterbewegung hinein gesenkt und macht recht eigentlich ihr Leben, ihre elementare Kraft, ihren dunklen Lebensdrang aus. Aber solange es beim dunklen Drang bleibt, kommt es auch nur zu verworrenen, unklaren Triebhandlungen, die die gegebene Ordnung des Zusammenlebens stören und deswegen von den Hütern der Ordnung verfolgt werden, ohne doch untereinander einen zweckbewußten Zusammenhang erkennen zu lassen. Die Lage ändert sich von Grund auf, wenn der dunkle Drang in die Klarheit der geistigen Sphäre aufsteigt und nun in einem rationalen Programm zum Bewußtsein seiner selbst und der ihm vorschweben-

1 Daß *Marx* den Gefahren seines »Materialismus« gelegentlich unterlag, wird im letzten Abschnitt erörtert.

den institutionellen Verwirklichung gelangt. Ideal, Theorie und Programm sind keineswegs primär und originär; sie können nur dasjenige klären, nämlich unter einem einheitlichen Gesichtspunkt systematisieren und für praktische Verwirklichung organisieren, was nach Systematisierung und Organisierung verlangt, was mithin als dunkler Drang schon da ist. Der menschliche Geist schafft nichts, er verarbeitet nur. Aber dieser Verarbeitung, dieser Klärung, Systematisierung und Organisierung ist das Leben bedürftig, wenn es sich in der Gestaltung der Welt verwirklichen soll. Denn dazu bedarf es des bewußten Willens und des geschulten Könnens. System und Organisation hat die Arbeiterbewegung als Trägerin der sozialen Idee zuerst und in entscheidender Weise durch den Marxismus erhalten, und damit ihre geschichtliche Stoßkraft für Kampf und Verwirklichung. Denn wenn die Klarheit über Ziel und Weg die geschichtliche Dynamik keineswegs schafft – dies würde der Idealismus meinen –, so ist sie doch berufen, die Kraft zu läutern und zu sammeln, sie damit erst fruchtbar zu machen und ihr eine Wirkung zu sichern.

Die Lehre ist nur rationaler Niederschlag dessen, was mehr ist als sie, was zwar für den Wissenden durch ihre Begriffe hindurchleuchtet, nie aber in sie vollständig eingefangen werden kann, weil das Irrationale das Rationale transzendiert – »übersteigt«.[1] So spricht *Tillich* gegenüber dem Glauben an die Wirklichkeit der selbstgeschaffenen Begriffe von der »metalogischen« Methode. Eben deswegen werden für denjenigen, der den Buchstabenglauben überwunden hat, in den Begriffen immer neue Qualitäten der von ihnen erfaßten Wirklichkeit sichtbar, neue Qualitäten, die nun stärker durch die Begriffe hindurchleuchten. Das Leben ist mehr als der Begriff davon, die Arbeiterbewegung mehr als ihr Programm. Aber das beweist nichts gegen Begriff und Programm; nur ihre rationalistische Kanonisierung, nicht ihre Größe

1 Verius enim cogitatur Deus quam dicitur et verius est quam cogitatur (Augustinus, *De Trinitate* VII 4).

und Unentbehrlichkeit wird durch die metalogische Methode getroffen.

B. Die Gliederung der sozialen Bewegung in bezug auf die soziale Idee

Es wäre zwar sehr falsch, die Arbeiterbewegung schlechthin als durch den Marxismus geformt und unter seiner Fahne marschierend darzustellen, da doch weite Kreise in ihr gerade auf ihre antimarxistische Gesinnung Wert legen. Es nützt auch nichts, sich etwa darauf zu berufen, daß dieser arbeiterliche Protest gegen den Marxismus in Mißverständnissen wurzele, oder daß umgekehrt der Protest sich gegen Mißverständnisse der marxistischen Arbeiterbewegung richte. Sondern die Meinungsverschiedenheit und Gespaltenheit in der Arbeiterbewegung ist zunächst einmal als Tatsache hinzunehmen. Aber erstens ist gerade ihre Gespaltenheit, wie in späterem Zusammenhang darzulegen ist[1], ein Beweis für ihre substantielle Einheitlichkeit in dem entscheidenden Punkt: in dem Kampf um die Freiheit des Arbeiters, in die doch die ganze Person des Arbeiters und daher auch alles weltanschaulich Trennende mit eingeht. Und zweitens – und eben darum – bezieht sich die Meinungsverschiedenheit gerade nicht auf das für die Gegenwart und Praxis in Betracht kommende; wenn die Meinungsverschiedenheit als eine grundlegende empfunden werden würde, so wäre das nur insofern möglich, als die wirklich grundlegenden Sätze schon zu selbstverständlich geworden sind, um überhaupt noch an ihre Herkunft zu erinnern.[2] Die grundlegenden Sätze, die einfach das

1 Vgl. unten S. 261.
2 Man traute seinen Augen nicht, wenn man im Herbst 1928 bei Gelegenheit des nordwestlichen Eisenkonflikts Äußerungen der christlichen Gewerkschaftsführer und ihrer Presse las.

Wesen der Arbeiterbewegung umreißen und deshalb der ganzen Arbeiterbewegung in allen ihren Zweigen als selbstverständlich gelten, sind durch *Marx* formuliert worden und besagen, daß der Kapitalismus auf der Vergewaltigung – *Marx* sagt materialistisch-ökonomistisch: auf der Ausbeutung – der Arbeiter beruht und daß die Befreiung der Arbeiterklasse das Werk der Arbeiterklasse selbst sein muß, weil nur sie an einer durchgreifenden Änderung »interessiert« ist. In diesen Sätzen sind Programm und Organisation grundsätzlich enthalten, die Zielvorstellung und der Weg zur Erreichung des Zieles; sie sind allen Kampfgewerkschaften, der Arbeiter wie der Angestellten, in allen drei weltanschaulich getrennten Spitzenorganisationen, gemeinsam; ihre Leugnung würde den Sinn und die Möglichkeit der Organisation zerstören.[1] Dazu kommt noch das Gewerkschaftsmonopol der deutschen Gesetzgebung, die nur diesen Kampforganisationen die Vertretung der Arbeiter und Angestellten anvertraut und dadurch aus jenen grundlegenden Sätzen geradezu einen Eckstein der deutschen Sozialverfassung macht.

Die verbleibenden Meinungs- und Organisationsverschiedenheiten in der Arbeiterbewegung beziehen sich also jedenfalls nicht auf das Gegenwärtige und Aktuelle; sie beziehen sich, wenn das Wort erlaubt ist, auf den programmatischen Teil des Programms, auf die Zukunftshoffnungen und Wunschvorstellungen, auf das im Vergleich mit dem Aktuellen Unverbindliche. Sie dürfen von der Theorie keineswegs leicht genommen werden, schon deswegen nicht, weil sie von den Beteiligten sehr ernst genommen werden; aber sie erklären sich leicht und liefern nach allem keinen Einwand gegen die These, daß die gemeinschaftlich

1 Es ist daher keineswegs ganz falsch, wenn von radikaler Unternehmerseite und ihr nahestehenden Gelehrten die ganze Arbeiterbewegung, trotz des Protestes ihres »bürgerlichen« Flügels, als marxistisch bezeichnet wird.

zugrunde gelegte soziale Idee ihre erste und entscheidende Fassung durch *Marx* empfangen hat. Die soziale Idee ist in den verschiedenen Gruppen der Arbeiterschaft einfach auf verschiedene geistig-soziale Tatbestände aufgetroffen und hat in ihnen verschieden starke Empfänglichkeit vorgefunden; sie hatte in verschieden starkem Grade die Möglichkeit, die Menschen zu ergreifen und zu formen, je nachdem ob sie in einen ausgeleerten und verödeten Geistesraum wie in ein Vakuum gierig eingesogen wurde, oder ob sie sich mit Resten anderer Geistesinhalte auseinandersetzen und verbinden mußte.

Für die überragend größte Gruppe der Arbeiterschaft gilt das Erste, und das ist ein Beweis dafür, daß der Kapitalismus auch an den Arbeitern ganze Arbeit geleistet, sie aus allen überlieferten Zusammenhängen gerissen, ihnen jeden Lebenssinn geraubt, sie wie einen beliebig benutzbaren Gegenstand behandelt hat. Dem Radikalismus der kapitalistischen Erfahrungen entspricht der Radikalismus der sozialen Idee, nicht nur in dem politischen Sinne eines entschiedenen und rücksichtslosen Willens zu ihrer Verwirklichung, sondern zugleich im Sinne eines durch keine anderen Geistesinhalte eingeschränkten Bekenntnisses zu ihr – das erste folgt aus dem zweiten. Wo der Kapitalismus ganze Arbeit geleistet hat, reicht die Erinnerung des Arbeiters und der Arbeiterfamilie über den Kapitalismus hinaus nicht zurück, oder äußerstenfalls erzählt sie von Dingen, zu denen es durch Phantasie und Erbanlage, aber nicht aus der lebendigen Erfahrung einen Zugang gibt. Der erste Schöpfungstag ist für den kapitalistischen Arbeiter die Entstehung des Kapitalismus, und seine historische Erinnerung berichtet ihm von unaufhörlicher Not und von einer großen und leuchtenden Verheißung am Anfang: von der rechtlichen Freiheit als dem Beginn der tatsächlichen Freiheit. Die Freiheit ist nicht widerrufen worden; im Gegenteil wird sie immer wieder aufgerufen, seine Mitwirkung in der ihn bedrückenden Ordnung von dem freiwilligen Abschluß eines Vertrages abhängig gemacht und seine Klage über seine Not mit dem Hinweis auf seine Freiheit und Selbsthilfe abgefertigt. So steht er also mit beiden Füßen, im Negativen wie im Positiven, auf dem Boden des Kapitalismus; er akzeptiert ihn als ursprüngliche Gegebenheit – wobei es unvermeidlich ist, daß er den Kapitalismus absoluter auffaßt, als es die Tatsachen erlauben – und als den Stoff, an dem er seine Freiheit bewähren, aus dem er sie gestalten will. Dies alles ist von so großer Einfachheit, daß es sich aus den Gegebenheiten des Kapitalismus und des kapitalistischen Arbeiterschicksals geradezu deduzieren läßt – und es ist ja deduziert worden, ehe es eine bewußt auf die soziale Idee gerichtete Arbeiterbewegung gab, und mit der Wirkung, daß es sie eben von da ab gab. Es beginnt also mit dem Kapitalismus ein neuer Weltabschnitt oder recht eigentlich die erlebbare Welt überhaupt; falls es vorher und außerhalb etwas gab, so löscht der Wirklichkeitssinn es aus; alle Kraft und Leidenschaft konzentriert sich auf die soziale Verheißung, auf die Verheißung neuen Lebens, die aus der liberalen Grundlage des Kapitalismus entwickelt wird; die ausgebrannte und ausgeweinte Seele erfüllt sich mit diesem Trost und findet in der Verheißung künftigen Lebens und dem opferreichen Dienst für seine Vorbereitung schon jetzt ein neues, von Grund auf verwandeltes Leben. Das ist über alles Rational-Institutionelle hinaus der Sinn des Sozialismus für den kapitalistischen Arbeiter.[1]

Verwickelter ist die Lage, wenn die soziale Idee nicht voraussetzungslos aufgenommen werden kann, weil der Geistesraum mit Resten anderer Inhalte gefüllt ist. Das

1 Über die Spaltung in der sozialistischen Arbeiterschaft vgl. im letzten Abschnitt.

können sowohl kleinkapitalistische als auch vorkapitalistische Gedankengänge sein. Nicht eigentlich der grundlegende Inhalt der sozialen Idee, wohl aber die besondere Ausgestaltung und Zuspitzung, mit der sie von vornherein in ihrer *Marxschen* Formulierung auftritt, erschweren dann ihre Aufnahme ebensosehr, wie gerade diese Elemente den Arbeiter des ersten Typus fortreißen und beschwingen.

Die kleine Gruppe der liberalen Arbeiter fußt historisch auf der ältesten, erst durch *Briefs* widerlegten Gewerkschaftstheorie[1]; sie stellt sich ganz in den Kapitalismus hinein und sieht in der eigenen und den Arbeiterorganisationen überhaupt grundsätzlich nicht einen Gegenschlag, sondern in Ergänzung und Vollendung für die zur Harmonie strebende liberale Ordnung. Die grundlegenden Sätze der sozialen Idee deutet sie liberal, mit dem Hinweis auf die Selbsthilfe als das Prinzip der liberalen Ordnung, und in der Tat kann sie sich auf den Aufstieg der Arbeiterschaft im Kapitalismus mit kapitalistischen Mitteln berufen. So steht auch sie ganz und gar auf dem Boden des Kapitalismus, aber in entgegengesetztem Sinne wie der erste Typus: nicht mit dem Willen über ihn hinauszustreben, sondern mit dem Willen ihn auszubauen und festzuhalten; nicht dynamisch, sondern statisch. Soziologisch kommen für diese Gruppe »bürgerlicher« Arbeiter wohl in der Hauptsache solche Menschen in Betracht, deren Erfahrungen weniger bitter sind, denen der Kapitalismus daher nicht aussichtslos erscheint, oder die weniger vom Leben verlangen und sich im eigentlichen Sinne des Wortes ein kleinbürgerliches Dasein wünschen. Die Zahl der Arbeiter in dieser Gruppe und ihre gedankliche Kraft ist jedoch zu gering, als daß sie einer einheitlichen Entwicklungsrichtung in den anderen Gruppen ernsten Widerstand leisten

1 Vgl. unten S. 255 ff.

könnten. Daß der Prozentsatz der Angestellten, also einer bürgerlich gekleideten und überhaupt bürgerlich auftretenden Berufsgruppe, unter den Mitgliedern dieser Organisation größer ist als bei der ersten Organisation, könnte man deduzieren, wenn man es nicht wüßte.

Gerade aber von dem liberalen Ausgangspunkt, und nicht erst von seinen liberalen oder sozialistischen Auswirkungen, wird die dritte Gruppe, die der christlichen Arbeiterschaft, abgestoßen. Es ist höchst bezeichnend, daß sie, wenn sie auch um der erhöhten Kampfeskraft und Bündnisfähigkeit willen interkonfessionell organisiert ist, so doch ganz überwiegend katholische Mitglieder hat. Wie der Katholizismus sich als ein vergleichsweise schlechter Boden für die kapitalistische Vernunft- und Freiheitsordnung erwies, die seinem Wissen um die Unzulänglichkeit alles Menschlichen tief verdächtig war, so hat er die Arbeiter vergleichsweise lange und wirksam vor dem eigentlichen proletarischen Schicksal der hoffnungslosen Verstoßung geschützt und dadurch die Kraft des alten Glaubens bewährt. Darin liegt ja nicht nur die Hemmung des proletarischen Schicksals, sondern zugleich die Erhaltung des Glaubens an den Lebenssinn in der überlieferten Form, und von beiden Seiten her eine Stützung und Erfüllung des Lebens für den Arbeiter. Nur war das alles doch recht eigentlich mit einem Zurückbleiben hinter der Zeit und ihren positiven Kräften erkauft und ruhte insofern auf einer trügerischen Grundlage, als die kapitalistische Dynamik früher oder später doch eben die traditionalen Schutzwälle durchbrach und man gerade um der Selbsterhaltung willen eine positivere Beziehung zu ihr herstellen mußte. Das geschah – auf die bereits beschriebene Weise[1] – durch Hineindeutung der überwirtschaftlichen feudalistischen Kategorien in den wirtschaftlichen

1 Vgl. oben S. 134 ff.

Rationalismus der kapitalistischen Institutionen. Die unmittelbare Folge war die kapitalistische: die Radikalisierung auch der christlichen Arbeiter und ihre Annäherung an die soziale Idee in ihrer von älteren Beimischungen reinen Gestalt. Wenn man ursprünglich den Grundsatz der Arbeitswürde auch in der vorkapitalistischen Denkweise vorfand und ihn daher immer mit sehr unzeitgemäßen handwerklich-zünftlerischen Vorstellungen verknüpfte – entsprechend dem rudimentären Stadium des Kapitalismus auf katholischem Boden –, so setzte diese überwirtschaftliche Gesamtordnung doch die kirchliche Bürgschaft und Schiedsrichterstellung voraus und war anderseits in dem Vertrauen zur Kraft der Kirche verwurzelt. Nun aber kann keine feudalistische Ideologie die Einsicht versperren, daß die Kirche vor der wirtschaftlichen Eigenlogik des Kapitalismus abgedankt hat, daß sie sich vor ihr zurückziehen mußte, wenn sie nicht überrannt werden wollte; nun ist daher auch auf katholischem Boden die Arbeiterschaft der Eigenlogik des Kapitalismus preisgegeben und für ihre Befreiung daraus auf sich selbst verwiesen. Die soziale Idee in ihrer Voraussetzungslosigkeit und in der vollen Schärfe ihrer negativen und positiven Feststellungen ist nun als Wahrheit erfahren worden, und es ist für die Fortdauer einer besonderen christlichen Arbeiterbewegung lebensnotwendig, die kirchlichen Herrschafts- und Führungsrechte gegenüber den weltlichen Angelegenheiten genau zu umgrenzen, um so die volle Kampfesfreiheit zu erlangen.[1] Gelingt dies, so können die christlichen Arbeiter sich der aus der liberalen Lehre entfalteten sozialen Idee frei unterstellen; gelingt es nicht, so wird das soziale Bedürfnis die christliche Organisation sprengen. Das Bekenntnis zur

1 Dies wird mit großer Klarheit, Besonnenheit und Zurückhaltung von Ernst Michel ausgesprochen: *Katholische Arbeiter vor der sozialistischen Bewegung. Die Kreatur* 1928 Heft 4.

unverfälschten sozialen Idee ist auf jeden Fall gesichert, auch wenn die Organisationen getrennt weiterbestehen sollten. Dabei ist es selbstverständlich, daß die lebensvollere und vielseitigere Erinnerung der christlichen Arbeiter manches Wissen mitbringt, das in der bisherigen Traditionslosigkeit und konzentrierten Einseitigkeit der sozialen Front unbekannt war und für eine umfassende Umgestaltung des Lebens doch nicht entbehrt werden könnte.[1]

Ungewisser ist die Beziehung zur sozialen Idee bei den Angestellten, also einer Berufsgruppe, die nach den äußeren Formen ihrer Tätigkeit zur bürgerlichen Welt gehört, z. T. auch materiell erheblich besser gestellt ist als die Arbeiterschaft. Solange das Gemeinwesen obrigkeitlich organisiert war, gehörte es zu den leitenden sozialpolitischen Grundsätzen, die Angestellten als »neuen Mittelstand« zu bezeichnen, um ihren Zusammenschluß mit den kämpfenden Arbeitern zu verhüten. Die politische Aufgabe einer »ständischen« Ideologie in einem neuzeitlich zentralisierten Staat von obrigkeitlicher Prägung besteht ja darin, die Bildung einheitlicher Machtkomplexe zu verhindern und die Herrschaft über die verzettelten Kräfte zu erleichtern.[2] In diesem mittelstandspolitischen Sinne war die Fürsorge für die Angestellten gemeint und prägte sich besonders deutlich in der Schaffung eigener Einrichtungen der Sozialversicherung und der Arbeitsgerichtsbarkeit für die Angestellten aus. In diesem Sinne wurde sie auch aufgenommen; der Abstand zu den Arbeiterorganisatio-

1 Ein lehrreiches Beispiel dafür ist der Aufsatz von Heinrich Mertens, *Die Position der katholischen Sozialisten, Schildgenossen* 1928 Heft 5; vgl. ferner zu dem ganzen Absatz Georg Beyer, *Katholizismus und Sozialismus* und den bereits genannten Aufsatz des Verfassers, *Die christlichen Kirchen und die soziale Krise, Kölner Sozialpol. Vierteljahrsschrift* VII.

2 So *Lederer* in seinem Referat auf dem Afa-Kongreß 1928, abgedruckt in Thomas-Lederer-Suhr, *Angestellte und Arbeiter.*

nen und ihren Kampfmethoden wurde stark betont und die vorherrschende Sozialanschauung der obrigkeitlichen Staatsidee angepaßt. Aber auch hier griff die kapitalistische Dynamik machtvoll ein und führte zu der ihr eigenen Rationalisierung, Uniformierung und Offenlegung der wirtschaftlich-sozialen Beziehungen, mit dem Erfolge einer Annäherung der Angestellten an die Arbeiter, wobei immerhin die Mehrheit der Angestellten mit den »bürgerlichen« Arbeitern in ein Kartellverhältnis trat, insbesondere mit den von einer autoritären Idee herkommenden christlichen Arbeitern. Über den weiteren Weg etwas zu sagen, ist unmöglich. Denn während auf der einen Seite der Kapitalismus die Aufklärung über sich selbst als Herrschaftsorganisation unaufhaltsam besorgt und dadurch die ihm Dienenden zu einheitlicher Gegenwehr aufruft, sind doch anderseits die wirtschaftlichen Tatsachen einer Ablösung und Verselbständigung des »neuen Mittelstandes« verhältnismäßig günstig. Seit langem wächst ihr ziffernmäßiges Gewicht schneller als das aller anderen Schichten, und gerade die jüngste Phase in der – von *Sombart* so genannten – »Vergeistung der Betriebe« braucht nochmals weitere Ingenieure und weitere Personen für Organisation und Kontrolle in dem gleichen Augenblick, wo sie Arbeiter geradezu entläßt. Ein Teil der Angestellten – von dessen Größe niemand etwas sagen kann – wird sich weiterhin der sozialen Bewegung eingliedern; ein anderer könnte die soziale Idee mit mittelstandspolitischen, d. h. mit partikular-ständischen Ansprüchen durchsetzen und mehr oder weniger als Vorspann dafür benutzen. Nicht also die weltanschauliche Gespaltenheit der eigentlichen Arbeiterschaft, sondern die soziale Differenzierung innerhalb der Arbeitnehmerschaft bildet das ungewisse Problem für die Zukunft der sozialen Bewegung und ihres einheitlichen Bekenntnisses zur sozialen Idee.

C. Die entfaltete soziale Idee

Die soziale Idee geht in ihren grundlegenden Sätzen von der dem Kapitalismus eigentümlichen Erniedrigung des Arbeiters aus; sie ruft seine rechtliche Freiheit auf – verglichen mit der feudalen Unfreiheit: die Elemente seiner Freiheit; verglichen mit der liberalen Utopie: die Rudimente seiner Freiheit –, damit er die volle und wirkliche Freiheit erkämpfe: die Freiheit zur Ordnung des Arbeitslebens nach den eigenen Wertvorstellungen und unter der eigenen Verantwortung der arbeitenden Menschen. Die soziale Idee lehrt den Arbeiter, daß niemand die Freiheit für ihn erkämpft, wenn er es nicht selbst tut. In diesem Kampf und Sieg wird erst wahrhaft die Würde des Menschen, und gerade des arbeitenden, des tätig dienenden Menschen hergestellt; das ist der Geist und die Glorie dieses Kampfes. Und von vornherein kann es nicht in Frage kommen – auch die christlichen Arbeiter entsagen mehr und mehr solchen romantischen Träumen –, die positiven Schöpfungen des Kapitalismus um seiner Gewaltherrschaft willen zu zerschlagen; das hieße den eigenen Boden untergraben, da man auf derselben Freiheit fußt, die den Kapitalismus emporgetragen hat.[1] Es gilt, die organisatorisch-technischen Schöpfungen des Kapitalismus auszubauen und in eine soziale Freiheitsordnung einzubauen. In eine soziale Freiheitsordnung, weil die individuelle Freiheit des Kleinbetriebes überlebt ist, weil also ein zuchtvolles Zusammenarbeiten im Großbetrieb mit dem Freiheitsrecht vereinigt werden muß; weil

1 Den eigenen Boden untergraben hieße es in einem noch viel massiveren Sinne: weil erst die kapitalistische Produktivität die Vervielfachung der Menschenzahl erlaubt hat und ihre Erhaltung für die physische Erhaltung der Menschen notwendig ist. So insbesondere stets *Rathenau* und *Max Weber*.

schließlich die individuelle Freiheit im Großbetrieb entweder den Großbetrieb selbst zerstören würde, falls die individuelle Freiheit allgemein wäre, oder weil sie als Freiheit einzelner im Großbetrieb gerade wieder die Freiheit der andern zerstören würde. Die Freiheit des einen muß zur Garantie für die Freiheit des andern werden. »Die Sozialbestimmung verdrängt nicht die Selbstbestimmung. Sie macht vielmehr die Selbstbestimmung druch die positiven Lebensmöglichkeiten erst wirksam, die sie eröffnet« *(Sinzheimer)*.[1]

Gerade diese letzte Wendung erlaubt auch, den Grundgedanken der sozialen Idee als den Willen zur Gemeinschaft zu bezeichnen. Gemeinschaft bedeutet ja nach der liberalen Geistesrevolution notwendig etwas anderes als vorher: sie ist nun nicht mehr der Gegensatz der Freiheit und ihr vor- oder übergeordnet, wie es die organische Gemeinschaft doch war; sie ist der Gegenpol der Freiheit und bildet mit ihr zusammen die Drehachse des Lebens. Es gibt Gemeinschaft nur unter Freien und auf der Grundlage der Freiheit, und es gibt Freiheit nur in der Gemeinschaft, wo jeder sich als den Bürgen für die Freiheit des andern weiß. Diese Doppelpoligkeit und Gleichgewichtigkeit des Lebens in der Spannung zwischen Freiheit und Gemeinschaft ist ausgesprochen liberalen Ursprungs; nichts kann falscher sein als der Vorwurf des Atomismus gegen die liberal-individualistische Lehre, die doch die Freiheit des einzelnen als Bedingung und wieder als Wirkung der Harmonie wollte.[2] Aber eben deswegen geht es mit der Gemeinschaft wie mit der Freiheit: vom Liberalismus ursprünglich gewollt, sind beide durch seine dynamische Verwirklichung zerstört worden und sollen nun gegen seinen Widerstand und doch wieder unter Berufung auf ihn zurückgewonnen werden. Dabei hat es seinen guten

1 *Grundzüge* 60.
2 Dies wurde bereits oben gezeigt: S. 15 und S. 20 ff.

Sinn, in diesem Kampfe von der Gemeinschaft statt von der Freiheit auszugehen, wie weite Kreise der sozial interessierten Gebildeten in Deutschland es wünschen. Man kann die soziale Katastrophe, die der Kapitalismus bedeutet, durchaus als ein Heraustreten der Freiheit aus der gleichgewichtigen Spannung zur Gemeinschaft, also recht eigentlich als eine Überspannung der Freiheit auf Kosten der Gemeinschaft bezeichnen und so die Zerstörung der Freiheit aus der Zerstörung der Gemeinschaft ableiten. Dann würde sich als unmittelbares Ziel der sozialen Bewegung Herstellung der Gemeinschaft ergeben, wofern nur der entgegengesetzte und grundsätzlich nicht minder verhängnisvolle Fehler vermieden wird, die diskreditierte persönliche Freiheit zu mißachten und auf ihre Kosten die Gemeinschaft zu überspannen, wie das auf verschiedenartige Weise in Rußland und in Italien geschieht und entsprechend auch bei uns angestrebt wird. Die soziale Freiheitsordnung ist nach ihrem Begriff und der Art seiner Gewinnung aus dem Gegensatz zur »natürlichen Freiheit« das Gleichgewicht zwischen Freiheit und Gemeinschaft; in dem Teilwort »Ordnung« und in dem Beiwort »sozial« liegt das gemeinschaftliche Element, die Einordnung der individuellen in die gemeinschaftliche Freiheit. Das ist keine bloße Begriffsanalyse und darf es nach der hier angewandten Methode nicht sein; es handelt sich nicht um Logik, sondern um reale Vorgänge und ihren in Ideen ausgedrückten Sinn. In der Realität aber ist der gemeinschaftliche Zusammenhalt als Bürgschaft der Freiheit einfach die Grundforderung, welche aus den täglichen Erfahrungen aller Arbeiterbewegung erwächst und unter dem Namen der »Solidarität« schlechterdings das höchste Gut und die oberste Tugend ausmacht. Solidarität und Freiheit sind aufeinander bezogen; sie sind in der sozialen Freiheitsordnung zusammengefaßt.

Alle diese Inhalte der sozialen Idee sind der gesamten sozialen Bewegung gemeinsam und begründen ihre substantielle Einheitlichkeit über alle Unterschiede der Zukunftsbilder und der Organisationen hinweg. Daß die soziale Idee bei den einen als den sozialen Raum völlig ausfüllend betrachtet wird, bei den anderen mit überkommenen Vorstellungen verbunden erscheint, wurde schon gesagt; auch daß dies für ihre wirkende Kraft und praktische Einheit keine wesentliche Bedeutung hat. Man kann den Unterschied auch dahin ausdrücken, daß ihm verschiedene Stärkegrade in der Vertretung der sozialen Idee entsprechen; dem absoluten Bekenntnis zu ihr entspricht ein größerer Radikalismus als einem Bekenntnis zu ihr im Rahmen noch anderer Geistesinhalte. Auch in dieser Beziehung wurde schon gezeigt, daß die Dynamik des Kapitalismus selbst die Unterschiede, wenigstens was die Sozialauffassung angeht, immer mehr einebnet.[1] Was aber an Unterschieden besteht, das kommt in dem allgemein und abstrakt formulierten Programm einerseits, dem gegenwärtigen Notkampf anderseits natürlich nicht richtig zur Geltung, da man sich bei beiden Gelegenheiten in der Kraft und Treue nicht von anderen Organisation übertreffen lassen kann. Vielmehr werden die Unterschiede des Stärkegrades erst in der Stellungnahme zu den konkret-institutionellen Forderungen bemerkbar, in denen die soziale Idee sich niederschlägt und durch die sie ihre Verwirklichung sucht. Es lassen sich aus der sozialen Idee eine Reihe solcher Forderungen unmittelbar entwickeln und die mehr oder weniger weitgehende, im äußersten Falle bis zur Ausschließlichkeit gesteigerte Konzentration der Kraft auf dieses Sozialprogramm bringt die verschiedenen Grade des Radikalismus in der sozialen Bewegung zum Ausdruck. Dieses Sozialprogramm bildet die entfaltete Form der sozialen Idee und liegt daher im Wesen der sozialen Bewegung.

1 Vgl. oben S. 149, 155.

Geht man wieder von der Arbeitswürde und ihrer Kränkung im Kapitalismus aus, so zeigt sich, daß der Kapitalismus eine falsche Rangordnung der Werte aufgestellt hat. Aus dem Eigentum, das seiner Idee nach dazu dienen sollte, die Freiheit und Würde der Person zu sichern, machte der Kapitalismus den obersten sozialen Wert; nach dem Eigentum bemaß und bemißt sich die reale Macht und das Ansehen; im Erwerbsgeist, dem Streben nach dem Eigentum lag und liegt der stärkste und eigentlich legitime Antrieb zur Handlung, und er verzerrt sich bis zum Monopol und anderen Praktiken des privaten Erwerbs ohne allgemeinen Nutzen, ja zum allgemeinen Schaden. Gleichgültig nämlich, welches die wirtschaftliche Tragweite dieser Erscheinungen sein mag, so ist doch jedenfalls ihre Legitimität im Kapitalismus bezeichnend für seinen Geist. Für den Gesichtspunkt der Arbeitswürde ist dies alles eine völlige Umkehrung des Gebotenen. Jetzt soll die Arbeit als solche maßgebend für die Hierarchie der Werte sein: der Einsatz des Menschen mit seiner Lebenssubstanz, mit seinen lebendigen Kräften in Körper und Geist, für den mühevollen Dienst der allgemeinen Wohlfahrt. Nicht Eigentum, sondern Leistung soll gelten; nicht der Erwerb, sondern Leistung und Verantwortung sollen gesucht werden und Macht begründen; und alle ehrliche Arbeit soll gelten, um des Menschen und des Lebens willen. Der Mensch und das Leben gilt, nicht die Güter, die das Eigentum ausmachen und auf die es im Kapitalismus ankommt. Denn das menschliche Leben hat keinen Zweck außerhalb seiner selbst und über sich selbst; zu wesenhafter Erfüllung und Vollendung gebracht zu werden, sein Wesen als eine lebendige Offenbarung der Schöpfung darzustellen, das ist sein Sinn. Darum ist insbesondere die Wirtschaft, das Produzieren nicht mehr der Zweck des arbeitenden Menschen und der alleinige

Rechtfertigungsgrund seines Daseins; darum auch der Mensch nicht mehr ihr unterworfen und ihr willenloses Werkzeug, wie es der Geist der kapitalistischen Institutionen mit sich bringt. Wirtschaft, gewiß eine Veranstaltung für Zwecke der Versorgung, ist doch nun vor allem auch unmittelbar Leben, Kraft, Sinn und Geist; auch das Wirtschaftsleben muß nun in sich selbst Erfüllung tragen, aus sich selbst Würde spenden und dazu von Grund auf umgestaltet werden. Denn der Arbeiter soll frei sein; nicht das Kapital – und die hinter ihm stehenden, von dem Geist seiner Dynamik erfaßten Menschen – sollen frei sein, die Freiheit des arbeitenden Menschen zu zerstören. Dies ist nochmals der Hinweis auf die soziale Freiheitsordnung, die die »natürliche« Überlegenheit der Kapitalfreiheit über die menschliche Freiheit aufhebt. Und es ist – im Zusammenhang damit – nochmals der Hinweis auf die Gemeinschaftsbildung, die auf der soziologischen Grundlage des Arbeitsprinzips sich erheben soll. Denn das Privateigentum als Prinzip des Zusammenlebens trennt; schon der Name des »vorenthaltenen« Eigentums sagt es, und was der eine hat, kann der andere nicht haben. Leistung braucht nicht zu trennen; die Leistung des einen läßt Raum für die Leistung des andern, und die vollbrachte Leistung findet die menschliche Anerkennung, die dem Erwerb des Eigentums versagt bleibt, wenn keine entsprechende Leistung dahinter steht. Die Freiheit und Würde der Arbeit ist durch die Freiheit des Kapitals zerstört worden, sie ist mit ihr nicht vereinbar; wer jene will, muß diese preisgeben.[1] Gerade diese Folgerung aus der sozialen

1 · Genau so sagt Briefs, G. d. S. VIII 146/147: »Grundsätzlich stehen zwei Wege offen: es kann die Organisation primär von der Arbeit ausgehen und Arbeitsinteressen realisieren wollen: in diesem Falle müßte sie auf irgendeine Weise das Kapital in ihren Dienst stellen. Es kann aber auch die Organisation vom Kapital ausgehen und nach Kapitalinteressen orientiert werden, in diesem Falle muß das Kapital irgendwie die lebendige Arbeit in seinen Dienst bringen. . . . Kapitalis-

Idee bereitet den »bürgerlichen« Arbeitern – den von einer bürgerlichen oder vorbürgerlichen Überlieferung herkommenden Arbeitern – besondere Schwierigkeiten und hindert einen vorbehaltlosen Eingang der sozialen Idee in ihr Denken; daher enthalten auch ihre Zukunftsprogramme mehr oder weniger unartikulierte Mischungen zwischen den beiden geschichtlich und grundsätzlich einander bekämpfenden Prinzipien.

Die »natürliche Freiheit« des Privatkapitals hat im Kapitalismus ihre »natürliche« Überlegenheit über das Arbeitsprinzip bewiesen; daraus folgt die Notwendigkeit, das Privatkapital – dessen soziologische Natur in seiner »natürlichen Freiheit« liegt – zu beseitigen, wenn man das Arbeitsprinzip durchsetzen will. Drückt man dieses negative Ziel positiv aus, als Verwirklichung der Idee der Arbeitswürde, so ergibt sich im Betriebe durch die Beseitigung der Herrschaftsorganisation freier Raum für die soziale Freiheitsordnung. Aber die Kapitalherrschaft erschöpft sich nicht in der Betriebsherrschaft, und ihre Beseitigung fordert daher neue positive Gestaltung auch außerhalb und oberhalb der Betriebseinheit. Das Eigentum gewährt eine Vorzugsstellung im Wettbewerb um Erfolg und neues Eigentum; es bedeutet nicht nur grundsätzlich Herrschaft, sondern durchbricht auch die demokratische Auslese für die Herrschaft, indem es eine Klasse privilegierter Anwärter schafft. In seiner Aufgipfelung zum Monopol schließlich verstärkt es das Privileg nochmals zu fast absoluter Kraft und entpflichtet die Herrschenden unter rational angebbaren Bedingungen von dem Dienst des Gemeinwohls überhaupt. Demgemäß füllt die soziale Freiheitsordnung in ihrer Beschränkung auf den Betrieb und die Arbeit nicht den ganzen Raum aus, den vorher das

mus und dienende Stellung der Arbeit bedingen sich, weil das Kapital die gesellschaftliche Wirtschaft organisiert.«

Kapital auf seine Weise ordnet; zur sozialen Freiheitsordnung als dem Gegenschlag gegen die »natürliche Freiheit« überhaupt gehört auch eine soziale Eigentumsordnung als Gegenschlag gegen die »natürliche« Eigentumsordnung, gegen das Privateigentum. Anderseits ist in der sozialen Betriebsordnung die zu ihrer Vollendung erforderliche soziale Eigentumsordnung schon angebahnt. Denn wenn es für die Kapitalherrschaft wesentlich ist, durch die Verfügung über Sachgüter im Tauschwege die Verfügungsgewalt über Menschen zu erlangen, so werden die Menschen schon durch die soziale Betriebsordnung der willkürlichen Verfügungsgewalt entzogen, und eben dadurch ist das Prinzip des Privateigentums gebrochen und ein Vakuum geschaffen, das durch eine soziale Eigentumsordnung ausgefüllt werden muß.[1]

In diesem Sozialprogramm entfaltet sich die soziale Idee, das reale, wirkende Wesen der sozialen Bewegung; in diesem Sozialprogramm findet der dunkle Drang seinen geistigen Niederschlag, in der Durchsetzung des Programms seine Verwirklichung. Was Geist, Idee, Verwirklichung eigentlich heißt, das erkennt man erst bei solchem Durchdenken. Wer möchte nicht für Freiheit und Würde der Arbeit eintreten? Ist das nicht wirklich ein allgemeingültiges Ideal? Aber als allgemeingültiges Ideal ist es unverbindlich und schafft nichts; in der konkreten Geschichtslage, im soziologischem Raum zeigt es alsbald

1 Genau so sagt *Sinzheimer* in dem offenbar von ihm verfaßten arbeitsrechtlichen Abschnitt des Gewerkschaftsbuches *Wirtschaftsdemokratie* 142: »Die Wirtschaftsdemokratie ist erst erreicht, wenn jener freiheitsrechtlichen Entwicklung der Arbeit auch eine gemeinheitsrechtliche Entwicklung des Eigentums entspricht.« Es ist eine auffallende Unstimmigkeit in dieser Gemeinschaftsarbeit, daß *Sinzheimer* das Wort »Wirtschaftsdemokratie« im Sinne des Zieles verwendet, während dieses Wort in den anderen Abschnitten des Buches und insbesondere in den programmatischen Ausführungen eine Etappe auf dem Wege bezeichnet: die Mitregierung der Arbeiter neben dem Kapital. Offenbar ist *Sinzheimers* Sprachgebrauch allein folgerichtig.

seine reale Bedingtheit und weist anderseits auf die Bedingungen, auch die negativen Bedingungen seiner Verwirklichung hin. Dann erst wird klar, daß man keinen Schritt auf dem Wege zur Arbeitswürde tun kann, ohne die Heiligkeit des Privateigentums zu verletzen. Arbeitswürde und Privateigentum sind unvereinbar, weil sie den gleichen soziologischen Raum für sich beanspruchen. Erst durch diese Erkenntnis wird die Idee der Arbeitswürde konkretisiert; erst durch diese Erkenntnis wird sie wahrhaft Idee. Der Gegensatz zwischen Arbeitswürde und Privateigentum ist kein begrifflich allgemeiner, er ist nicht logischen, sondern realdialektischen Charakters. Die Sozialwissenschaft hat es nicht mit Begriffen im luftleeren Raum zu tun, sondern mit den Ideen, dem realen wirkenden Wesen in den geschichtlichen Sozialgestalten. Man kann das Privateigentum so wenig aus seiner Sozialgestalt herausnehmen wie die Arbeitswürde aus der ihrigen; beide würden dann aufhören, sie selbst zu sein. Man kann auch nicht einfach zwischen den Sozialgestalten beliebig wählen; sie stehen nicht zu beliebiger Auswahl nebeneinander; sie sind lebendig, sind dem Leben und dem Tode untertan. Man kann nicht zween Herren dienen, und hart im Raume stoßen sich die Sachen. Die lebendige Kraft der Ideen zu erkennen, die in den Sozialgestalten leben, das ist Aufgabe der Sozialwissenschaft. Die lebendige Idee und Kraft des Werdens zu erkennen und zu gestalten, das ist wissenschaftliche Politik.

Vierter Abschnitt
Sozialpolitik

Erster Teil
Wesen und Weg der Sozialpolitik

A. Grundsätzliches

Sozialpolitik ist der institutionelle Niederschlag der sozialen Idee im Kapitalismus. Soziale Idee und Sozialpolitik schließen ihrem Realbegriff nach einen friedlichen Einbau der sozialpolitischen Institutionen in den Kapitalismus aus. Soweit Kapitalismus herrscht, ist die soziale Idee verbannt; soweit Sozialpolitik vordringt, weicht der Kapitalismus zurück. Kapitalismus ist – in seiner reinsten und noch durch das Monopol nicht getrübten Gestalt – ein System zugunsten der Verbraucher, eine Ordnung zur Erzeugung möglichst vieler Güter für den Verbrauch; Sozialpolitik ist eine Summe von Maßregeln zum Schutz und zur Förderung des arbeitenden Menschen, den die Güterordnung als eine Sache unter Sachen behandelt. Kapitalismus ist aber – hinter und unter jenem bloß-rationalen Zwecksinn – Kapitalherrschaft und enthüllt sich als solche besonders in der rational so störenden Monopolgipfelung; Sozialpolitik ist Abbau der Herrschaft zugunsten der Beherrschten. Sozialpolitik ist also der Einbau des Gegenprinzips in den Bau der Kapitalherrschaft und Sachgüterordnung; es ist die Verwirklichung der sozialen Idee im Kapitalismus gegen den Kapitalismus. In der

Doppelstellung der Sozialpolitik als Fremdkörper und zugleich als Bestandteil im kapitalistischen System liegt ihre eigentümliche Bedeutung; darin ihre Dynamik, darin ihre dialektische Paradoxie und theoretische Problematik, welche schon als solche für ein undialektisches Denken unerkennbar ist. Das undialektische Denken bricht hier, wie stets, das dialektisch Zusammengehörige auseinander und wirft – von der einen Seite her – der Sozialpolitik vor, sie zerstöre von innen her das kapitalistische System, das doch erhalten bleiben müsse; sie sei ein Gift, welches ausgestoßen werden müsse; während von der anderen Seite her geklagt wird, daß die Sozialpolitik innerhalb des Kapitalismus, also unter Bewahrung des Kapitalismus, dasjenige kümmerlich zu leisten versuche, was nur auf seinen Trümmern voll geleistet werden könne. Von den beiden extremen Beurteilungen der Sozialpolitik sieht die eine in ihr nur den Fremdkörper, den Giftstoff, die andere nur den Bestandteil, den Mitträger des Kapitalismus, und an beiden Meinungen ist etwas Wahres; da beide aber die halbe Wahrheit für die ganze Wahrheit ausgeben, so sind sie beide falsch. Von jeder der beiden Teilwahrheiten aus liegt das Problem nicht nur in dem entgegengesetzten und darum verschwiegenen anderen Wahrheitsteil; es liegt vor allem in dem Prinzip, welches die logisch einander ausschließenden Teilwahrheiten zu einer Einheit zusammenfaßt. Das dialektische Prinzip überwölbt den logischen Gegensatz der Begriffe Fremdkörper und Bestandteil und erfaßt die lebendige Bewegung der Sozialpolitik in ihrer Beziehung nach vorn, zur sozialen Idee, wie nach rückwärts, zum Kapitalismus.

Die Beziehung der Sozialpolitik zur sozialen Idee, die beginnende Verwirklichung der sozialen Idee durch die Sozialpolitik kann nicht ernsthaft bezweifelt werden.[1]

1 Die Kommunisten behaupten nur, daß diese Art der Verwirklichung notwendig stecken bleiben müsse, daß sie für einen Teil das Ganze opfere; vgl. den letzten Abschnitt.

Ebensowenig kann aber bezweifelt werden, daß jeder Einzelakt der Sozialpolitik den Bestand des Kapitalismus aus einer akuten Gefahr rettet oder vor dem Eintreten einer drohenden Gefahr bewahrt. Es ist grundsätzlich bedeutungslos, daß diese Entstehungsart der sozial-politischen Einrichtungen im einen Falle sichtbarer ist als im andern; sichtbarer nämlich bei der Beschwörung einer unmittelbaren Gefahr als bei der weitsichtigen und langfristigen Vorbeugung, wo man in der Tat noch die Freiheit des Handelns hat und sie benutzt, um dem Eintritt einer Zwangslage zuvorzukommen. Das Ergebnis ist in beiden Fällen grundsätzlich das gleiche: früher oder später, freiwillig oder gezwungen wird das für den Bestand und Fortgang des Lebens Unvermeidliche vollbracht, und es ist unvermeidlich, wenn es die Form ist, in der die anschwellende Kraft des neuen Lebens für diesen Zeitpunkt ihr Wesen erfüllt, ihren Ausdruck und ihr Genüge findet. Ob der Eintritt der Gefahr abgewartet wird, bis schließlich das Unvermeidliche doch ins Werk gesetzt wird, oder ob man klüger ist, das ist praktisch-politisch natürlich eine Frage von größter Tragweite; je mehr Freiheit man noch hat, um so freier und zweckmäßiger kann man gestalten; je mehr man bereits in die Enge getrieben ist, um so mehr muß man Augenblicksstimmungen und populären Meinungen Rechnung tragen und dafür vielleicht Wesen und Dauer zurückstellen. Auf der anderen Seite ist es gar nicht gleichgültig, ob die anschwellende Kraft sich ihres eigentlichen Sinnes bewußt ist, ob sie gut organisiert und mit geistiger Überlegenheit geleitet ist, oder ob sie blindwütig auf das nächste Beste losstürmt. Aber so gewiß die Lenkung und Pflege der Kraft – und damit ein gutes Teil ihres Schicksals – der menschlichen Freiheit anheimgegeben ist, so gewiß ist doch das Dasein und Wachstum der Kraft unabhängig von menschlichem Willen; er kann pflegen oder verwildern lassen nur das, was da ist. Da ist es aber als lebendige Kraft, nicht als toter Gegenstand; und darum stellt sie immer neue Aufgaben und Ansprüche, fordert immer neue Erfüllung und Äußerung – solange die Kraft eben wächst. Darum auch ist es unmöglich, ihrem Willen die Erfüllung zu versagen; je länger man das versucht, um so gefährlicher schwillt sie an und droht sie auszubrechen. Darum endlich ist die Radikalisierung in dem zuletzt beschriebenen Falle nicht das Werk berufsmäßiger Hetzer, auch wenn es solche gibt; sie vermögen nichts, wenn ihnen nicht der Boden bereitet ist. Die Verantwortung fällt dann auf den Blinden, der die Kraft und ihr Wachstum nicht sieht, auf den Kleinmütigen, der das Wagnis des neuen Lebens vermeiden möchte, auf den Lebensfeindlichen, der das neue Leben haßt und lieber das alte, bereits erfüllte, bereits ablaufende Leben verlängern möchte – verweile doch, du bist so schön. Ohne also die Bedeutung dessen zu verkleinern, was von der bewußten Politik im Guten wie im Bösen abhängig ist, ist doch die grundsätzliche Richtung – nicht die überlegene Ausgestaltung – des Ergebnisses in allen Fällen die gleiche: sie ist durch die Richtung der anschwellenden Kraft vorgezeichnet; sie muß ihr Spielraum bringen und damit der ihr innewohnenden Idee ein Stück Wirklichkeit unterwerfen.

Diese Beschreibung paßt ganz allgemein auf das Eindringen neuer ideengeladener Kräfte und kraftgeladener Ideen in eine bestehende Sozialordnung; sie paßt auf jeden Fall, wo die alte Ordnung der Dinge darauf angewiesen ist, mit der neuen Kraft zusammenzuleben, sie in sich einzuordnen, weil die neue Kraft im Bereich der alten Ordnung ihren Boden und ihr Wachstum hat. Immer droht dann ein revolutionärer Stoß und erfolgt unvermeidlich, wenn er nicht auf friedliche Weise vorweggenommen und dadurch seiner hemmungslosen Wut entkleidet wird. Und immer kämpfen in den sozialen Kräften und Ordnungen die Ideen miteinander, die in jenen leben und durch sie Verwirklichung verlangen. Im einzelnen Falle erhebt sich aber immer die Frage nach der Entstehungsweise der neuen Kraft und der Art ihres Zusammenhanges mit der alten Ordnung. Sie muß ja mit ihr zusammenhängen, muß positiv und negativ von ihr bestimmt sein; positiv, weil sie in dem von jener geordneten Lebensbereich entspringt; negativ, weil ohne einen Unterschied keine Spannung entstünde. Und würde sie nicht mit jener zusammenhängen, so wäre die alte Ordnung nicht auf Zugeständnisse und Einräumungen gegenüber der neuen Kraft angewiesen. Darum liegt in der Frage nach der Art des Zusammenhanges die andere Frage eingeschlossen, auf welche besondere Weise die Durchsetzung des Neuen im Alten sich anbahnt und vollendet.

Die soziale Idee entspringt aus dem wirtschaftlich-sozialen Boden des Kapitalismus, sie nimmt in der sozialen Bewegung Gestalt an und setzt sich mit wirtschaftlich-sozialen Mitteln im Kapitalismus und gegen den Kapitalismus durch. Weil sie auf dem Boden des Kapitalismus entspringt und wächst, weil sie also durch ihre bloße Existenz im Kapitalismus steht, darum kann sie ihre wachsenden Forderungen in wachsendem Maße durchsetzen. Denn soziale Idee und soziale Bewegung, das sind doch diejenigen Menschen, deren Mitwirkung im kapitalistischen System für den Bestand des Systems erforderlich ist, die auf ihren Schultern mit ihrer Arbeit das System tragen. So bricht die neue Idee in die alte ein, so wächst aus der alten Sozialgestalt die neue hervor. Man braucht die von der sozialen Idee Ergriffenen für den Bestand des Kapitalismus, und man muß darum der sozialen Idee nachgeben – der Revolution Platz einräumen –, um den Kapitalismus zu erhalten – also der konservativen Idee halber. Was man auf diese Weise bewahrt, das ist nicht der Kapitalismus; es ist fortschreitend weniger Kapitalismus, je öfter der Vorgang sich wiederholt. Denn aus dem willkürlichen Herrschaftsbereich des freien Kapitals – und das ist doch der Kapitalismus – holt die Sozialpolitik die Menschen heraus und setzt sie in ihren eigenen Freiheits- und Machtbereich ein; da das aber nicht außerhalb der bisher vom Kapitalismus geordneten Wirtschafts- und Sozialwelt geschieht, so bestätigt sich die Sozialpolitik als ein Einbruch in den Kapitalismus. Was man durch die Sozialpolitik bewahrt, das ist, wenn eben nicht Kapitalismus, so einfach das Leben und seine wirtschaftlich-soziale Grundlage, und jede verantwortliche Politik geht immer früher oder später diesen Weg, das Leben um den Preis des Formwandels zu bewahren, wenn außer diesem Wege nur der andere des Beharrens und Unterganges zur Wahl steht. Da der ganze Vorgang aber in der wirtschaftlich-sozialen Lebenssphäre verläuft, so kann die Angewiesenheit des Kapitalismus auf die Träger der sozialen Idee als eine produktionspolitische bezeichnet werden; dadurch wird sie innerhalb des kapitalistischen Systems und mit den ihm gemäßen Kategorien ausgedrückt. Sozialpolitik sichert die kapitalistische Produktionsgrundlage vor den von der sozialen Bewegung drohenden Gefahren, indem sie der sozialen Forderung nachgibt; sie baut den Kapitalismus stückweise ab und rettet dadurch seinen jeweils verbleibenden Rest; sie erreicht immer dann und nur dann einen Erfolg, wenn die Erfüllung einer sozialen Teilforderung zur produktionspolitischen Notwendigkeit wird. Dies ist ihr konservativ-revolutionäres Doppelwesen.

B. Abgrenzung gegen Wohlfahrts- und Armenpflege

Es wurden nach dem Kriege mannigfache Versuche unternommen, dem Begriff der Sozialpolitik einen neuen, harmlosen, vom sozial-revolutionären Einschlag befreiten Inhalt zu geben und entsprechend auch in der politischen Praxis soziale Aufgaben ausfindig zu machen, die keine antikapitalistische Dynamik in sich hätten. Vielmehr: es drängte sich eine Reihe solcher Aufgaben auf, und sie wurden zum erwünschten Anlaß für den Versuch, der gerade nach dem Kriege so stark wirksamen sozialpolitischen Dynamik zu entfliehen, ohne doch gleichzeitig dem Odium einer »unsozialen« Gesinnung zu verfallen. Eine »soziale« Frage in diesem unprägnanten, unhistorischen, allgemeingültigen Sinne des Wortes wird dann durch irgendeinen Notstand im gesellschaftlichen Leben aufgeworfen und wird durch »sozialpolitische« Hilfsmaßnahmen – im entsprechenden Sinne – gelöst. Die Wirrnis der Zeit brachte es mit sich, daß Inhalte für diesen verwaschenen Begriff reichlich zur Verfügung standen: die aus dem Kriege Fürsorgebedürftigen; die Inflationsgeschädigten im allgemeinen; der Mittelstand, innerhalb seiner wieder die Geistesarbeiter mit ihren spezifischen Nöten; die aus dem Ausland und den Kolonien Vertriebenen; schließlich weite Kreise der ländlichen Bevölkerung – alle diese waren auf jeweils besondere und immer auf besonders harte Weise von der allgemein-deutschen Katastrophe betroffen und hatten ein Recht auf Linderung, konnten dieses Recht dank der Anzahl ihrer Wählerstimmen z. T. auch geltend machen. Es bedeutet keinerlei Leugnung dieses Rechtes, nur eine Reinhaltung der Begriffe, wenn man jene Unterstützungs- und Restitutionsansprüche aus einer wesenhaft definierten sozialen Bewegung und Sozialpolitik ausschließt. So real und für die Geistesgeschichte entscheidend die soziale Frage ist, so gibt es in der Realität doch noch andere Dinge außerhalb ihrer, und sie mögen in abnormen Zeitläufen besonders dringlich werden und die sich immer erneuernde, von der Tagesordnung des Kapitalismus nie verschwindende soziale Frage zeitweilig an Wucht übertreffen. Aber das beweist weder, daß nun sie den Hauptinhalt der Sozialpolitik ausmachen, noch, daß die Sozialpolitik nun um dieser wichtigeren Dinge willen abgeschlossen werden müsse – in beiden Versionen wird der Versuch unternommen. Ein Bild aus einem andern Felde der Wirtschaftswissenschaft liegt nahe, obgleich ihm nicht zuviel an argumentativer Last zugemutet werden darf: der »trend« der wirtschaftlichen Entwicklung wird durch den Wellenschlag der Konjunkturen herüber und hinüber überspült und geradezu dem Auge entzogen; und doch ist auf die Dauer der trend entscheidend; das Wachstum der Menschenzahl, der Aufstieg der Wirtschaft, die Entfaltung der Kräfte ist für die geschichtliche Betrachtung das großartige Ergebnis der kapitalistischen Periode. So ist die soziale Dynamik im Kapitalismus die spezifisch sozialpolitische, und sie bleibt im Grunde wirksam und auf die Dauer entscheidend, auch wenn vorübergehende Konjunkturen und Krisen sie überspülen. Sie allein erwächst eben aus dem Wesen der kapitalistischen Ordnung selbst, und sie hat daher die Tendenz, nur um so stärker sichtbar zu werden, je mehr jene vorübergehend dringenderen Fragen der Lösung zugeführt und in den Hintergrund gedrängt werden. Jene anderen Notstände haben mit der eigentlichen Sozialpolitik teilweise sogar den produktionspolitischen Charakter gemeinsam. Denn von den allgemein-politischen Gesichtspunkten und solchen der politischen Moral abgesehen, sprechen etwa kapitalwirtschaftliche Gründe für die Aufwertung, die doch auch den Mut zum Sparen neu beleben soll; Gründe der Qualitätsarbeit sprechen für die Erhaltung der freien Geistesarbeit, der die deutsche Bildungshöhe zum guten Teil verdankt wird; ganz zu schweigen von den wirtschaftlichen Funktionen des Bauerntums, das kein Staat und keine Wirtschaftsordnung dem Verfall überlassen kann. Aber mit der produktionspolitischen Seite der Sache ist die Gemeinsamkeit zwischen diesen Problemen und der Arbeiterfrage erschöpft; es fehlt dort die Dynamik, welche das Wesen der Sache hier ausmacht; die Dynamik, durch welche die Sozialpolitik aus sich selbst immer weiter vorantreibt, weil ihr die lebendige Kraft der wirkenden und verwandelnden Idee innewohnt. Es fehlt jenen das eigentlich geschichtliche und damit das eigentlich geistige Wesen, welches die Sozialpolitik als den realen Niederschlag einer neuartigen Sozialidee auszeichnet.[1]

Das dynamisch-geistige Wesen der Sozialpolitik kann nur von solchen verkannt werden, die entweder das dynamisch-geistige Wesen der Geschichte überhaupt verkennen, oder die – meist in Zusammenhang damit – jedenfalls die gegenwärtige Ordnung der Dinge zu stabilisieren wünschen. Dann wird »Arbeitersozialpolitik« solange – für die Vergangenheit – gebilligt oder gefordert, als es den Arbeitern am schlechtesten geht; sobald andere Schichten in besondere Not geraten und die Arbeiter aus dem Ärgsten heraus sind, werden jene anderen der Betreuung durch die »gesellschaftliche Politik« empfohlen. Schon äußerlich stellt sich die zugrunde liegende Sozialvorstel-

1 Genau so Briefs G. d. S. VIII 152 Anm. 2: »Es ist gerade in unseren Tagen gebräuchlich geworden, die massenhaften Vorgänge der Verarmung von früher wirtschaftlich gehobenen Schichten (. . .) als Proletarisierung zu bezeichnen, trotzdem das hier vorliegende soziale Problem ein völlig anderes ist als das der Lohnarbeiterschaft. Der Übergang zur festen Währung und die Aufwertung haben automatisch die akute Notlage dieser Schichten behoben oder gemildert – aber das proletarische Problem ist in voller Schärfe bestehen geblieben.«

lung als statisch-konservativ in dem Sinne dar, daß eine »standesgemäße« Lage der einzelnen Schichten und eine angemessene Proportion zwischen ihnen als erstrebens- und erhaltenswert erscheint. Die soziale Bewegung als eine elementare Bewegung auf ein ganz bestimmtes geistig-soziales Ziel hin, die Sozialpolitik als verwandelnde Kraft in einer ganz bestimmten geschichtlichen Richtung werden von dem unhistorischen, allgemeingültigen Begriff der »Sozialpolitik« als öffentlicher Fürsorge schlechterdings geleugnet. Aber durch Leugnung werden sie nicht aus der Welt geschafft. Sie müssen weiter wirken, bis zur Erfüllung oder bis zur Erschöpfung der Kraft; beides ist zur Zeit nicht abzusehen. Denn immer wieder müssen die Arbeiter neu gewonnen werden, immer wieder muß daher der sozialen Idee ein neues Zugeständnis gemacht, der sozialen Bewegung ein neuer Spielraum eingeräumt werden. Die Arbeiter sind es doch, die die Arbeitswelt tragen, die Sozialpolitik ist ihnen der Weg, die Arbeitswelt aus der Arbeitsidee neu zu gestalten. Soziale Bewegung und Sozialpolitik sind die für den Bestand und die Umbildung des Lebens grundsätzlich immer wieder ausschlaggebenden Vorgänge im Kapitalismus; das unterscheidet sie von allen noch so dringenden Wohlfahrtsmaßnahmen einerseits, von aller bloßen Produktionspolitik anderseits.

Damit ist auch die Abgrenzung gegen die Armenpflege gegeben, die so gern mit der Sozialpolitik zusammengeworfen wird. Das unterscheidende Merkmal der Sozialpolitik liegt auch hier in ihrer Dynamik. Wie es immer irgendwelche wechselnden Notstände zu lindern gibt, so gibt es immer auch das Problem der Armut, das Problem derjenigen, die aus der geltenden Wirtschafts- und Sozialordnung herausfallen, von ihr nicht erfaßt und getragen werden – in der sozialen Arbeitswelt nicht minder als in der kapitalistischen. Wie in die jeweiligen Notlücken die verschiedenen Wohlfahrtsmaßnahmen, so muß in die grundsätzliche Lücke die Armenpflege eintreten; so nahe diese beiden einander stehen, so fern stehen sie der Sozialpolitik. Das schließt nicht aus, daß etwa die Armenpflege von der Verwirklichung der sozialen Idee entscheidend berührt und umgestaltet wird, wie das bereits heute sichtbar ist. Das ist vielmehr selbstverständlich, weil die Neuordnung des Zusammenlebens unter einer neuen Leit-Idee keine Funktion des Zusammenlebens unberührt lassen kann, ihnen jeweils wechselnde Plätze anweisen muß. In der Ordnung der individuellen wirtschaftlichen Freiheit und Verantwortung mußte es notwendig Menschen geben, die der harten Anforderung nicht gewachsen waren, und die Armenpflege, die im Mittelalter einen so hohen Rang eingenommen hatte, mußte notwendig auf einen sehr ungünstigen Platz rücken: in der Tat verloren die Pfleglinge die »bürgerliche« Ehre. Dadurch daß die Arbeiter besonders in der kapitalistischen Frühzeit in bitterer Armut leben und in Krisenzeiten in der Armenpflege vielfach den letzten schwachen Halt finden, wird gleichsam eine passive Personal-Union zwischen Armenpflege und Sozialpolitik hergestellt, und auch grundsätzlich muß der Aufstieg der sozialen Idee die Armenpflege wieder mit emportragen, weil die Gewalt des sozialen Schicksals über die angebliche individuelle Freiheit, die Unmöglichkeit also einer unergänzten Selbstverantwortlichkeit die Grunderkenntnis der sozialen Bewegung ist. Ja, insoweit *Marx* die Aufgabe der Arbeiterschaft dahin deutet, daß sie als unterste Klasse durch ihre eigene Befreiung die ganze Menschheit befreien solle, können von diesem Universalismus der Freiheit die Armenpfleglinge nicht ausgeschlossen bleiben. Freilich muß schon die Tatsache, daß die Arbeiterschaft bei *Marx* als die unterste Klasse bezeichnet wird, unter der es »nur« noch das »Lumpenproletariat« gebe, zu

Zweifeln und Bedenken führen, weil schon dieser Klassenbegriff ökonomisch verengt und exklusiv ist und als Gesellschaft nur die wirtschaftende Gesellschaft gelten läßt – ähnlich wie der Kapitalismus es tut; hier liegt zweifellos ein Ansatz zu »bürgerlicher« Selbstgerechtigkeit gegenüber dem Schicksal des von der Sozialordnung nicht Getragenen und eine Gefahr für die universale Freiheitsprophezeiung, auch abgesehen von den möglichen Differenzierungen innerhalb einer aufsteigenden Arbeiterschaft gerade durch ihren Aufstieg. Wie also die Armenpflege durch die Sozialpolitik gehoben wird, so kann sie auch wieder zurückbleiben und erweist sich in jedem Falle als passiv gegenüber der aktiven Kraft der sozialen Bewegung, als allgemeingültige Funktion gegenüber der spezifischen gestaltenden Funktion der nachkapitalistischen Epoche.

C. Die politischen Kräfte und die Sozialpolitik

Das Verhältnis der sozialen Idee zur nationalen und staatlichen, das Verhältnis der Sozialpolitik zur Staatspolitik ist nach alledem bereits klar. Das dynamische, kraft- und geistgeladene Wesen des neuzeitlichen Lebens kann eine gegebene und geheiligte Ordnung des Gemeinwesens so wenig anerkennen wie eine geheiligte Ordnung der Wirtschaft oder eines sonstigen Teilbereiches im Gemeinwesen. Sinngemäß zu gestalten ist überall die Aufgabe, und diese Aufgabe stellt sich immer von neuem, wenn neue sinntragende Kräfte aufbrechen und mit der geltenden Ordnung in Konflikt geraten. Daß die Bewegtheit als einzig Beharrendes andauern müsse, ist damit keineswegs gesagt; auch das Gegenteil ist durchaus denkbar, daß die ungeheure Bewegung dem Ziele einer verhältnismäßigen Beharrung wieder zustrebe, einer Beharrung freilich in einer grundsätzlich neuartigen Ordnung unter der Herrschaft einer neuartigen Sozialidee. Statt der organischen Gemeinschaft als unbedingt geltendem Prinzip die auf Freiheit gegründete Gemeinschaft – das ist die ursprüngliche Sozialidee des Liberalismus, und wie sie noch unerfüllt ist, wie sie sich von der liberalen zur sozialen Idee gewandelt hat, so ist sie vielleicht das Ziel der Bewegung überhaupt. Das Organische wird damit grundsätzlich weder geleugnet noch unterdrückt, obgleich das so scheinen mag, solange die Befreiung aus dem Absolutismus des Organischen im Gange ist und daher Gleichgewicht und Einordnung notwendig fehlen. Man kann das Organische nicht leugnen oder unterdrücken, wenn nicht der Wille zum Leben selber erschlafft, und darum ist auch ihm und gerade ihm gegenüber die freie Sinnerfüllung die Aufgabe. In bezug auf das Politische aber heißt das alles, daß zwar im Körper des Volkes starke Spannungen, Bewegungen und Kräfteverlagerungen im Gange sind, daß eben deswegen aber eine nationale Politik sozial und geistig nicht konservativ sein kann; daß den lebendigen Kräften des Volkes zum Ausdruck verhelfen muß, wer die Nation will; den zukunfttragenden Kräften des Volkes, wer die Zukunft der Nation will. Es gibt zu denken, daß das nationale Prinzip – zweifellos ein organisches, wenn auch keineswegs rein physiologisches Prinzip – kaum älter ist als das soziale, und daß gerade das nationale Prinzip durch den Liberalismus emporgetragen wurde, der vermeintlich das Organische zersetzt. Sozialpolitik ist Nationalpolitik; dies ist übrigens alles eher als eine neue Entdeckung; es war immer schon selbstverständlich.

Nicht so selbstverständlich ist die politische Kräftegruppierung gegenüber den sozialpolitischen Notwendigkeiten. Von vornherein klar ist lediglich das eine, daß es eine einzige wirkliche und positive Kraft der Sozialpolitik gibt, die soziale Bewegung selbst; ihre wachsende Macht allein verbürgt das, was man den »sozialen Fortschritt« nennt, mag er auch in allen politischen Programmen mit Rücksicht auf die Wahlstimmen der Arbeiter heutzutage einen bevorzugten Platz einnehmen. Ja, eben dieser programmatische Platz der Sozialpolitik ist auch seinerseits bereits Auswirkung der sozialen Macht, ihres Wachstums in die Breite und Tiefe. Die Wucht, mit der die Masse der arbeitenden Menschen von der sozialen Idee ergriffen ist, äußert sich in der Stellung der auf Wahlstimmen angewiesenen Parteien zur Sozialpolitik; die sozialpolitischen Bekenntnisse sind Anpassungserscheinungen; sie schaffen nichts Neues, sie tragen nur dem Neuen Rechnung. Es kann im Grunde nicht anders sein; eine Idee kann nicht verwirklicht werden, ehe sie nicht in die Realität einer sie tragenden Bewegung eingeht und durch diese ihre Forderungen anmeldet – erst so wird sie zur Idee.[1] Eine Ordnung, für die nicht lebendige Menschen sich mit wirklicher Kraft der Leistung und Verantwortung einsetzen würden, kann von noch so wohlmeinender unbeteiligter Seite nie geschaffen werden: die Ordnung besteht ja nicht in toten Institutionen, sie soll funktionieren, sie soll das Leben erhalten und erhöhen; sie bedarf der Menschen, die willens und fähig sind, in ihr und nach ihrer Gesetzmäßigkeit zu wirken. Man kann weder verlangen noch erwarten, daß die »bürgerlichen« Parteien eine soziale Freiheitsordnung aus dem Nichts schaffen, solange die arbeitenden Menschen noch nicht die Kraft haben, ihre Freiheit wirklich zu leben, ihr Arbeitsleben selbst zu ordnen und die Verantwortung für den Gang des gemeinschaftlichen Lebens zu übernehmen. Die Überwindung des idealistisch-rationalistischen Utopismus durch *Marx* enthält in sich nicht nur die positive Zuordnung des

1 Vgl. oben S. 141.

Sozialismus zur Arbeiterbewegung, sondern eben damit auch den Nachweis, daß eine soziale Ordnung nur durch eine soziale Bewegung errichtet werden kann, nicht durch eine bürgerliche Welt, der sie gar nicht gemäß ist, deren historischer Auftrag und historische Kraft in ganz anderer Richtung geht, und die es an der Erfüllung ihres besonderen Auftrages wahrlich nicht hat fehlen lassen. Die allgemeine Geltung des Ideals ist eben eine historisch kraftlose Vorstellung; sie führt zu unmöglichen und überspannten Erwartungen und im Augenblick der unausbleiblichen Enttäuschung zu entsprechend überspannten und ungerechten Vorwürfen; sie trübt den Blick für die historischen Wesenheiten, nicht nur für ihre Begrenztheit, sondern vor allem für ihre historischen Leistungen. Es wäre sinnlos, dem Arbeiter eine Freiheit zu geben, die er nicht aufnehmen und handhaben könnte; das wäre keine Freiheit. In diesem Prinzip liegt mithin ein Doppeltes: die Bindung der sozialen Idee an die soziale Bewegung, und anderseits die Entlastung der vorsozialen Bewegungen von dem Vorwurf einer unsozialen Gesinnung.

Die Lage ändert sich von Grund auf, sobald die soziale Bewegung in den Kreis der Realität, die soziale Idee in den Kreis des wirkenden Geistes eintritt. Nun erst wird es möglich, sich zu ihr zu bekennen, weil sie da ist. Nun wird es möglich, sich von dem neuen geschichtlichen Leben ergreifen zu lassen und ihm die eigene lebendige Kraft für seinen schweren geschichtlichen Weg zur Verfügung zu stellen. In der Tat tun das stets einzelne, aus hohen oder aus niederen Motiven; aber die großen geschichtlichen Gesamtbewegungen, die das bisherige Leben geformt und getragen haben, beharren in ihrer Wesenheit und halten an ihrem Wesensausdruck in der bisherigen Lebensform fest. Sie nehmen das Neue nur insoweit auf, als es für den Bestand des Ganzen und für die Erhaltung ihres Machtanteils am Ganzen unerläßlich ist. Die darin liegende sozialpolitische Leistung der vorsozialen Gruppen und Parteien darf in keiner Weise unterschätzt werden. Insoweit sie die bisherige Ordnung tragen und mit ihr identisch sind, vollzieht sich durch ihre Anpassung an die neue Idee die notwendige Umgestaltung des Gemeinwesens, der Einbruch in die bisher herrschende Sozialidee. Sie haben geradezu die Aufgabe, ihren zweifelnden und widerstrebenden Anhängern das Unabwendbare als wünschenswert, als mit dem alten Programm vereinbar und aus ihm folgend plausibel zu machen. Da sie ein echtes Verhältnis zur Dynamik des Neuen nicht haben, so gelingt ihnen auch die Übersetzung in ihre programmatisch gewohnte Sprache: sozialer Fortschritt oder sozialer Frieden oder Interessenausgleich oder ständische Eingliederung des Arbeiterstandes; und so ebnet sich der Weg für das Neue, das nun einzieht – unverstanden, aber immerhin zugelassen. Wieweit freilich die Wandlung ohne ernsthafte Erschütterung vor sich geht, das hängt gerade von der Empfänglichkeit und Aufgeschlossenheit ab, der sie begegnet; davon also, ob die politische oder produktionspolitische Notwendigkeit früher oder später, freudiger oder mürrischer anerkannt wird.

Dies ist ja nochmals die schon von der Nation und dem Staate her erörterte Frage; es handelt sich um die weltanschaulich-parteilich gebundenen, von bestimmten Sozialgestalten und Sozialanschauungen getragenen Vertreter der Nation und des Staates, die für den Bestand und Fortgang des Ganzen verantwortlich sind und aus diesem Grunde ihre Gefolgschaft zu einem Zugeständnis an die anschwellende soziale Kraft überreden müssen. Sie müssen also die relative Berechtigung der sozialen Idee beweisen; sie müssen zu diesem Zweck die soziale Idee in die der eigenen Sozialgestalt geläufige Denkweise übersetzen und sie dabei notwendig ihrer Dynamik und ihres Herrschaftsanspruchs entkleiden. Es geht für sie, als Außenstehende, nicht darum, die soziale Idee und ihre Verwirklichung weiterzutreiben; im Gegenteil: sich mit ihr schlecht und recht abzufinden, nach dem gegenwärtigen Stande der Dinge als einer politischen Gegebenheit; sie also in die gegebene Konstellation der Kräfte einzubeziehen. Das historische Wesen der sozialen Idee, ihre Kraft zur Weltgestaltung und ihr Anspruch darauf, werden vom Standpunkt der kurzfristigen Tagesnotwendigkeiten aus nicht sichtbar. Derjenige, dem sie sichtbar werden, kann in der bisherigen Sozialanschauung nur schwer verharren; daß sie nicht sichtbar werden, eröffnet erst die Möglichkeit, die soziale Idee als eine unter vielen politischen Kräften in ein umfassenderes Gegenwartsprogramm einzuordnen und in die grundsätzliche Ausdrucksweise dieses Programms zu übersetzen. Gesehen wird immer die gegenwärtige Notwendigkeit, verkannt das zukünftige und schon jetzt sich ankündigende Wesen, erstrebt die Einschmelzung der gegenwärtigen Notwendigkeit in die der eigenen Sozialgestalt gemäße Sozialanschauung.

So unzulänglich und irrtümlich das vom Standpunkt der sozialen Idee aus erscheinen muß, so ist vom Standpunkt jener anderen Sozialanschauungen aus etwas anderes doch nicht denkbar. Von ihrer Lebenskraft und ihrem Beruf zur Herrschaft sind ihre Anhänger überzeugt; sonst wären sie gar nicht ihre Anhänger oder müßten mit jener Leitidee sich selbst vorzeitig aufgeben. Das Bewußtsein der eigenen Kraft und Leistung im Sinne jener Wertvorstellung erlaubt ihnen ein Zugeständnis an die soziale Idee und verpflichtet sie dazu, um so mehr, je mehr sie dadurch das Gesamtgefüge ihrer Ordnung zu vervollkommnen, also die soziale Frage in ihrem Sinne zu »lösen« erwarten dürfen. Daß sie mit dieser Erwartung notwendig Unrecht behalten müssen, daß vielmehr die Geschichte notwendig in der geradlinigen Richtung der sozialen Idee voranschreiten müsse, kann auch vom Standpunkt der sozialen Idee aus unmöglich behauptet werden; eine Erschlaffung ihrer Spannkraft bleibt immer denkbar.[1] Wenn also die beiden Gegner, jeder überzeugt von der eigenen Kraft, Leistung und Zukunft, auf dem Felde der Gegenwart zusammenarbeiten, so ist das kein schwächlicher Kompromiß; es ist die dem Kraftbewußtsein einzig angemessene Haltung. Vollkommene Elastizität der Sozialgestaltung entsprechend dem realen Kräfteverhältnis der widerstreitenden Ideen, Offenheit also für das geschichtliche Werden, das ist das vielverkannte Wesen der Demokratie; wer unterliegt, hat sich nicht in der Demokratie geirrt, sondern in seinem eigenen historischen Recht. Auf dem Boden der Demokratie treffen sich die Gegner in dem ritterlichen Kampf um die historische Leistung. Jeder versucht, den anderen zu übertreffen und dessen begrenzte Leistung in sich selbst einzusaugen. Die soziale Bewegung will den Kapitalismus übertreffen; der Kapitalismus will die soziale Frage, insoweit sie ihm durch ihren produktionspolitischen Druck sichtbar wird, in seinem System lösen, die soziale Idee also in seine eigene Sozialanschauung einschmelzen und diese dadurch zur Vollendung und Krönung führen.

Die Kontinuität des Lebens erzeugt genug Ähnlichkeiten, an die man bei solcher Bestrebung anknüpfen kann, wofern man nur den Kern und Schwerpunkt der Sache außer acht läßt. Es gibt nachgerade keine Sozialanschauung mehr, in der nicht die soziale Idee einen Platz gefunden hätte, obgleich sie ihrem Wesen nach allen diesen Sozialanschauungen feindlich ist, weil sie sie alle zu überwinden beansprucht. Vom liberalen Gedanken her kommen die Prinzipien der Freiheit und der Selbsthilfe einer relativen

1 Hierüber wird im letzten Abschnitt ausführlich gesprochen.

Anerkennung der sozialen Idee zugute, ohne daß freilich das auch auf Freiheit und Selbsthilfe beruhende Privateigentum deswegen geopfert würde; es ergibt sich eine mittlere Proportionale nach statisch-mechanischer Art, kein zukunftgerichteter Wille zur Neugestaltung aus dem Leben und dem Geist. Die Autoritätsidee in ihrer kirchlichen oder in ihrer monarchisch-obrigkeitlichen Ausgestaltung gelangt auf dem ihr gemäßen entgegengesetzten Wege zu dem gleichen Ziele, indem sie nämlich die Abwägung und den Ausgleich der Interessen, die Eingliederung jedes Gliedes in das Ganze, die Fürsorge der Obrigkeit für alle ihr Unterworfenen zum Leitstern nimmt, auch hier also unter Verkennung der sozialen Dynamik. Der Gegensatz zwischen den beiden Wegen zur relativen Anerkennung der sozialen Idee ist in der sozialpolitischen Geschichte sehr bedeutsam gewesen; er fällt mit dem Gegensatz zwischen Selbsthilfe und Staatshilfe als den beiden Grundrichtungen der Sozialpolitik zusammen. Es ist für die Art der sozialen Verwirklichung durchaus nicht gleichgültig, ob sie sich inmitten einer konservativen oder einer liberalen Konstellation vollzieht: je nachdem wird sie den einen oder andern Weg beschreiten müssen und eine Abbiegung nach der einen oder anderen Seite erfahren. Das Wesen der deutschen Sozialpolitik bis etwa zur Jahrhundertwende unterscheidet sich in überraschendem Grade von dem Wesen der englischen.

Zugleich aber wird klar, daß der Gegensatz als ein solcher innerhalb des herrschaftlichen Systems an Kraft verliert in dem Maße, als die jenseits des Gegensatzes stehende soziale Bewegung an Kraft gewinnt. Sie fußt zwar ganz und gar auf der liberalen, freilich dynamisch aufgefaßten Selbsthilfe; sie braucht aber die Staatshilfe grundsätzlich nicht von der Selbsthilfe auszuschließen, weil sie dynamisch, nicht institutionell denkt. Sie erfährt und versteht eben, daß sie – mit andern Worten – die Staatshilfe nie anders als durch die eigene Machtentfaltung in Bewegung setzt, und betrachtet daher die Staatshilfe mit Recht als Frucht der Selbsthilfe. Darin liegt sicherlich ein Stück Problemverschiebung, wenn die Selbsthilfe nur als vorübergehendes Mittel für die Erlangung der Staatshilfe betrachtet wird, während doch im Grunde Selbsthilfe, nämlich Freiheit das oberste Ziel ist. Diese Problemverschiebung wird auch in der Tat real und bedenklich für das Wesen der sozialen Bewegung, wenn die Eroberung der Staatsmacht als Ziel des Kampfes statt als Ausgangspunkt der Freiheitsentfaltung aufgefaßt wird, die natürlich der politischen Macht bedarf.[1] Der innerkapitalistische Gegensatz aber zwischen liberaler und konservativer Sozialpolitik ist in der Tat durch den Hinweis auf die Entstehung der sozialen Staatshilfe aus der Selbsthilfe der sozialen Bewegung überwunden und tritt im öffentlichen Bewußtsein kaum noch hervor, seitdem jeder Schritt der Sozialpolitik als Frucht des sozialen Drängens unmittelbar erkennbar ist.

Voraussetzung für diesen politischen Weg der sozialen Idee ist immer, außer ihrer eigenen wachsenden Macht, das Beharren der anderen Sozialideen und Sozialgestalten in ihrem Wesen und ihr Bestreben, sich nur soweit anzupassen als lebensnotwendig ist. Einkommen, Macht, Leistung, Verantwortung – sie alle in irgendeiner Kombination und Rangordnung werden gesucht, und sie können doch immer nur in den Formen gedacht werden, die dieser Sozialgestalt eigentümlich, dem Wesen ihrer Menschen gemäß ist. Eine geschichtliche Gestalt springt nicht über ihren eigenen Schatten, sie vollendet sich nach dem Gesetz, nach dem sie angetreten – einem ganz individuellen, nur ihr gegebenen Gesetz. Das schließt einen Personenwechsel

1 Vgl. unten im letzten Abschnitt B 2 und C.

zwischen den Sozialgestalten nicht aus, nicht den Auf- und Abstieg zwischen der unteren und oberen Klasse, den besonders Konkurrenz und Kreditsystem befördert haben, und nicht die »Abtrünnigkeit« derjenigen, die sich aus der oberen Schicht loslösen und der unteren zugesellen.[1] Die geschichtlichen Wirkungen der Abtrünnigkeit, die in einem wörtlich aufgefaßten Materialismus keinen Platz hat, können kaum hoch genug eingeschätzt werden; sie ist es doch, der in der Hauptsache die soziale Idee ihre Bewußtmachung und Durcharbeitung verdankt. Die Motive der Abtrünnigkeit sind mannigfach und in mannigfacher Weise kombiniert. Am einen Pol steht die Ausstoßung aus der bisherigen Gemeinschaft oder die Selbstausstoßung, die die Wirkung der deutlich empfundenen Minderwertigkeit nicht sichtbar werden lassen will; und solche Menschen werden ihre Schwäche und ihre Verhüllungsversuche auch in den neuen Lebenskreis mitbringen und für ihn ein zweideutiger Gewinn sein.[2] Aber es gibt auch den anderen Pol; es gibt dies, daß Menschen unter der Leere oder Gewalttätigkeit des bereits erfüllten, bereits ablaufenden Lebens bewußt oder unbewußt leiden; daß sie von der neu aufgehenden Idee ergriffen werden und sich mit der Kraft ihrer Bürgerlichkeit, ihrer bürgerlichen Bildung und Leistung in die soziale Bewegung hineinwerfen. Dies ist die Selbstüberwindung des bürgerlichen Menschen, sein Eingehen in das nachbürgerliche Leben durch die Preisgabe seines bürgerlichen Lebens.

Der Wille zum Tode aus Liebe zum Leben, die Opferung dessen, was ist, für das, was werden will, die Selbstüberwindung des erfüllten Lebens, um Raum zu schaffen für das andrängende Leben, die Preisgabe der

1 Schön beschrieben bei Meusel, *Die Abtrünnigen. Kölner Hefte für Soziologie* III.

2 Vgl. besonders die unübertreffliche Analyse bei de Man, *Die Intellektuellen und der Sozialismus.*

zeitgebundenen Idee um der aufgehenden Idee willen – dies ist im historisch-politischen Raum die Anwendung und Vergegenwärtigung der christlichen Liebes- und Todeslehre. Sie lebt ganz und gar in der höchsten Liebe zum Lebendigen und seinem Sinn; nicht Enthaltung ist ihr Gebot, sondern wesenhafte Erfüllung und Überwindung. Sie verlangt die Preisgabe dessen, was man hat, und das Wagnis des neuen und ungewissen Lebens. Sie läßt auch erwarten, daß ihre Verwalter, die christlichen Kirchen, das Wagnis des Verstehens und der Liebe gegenüber der kommenden Zeit gläubig auf sich nehmen, und daß von ihnen ein fruchtbarer Strom der »uninteressierten« Kraft sich in das neue Land ergieße. Es ist nicht der Fall. Die Kirchen tragen das Gepräge ihres Ursprungs und ihrer Geschichte und prägen wieder die in ihnen tätigen Menschen; sie kennen Leistung, Verantwortung, öffentliches Ansehen und auch materielle Erhaltung nur in den so geprägten Formen; die menschlich-soziologische Gesetzmäßigkeit siegt über die »Freiheit eines Christenmenschen«. Es gibt also kirchliche Sozialpolitik nur in grundsätzlich demselben Sinne wie bürgerliche Sozialpolitik: als machtpolitische Anpassung an das Unvermeidbare, nicht als Neuschöpfung aus dem Geiste der Liebe.[1] Und es gilt von der kirchlichen Sozialpolitik auch im einzelnen alles früher für die bürgerliche Sozialpolitik Ausgeführte: die größere Klugheit und Anpassungsfähigkeit der einen Kirche, die größere Starrheit und in diesem Sinne Treue der anderen bis zur Gefährdung ihrer Existenz; die Verkennung der wesenhaften sozialen Dynamik durch beide; und anderseits die sekundäre Fruchtbarkeit auch der kirchlichen Sozialpolitik durch ihre Vermittler- und Überset-

1 Den Beweis dafür hat der Verf. in der bereits mehrfach angeführten Abhandlung über *Die christlichen Kirchen in der sozialen Krise. Kölner Sozialpolit. Vierteljahrsschrift* VII 2/3, unternommen.

zungsdienste. Solche Dienste hatten sie durch die feudalistische Umdeutung dem Kapitalismus geleistet, als der Selbsterhaltungstrieb ihnen eine positive Beziehung zu ihm aufzwang, und mit dem Erfolge ihres tatsächlichen Ausschusses aus der Sozialgestaltung; solche Dienste haben sie dann auch der sozialen Idee geleistet. Dabei drückt das allgemeine Kräfte- und Intensitätsverhältnis zwischen ihnen sich auch in dem bedeutsamen sozialpolitischen Vorsprung des Katholizismus aus, der freilich z. T. mit einem wirklichen Zurückbleiben hinter der kapitalistischen Zeit erkauft war.[1] Aber diese Unterschiede sind sekundär, wie diejenigen der größeren oder geringeren sozialen Bereitschaft im politisch-bürgerlichen Lager. Gerade gegenüber den Kirchen, die doch die Liebe als das Hinauswachsen aus der eigenen Begrenztheit verkündigen, ist natürlich das Werben um soziales Verstehen durchaus sinnvoll, welches immer die Aussichten solcher Bemühung sein mögen. Die Wahrheit, welche den Tod in sich trägt, ist allein der Herrschaft des Todes entrückt; sie kann nicht sterben. Aber anderseits ist eben deswegen das Schicksal der Kirchen durchaus zweifelhaft, wenn sie sich mit dem Vergänglichen und Zeitgebundenen auf Gedeih und Verderb verbünden. Und jedenfalls liefert gerade das Beispiel der Kirchen, von denen am ehesten ein Heraustreten aus der soziologischen Gebundenheit und Bedingtheit zu erwarten wäre, nochmals den indirekten Beweis dafür, daß die Sozialpolitik ganz und gar die Frucht der sozialen Bewegung ist, daß es keine positive Kraft der sozialen Freiheits- und Gemeinschaftsidee gibt außer der sozialen Bewegung.

1 Vgl. oben S. 154.

Zweiter Teil

Sozialpolitik und Kapitalismus

A. Einteilung und Grenzen der Sozialpolitik

I. Sozialpolitische Sicherung des Wirtschaftsverlaufs

Merkmal der Sozialpolitik ist ihre revolutionär-konservative Doppelseitigkeit. Sie verwirklicht Stück um Stück die soziale Idee innerhalb des Kapitalismus und sichert dadurch seinen geordneten Fortgang. Oder umgekehrt: sie erfüllt innerhalb des kapitalistischen Systems eine produktionspolitische Notwendigkeit, die aber immer in einem Teilabbau des Systems, in einem Einbau fremder Ideen besteht. Denn immer ist der Kapitalismus in Gefahr, seine Arbeitsgrundlage zu verlieren, weil er auf der Unterdrükkung der Menschen beruht, die er in Freiheit gesetzt und denen er die ganze Freiheit versprochen hat; immer also muß er den Ansprüchen der arbeitenden Menschen nachgeben, um sich selbst in verminderter Vollständigkeit am Leben zu erhalten. Dies doppelseitige Merkmal muß sich an jeder sozialpolitischen Veranstaltung aufweisen lassen, wofern sie echten sozialpolitischen Charakter trägt. Dabei ergeben sich aber mehrere, voneinander verschiedene Möglichkeiten, je nach der Einwirkung der sozialpolitischen Veranstaltung auf das System des Kapitalismus.

Die produktionspolitische Notwendigkeit, die die positive Beziehung zwischen Kapitalismus und Sozialpolitik in allgemeinster Form ausmacht, kann sichtbarer oder weniger sichtbar sein; sie kann sich institutionell oder nur psychologisch äußern. Je nachdem wird auch das Verhalten des Kapitalismus gegenüber der sozialpolitischen Neuerung grundverschieden sein. Seinem materialistischen, nur auf den Produktionszweck eingestellten Denken wird es einleuchten, daß eine wirkliche und sichtbare Lücke der Institutionen geschlossen werden muß, auch wenn der Gegner dadurch gestärkt wird; seinem Wesen nach aber ist ihm die Einsicht in eine rein vitale Notwendigkeit und ihren psychologischen Ausdruck verschlossen, und er wird demgegenüber immer auf dem Standpunkt beharren, daß das System ohne diese Neuerung, die er für willkürlich und überflüssig hält, besser und einheitlicher funktionieren würde. Eine Überzahl der Betriebsunfälle muß vermieden werden, und wenn der in der Konkurrenz Stehende die Kosten für Vorbeugungsmaßregeln aus Konkurrenzgründen scheut, so muß ein allgemeiner Zwang ausgeübt und dadurch die Gleichheit der Konkurrenzbedingungen mit der Behebung des Übels vereinigt werden. Betriebsräte und dergleichen aber sind viel schwerer zu verstehen, weil sie – rein technisch gesprochen – nur die notwendige Einheitlichkeit der Willensbildung zu erschweren und ihre Durchschlagskraft zu gefährden scheinen. Das auf psychologische Weise sich Äußernde scheint weniger real und praktisch zu sein als das Technische und überhaupt ziffernmäßig Greifbare; man vermißt einen wirklichen Beweis seiner Notwendigkeit, den es der Natur der Sache nach nicht geben kann. Es handelt sich um Verstehen und nun dynamisches Verstehen, und nichts liegt der Praxis und der Theorie im Kapitalismus ferner als dies, während für eine Auffassung, die von der leiblich-seelischen Einheit des Lebens ausgeht, der Gegensatz ohne wesentliche Bedeutung ist. Für diesen Standpunkt also gibt es keine Sozialpolitik, die, weil die psychologischen Bedürfnissen dient, als Luxus oder Hemmung betrachtet und nach Möglichkeit rückgängig gemacht werden könnte; sie wäre nicht da, wenn sie sich nicht als produktionspolitisch notwendig erwiesen hätte, wenn sie also nicht zum Range einer elementaren Bedingung für das weitere Zusammenarbeiten erhoben worden wäre. Aber eben deswegen schließt die wesentliche Gleichheit aller sozialpolitischen Veranstaltungen nicht aus, daß die produktionspolitische Notwendigkeit der einen schon institutionell sichtbar ist und bewiesen werden kann, die der anderen nicht. Was vom Standpunkt der sozialen Idee aus als Modifikationen innerhalb des gleichen Prinzips erscheint, stellt sich dem Kapitalismus als wesensverschieden dar, und insofern alle Sozialpolitik doch auf das System des Kapitalismus bezogen ist und sich in ihn einschiebt, ist hier der erste Einteilungsgrund für die Gesamtmasse der Sozialpolitik gewonnen.

Die Unterscheidung kann noch etwas anders gewendet und weiter verfeinert werden. Wenn die produktionspolitische Notwendigkeit einer sozialpolitischen Maßregel institutionell sichtbar und beweisbar ist, so heißt das anderseits, daß ohne sie das kapitalistische System sichtbaren Schaden leiden würde. Der Kapitalismus müßte also von sich aus die Maßregel durchführen, die Lücke seines eigenen Systems schließen, auch wenn er nicht durch den Druck einer sozialen Bewegung dazu gezwungen würde. Dieser Zweig der Sozialpolitik erwächst aus innerkapitalistischen Notwendigkeiten und wird mit innerkapitalistischen Erwägungen gerechtfertigt; daher kann er als produktionspolitisch in einem engeren, innerkapitalistischen Sinne des Wortes bezeichnet werden. Nur darf darüber erst recht nicht vergessen werden, daß grundsätzlich alle Sozialpolitik produktionspolitisch notwendig ist, daß sie berufen ist, die Lückenhaftigkeit eines Systems zu ergänzen, welches zur Freiheit aufruft und doch die Freiheit verweigert.

Anderseits entsteht die Gefahr, über jener innerkapitalistischen Entstehung die soziale Seite der sozialpolitischen Maßregel zu übersehen, also gerade ihre charakteristische Doppelpoligkeit aus dem Auge zu verlieren; und das um so mehr, als die Dynamik des sozialen Pols hier nicht tatsächlich in Wirkung zu treten braucht, die Staatshilfe dem Arbeiter auch ohne die Selbsthilfe der sozialen Bewegung zuteil wird. Bei der Entstehung des Arbeiterschutzes aus innerkapitalistischen Erwägungen einerseits, aus bevölkerungs- und militärpolitischen Notwendigkeiten anderseits und in Deutschland ohne einen wirksamen sozialen Druck ist dies alles der Fall.

Trotzdem ist auch der Arbeiterschutz durchaus Sozialpolitik im echten dialektischen Sinn; die Frage nach dem sozialen Charakter dieser scheinbar innerkapitalistischen Maßregel muß bejaht werden. Denn erstens ist es zwar nicht die soziale Bewegung im besonderen, wohl aber die konkrete und dynamische Realität als Ganzes, welche den kapitalistischen, in sich so herrisch geschlossenen Systembau der Unwirklichkeit überführt, so daß er sich zur Aufnahme wesensfremder Elemente bequemen muß. Der kapitalistische Rationalismus, sein Glaube an die beweisbare Vernünftigkeit der von ihm geschaffenen Ordnung erleidet den ersten schweren Stoß. Dies hat schon Marx als eine entscheidende Tatsache betont.[1] Zweitens – und im Zusammenhang damit – kommt die Maßregel nicht etwa nur allgemein dem bisher mißachteten Arbeiter zugute, in einem ähnlichen Sinne, wie die kapitalistische Konkurrenz ihm als Verbraucher zugute kommen muß – die Lücke im System wird nicht statisch geschlossen; sondern es ist eine neuartige Entwicklung eingeleitet, eine Lawine in Bewegung geraten. Mag der Arbeiterschutz auch noch so

1 »Es war der Sieg des Prinzips. Zum erstenmal unterlag im hellen Lichte des Tages die politische Ökonomie der Bourgeoisie der politischen Ökonomie der Arbeiterklasse.«

ausschließlich die Erhaltung der kapitalistischen Produktionsgrundlage bezwecken, immer hat er die Nebenwirkung, den Arbeiter als Arbeiter besser zu stellen, ihm eine erste Sicherheit für Leben und Gesundheit zu bringen. Nun erst kann er sich des an ihn ergangenen Rufes zur Freiheit wirklich erinnern und sich mit seinen Schicksalsgenossen auf den Weg machen, ihm zu folgen. Wo es keine soziale Bewegung gibt, da wird sie gerade erst im Zusammenhang mit dem Beginn des Arbeiterschutzes lebendig, weil nun einerseits die Kraft erstmals wächst und anderseits zum erstenmal die Erfahrung gewonnen wird, daß der Kapitalismus soziale Zugeständnisse machen muß. Es wäre müßig, zu fragen, ob nicht ein um den Arbeiterschutz vervollständigtes kapitalistisches System sich in sozialer Statik erhalten und fortsetzen könne: die wesenhafte Dynamik des Kapitalismus steht dem im Wege und zwar nicht nur auf dem kapitalistischen Pol, durch die von *Marx* beschriebene Konzentration des Kapitals, sondern vor allem auf dem sozialen Pol, wo der Wille zur Freiheit den Beginn und das Prinzip des neuzeitlichen Lebens überhaupt ausmacht. Wenn aber jene Frage nach der Möglichkeit eines durch Arbeiterschutz geschlossenen kapitalistischen Sozialsystems aus historisch-soziologischen Gründen abgewiesen werden muß, so ist sie doch eben dadurch methodologisch lehrreich: aus dem rein Wirtschaftlichen, dem Institutionellen und Materiellen läßt sich die Verneinung nicht entnehmen; sie läßt sich daher auch nicht allgemeingültig beweisen, nur aus der historisch-soziologischen Prägung des bisherigen Verlaufs verstehen.

Dies alles ist – endlich und drittens – nicht bloße Theorie und nachträgliche Konstruktion; es zeichnet nur das Wesen der tatsächlichen Geschehnisse nach. Die erbitterte Gegenwehr gegen die Einleitung des Arbeiterschutzes wäre schlechterdings unverständlich, wenn nicht von

Anfang an die in ihm gelegene soziale Dynamik gefühlt worden wäre. Seine innerkapitalistische, produktionspolitische Notwendigkeit war rational beweisbar und bewiesen, und gegen etwas wirtschaftlich Unentbehrliches wird sich niemand wehren, wenn er nicht Grund hat, es für sozial gefährlich zu halten. In diesen wie in so vielen andern Fällen haben die Gegner der Sozialpolitik ihr dynamisches Wesen erkannt und sie deswegen bekämpft; ihre kapitalistischen Befürworter haben dagegen geglaubt, sie in ein statisches System des Kapitalismus einfügen zu können, und haben sie mit dieser Begründung durchgesetzt. Freilich ist der Streit eigentlich gegenstandslos, weil er von der produktionspolitischen Notwendigkeit der Sozialpolitik absieht und so tut, als ob man überhaupt die Wahl hätte; oder vielmehr: es sind die Gegner der Sozialpolitik, die sich dieses elementaren Fehlers schuldig machen, während ihre Anhänger nur den viel kleineren Fehler begehen, sich und anderen das praktisch Unvermeidbare durch Verhüllung zukünftiger Gefahren zu erleichtern. Sie haben die Verantwortung übernommen und das Erforderliche geleistet; ihre Gegner brachten keinen positiven Gegenvorschlag, sondern beharrten in der bloßen und unhaltbaren Verneinung. Ihr Schreckensruf aber: »Principiis obsta« gibt die Einsicht in die soziale Dynamik der Sozialpolitik bei aller Verkennung ihrer produktionspolitischen Notwendigkeit, und im ganzen waren also auch bei dem scheinbar innerkapitalistischen Arbeiterschutz die beiden dialektisch verbundenen Wesensmerkmale der Sozialpolitik dem Zeitbewußtsein durchaus gegenwärtig. Dies ist somit die erste Gruppe sozialpolitischer Maßregeln: die auch ohne soziales Drängen – aber freilich nicht ohne soziale Wirkungen – aus innerkapitalistischen Notwendigkeiten erwächst und den Ablauf des Systems sichert oder glättet.

2. Sozialpolitische Veränderung des Wirtschaftsverlaufs

Wenn es im Wesen der ersten Gruppen liegt, daß unter Absehung von ihr das kapitalistische Wirtschaftssystem als solches überhaupt nicht vollständig beschrieben werden kann, vielmehr fragwürdig und gefährdet erscheinen müßte, so gilt von der zweiten Gruppe das Gegenteil. Ihre Notwendigkeit und daher ihr Dasein ist vom bloß Wirtschaftlichen her nicht verständlich, und sie bedeutet daher schon in ihrem Auftreten, nicht erst in ihren Ferwirkungen, ein Hinausschreiten über den Kreis des Wirtschaftens, den der Kapitalismus als einen besonderen Bezirk der wirtschaftlichen Vernunft abzugrenzen und auszufüllen beansprucht. Sie ist also, vom Standpunkt des Kapitalismus aus betrachtet, im besten Falle eine Luxuszutat – aber schon das ist unvernünftig und verdächtig –, im schlimmeren Falle eine unmittelbare Hemmung, die durch die Unvernunft der sozialen Bewegung in die Vernunftordnung eingeschaltet wird. Es ist also das Merkmal dieser Gruppe, daß der wirtschaftliche Kapitalismus auch ohne sie gedacht werden kann, daß es wirtschaftliche Argumente für sie nicht gibt, daß der Kapitalismus daher in eindeutiger Gegenwehr steht und die Initiative von der sozialen Bewegung allein ausgeht. Aus diesem Grunde können solche Maßregeln gemeinhin auch erst in einem etwas späteren Stadium des Kapitalismus und der Sozialpolitik durchgesetzt werden. Dabei ist nochmals eine wichtige Unterscheidung innerhalb dieser Gruppe zu treffen, je nachdem ob der Wirtschaftsablauf nur zugunsten der Arbeiter verändert oder auch als Ganzes gehemmt Die Veränderung des Wirtschaftsablaufs zugunsten der Arbeiter kann zwar, braucht aber keineswegs mit einer Wirtschaftshemmung verbunden zu sein; ob sie es ist oder nicht, das hängt von ihren etwaigen dynamischen Wirtschaftseinwirkungen ab, ferner im Falle des Monopols von den – wiederum nicht willkürlich stehenden – Monopolmethoden.[1] Freilich gibt es keine unmittelbare oder mittelbare Lohnerhöhung, die nicht vom Kapitalismus bzw. von den ihn tragenden und füllenden Menschen als eine Schädigung seines Ablaufs dargestellt und auch empfunden würde; zu selbstverständlich ist es, daß er alle gestaltende Verantwortung einerseits, allen erreichbaren Nutzen anderseits den Herren vorbehält. Dennoch ist auch vom Standpunkt der kapitalistischen Gesamttheorie aus und innerhalb ihres Systems Lohnerhöhung an sich durchaus möglich und ursprünglich gewollt, wenn sie aus einer Verschiebung im Seltenheitsverhältnis der Produktionsfaktoren Arbeit und Kapital zugunsten der Arbeit hervorgeht. Es ist zwar sehr bezeichnend, daß Lohnerhöhungen im Kapitalismus von beiden Parteien schlechtweg zur Sozialpolitik gerechnet werden; aber im eigentliche Sinne kann das doch zunächst nur für solche Lohnerhöhungen gelten, die einer künstlichen Verknappung des Arbeitsmarktes verdankt werden. Dabei bliebe überdies noch die Frage offen, ob und inwieweit nur ein Analogon zu der künstlichen Verknappung des Warenmarktes durch das kapitalistische Monopol vorliegt, und es würden für die Sozialpolitik nur diejenigen Lohnerhöhungen übrig bleiben, die durch besondere öffentliche Veranstaltung statt lediglich im Wege der Privatwirtschaftlichen Monopolisierung zustande kommen. Und selbst dieser Rest müßte der Sozialpolitik durch den Hinweis darauf streitig gemacht werden, daß nur in seltenen Fällen ein kapitalistisches Monopol der Staatshilfe durch den Zoll entraten kann. Auf diese Weise würden Dinge, die so zweiellos zur Sozialpolitik gehören wie die Arbeitslosenunterstützung und die

1 Dieser und die vorhergehenden Absätze entwickeln nur die theoretischen Grundsätze; ihre Anwendung auf die sozialpolitischen Tatsachen folgt danach.

Schiedssprüche, als legitime Glieder einer rein kapitalistisch-monopolistischen Ordnung erscheinen, was offenbar dem Sinn der Sozialpolitik widerspricht. Die Ursache der Verwirrung liegt in der Einschätzung des Monopols als zum Kapitalismus gehörig. Der herrschaftliche Sinn des Kapitalismus wird durch das Monopol verstärkt; privatwirtschaftlich ist das Monopol das legitime Mittel des Strebens nach Gewinn und Macht. Zugleich aber ist es volkswirtschaftlich die Selbstauflösung des rationalen kapitalistischen Prinzips, nach welchem es innerhalb der Wirtschaft keine andere Macht geben soll – wenn überüberhaupt Macht – als die auf Leistung beruhende; nun gehen Verstärkung der wirtschaftlichen Macht und Verschlechterung der Leistung unter Umständen Hand in Hand, und die außerwirtschaftliche Macht wird zur Sicherung der Wirtschaftsmacht in die Wirtschaft hineingeholt. Für die begriffliche Klarstellung ist es daher notwendig, den Monopolismus vom reinen Kapitalismus zu trennen und entsprechend auch die sozialpolitische Anwendung der Monopoltechnik mit und ohne Staatshilfe zur Sozialpolitik und nicht zum Kapitalismus zu rechnen. Der Schnitt würde dann zwischen den monopolitisch erkämpften Lohnerhöhungen und den anderen verlaufen, die sich ohne jedes organisatorische Zutun selbsttätig nach dem Marktgesetz aus einer Veränderung der Marktlage ergeben.

Aber hier tritt nochmals jenes Bedenken hervor, welches jede Lohnerhöhung, auch die rein marktmäßig bedingte, zur Sozialpolitik rechnet und damit in einem gewissen Sinne Recht behält. Das Problem liegt nämlich nun sehr ähnlich wie das des Arbeiterschutzes, der ebenfalls innerkapitalistische Ursachen hat, durch die soziale Dynamik aber über den Kapitalismus hinaus und in die Sozialpolitik hineingetrieben wird. Es kann dem zur Freiheit aufgerufenen und um die Freiheit betrogenen Arbeiter des Kapitalismus schlechterdings nichts gegeben werden, das ihn nicht zugleich anspruchsvoller machen würde, weil es ihm die Kraft zum Freiheitskampf stärkt. So ist insbesondere die Lohnerhöhung nicht nur statischer Selbstzweck, sondern dynamisches Mittel; sie verschafft dem Arbeiter etwas Freiheit, etwas Spielraum für seine Kraft, etwas Gestaltungsmöglichkeit für sein Leben, wo alles dies bisher in noch höherem Grade fehlte; aber sie stärkt eben dadurch seine Kraft für den Kampf um eine weitere Lohnerhöhung oder ein anderes Stück Freiheit. Ein statisches System des Kapitalismus kann – wenn überhaupt – höchstens so gedacht werden, daß Kapitalbildung und Produktionsfortschritt im Hinblick auf den Zweck reguliert werden, die Lebenshaltung des Arbeiters nicht steigen zu lassen, um ihn in der Dumpfheit der härtesten Knechtschaft festzuhalten.[1] Anklänge an diese Meinung fanden sich nicht ganz selten, so bei *Treitschke;* aber es ist eine völlig unkapitalistische Meinung. Kapitalismus ist immer dynamisch, immer auf Leistung gerichtet; er will deshalb die Forcierung der Kapitalbildung und des Produktionsfortschritts mit dem rationalen Zweck, die Lage der Verbraucher und unter ihnen der Arbeiter zu verbessern – wenn man vom Monopolismus absieht, wo der einzelne das durchaus wollen kann, aber nicht mehr unbedingt wollen muß. Die innerkapitalistische Marktentstehung der Lohnerhöhung besagt also nichts gegen ihren sozialpolitischen Charakter und ihre soziale Dynamik nichts gegen ihren ursprünglich kapitalistischen Charakter. Dies ist einfach ein Sonderfall innerhalb der grundsätzlichen und allgemeinen Feststellung, daß die soziale Bewegung, die über den Kapitalismus hinaustreibt, ganz und gar auf seinem Boden erwächst, aus

1 Dies wäre ein kapitalistisches Gegenstück zu dem sozialpolitischen Vorschlag des *Malthus*, daß die Arbeiter ihre Vermehrung im Verhältnis zu den Lebensmöglichkeiten regulieren sollten, um höhere Löhne zu erlangen: daß sie also den Marktmechanismus zu ihren Gunsten in Bewegung setzen sollten.

ihm nicht nur durch den Gegensatz, sondern auch positiv ihre Kraft saugt und durch ihn institutionell ermöglicht wird.[1] Wer die Vorstellung von einer in sich geschlossenen wirtschaftlichen Statik des Kapitalismus überwunden hat, kann eine strenge Grenzziehung zwischen Kapitalismus und Sozialpolitik nicht erwarten; er kann sich nicht wundern, daß die Sozialpolitik im Kapitalismus, ja als Kapitalismus beginnt, daß Errungenschaften des Kapitalismus für die rechtliche Freiheit oder für die wirtschaftliche Versorgung zum Ausgangspunkt und zur Waffe des sozialen Freiheitskampfes werden. Dies ist keine Widerlegung, es ist eine Bestätigung der hier vorgetragenen Gesamtanschauung. Denn sie schließt in sich, daß Arbeiterschutz und Lohnerhöhungen wegen der ihnen innewohnenden sozialen Dynamik Sozialpolitik sind und trotz ihres kapitalistischen Ursprungs zum Gegenstande des sozialpolitischen Streites werden, sobald die Dynamik erkannt wird und im Interesse des Kapitalismus niedergehalten werden soll.

Immerhin haben die rein marktmäßigen Lohnerhöhungen eine etwas andere Stellung als der Arbeitsschutz und erst recht als die Lohnerhöhungen monopolistischer Technik und sozialpolitischen Ursprungs. Ohne Arbeiterschutz ist der Kapitalismus nicht lebensfähig. Marktmäßige Lohnerhöhungen sind in einem ganz anderen, viel harmloseren Sinne notwendig – notwendig nämlich nicht für ihn, sondern in ihm, weil und wenn sie sich aus seinen Spielregeln ergeben; bei anderem Lohnstande, weil anderer Marktlage, wäre er auch lebensfähig. Er braucht den Arbeiterschutz, er erlaubt und fördert die marktmäßige Lohnerhöhung. Die monopolistische Lohnerhöhung aber wird ihm abgerungen, und eben dies macht ihren rein sozialpolitischen, antikapitalistischen Charakter aus. Auch sie ist als sozialpolitische Errungenschaft natürlich für den

1 Vgl. oben S. 139.

Kapitalismus notwendig, in jenem grundlegenden dialektischen Sinne des Wortes, welcher nicht vergessen werden darf, wenn überhaupt von Sozialpolitik die Rede ist. Aber es ist ein Unterschied, ob der Kapitalismus den Arbeiterschutz schafft, weil er ihn braucht und damit nicht auf die soziale Dynamik warten kann, die er dann freilich unvermeidlich hervorruft, oder ob er Lohnerhöhungen kraft des Marktgesetzes zuläßt und damit freilich wieder die soziale Dynamik in Bewegung setzt, oder ob er schließlich wesensfremde Lohnerhöhungen, also Abweichungen von dem kapitalistisch gebotenen Ablauf, hinnehmen muß, um nicht gesprengt zu werden. Er hat ja den Feind in sich und muß ihn beschwichtigen, um selber am Leben zu bleiben; dies ist die allgemeine produktionspolitische Notwendigkeit der Sozialpolitik. Aber im einen Falle ist die Beschwichtigung des Feindes Nebenwirkung einer ohnedies schon für den Kapitalismus selbst unvermeidlichen Maßregel, und natürlich ist die Beschwichtigung gleichbedeutend mit einem Stück weiteren ungestörten Wachstums zu neuen Ansprüchen hin; im entgegengesetzten Falle muß nur eigens für die Beschwichtigung des inneren Feindes etwas getan werden, was sonst unterbleiben könnte, vom Kapitalismus aus also mindestens überflüssig erscheint. Je nachdem ob der unmittelbare Anstoß zur Sozialpolitik von einer wirtschaftlichen Unvollkommenheit des Kapitalismus selbst kommt oder aus der Angewiesenheit des Kapitalismus auf seinen inneren Feind, sind zwei Typen der Sozialpolitik zu unterscheiden; je nachdem also ob der Anlaß im System liegt und nur die Wirkung über das System hinausreicht, oder ob der Anlaß von vornherein in der über das System hinausreichenden Spannung gelegen ist. Beim ersten kann sich der Kapitalismus an so etwas wie eine technische Notwendigkeit halten, an eine ihm geläufige, ihn zunächst nicht beunruhigende

Kategorie; das zweite ist für ihn einfach ein Übel, ein Einbruch in seine Vernunftordnung, und stammt aus einem Übel, aus dem Zweifel an seiner Vernünftigkeit. Es bleibt ein Übel, auch wenn es dem größeren Übel der Sprengung durch Zweifel und Aufruhr vorgezogen und auf diesem Wege verwirklicht werden muß. Sobald man zwischen die beiden Übel gestellt ist, gibt es keine Wahl – Sozialpolitik ist Notwendigkeit; aber man würde beide und ihren Ursprung aus der sozialen Dynamik am liebsten verschwinden lassen, da man die Notwendigkeit der sozialen Dynamik in einer aufs beste geordneten Wirtschaft nicht begreift und von den rationalistischen Voraussetzungen aus auch nicht begreifen kann, zum Unterschiede von der innerkapitalistischen Notwendigkeit des ersten sozialpolitischen Falles.

Trotzdem kann der Kapitalismus auch gegen die Sozialpolitik des zweiten Typus nicht eigentlich grundsätzliche Einwände vorbringen, wenn nur die Voraussetzung festgehalten wird, nach welcher sie den Wirtschaftsablauf zugunsten der Arbeiter verändert, ihn im ganzen aber nicht beeinträchtigt. Im Programm und in der Theorie des Kapitalismus ist eine ziffernmäßig bestimmte Proportion der Einkommensverteilung zwischen die verschiedenen Klassen nicht vorgeschrieben; nur die Methode der Einkommensverteilung, nicht das Ergebnis steht fest. Die Methode ist die der freien Konkurrenz, und insoweit die Einkommensverschiebung einer Monopolisierung der Arbeit verdankt wird, wäre sie unter methodischem Gesichtspunkt angreifbar, wenn nicht eben das Monopol privatwirtschaftlich legitim und im Kapitalismus völlig eingebürgert wäre. Dadurch geht jeder primäre Einwand gegen die Lohnerhöhung und Gewinnschmälerung verloren, und es bleiben nur die sekundären lohnfondstheoretischen und krisentheoretischen Erwägungen übrig, die, wie immer man über sie denken mag, niemals allgemeingültig gegen eine Lohnerhöhung sprechen können.[1] Was gegen die Lohnerhöhung in Wahrheit vorliegt, ist natürlich klar: sie trifft den irrationalen Herrschaftszweck des Kapitalismus, auch dann, wenn sie seinen rationalen Versorgungszweck unberührt läßt. Ja sie trifft den herrschaftlichen Sinn des Kapitalismus in doppelter Weise: nicht nur unmittelbar durch die Verminderung seiner herrschaftlichen Gewalt, sondern überdies noch durch den praktischen Nachweis, daß Versorgungszweck und herrschaftlicher Aufbau nicht unlöslich miteinander verbunden sind. Gerade gegen dieses Argument werden die lohnfonds- und krisentheoretischen Einwände ins Feld geführt, die immer darauf hinauslaufen, daß man die Herrschaft nicht beeinträchtigen kann, ohne den Versorgungszweck zu beeinträchtigen. Es wird also die Voraussetzung bezweifelt, daß zwar eine Veränderung zugunsten der Arbeiter, aber keine Behinderung des Wirtschaftsablaufs eintrete; jede nicht marktmäßig bedingte Begünstigung der Arbeiter und sogar die marktmäßig bedingte Verschiebung ebenfalls werden vom Standpunkt des Versorgungszwecks aus bedauert. Nun ist im einzelnen Falle sehr schwer zu beweisen oder zu widerlegen, ob wirklich nur eine Einkommensverschiebung, nicht vielleicht auch eine Produktionsminderung vorliegt; denn das weitere wirtschaftliche Verhalten der Menschen wird durch die Einkommensveränderung häufig beeinflußt werden. Aber die eindeutige Zuordnung einer Produktionsminderung zur Lohnerhöhung ist jedenfalls unhaltbar; es lassen sich die Bedingungen angeben, unter denen die Lohnerhöhung im übrigen alles beim alten läßt, und auch die andern Bedingungen, unter denen sie den Gütererertrag sogar erhöht, und diese Bedingungen sind durchaus erfüllbar und gewiß häufig erfüllt. Veränderung

1 Vgl. unten in diesem Teil B 7.

des Wirtschaftsablaufs zugunsten der Arbeiter ohne Verschlechterung, aber auch ohne Verbesserung im ganzen ist mithin ein besonderer Typus sozialpolitischer Maßregeln.

Zu dieser Gruppe aber müssen – das ist sehr wichtig – insbesondere auch die unmittelbar sozialen Veränderungen der Betriebsordnung gerechnet werden, die etwa die rechtliche Stellung des Arbeiters im Betriebe heben, ohne daß Produktionsumfang und Einkommensgröße berührt würden. Denn sie werden nicht notwendig berührt, obgleich der Kapitalismus eine Lockerung der Arbeitsdisziplin befürchten und die soziale Bewegung eher eine Erhöhung der Leistungsfreudigkeit ankündigen wird. Freilich können auch diese Vorhersagen im Recht sein; dann würde in jenem Falle nach dem dritten, in diesem Falle nach dem ersten Typus der Sozialpolitik verfahren worden sein.

3. Sozialpolitische Beeinträchtigung des Wirtschaftsverlaufs

Den Übergang zur dritten Gruppe – zur zweiten Untergruppe innerhalb der zweiten Hauptgruppe, die schon ihrem Ursprung nach nicht innerkapitalistisch, sondern antikapitalistisch ist – bilden diejenigen sozialpolitischen Maßregeln, durch welche ein Schaden für den Gesamtablauf mit einem wirtschaftlichen Vorteil für die Arbeiter verbunden wird. Dies ist nicht eigentlich dasjenige, was die Gegenseite den Arbeitern so gern vorwirft; denn sie operiert am liebsten mit dem Begriff des Allgemeininteresses, also eines solidarischen Verbraucherinteresses, an dem auch die Arbeiter als die Hauptmasse der Verbraucher beteiligt sind, so daß sie als Verbraucher das verlieren müßten, was sie als Arbeiter gewinnen. Es wird dann an das wahre, nämlich im Verbrauch gelegene Interesse der Arbeiter appelliert, um sie auf den Weg der wirtschaftlichen Tugend zurückzuführen. Damit aber dieser Gedankengang wenigstens in wirtschaftlicher Hinsicht schlüssig sei, müßten alle Verbraucher Arbeiter sein, und es dürfte einen andern Zugang zum Einkommen als die persönliche Arbeit nicht geben. Da es solchen aber gibt, so eröffnet sich schon rein logisch die Möglichkeit, den Gesamtschaden auf die Besitzeinkommen abzuwälzen und den Arbeitslohn ungeschmälert oder mit einem Vorteil aus der Veränderung hervorgehen zu lassen. Die wirtschaftliche Technik des Vorgangs ist natürlich wieder die Monopolisierung, die grundsätzlich das Einkommen von der Leistung für die Allgemeinheit unabhängig macht und im extremen Fall zur unmittelbaren »Ausbeutung« führt: zu höherem Einkommen bei verschlechterter Leistung.

Es ist behauptet worden[1], daß das Monopol der Arbeiter, weil sie einen Produktionsfaktor zurückhalten, die Produktion verkleinern müsse, ein Unternehmermonopol dagegen, weil es nur einen Produktionszweig betrifft und aus ihm erhöhten Gewinn zieht, durch Verausgabung des Gewinns zu entsprechender Erweiterung anderer Produktionszweige führen müsse, den Produktionsumfang im ganzen also unverändert lasse. Aber das ist erstens nicht richtig, weil einerseits das Arbeitermonopol bei bestimmter Monopoltechnik den Produktionsumfang unverändert läßt, anderseits das Unternehmermonopol ihn verkleinern kann, wenn nämlich die Monopolware unter dem Gesetz des zunehmenden Ertrages erzeugt wird, die aus dem Gewinn nachgefragte Ware unter abnehmendem Ertrage; oder genauer und allgemeiner: wenn die Kostenkurve der Monopolware elastischer ist als die Kostenkurve der aus dem Gewinn nachgefragten Ware. Und zweitens, auch

1 Lampe und Halm, vgl. oben S. 68 Anm. 2.

wenn es wahr wäre, so würde es nichts beweisen. Der Produktionsumfang im ganzen hätte konkreten Sinn und unmittelbar praktische Bedeutung für die Verbraucher nur dann, wenn seine Veränderung notwendig mit einer gleichmäßigen Veränderung aller Verbrauchsanteile verknüpft wäre. Im Konkurrenzkapitalismus ist das auch tatsächlich so, wenigstens im großen und ganzen; und hier hätte es also Sinn, eine Verringerung des Produktionsumfanges im ganzen als ein schreckhaftes Übel für alle Beteiligten darzustellen, soweit der Produktionsumfang hier überhaupt dem Belieben anheimgegeben ist – dem Belieben nämlich nicht der konkurrierenden einzelnen, sondern höchstens der staatlich organisierten Gesamtheit. Bei ausgebildeter Monopoltechnik aber ist die Parallelität der Ertragsanteile untereinander, daher auch die Parallelität des Gesamtumfangs und der Gruppenanteile eine antiquierte Reminiszenz, so wohlgemeint die Mahnung sein mag. Eine Solidarität der Gruppeninteressen gibt es nach dem privatwirtschaftlichen Prinzip nicht im Sinne einer bewußten geistigen Einstellung, nur im Sinne einer tatsächlichen Wirkung »hinter dem Rücken der Produzenten« durch die »List der Vernunft«; es gibt überhaupt keine allgemeine Solidarität der Volkswirtschaft, wenn die Menschen das Vernunftgesetz der Wirtschaft durch das Monopol überlisten. In dieser Beziehung macht es daher gar keinen Unterschied aus, ob ein Unternehmermonopol den Umfang der Produktion im ganzen unverändert läßt oder ein Arbeitsmonopol ihn verkleinert: in beiden Fällen ist die Lage der nicht-monopolistischen Gruppen positiv verschlechtert, zugunsten der monopolistischen Gruppe. Drittens kommt es nicht nur auf die Gesamtmenge der Güter an; auch nicht auf die Verschiebung der Proportionen im unveränderten Gesamtrahmen. Es wurde früher gezeigt[1], daß der Nachweis eines im ganzen unveränderten Produktionsumfangs keine Rechtfertigung des Unternehmermonopols enthält, wenn die Gewinnenden ohnedies reicher sind als die Verlierenden, der Grenznutzen des Geldes bei ihnen geringer und daher auch der Nutzenzuwachs geringer als die Nutzeneinbuße bei den anderen. Dann ergibt sich von selbst, daß die monopolistische Ausbeutung der Reicheren durch die Ärmeren den Gesamtnutzen erhöht, falls der Produktionsumfang unverändert bleibt; und selbst im Falle seines Sinkens ist bei ungleichem Grenznutzen des Geldes ein Zuwachs an Gesamtnutzen sehr wohl denkbar und zwar um so eher, je ungleichmäßiger das Einkommen verteilt ist. Es mögen also im Einzelfalle sehr wohl wirtschaftliche Einwendungen gegen eine produktionsschädigende Lohnerhöhung berechtigt sein; aber allgemein gilt das keineswegs: sie kann geradezu einen volkswirtschaftlichen Nutzen stiften.

Es ist nur ein kleiner Schritt von der Zwischengruppe sozialpolitischer Maßregeln zu der dritten Hauptgruppe, die die anstößigste von allen ist, weil es ihrer Natur nach einen wirtschaftlichen Rechtfertigungsgrund für sie nicht gibt. Wenn die erste Gruppe, diejenige innerkapitalistischen Ursprungs, den Wirtschaftablauf als solchen sichert und glättet, ihn freilich zugleich der sozialen Dynamik ausliefert; wenn die zweite Gruppe die Lage der Arbeiter auf Kosten der anderen Klassen verbessert, und zwar bald den Gesamtumfang der Wirtschaft unverändert läßt, bald aber – in der Zwischengruppe – ihn sogar vermindert; so hat schließlich von den sozialpolitischen Maßregeln der dritten Gruppe niemand einen wirtschaftlichen Vorteil. In der Zwischengruppe wurde der Vorteil der Arbeiter mit einem größeren Nachteil – in Gütermengen, nicht in Nutzenintensitäten gesprochen – der anderen Schichten erkauft. Der Vorteil der Arbeiter braucht aber nicht auf

1 Vgl. oben S. 73 f.

wirtschaftlichem Gebiete, d. h. in der Versorgung, zu liegen; dann ist der dritte Typus gewonnen. Nichts kann von der Idee der sozialen Freiheit aus leichter verständlich sein als dies; nichts aber auch kann dem Güterdenken des Kapitalismus unzugänglicher, seinem Begriff der wirtschaftlichen Vernunft widerwärtiger sein. Und dieser Materialismus ist – nicht ohne die Hilfe einer falsch ausgelegten *Marxschen* Theorie – so tief in die soziale Bewegung eingedrungen, so sehr wird sie zu einer rein wirtschaftlichen Bewegung verengt, daß ihre Wortführer geradezu auf das Ideal einer in Gütern rechnenden Produktivität festgelegt sind und sich zu einem Verstoß dagegen niemals zu bekennen wagen. Im äußersten Notfall muß immer die Behauptung herhalten, daß die Besserstellung des Arbeiters in einer außerwirtschaftlichen Beziehung auch einen etwaigen wirtschaftlichen Schaden durch Erhöhung der Leistungsfähigkeit wieder gutmachen werde. Das trifft zwar häufig, aber keineswegs allgemein zu; und die Allgemeingültigkeit der Behauptung beweist ihrerseits nur die Gefangenschaft der sozialen Bewegung in der kapitalistischen Güter-Ideologie. Wer, wie die soziale Bewegung, die Herrschaft der Sachen über den Menschen beklagt und den Menschen aus der unwürdigen Stellung eines bloßen Mittels zur Güterherstellung befreien will, kann und muß bereit sein, Sachen zu opfern, wenn es den Menschen gilt. Der Mensch lebt nicht vom Brot allein, und so wenig man die Versorgungsfrage in der Art eines satten Bürgers oder eines verhungerten Idealisten geringschätzen darf, so gewiß beweist und bewährt sich die Zurechtrükkung des Denkens erst da, wo der Wille zum Menschen gegebenenfalls ein Opfer an der Wirtschaft auf sich nimmt. Hier erst triumphiert der soziale Gedanke, der auf den Menschen als lebendige Einheit und nicht nur auf den Verbraucher in ihm gerichtet ist. Eine außer- und überwirtschaftliche Errungenschaft der Sozialpolitik, ein Zuwachs an Freiheit, Verantwortung und Gestaltungsmöglichkeit braucht sich nicht erst durch günstige wirtschaftliche Wirkungen zu beglaubigen.[1]

Alle Hochschätzung der Versorgungsfrage und alle Bewunderung für die gewaltige vitale und geistige Dynamik der neuzeitlichen Wirtschaftsleistungen kann nicht darüber hinwegtäuschen, daß der Intensität der Arbeit ein Höchstmaß gesetzt ist, daß die Grenze vielleicht nicht fern und sogar ein Rückschlag nicht undenkbar ist. Arbeitsdämonie und kapitalistische Konkurrenz sind geradezu gleichbedeutend, weil die Beschleunigung des Arbeitstempos dem Konkurrenzkampf und dem Verbrauchszweck dient. Die Versklavung desMenschen – nicht nur des Arbeiters – an die Arbeit ist mit einer sozialen Freiheitsordnung ebenso unvereinbar, wie sie dem Kapitalismus eigentümlich ist, und je weiter man auf der Bahn der Arbeitsintensivierung bereits vorgeschritten ist, um so näher muß auch die Grenze liegen. Diese Erwägungen vom arbeitenden Menschen her treffen sich mit entsprechenden Erwägungen vom verbrauchenden Menschen her: wenn jene eine Stabilisierung oder gar eine Einschränkung der Gütermenge fordern werden, so werden diese es auch erlauben. Das ist nur ein Anwendungsfall der allgemeinen programmatischen Wendung, die nicht nur die Wirtschaft aus dem bloßen Dienst des Verbrauchs befreit, sondern auch die Verbrauchswünsche selbst umgestaltet und grundsätzlich einschränkt, indem sie die Stellung des Erwerbs im Leben umgestaltet und einschränkt und keinesfalls mehr als maßgebend anerkennt[2], wie er es doch gerade im Kapitalismus ist.

1 Daher ist auch nur vom Standpunkt des Kapitalismus, nicht von dem der sozialen Bewegung aus das sowjetrussische Experiment ohne weiteres als gescheitert anzusehen, wenn die Güterfrage dort Schwierigkeiten bereitet.

2 Vgl. oben S. 162.

Die ökonomische Theorie als Güterlehre wird dadurch nicht bestritten oder in sich geschwächt; sie wird nur eingeordnet und verliert den Anspruch auf alleinige Beherrschung des ökonomisch-sozialen Feldes, den die nackte Erwerbswirtschaft ihr zuwies und den sie etwa in *Cassels* wirtschaftspolitischen Arbeiten mit so grenzenloser Naivität behauptet. Sie muß aber ihre theoretische und praktische Bedeutung behalten, weil die Frage der Güterausstattung sie immer behalten muß. Darin drückt sich zugleich aus, daß die sozialpolitische Überwindung des Kapitalismus den Kapitalismus nicht nur bekämpft, daß sie ihn vielmehr ganz positiv voraussetzt: der Verzicht auf Güter um sozialer Vorteile willen ist nur bei einem gewissen Spielraum der Versorgung möglich, und diesen verdankt die Sozialpolitik den einzigartigen produktiven Leistungen des Kapitalismus. Das Drängen des Kapitalismus auf »Produktivität« behält daher seinen Sinn – wenn auch nur einen Teilsinn –, solange die soziale Bewegung nicht die unmittelbare Macht und Verantwortung in der Wirtschaft trägt: gerade wenn man das Wirtschaftliche nicht mehr zum alleinigen Maßstab der Wirtschaftsgestaltung nimmt, muß man erst recht darüber Klarheit besitzen, welche wirtschaftlichen Opfer man gegebenenfalls in Kauf nehmen soll und wie sie sich auf die in Betracht kommenden Gruppen verteilen werden. Und immer also muß die ökonomische Theorie eine unentbehrliche Unterlage für Urteilsbildung und Entscheidung liefern, auch wenn ihr Gesichtspunkt, derjenige der Güterausstattung, praktisch zurückgedrängt – nicht entwertet – wird.

Anderseits ist es nach der Monopoltheorie und der Ablehnung der Maximumtheorie ein neuer Beweis für die Weitherzigkeit und »Uninteressiertheit«, zu der die moderne, angeblich bürgerliche Theorie besonders unter englischer Führung gelangt ist, daß sie – und nur sie – geradezu das Denkinstrument bereitstellt, mit dem der sozialpolitische Widerstand gegen den wirtschaftlichen Gesichtspunkt erfaßt werden kann. Es ist der Begriff der disutility, des Arbeitsleides, das – neben dem Sparopfer – das Wesen der Kostenerscheinung ausmacht und die Angebotsseite der Wirtschaft beherrscht. Die Produktion wird so lange ausgedehnt, bis die wachsende Unlust weiterer Arbeit den Nutzen aus ihrem Ertrage erreicht und zu übersteigen droht. Eine verringerte Schätzung der Güter im Vergleich mit dem Opfer ihrer Erarbeitung, eine höhere Bewertung der Muße zeigt sich dann in der ökonomischen Theorie als Erhöhung der Kostenkurve und führt durch dieses Zwischenglied rationellerweise zu einer Einschränkung der Produktion, da eine höhere Kostenkurve sich früher als eine tiefer verlaufende Kostenkurve mit einer unveränderten Nachfragekurve schneidet. Genau das gleiche hat *Schumpeter* innerhalb des Nutzensystems erreicht, indem er statt der steigenden Disutilitykurve der Engländer eine fallende Nutzenkurve der Muße – welche also geringeren Nutzen eines Zuwachses an Muße anzeigt – den fallenden Nutzenkurven des Güterverbrauchs gegenüberstellt. Je tiefer man auf den Güterkurven herabsteigen will, um so früher und höher muß man die Mußekurve abbrechen, und umgekehrt. Dann gilt für die Mußekurve im Vergleich mit den Güterkurven die Notwendigkeit des Grenznutzenausgleichs, genau wie die Disutilitykurve bis zum Schnittpunkt mit den Güterkurven, also bis zu gleichem Intensitätsgrade mit ihnen, beschritten werden muß. Sachlich läuft beides auf dasselbe hinaus, weil die Nutzenkurve der Muße nichts ist als die umgekehrte Disutilitykurve der Arbeit, und es ist also gleichgültig, welcher Ausdrucksweise man sich bedient. Methodisch-systematisch aber ist *Schumpeters* Vorgehen sehr bedeutsam, weil die Grenznutzenlehre nun erst von dem Vorwurf gereinigt ist, sie müsse immer den Vorrat an Produktionsfaktoren und damit das Produktionsvolumen im ganzen als gegeben annehmen[1]; wie der Vorrat an Arbeit durch das Verhältnis zwischen Mußekurve und Güterkurven, so wird der Vorrat an Kapital durch das Verhältnis von Sparkurve und Güterkurven bestimmt, in der englischen Lehre durch den Schnittpunkt zwischen der Disutilitykurve des Sparopfers und

1 *Liefmanns* unaufhörliche und unvermindert heftige Angriffe vom Disutilityprinzip her auf die Grenznutzenlehre waren also schon vor ihrem Beginn überholt und gegenstandslos; Schumpeters *Wesen und Hauptinhalt der theoretischen Nationalökonomie* ist früher, nämlich 1908, erschienen.

den Nutzenkurven der Güter. Für die Nutzenlehre ist also durch *Schumpeter* der Nachweis erbracht, daß ihr Erklärungsprinzip ausreicht, um die wirtschaftlichen Erscheinungen sowohl auf der Angebots- wie auf der Nachfrageseite einheitlich zu erfassen, während die Disutilitylehre zwei einander koordinierte und entgegengesetzte, allerdings schon durch die Entgegensetzung als kommensurabel angenommene Prinzipien braucht. Die praktisch-geistige Bedeutung beider miteinander parallelen Theorien trägt viel weiter: aus ihnen ergibt sich die Veränderung des Produktionsumfangs bei veränderter Einschätzung der Arbeit ohne weiteres als selbstverständlich und als legitim; produktiv ist der Überschuß des Nutzens über die Produktionslast; während die kapitalistische Wirklichkeit, das Urbild der ökonomischen Theorie, an dem plumpen Produktivitätsbegriff der bloßen Gütermengen festhält und daran ihr Verhalten orientiert. Die soziale Bewegung aber ist programmatisch auf Mißachtung und Unkenntnis der bürgerlichen Theorie festgelegt und kann daher den Ausweg bisher nicht benutzen, der sich ihr hier aus ihrer Verstrickung in die kapitalistische Güter-Ideologie eröffnet.

Die Zurückdrängung des rein wirtschaftlichen durch den sozialen Gesichtspunkt ändert in formaler Hinsicht nichts an dem heute schon bestehenden Zustand, wo auch die Ergebnisse der ökonomischen Theorie oft genug mannigfachen anderen politischen Gesichtspunkten weichen müssen; so in der auswärtigen Handelspolitik und vielfach in der Finanzpolitik, in der Mittelstandspolitik, in der Agrarpolitik – sie sind doch sämtlich Politik. Der ökonomische Rationalismus, der Glaube an ein losgelöstes Vernunftreich der Wirtschaft, ist eben Fiktion; und der Kapitalismus als Machtgebilde, als politisches Gebilde, kombiniert sich auch grundsätzlich so weitgehend mit anderen politischen Gesichtspunkten, daß die ökonomische Theorie – abgesehen selbst von der Sozialpolitik – immer nur eine Teilerklärung der Wirklichkeit gibt.

Insoweit Sozialpolitik den Wirtschaftsablauf beeinträchtigt, geschieht also formal nichts Neues; ein anderer als die bisherigen politischen Gesichtspunkte verhindert die ausschließliche Verfolgung der wirtschaftlichen Gesichtspunkte. Es ist auch nichts Neues, daß niemand das wahr haben will, weil alle von der Erwerbs- und Güterideologie beherrscht werden. Jeder behauptet von jeher in der Wirtschaftspolitik wie in der Sozialpolitik – es wurde schon erwähnt –, daß der Schaden an der Wirtschaft nur ein vorübergehender sei, dann aber durch die wirtschaftlichen Fernwirkungen der zunächst schädlichen Maßregel aufgewogen und überwogen werden würde, wie das tatsächlich der Fall sein kann, keineswegs aber der Fall sein muß. Ein vielleicht außenpolitisch erwünschter Schutzzoll wird als wirtschaftlich heilsam empfohlen, obgleich er dadurch der ökonomischen Kritik ausgesetzt wird, während seine außenpolitische Absicht natürlich von der Ökonomie her nicht beurteilt werden kann und die praktische Entscheidung die beiden Gesichtspunkte und ihre Stärke einfach gegeneinander abwägen muß.

Genauso verhalten sich die Verfechter der Sozialpolitik. Ihnen gereicht nun allerdings der verwickelte Charakter der Problemlage zur Entschuldigung. In einem gewissen Sinne ist es natürlich wahr und sogar banal, daß die Einfügung der produktionsschädlichen Maßregel die Produktion erhält und erhöht – dann nämlich, wenn die Maßregel zur politischen Bedingung für die Einfügung der Arbeiter in die Produktion geworden ist. In diesem Sinne wurde von der grundsätzlichen produktionspolitischen Notwendigkeit als dem dialektischen Wesenszuge aller Sozialpolitik geradezu ausgegangen; könnte auch ohne jene Maßregel produziert werden, so würde sie bestimmt unterbleiben. Die Produktion ist vielleicht kleiner als bisher, aber größer, als sie von nun ab ohne jene sozialpolitische Neuerung sein könnte. Insoweit die Verfechter der Sozialpolitik dies meinen, sind sie im Recht. Aber dann sind auch ihre Gegner im Recht, weil sie mit derselben Frage etwas anderes meinen, und zwar dasjenige, was innerhalb der grundsätzlichen produktionspolitischen Notwendigkeit nun zum Unterscheidungsmerkmal der sozialpolitischen Einwirkungen auf den Kapitalismus genommen werden muß. Alle Sozialpolitik ist produktionspolitisch notwendig, sonst wäre sie nicht; aber die eine ist bereits wirtschaftlich notwendig, obgleich sie dann sozialen Schaden stiftet; die zweite verschiebt den Wirtschaftsablauf zugunsten der Arbeiter und zuungunsten der Herren und macht daraus eine Bedingung für die weitere Mitwirkung der Arbeiter, also wieder eine produktionspolitische Notwendigkeit; die dritte schädigt den Wirtschaftsablauf um sozialer und menschlicher Gesichtspunkte willen und wird auch wieder zur Bedingung für die Mitwirkung der Arbeiter und in diesem Sinne zur Lebensfrage für die Wirtschaft.

Die Eigenart der Einwirkung kann man natürlich stets nur erkennen, wenn man sich einen reinen und der sozialpolitischen Notwendigkeit entrückten kapitalistischen Wirtschaftsablauf vorstellt und den tatsächlichen Ablauf unter dem sozialpolitischen Druck damit vergleicht. Diese Methode ist abstrakt und hypothetisch, wie alle Teilerkenntnis, aber sie ist sinngemäß; denn Sozialpolitik ist auf den Kapitalismus bezogen, und die Abweichung seines Ablaufs von dem ihm wesensgemäßen Ablauf ist das Maß des sozialpolitischen Erfolges. Am radikalsten und grundsätzlichsten vollzieht sich die Abweichung im dritten Hauptfall, wo eine Schädigung der Wirtschaft zur Bedingung für die Fortdauer der Wirtschaft wird. Das ist nach wirtschaftlicher Logik sachgemäß gesprochen; die Paradoxie des Ausdrucks ist durch die Einseitigkeit der wirtschaftlichen Betrachtung und durch die Unzulänglichkeit der statischen Logik vor den Problemen des Lebens verschuldet. Die Paradoxie löst sich in der dialektischen Totalbetrachtung, welche den wachsenden Freiheitswillen der Arbeiter ein außerwirtschaftliches Zugeständnis fordern und von dem Erfolg ihre weitere Mitarbeit abhängig werden sieht.

4. Grenzen der Sozialpolitik

Nach alledem muß schon klar sein, daß es »Grenzen der Sozialpolitik«, wie sie im Schrifttum so viel Mühe verursachen, grundsätzlich nicht gibt. Es gibt sie nicht, weil es grundsätzlich kein statisches, begrenztes System des Lebens oder gar des Kapitalismus gibt. Der Abbau des Kapitalismus, den die Sozialpolitik bringt, schafft nicht einfach ein Vakuum – denn auch das gibt es im Leben nicht –, sondern bedeutet zugleich für die dem reinen Kapitalismus entzogenen Bezirke den Aufbau von etwas Neuem und anderem, das sich überall in die noch weiter bestehenden kapitalistischen Institutionen hinein verklammert und mit ihnen ein zwar nicht begrifflich einfaches, aber eben doch ein funktionierendes Ganzes bildet. Darüber hinaus läßt sich allgemeingültig nichts aussagen. Es ist damit nicht bestritten, daß es in jedem konkreten Einzelfall sehr wirksame Begrenzungen gibt; doch haben sie ihren Erklärungs- und Bestimmungsgrund ausschließlich in der besonderen Lage und können je nach dem Stadium eng oder weit gezogen sein. In Deutschland haben sich die Unternehmer an vieles gewöhnt, was vor zwei Jahrzehnten als schlechterdings unvereinbar mit der Fortdauer einer unternehmerischen Tätigkeit gegolten hätte, sowohl in bezug auf die Kürzung der Gewinne (im Vergleich zum landesüblichen Zins) als auf die Schmälerung der Herrschaftsgewalt. Damit ist wiederum nicht gesagt, daß ein geradliniges und gleichmäßiges Fortschreiten auf diesem

Wege gesichert sei. Die sich immer verstärkende internationale Verflechtung der nationalen Volkswirtschaften bei zugleich sehr ungleichmäßigem Stande der sozialen Macht eröffnet dem Kapital unter Umständen die Möglichkeit, sich durch Auswanderung nicht nur dem sozialen Druck zu entziehen, sondern dadurch der sozialen Macht ihre Angewiesenheit auf die Kapitalausstattung der Volkswirtschaft sehr fühlbar ins Bewußtsein zu bringen; demgegenüber könnten Verbote der Kapitalauswanderung, insbesondere durch Kontrolle über die Banken, versucht werden. Die Beispiele ließen sich hundertfach und tausendfach häufen, ohne daß dann grundsätzlich etwas Neues gesagt wäre. Dies alles sind einfach Machtfragen und als solche von der Gesamtkonstellation der günstigen und ungünstigen Umstände abhängig; allgemein läßt sich die jeweilige Grenze der Sozialpolitik nur als die jeweilige Grenze der sozialen Macht angeben – aber dieser Satz ist geradezu tautologisch in einer Betrachtung, welche nicht die Institutionen als solche, sondern die in ihnen wirkenden Kräfte zum Gegenstand nimmt. Dennoch ist er angesichts der verbreiteten Frage nach der Grenze der Sozialpolitik vielleicht nicht überflüssig. Natürlich ist die Güterausstattung und ihre etwaige Veränderung immer ein höchst wichtiger Faktor in der Gesamtkonstellation der Macht. Wieweit die soziale Bewegung die ihr innewohnende Idee der sozialen Freiheitsordnung vorantragen und institutionell verwirklichen kann, hängt von ihrer eigenen Kraft und der des Gegners ab. Insoweit die Grenze des Kapitalismus, wo immer man sie begrifflich ansetzen mag, den Beginn des Sozialismus bezeichnet, verwandelt sich die Frage nach der Grenze der Sozialpolitik im Kapitalismus in die andere Frage nach der Beziehung der Sozialpolitik zum Sozialismus, und dieser Frage ist der letzte Abschnitt der vorliegenden Untersuchung gewidmet. Schon jetzt aber erweist sich die Sozialpolitik als der vielgeschlungene, schwer übersehbare Weg aus dem Kapitalismus in ein anderes Land, dessen ferne Gestalt wir durch die Morgennebel der Zukunft hindurch nur ahnen können.

B. Anwendung der Prinzips auf die Hauptgebiete der Sozialpolitik

Die drei theoretischen Hauptfälle der sozialpolitischen Einwirkung auf den Kapitalismus werden nicht als solche und in programmatischer Reinheit verwirklicht Sozialpolitik ist ja kein abgegrenztes Programm, sondern eine Summe verschiedenartiger Maßregeln, welche die Idee der sozialen Freiheitsordnung, insbesondere zunächst der sozialen Betriebsordnung im Kapitalismus vorantragen sollen; nicht nach einem vorbedachten Plane, sondern aus dem lebendigen Drang der arbeitenden Menschen, die bald hier, bald dort ihre Unfreiheit besonders drückend empfinden und eine Abhilfe fordern. Die Einheit der Sozialpolitik liegt nicht in ihren Institutionen, sondern in ihrem Ursprung aus der Einheit des arbeitenden Menschen und der ihm eingeborenen sozialen Freiheitsidee. Die Einzelmaßregeln der Sozialpolitik sind daher weit davon entfernt, einen theoretisch reinen Charakter im Sinne eines der entwickelten grundsätzlichen Fälle zu zeigen; ja häufig fehlt es überhaupt an einer klaren Vorstellung von dem positiven oder negativen Zusammenhang mit dem Kapitalismus. Klar ist immer nur die grundsätzliche Beziehung zur Idee der sozialen Freiheitsordnung als dem Wesensausdruck der sozialen Bewegung einerseits, die produktionspolitische Notwendigkeit für den Kapitalismus anderseits – ohne beides wäre keine Sozialpolitik. Der systematischen Orientierung an dieser wesenhaften Doppelbeziehung aller

Sozialpolitik dienen die theoretischen Typen inmitten der kaum übersehbaren Mannigfaltigkeit und Buntheit der sozialpolitischen Wirklichkeit; aber der Einzelvorgang gehört nicht einem der reinen Typen an, sondern zeigt fast immer mehrere der Wesensmerkmale und Wirkungsarten in verschiedener Mischung. Gerade aber weil das für die Sozialpolitik Wesenhafte sich in jene Typen gliedert, muß die eine oder andere typische Richtung oder mehrere nebeneinander sich in jeder sozialpolitischen Einzelmaßregel aufdecken lassen. Wo das nicht gelingt, muß an dem echten sozialpolitischen Charakter der Maßregel gezweifelt werden, auch wenn ihre sachliche Tätigkeit mit der der Sozialpolitik zusammenhängt, vor allem also die Lage des Arbeiters betrifft.

I. Arbeiterschutz

Der Arbeiterschutz verhütet die vorzeitige Erschöpfung des Arbeitsvermögens und sichert seine Erneuerung von Tag zu Tage und von Generation zu Generation. Diese Feststellung genügt natürlich nicht für den Nachweis seiner produktionspolitischen Notwendigkeit; es muß noch die Feststellung hinzukommen, warum der Kapitalismus dasjenige, was er braucht, nicht mit den ihm eigentümlichen Mitteln leisten kann, vielmehr zu dem artfremden und darum so verhängnisvollen Mittel des staatlichen Eingriffs gedrängt wird. Der Grund liegt in der Konkurrenz, die jeden Konkurrenten zwingt, auf der übermäßigen Ausnutzung der ihm verfügbaren Arbeitskräfte zu bestehen, solange sein Konkurrent es tut. Der Hinweis auf die Unmöglichkeit, dieses Verfahren unbegrenzt fortzusetzen, vermag nichts dagegen auszurichten; die Konkurrenz zwingt zum Raubbau auf Kosten der Zukunft auch dann, wenn man diese zukünftigen Folgen klar überblickt. Wer um der dauernden und gleichmäßigen Arbeitsfähigkeit willen auf die übermäßige Ausnutzung in der Gegenwart verzichten wollte, würde den Nutzen seiner weitsichtigen Handlungsweise nicht erleben; er würde inzwischen längst niederkonkurriert sein, gerade weil er inzwischen mit geringster Ausnutzung, also mit höheren Kosten produziert. Der Markt ist kurzsichtig und zum Raubbau geneigt; deswegen muß man marktfremde Mittel gegen den Raubbau anwenden. Freilich bleibt ein unerklärter Rest übrig. Der Vergleich mit der Notwendigkeit der Kapitalerhaltung liegt ja sehr nahe; die Abschreibung erhöht die Kosten genau so wie der Verzicht auf restlose Ausschöpfung der Arbeitskraft um ihrer Erhaltung und Erneuerung willen – jene aber gelingt trotz der Konkurrenz ohne Staatseingriff, der Arbeiterschutz nicht. Der Kapitalismus scheint also die für seine eigene Erhaltung erforderliche Kostenerhöhung aus sich selbst heraus durch allgemeines, gleichsam kartellistisches Einverständnis inmitten der schärfsten Konkurrenz zustande zu bringen, wofern das nur nicht dem Arbeiter zugute kommt. Das wäre ein Analogon zu dem Versäumnis, das der Kapitalismus gegenüber der Erforschung der Bedingungen für die Erhöhung der Leistungsfähigkeit begeht, obgleich die Konkurrenzfähigkeit des Betriebes dadurch gestärkt werden könnte. Die Analogie ist nur begrenzt; denn beim Arbeiterschutz handelt es sich in der Tat – kurzfristig gesprochen – um eine Kostenerhöhung, die man in der Konkurrenz vermeiden muß, die man freilich in dem parallel gelagerten Fall der Abschreibung durchsetzen kann; während das Versäumnis gegenüber der Arbeitswissenschaft noch gravierender ist, weil hier geradezu ein Vorteil winkt und offenbar nur wegen des damit verbundenen Vorteils für den Arbeiter verschmäht wird. In dieser Angst, dem Arbeiter etwas zugute kommen zu lassen, was alsbald – bei der Arbeitswissenschaft – oder wenigstens auf lange Sicht – im Arbeiterschutz – doch für den Kapitalismus selbst wünschenswert oder gar notwendig wäre, liegt die sozialpolitische Analogie zwischen Arbeiterschutz und Arbeitswissenschaft; beide sind schon aus diesem Grunde Sozialpolitik. Es ist demgegenüber nichts Neues, nur eine Verstärkung und Bewußtmachung desselben Moments, wenn der Arbeiter durch die Notwendigkeit des staatlichen Eingriffs für den Arbeiterschutz in einem besonders grellen Licht die Lückenhaftigkeit oder Böswilligkeit des Kapitalismus sieht, der es vorzieht, gegen sich selbst zu wüten, wenn es sich sonst nicht vermeiden läßt, auch dem Arbeiter etwas Gutes anzutun. Mit dieser Erfahrung hebt die soziale Dynamik des innerkapitalistisch notwendigen Arbeiterschutzes an, und insoweit ist er ganz dem ersten sozialpolitischen Typus zugehörig; ja das Wesen dieses Typus ist gerade an ihm studiert worden.

Die sozialpolitische Bedeutung des Arbeiterschutzes ist damit aber anscheinend nicht erschöpft; eine lohnpolitische Bedeutung scheint hinzuzukommen. Die Beschränkung der Frauen- und Kinderarbeit, der früheste Inhalt der Schutzgesetzgebung, vermindert doch das Arbeitsangebot im ganzen und hebt somit den Lohn auf dem marktgerechten Wege durch eine Veränderung der Marktlage. An sich ist diese Wirkung nicht zu bezweifeln; zweifelhaft ist aber, wie man sich dann den Gesamtverlauf vorstellen soll. Daß schwangere Frauen und kleine Kinder nicht in die Fabriken und Bergwerke gehören, und am wenigsten für exzessiv lange Arbeitszeiten, das ist zu selbstverständlich, als daß nicht für die Mißachtung dieses Satzes ein besonderer Grund vorgelegen haben muß. Er liegt aber nach allgemeiner Meinung in dem Zwang, bei außerordentlich ungünstiger Lage des Arbeitsmarktes – großem Arbeiterangebot und geringem Kapital – das Einkommen der Arbeiterfamilie durch Beiträge der Frau und der Kinder etwas zu erhöhen. Der Satz, daß eine Senkung des Preises das Angebot abschreckt, erfährt eben bei der Arbeit – grundsätzlich ähnlich wie bei der Kapitalbildung, aber in viel bedeutsamerer Weise – eine Ausnahme, weil ein Sturz des Lohnes unter das Existenzminimum der Familie das Angebot auf dem Arbeitsmarkt vergrößern muß. Dadurch fällt zwar der Lohnsatz nochmals; es besteht aber die Möglichkeit, daß er nicht in voller Proportion zu der Angebotsvermehrung fällt, daß mithin die Summe aller Löhne nun größer sein wird, als sie vorher bei vergleichsweise höherem Lohnsatz und geringerer Arbeiterzahl war. Es fehlt zwar an Anhaltspunkten, um dieses Ergebnis als theoretisch notwendig zu beweisen, da auch eine gleichbleibende oder gar sinkende Gesamtlohnsumme denkbar wäre, je nach der Beeinflussung des Lohnsatzes durch die Vermehrung des Angebotes; die günstige Annahme aber empfiehlt sich, wenn man die in anderer Hinsicht so schmerzliche Frauen- und Kinderarbeit nicht sogar wirtschaftlich als widersinnig ansehen will. Nimmt man also an, daß die Frauen- und Kinderarbeit nicht lediglich auf einem Irrtum beruhte, daß sie das Einkommen der Arbeiterschaft immerhin etwa gesteigert hat, so zeigt sich erst die ganze Problematik des Arbeiterschutzes. Er schaltet dann die Frauen- und Kinderarbeit wieder aus, die das allzu geringe Familieneinkommen ergänzte; er hebt den Lohnsatz, verringert aber das Gesamtangebot auf dem Arbeitsmarkt in stärkerem Maße und senkt daher das gesamte Lohneinkommen auf den allzu geringen Ausgangsstand. In der Tat ist bekannt, daß der Arbeiterschutz dem Versorgungsinteresse der einzelnen Arbeiterfamilie vielfach schädlich war; er bedeutete dann eben einfach den Rückweg auf dem Wege, der zur Frauen- und Kinderarbeit geführt hatte, mit allen Begleitumständen und Folgerungen. Im ganzen kann das nun nicht angenommen werden, weil sonst die bittere wirtschaftliche Notwendigkeit das Schutzgesetz hinweggefegt hätte. Daß das Gesetz anfangs mit sehr geringer administrativer Kraft ausgestattet war, also höchst mangelhaft durchgeführt wurde, ist eine Erleichterung für die Annahme, daß die wirkliche und tatsächliche Einwirkung des Gesetzes in eine bereits aus anderen Gründen veränderte Marktlage hineintraf und sich nun dank diesen Begleitumständen halten konnte. Wenn das Gesetz an sich das Gesamteinkommen der Arbeiterschaft geschmälert hätte, so würde diese Wirkung nun durch die Gegenwirkung der veränderten Marktlage, über die bereits gesprochen wurde[1], aufgewogen worden sein; ein positiver Schaden wäre dann vermieden worden. Man würde zu weit gehen, wenn man den weiteren Schluß zöge, daß ohnedies die Frauen- und Kinderarbeit in diesem Augenblick verbesserter Marktlage aufgehört hätte, das Schutzgesetz also zuerst schädlich und undurchführbar, dann überflüssig gewesen sei. Vielmehr besteht größte Wahrscheinlichkeit für die Annahme, daß das Gesetz allein die Frauen- und Kinderarbeit in dem ersten Augenblick, wo dies überhaupt wirtschaftlich möglich war, eingeschränkt hat, während der Schaden sich sonst endlos weitergeschleppt hätte, weil dies nicht nur im Interesse des Unternehmers, sondern vor allem im geldlichen Interesse der Arbeiterfamilie selbst gelegen hätte.

Immerhin bleibt die lohnpolitische Beurteilung des Arbeiterschutzes sehr verwickelt und schwierig. Entweder man muß annehmen, daß das zusätzliche Angebot der Frauen- und Kinderarbeit den Arbeitsmarkt völlig zerstört und das Familieneinkommen unter den bisherigen Stand gesenkt hat. Diese früher abgelehnte Voraussetzung bleibt durchaus denkbar, weil das Interesse der Unternehmer dafür spricht und die Unwissenheit und Hilflosigkeit der

1 Vgl. oben S. 31 ff.

frühkapitalistischen Arbeiter inmitten all des Elends auf einen Ausweg verfallen konnte, dessen Schädlichkeit ihnen nicht erkennbar war. Dann konnte der Arbeiterschutz unmittelbar wirksam sein: er konnte durch Entlastung des Arbeitsmarktes das Familieneinkommen heben, also im Sinne des zweiten Typus wirken, und zugleich im Sinne des ersten Typus die Arbeitsgrundlage der Produktion retten. Dem Arbeiterschutz wäre dann recht eigentlich die Rettung der Gesellschaft aus einem ganz und gar unrationellen, durch unrationelle Überlegungen der Arbeiter verschuldeten Zustand zu verdanken; aus einem Zustand, der nach der Theorie der Vernünftigkeit und Interessenwahrung natürlich niemals hätte eintreten dürfen und dessen Tatsächlichkeit einen schweren Einwand gegen das System bedeutet hätte. Oder aber die Frauen- und Kinderarbeit war vom privatwirtschaftlichen Standpunkt der Arbeiterfamilie aus gesehen rationell: sie erhöhte das Familieneinkommen und stellte sich also in einem Zuge als lohnpolitische Notwendigkeit und physiologischer Ruin dar. Dann mußte der Arbeiterschutz an sich, bei aller innerkapitalistischen Notwendigkeit, lohnpolitisch schädlich, ja unmöglich sein und konnte nicht eher ins Werk gesetzt werden, als die Kapitalbildung die Beschäftigungsgelegenheiten für Arbeiter genügend vermehrt und den Lohnsatz von sich aus genügend gehoben hatten, um jenen lohnpolitischen Schaden erträglich zu machen. Der Arbeiterschutz hätte dann geringeren und viel weniger eindeutigen Wert als im ersten Falle; insbesondere weil die kapitalistische Entwicklung selbst, für die er immer lebensnotwendig bliebe, ihn ihrerseits erst durch erhöhte Kapitalbildung hätte ermöglichen müssen. Gerade aber das privatwirtschaftliche Gegeninteresse der Arbeiter gegen den Schutz hätte dann die produktionspolitische Notwendigkeit des Schutzes verstärkt, und jedenfalls bleibt als positiver Bewertungsgrund auch im ungünstigsten Falle dies bestehen, daß er die Kraft der Frauen und Kinder im frühest möglichen Zeitpunkt vor weiterer Ausnutzung bewahrt und dadurch dem Kapitalismus einerseits, der sozialen Bewegung anderseits einen unschätzbaren Dienst geleistet hat. Denn selbst wenn er lohnpolitisch im ganzen ungünstig gewirkt hat, wie doch unzweifelhaft in einzelnen Fällen, so ist seine soziale Wirkung von der Arbeiterschaft nie verkannt worden, und man könnte im extremen Falle den Arbeiterschutz als eine Verbindung des ersten mit dem dritten Typus deuten, insofern hier eine Verkleinerung des Produktionsumfangs durch Ausschaltung von Arbeitskräften und ein geldliches Opfer der Arbeiterfamilie zum Kaufpreis für einen anderweitigen und grundlegenden sozialen Nutzen und für die Erhaltung der kapitalistischen Arbeitsgrundlage wird. Schließlich muß auch bedacht werden, was in späterem Zusammenhang sehr wichtig wird, daß es wirtschaftlich zwar auf den Gesamtlohn ankommt, sozial aber sehr stark auf den Lohnsatz, in welchem sich die gesellschaftliche Geltung des Arbeiters und der Einzelleistung spiegelt; und den Lohnsatz hebt der Arbeiterschutz jedenfalls, selbst wenn er – was durchaus nicht nötig, vielleicht wenig wahrscheinlich ist – den Gesamtlohn senken sollte.

Das Problem verwickelt sich in bekannter Art weiter, wenn man in Rechnung zieht, daß die verschiedenen Lohnsätze und Gesamtlohnsummen sich auf einen jeweils verschiedenen Umfang der volkswirtschaftlichen Produktion beziehen. Frauen- und Kinderarbeit vermehrt nicht nur das Arbeitsangebot, sondern eben deswegen auch die Produktion; Arbeiterschutz verringert beide. Frauen- und Kinderarbeit senkt den Lohnsatz, erhöht aber im rationellen Falle das Gesamteinkommen und bringt somit der Arbeiterschaft einen steigenden Anteil an der steigenden Produktion. Im extrem unrationellen Fall, wo das Gesamtlohneinkommen fällt, muß sich das nicht nur auf den verhältnismäßigen

Anteil am steigenden Gesamtertrage der Produktion beziehen, sondern sogar auf den absoluten Betrag – sicher ein ungewöhnlicher, aber bei einer Deroutierung des Marktes denkbarer Fall. Dazwischen liegt der Fall eines verhältnismäßig sinkenden, absolut aber steigenden Anteils an der steigenden Gesamtproduktion.[1] Alles umgekehrt bei der Verknappung des Arbeitsmarktes und der Produktion durch die Schutzgesetzgebung.

Nicht gangbar ist der naheliegende Ausweg, die Produktionserweiterung durch Frauen- und Kinderarbeit nur für eine scheinbare zu erklären und sich darauf zu berufen, daß der Zuwachs an Arbeiterzahl durch die Schwächung der Kraft wieder aufgehoben werde. Dies gilt für die Dauerbetrachtung und bildet gerade den Ausgangspunkt aller Überlegungen, die zum Arbeiterschutz führen. Aber Preis, Lohnsatz und Gesamtlohneinkommen hängen in diesem Augenblick nicht von den zukünftigen Dauerwirkungen, sondern von der gegenwärtigen, wenn auch noch so vorübergehenden Marktlage ab; und solange man die zarten Finger der Frauen und Kinder für die Textilarbeit zur Verfügung hat, bedeutet das einen Vorteil gegenüber der Beschäftigung der gröberen Männer – man würde sie nur eben nicht auf die Dauer zur Verfügung haben, wenn man die Frauen und den Nachwuchs systematisch ruiniert. Die angedeuteten theoretischen Gedankengänge über den Zusammenhang zwischen Gesamtproduktion, Arbeitsmenge, Lohnsatz, relativem und absolutem Lohnanteil bestehen also zu Recht. Ja, sie sind insofern viel zu abstrakt, als sie von sonstigen Veränderungen und insbesondere solchen der Technik ganz absehen, während die maschinelle Produktionstechnik gerade in der fraglichen Zeit stark voranschritt, und zwar nicht einfach dank einem zufälligen Zusammentreffen, sondern auch unter dem Druck der Arbeitsverknappung und Lohnerhöhung, die einerseits von dem Tempo der Kapitalbildung, anderseits von dem Arbeiterschutz verursacht war. Der absolute Lohnsatz und der relative Einkommensanteil der Arbeiterschaft werden dadurch zweifellos gedrückt, zugleich aber die Gesamtproduktion nochmals erweitert.[2 3] Die gesamte Kasuistik zu

1 Diese ganze lohntheoretische Kasuistik hat der Verfasser in seiner Abhandlung *Zur Problematik der Arbeitszeitfrage, Schmollers Jahrbuch* Bd. 50, angedeutet.

2 Um die hier ansetzenden Gedankengänge hat *Reichhold* die in der vorherge-

entfalten, ist unerfreulich und ziemlich unfruchtbar, solange man gezwungen bleibt, die vielen verzweigten Einzelfälle nur logisch zu koordinieren, weil man über das tatsächliche Gewicht der einzelnen Voraussetzungen nichts Genaues aussagen kann. Im ganzen kann man wohl die milderen Voraussetzungen bevorzugen, daß bei einer Beschränkung der Arbeitsmenge nicht nur der Lohnsatz und der relative Ertragsanteil der Arbeiterschaft steigt, sondern auch die absolute Gesamtlohnsumme innerhalb des verkleinerten Produktionsumfangs fällt, wenn auch natürlich in geringerem Verhältnis als der Produktionsumfang; und entsprechend in den anderen Fällen. Daß dies aber in allen Fällen zutreffe, ist ausgeschlossen.

2. *Arbeitsvermittlung*

Die ursprüngliche und primäre Zugehörigkeit des Arbeitsnachweiswesens zur Sozialpolitik ist fraglich. Daß ein geordneter Arbeitsnachweis für die Wirtschaft erforderlich ist, kann zwar ebensowenig bezweifelt werden wie der Vorteil, den die Arbeiter daraus ziehen, und insofern scheint eine genaue Parallele zum Arbeiterschutz gegeben zu sein. Und die produktionspolitische Notwendigkeit einer Arbeitsnachweisordnung verstärkt sich in dem Maße, als die Produktion sich verzweigt und ihre Unübersichtlichkeit zunimmt; dann muß eine vermittelnde Organisation das leisten, was nach der ursprünglichen Vorstellung und unter leichter übersehbaren Verhältnissen die persönliche Umschau aus privatem Interesse leisten sollte. Dennoch zeigt sich einem schärferen Blick, daß das eigentümli-

henden Anmerkung erwähnten Deduktionen verbessert, gleichfalls mit besonderem Bezug auf die Arbeitszeitfrage, die aber eben einen besonders dankbaren Anlaß für lohntheoretische Überlegungen ausmacht; die Arbeit ist noch ungedruckt.

3 Die lohntheoretischen Ausführungen dieses und der vorhergehenden Absätze gelten natürlich nicht nur für den Arbeiterschutz, sondern für eine ganze Reihe der weiterhin behandelten sozialpolitischen Erscheinungen.

che Doppelmerkmal der Sozialpolitik hier nicht in seiner Strenge und in seiner dialektischen Spannung vorliegt. Eine produktionspolitische Verbesserung, die auch dem Arbeiter nützt, kann als solche noch nicht zur Sozialpolitik gerechnet werden; sonst müßte die Aufstellung einer neuen Maschine und alles Ähnliche ebenfalls als zugehörig gelten; man geriete völlig ins Uferlose, und vor allem verlöre man den Boden der historischen Dynamik unter den Füßen. In Wahrheit ist der Arbeitsnachweis doch grundsätzlich nichts als der Arbeitsmarkt überhaupt, und zwar in einer durchgearbeiteten technischen Organisation, die der technischen Lage des Marktes unter verwickelten Verhältnissen entspricht. Er ist gewiß sehr nötig, und von seiner mehr oder minder großen Vollkommenheit hängt für alle Beteiligten, auch gerade für die Arbeiter, vieles und oft Entscheidendes ab; es bedeutet keine Geringschätzung des Problems, wenn man es von dem streng gefaßten Bezirk der Sozialpolitik ausschließt. Das aber muß geschehen, weil es hier völlig an der sozialen Spannung gebricht, die die soziale Dynamik in sich trägt. Bei aller echten Sozialpolitik muß man dem Arbeiter als solchem etwas zugute kommen lassen, was vom Standpunkt des Kapitalismus aus unerwünscht, in der besonderen Konstellation aber unvermeidlich ist; beim Arbeitsnachweis kann von einer besonderen, dem Kapitalismus unerwünschten Wohltat für den Arbeiter nicht die Rede sein. Das Interesse des Unternehmers, einen tauglichen Arbeiter zu bekommen, und das Interesse des Arbeiters, einen geeigneten Arbeitsplatz zu finden, stehen in keiner Spannung miteinander, sind geradezu identisch[1], während etwa der Arbei-

1 Abweichend hiervon sagen *Lederer-Marschak* (G. d. S. IX. 117), daß »die Unternehmer, als der stärkere Vertragsteil, niemals ein Interesse daran hatten, den Arbeitsmarkt zu organisieren. Denn sie hatten immerhin einen gewissen Einblick in die Verhältnisse des Arbeitsmarktes und waren hierin der unorganisierten Arbeiterschaft überlegen«. Von hier aus beurteilen sie die bloße

terschutz zwar im langfristigen Interesse der Produktion liegt, zunächst aber dem Arbeiter einen Schutz gegen die unternehmerische Ausbeutung bringt und somit auf dem eigentlichen sozialen Kampffelde seinen Platz hat. Auch daß das bessere Funktionieren der Produktion, das dem Arbeitsnachweis verdankt wird, die Kraft des Arbeiters für den sozialen Kampf stärkt, begründet noch keine Zugehörigkeit des Nachweiswesens zur echten Sozialpolitik, weil es sonst wieder keine Grenze zwischen der Sozialpolitik und allem Kapitalismus gibt, der doch immer die Versorgung verbessert und die Kraft steigert. Bedingung ist vielmehr wieder eine besondere Förderung des Arbeiters aus noch so sehr innerkapitalistischen Gründen. Daher ist die Erörterung des Nachweiswesens für die Erkenntnis und Abgrenzung der sozialpolitischen Wesensmerkmale sehr dienlich, führt aber für die Beziehung zwischen Nachweiswesen und Sozialpolitik zunächst zu einem negativen Ergebnis.

Dennoch wird das Nachweiswesen regelmäßig zur Sozialpolitik gerechnet. Das erklärt sich in der Hauptsache aus jener unscharfen Denkweise, die nicht dynamisch, sondern gegenständlich-institutionell denkt und daher Fragen des Arbeitsmarktes eo ipso für sozialpolitische Fragen hält. Aber sekundär kommt ein echtes sozialpolitisches Merkmal in der Tat im Nachweiswesen zum Ausdruck, weil die Arbeitsvermittlung zwar nicht nach ihrem Begriff, wohl aber nach ihrer Geschichte in den sozialen Kampf hineingezogen wurde. An sich ist die Ordnung des Arbeitsmarktes eine rein technische Aufgabe; man kann aber versuchen, daraus eine Waffe für den sozialen Kampf zu machen, wenn es den erst einmal gibt; also arbeiter-

Einrichtung des Nachweises als einen Erfolg für die Arbeiter. Und zwar würde der Fall genau so liegen, wie der der Arbeitswissenschaft (vgl. unten sub 3), wenn ein Vorteil der Produktion wegen des damit verbundenen Vorteils für die Arbeiter von den Unternehmern verschmäht wurde.

feindliche Arbeitgeber zu benachteiligen oder umgekehrt die Hetzer unter den Arbeitern von der Beschäftigung auszuschließen. In der Tat bauen die Kampfparteien des Arbeitsmarktes beiderseits ihre Arbeitsnachweise aus und stellen so die begrifflich fehlende Beziehung zur sozialen Dynamik her. Es ist klar, daß auch die Schwächung der Arbeiter durch die leicht verständliche Überlegenheit der Arbeitgebernachweise eine echte sozialpolitische Tatsache ist: aus dem sozialen Kampf stammend und auf ihn zurückwirkend. Und es ist noch klarer, daß unter solchen Umständen die schließliche Neutralisierung dieses Kampfgebietes durch Überführung in die öffentliche Hand erst recht sozialpolitische Bedeutung besitzt, obgleich eine von Anfang an neutrale und nur technisch gehandhabte Vermittlung ohne eigentliche sozialpolitische Bedeutung gewesen wäre. Jetzt hat die Neutralisierung sozialpolitische Bedeutung in ganz prägnantem und – von der sozialen Bewegung her gesehen – positivem Sinne: es wird nun den Arbeitgebern eine nicht unwirksame Waffe entwunden und dadurch die Stellung der Arbeiter verbessert. Auch hier sieht man, daß es nicht auf die isoliert betrachtete Institution ankommt, sondern auf die historische Bewegung, in der sie entsteht und die sie ihrerseits mitbestimmt. Sekundär also gehört die Arbeitsvermittlung schließlich doch zur Sozialpolitik, und zwar zum ersten Typus, wenn und insofern die Neutralisierung damit begründet wird, daß die Arbeitgebernachweise ihren sozialen Kampfzweck besser erfüllen als ihren primären Vermittlungszweck, der doch schlechterdings nicht vernachlässigt werden darf; zum zweiten Typus, wenn der Arbeitgebernachweis technisch gut funktionierte, eine innerkapitalistische Notwendigkeit für die Neutralisierung also nicht vorlag, die Arbeiter aber eine Verschiebung der Machtverhältnisse forderten und durchsetzen konnten.

3. *Arbeitswissenschaft*

In der Nachbarschaft, aber doch wieder etwas anders liegt das Problem der Arbeitswissenschaft, über die schon zweimal im früheren Zusammenhang ausführlich gesprochen wurde.[1] Auch sie gehört dem ersten Typus an: sie erwächst zunächst aus den innerkapitalistischen, innerbetrieblichen Erfordernissen der Leistungssteigerung. Geht man vom Arbeiterschutz als dem geschichtlich frühesten und systematisch grundlegenden Schritt der Sozialpolitik aus, so wird seine Fragestellung durch die Arbeitswissenschaft weitergeführt und aus dem Negativen ins Positive gewendet: nicht mehr die bloße Verhütung eines Schadens an der Kraft, sondern die positive Erhöhung der Kraft ist nun die Aufgabe. Die unmittelbare produktionspolitische Notwendigkeit der Arbeitswissenschaft – wenn man überhaupt von einer solchen sprechen kann – ist ungleich geringer als die des Arbeiterschutzes; den Ruin muß man verhüten, auf eine Verbesserung aber kann man denkbarerweise verzichten. Anderseits erhöht auch die Arbeitsvermittlung die Leistung; zum Unterschied aber von ihr, die ihrem Begriff nach für die ganze Produktion uno actu tätig ist, können die Errungenschaften der Arbeitswissenschaft gerade von den einzelnen Unternehmungen für die individuelle Erhöhung ihrer Leistung und damit ihrer Konkurrenzkraft nutzbar gemacht werden; wie auf jeden individuellen Leistungsfortschritt, so ist auch auf diesen in der Konkurrenz eine Prämie gesetzt. Vom Kapitalismus her gesehen ist also Arbeiterschutz unentbehrlich, aber wegen der Kostenerhöhung schwer durchführbar; Arbeitswissenschaft ist entbehrlich, aber immerhin sehr erwünscht und wegen der unmittelbaren Leistungssteigerung ohne

1 Oben S. 131 und S. 219.

Schwierigkeit durchführbar. Aus diesem Grunde ist das Ausbleiben der Arbeitswissenschaft während des ganzen kapitalistischen Jahrhunderts so erstaunlich und gravierend. Gravierend alsbald in sozialpolitischer Richtung, weil wieder zum Unterschied vom Nachweiswesen und in voller Übereinstimmung mit dem Arbeiterschutz auch die Anwendung der Arbeitswissenschaft notwendig für den Arbeiter als solchen eine besondere Erleichterung und Förderung seiner Arbeitslage bringen muß, zugleich aber zum Unterschiede vom Arbeiterschutz sogar dem Betriebe zugute kommen muß, anstatt ihm wie in jenem andern Falle höhere Kosten zuzumuten. Da also die Anwendung der Arbeitswissenschaft nur Vorteile bringt, allerdings nicht dem Kapitalismus allein, sondern in sehr entschiedener Weise und ausdrücklich dem Arbeiter, so ist die Verzögerung der Arbeitswissenschaft um ein volles Jahrhundert ein extremes Zeugnis des antisozialen Geistes im Kapitalismus. Gerade hier ist dieser Geist allerdings auch besonders verständlich: die arbeitswissenschaftliche Fragestellung zeigt sich unmittelbar in ihrer sozialen Dynamik, in ihrer Gefährlichkeit für den Bestand eines reinen Kapitalismus. Die kapitalistische Fiktion, daß der Arbeiter ein Automat mit einem funktionierenden Paar »Hände« ist, wird schon durch die Fragestellung der Arbeitswissenschaft zerstört, und diese Fragestellung, mag sie noch so innerbetrieblich gemeint sein, treibt über die bloß technischen Bedingungen der Arbeitsleistung notwendig hinaus und stößt zu der umfassenden Einheit des Arbeiterlebens als der wirklichen Quelle und Bedingung des Arbeitsvermögens vor. In den engen Bezirk der Arbeitswissenschaft ist also recht eigentlich die gesamte soziale Dynamik eingeschlossen und muß sich bei vorurteilsloser Fragestellung und Untersuchung immer klarer ergeben – Grund genug, sich vor der Arbeitswissenschaft zu scheuen, die mit so lockenden innerbetrieblichen Vorteilen anhebt.

Ja, die Verzögerung um ein Jahrhundert macht nun von allem Anfang an aus der Arbeitswissenschaft, die nach ihrem Begriff innerbetrieblich erwünscht gewesen wäre, ein Stück Sozialpolitik im antikapitalistischen Sinne. Der Kapitalismus steht ihren Ergebnissen grundsätzlich mit Abneigung gegenüber, weil er ihre Dynamik fürchtet, obgleich die Ergebnisse zunächst für ihn hätten nützlich sein müssen, und so überläßt er eben den Antrieb zur Arbeitswissenschaft der sozialen Bewegung selbst. Besonders bezeichnend dafür ist die Entstehung der modernen Arbeitswissenschaft aus dem Umkippen des Taylor-Systems, das die arbeitswissenschaftliche Frage in extrem kapitalistisch-mechanistischem Sinne zu beantworten versuchte[1] und damit auf deutschem Boden nicht nur selbst an dem Gegensatz zu der Realität des Arbeiterdaseins scheiterte, sondern eben deswegen auch den Anlaß für eine realistische Untersuchung des Arbeiterdaseins lieferte. Einmal gestellt, kann die Frage nach den Leistungsbedingungen der Arbeit so wenig zur Ruhe kommen wie die soziale Frage überhaupt, von der jene einen integrierenden und noch längst nicht gebührend gewürdigten Bestandteil bildet. Und das trägt weit über die gegenwärtige Ordnung und die gegenwärtigen Kämpfe hinaus, weil die dem Arbeiterdasein gemäße soziale Betriebsordnung den Sinn hat, die technischen Erfordernisse des Betriebes und das Freiheitsverlangen des Arbeiters auszugleichen; dies ist aber, wenn nicht ganz, so doch sehr weitgehend eine arbeitswissenschaftliche Aufgabe.[2]

1 Vgl. oben S. 133.

2 Das z. Z. originellste und lohnendste Experiment einer auf Ergründung und Besserung der Lebensumstände im Betriebe gerichteten arbeitswissenschaftlichen Fragestellung dürfte die »Soziale Betriebsarbeit« in Bielefeld sein.

4. *Arbeitszeit*

Ein besonderes und von jeher besonders wichtiges Problem der Arbeitswissenschaft ist historisch viel älter als die systematische Fragestellung der Arbeitswissenschaft: die Frage der Arbeitszeit, des Achtstundentages. Sie wird gewöhnlich zu dem der Arbeitswissenschaft historisch und systematisch vorhergehenden Arbeiterschutz gerechnet, und das mit weitgehendem Recht, was die Anfänge des Problems angeht: man kann sagen, daß das Problem als ein solches des Arbeiterschutzes begann und sich allmählich in ein solches der Arbeitswissenschaft verwandelte, wenn man dem Arbeiterschutz die Verhütung eines Schadens, der Arbeitswissenschaft aber die positive Förderung der Leistungsfähigkeit zuweist. Die grundsätzliche Abgrenzung zwischen beiden ist also sehr leicht, die ziffernmäßige Feststellung der Grenze ziemlich unmöglich und für die hier verfolgten Zwecke auch nicht nötig. Es genügt der Hinweis darauf, daß die produktionspolitische Bedeutung der Arbeitszeitverkürzung heute nicht in der bloßen Bewahrung des Arbeitsvermögens und der gesellschaftlichen Arbeitsgrundlage gesucht wird, daß sie also nicht mehr wie bei den ersten Schritten auf ihrem Wege unvermeidliche Notwendigkeit ist, da man den Ruin vermeiden muß, auf eine Verbesserung aber verzichten kann. Der Streit geht vielmehr um Art, Maß und Grenze der positiven Verbesserung, die in der Verkürzung der Arbeitszeit gewonnen werden soll, nachdem die früheren Verkürzungen ebenso wie der Frauen- und Kinderschutz dem Ruin entgegenzuwirken hatten. Jetzt also behaupten die Arbeiter, daß die Verkürzung des Arbeitstages eine echte arbeitswissenschaftliche Forderung sei, nämlich die Leistungsbedingungen genügend verbessere, um die Gesamtleistung bei kürzerem Arbeitstag mindestens ebenso hochzuhalten wie die Gesamtleistung bei längerem Arbeitstag. Die Verkürzung der Arbeitsdauer erscheint dann als ein sozialpolitischer Fortschritt innerbetrieblichen Ursprungs, gleich aller Anwendung arbeitswissenschaftlicher Ergebnisse ihrer Idee nach. Und es würde gegen die Wahrheit der Behauptung hier so wenig wie gegenüber der Arbeitswissenschaft überhaupt die Abneigung der Arbeitgeber ins Feld geführt werden können, die eben unter Umständen lieber auf einen Produktionsvorteil verzichten als im Zusammenhang damit eine Verstärkung der Arbeiterstellung zulassen. Dabei muß man vielleicht unterscheiden, je nachdem ob von der Verkürzung der Arbeitsdauer eine Erhöhung des Produktionsertrages erwartet wird oder nur ein gleichbleibender Produktionsertrag. Im zweiten Falle nämlich hätten die Unternehmer kein wirtschaftliches Interesse an der Veränderung und in sozialer Hinsicht vielleicht ein Gegeninteresse, wenn es ihnen erwünschter ist, die Arbeiter möglichst lange jeden Tag unter ihrer Botmäßigkeit und Kontrolle zu haben; die Durchsetzung der Forderung würde dann am ehesten dem zweiten sozialpolitischen Typus entsprechen, nämlich den Wirtschaftsverlauf im ganzen ungestört lassen, ihn aber zugunsten der Arbeiter verändern. Bei tatsächlich höherem Produktionsertrage aus verkürztem Arbeitstage würde dagegen die Forderung als eine arbeitswissenschaftliche dem ersten, innerkapitalistischen Typus der Sozialpolitik zugehören; ebenso wie die Arbeitswissenschaft überhaupt würde dann auch hier der innerbetriebliche Vorteil von den Arbeitgebern wegen des damit verknüpften sozialen Vorteils verschmäht werden und müßte wieder nach dem zweiten Typus, als eine bloße Veränderung zugunsten der Arbeiter, durchgesetzt werden. In diesem Falle wäre übrigens die Lage auf dem Arbeitsmarkt durch reichlichere

Verfügung über Arbeitsleistungen verändert: der Anteil der Arbeiterschaft am steigenden Produktionsertrage würde verhältnismäßig fallen, absolut genommen wahrscheinlich noch steigen, obgleich langsamer als der Produktionsertrag im ganzen, erst recht langsamer als die auch verhältnismäßig steigenden Anteile der andern Klassen. Im Fall des unveränderten Produktionsertrages würde auch die Lage auf dem Arbeitsmarkt unverändert bleiben.[1]

Gegen die Behauptung der Arbeiter sprach immer schon die eigentümliche Bedeutung, die sie – in voller Übereinstimmung mit den Arbeitgebern – einer internationalen Übereinkunft über die Verkürzung des Arbeitstages in den führenden Industrieländern beigemessen haben. Das war ja keine Forderung der Solidarität; im Gegenteil sollte die internationale Garantie die sonst unmögliche Durchsetzung erst ermöglichen. Es kann kaum angenommen werden, daß diese internationale Forderung aus reiner Gedankenlosigkeit seit jener Zeit beibehalten worden sei, wo die Verkürzung des damals viel längeren Arbeitstages eine ganz andere Funktion hatte als heute die der kürzeren: wo es sich um eigentlichen Arbeiterschutz handelte, noch nicht um positive Arbeitswissenschaft. Es ist das Wesen des Arbeiterschutzes, die Kosten kurzfristig zu erhöhen, um auf lange Sicht die Arbeitsgrundlage zu erhalten; das Hindernis liegt immer in der Konkurrenz, die jeden zum Widerstand gegen die Kostenerhöhung zwingt; nicht nur national, sondern auch international. Das nationale Hin-

1 Vgl. zu alledem die ausführlichere Darstellung in der bereits angeführten Arbeit des Verfassers *Zur Problematik der Arbeitszeitfrage*, *Schmollers Jahrbuch* Bd. 50. Neuerdings gelangt Lionel Robbins, *The economic effects of variations of hours of labour*, im *Economic Journal* 1929 Heft 3, zu genau den gleichen Ergebnissen, in einer wesentlich breiteren Darstellung und ohne Kenntnis von der Arbeit des Verfassers, auch ohne die dort geübte Berücksichtigung der außerwirtschaftlichen Momente, dafür aber mit stärkerer Untergliederung der ökonomischen Untersuchung. Übrigens bedarf auch *Robbins* der Ergänzung durch die oben S. 225 Anm. 2 genannte Arbeit von *Reichhold*. Weitere theoretische Literatur zum Arbeitszeitproblem ist dem Verfasser nicht bekannt.

dernis wurde durch den für alle gleichmäßigen Zwang des Schutzgesetzes beseitigt; das internationale Hindernis konnte bei genügend großem Vorsprung der nationalen Volkswirtschaft mißachtet werden, und so ist in etlichen Fällen dringender Notwendigkeit und großen Muts tatsächlich verfahren worden. Gleichwohl bleibt bei allen Maßregeln des eigentlichen Arbeiterschutzes wegen der damit verbundenen Konkurrenzerschwerung die internationale Sicherung eine sehr erwünschte und häufig unentbehrliche Bedingung. Wenn aber die Verkürzung des Arbeitstages, nach der Behauptung der Arbeiter, eine Verbesserung der Produktion bedeutet, so braucht sie nicht von vornherein international durchgeführt zu werden; ihre nationale Durchführung würde dann dem vorangehenden Lande einen Konkurrenzvorsprung verschaffen und die andern Länder zur Nachfolge zwingen.[1] Die politische Methode des Vorgehens spricht also keineswegs für den Glauben der Arbeiter an ihre Behauptung. Hinzu kommt in den letzten Jahren die regelmäßige Beobachtung, daß die Arbeiter bei allen wichtigeren Arbeitsstreitigkeiten, in die eine Arbeitszeitverkürzung hineinspielt, eine Kostenerhöhung aus diesem Grunde zugestehen und daß nur das Maß der Belastung zwischen ihnen und den Unternehmern strittig zu sein pflegt. Die ursprüngliche arbeitswissenschaftliche Behauptung in bezug auf den Achtstundentag scheint also stillschweigend preisgegeben zu sein, und das ist bei der fortschreitenden Automatisierung des Arbeitsvorgangs, dessen Tempo von chemischen und physikalischen Prozessen, nicht von der Leistungskraft des Arbeiters bestimmt wird, leicht verständlich.

1 Sogar *Lederer-Marschak* sagen demgegenüber: »Die Änderung der Arbeitszeitbedingungen in jedem einzelnen Land ist vom Standpunkt des Kampfes um den Weltmarkt nicht ohne gleichzeitige Änderung in den Konkurrenzländern denkbar.« (G. d. S. IX. 314).

Bliebe immer noch der Ausweg, daß die Arbeiter von den Unternehmern verlangen, durch sonstige Betriebsverbesserungen die Belastung aus der Arbeitszeitverkürzung auszugleichen. Das können sie an sich immer tun, weil nicht sie die Verantwortung für die Erfüllung der Forderung tragen. Es würde hier also zugestanden sein, daß die Verkürzung des Arbeitstages die Arbeitskosten erhöht, daß es zu einem Ausgleich durch entsprechende Erhöhung der Arbeitsintensität nicht kommt; zugleich aber würde ein Ausgleich aus einer Betriebsintensivierung durch den Unternehmer gefordert werden. Die Forderung stützt sich dann besonders auf die weit verbreitete und in dieser Allgemeinheit zweifellos übertriebene[1] Meinung, daß die Trägheit der Unternehmer grundsätzlich produktive Möglichkeiten unausgenutzt lasse und daß erst äußerer Druck, z. B. sozialpolitische Belastung, das Versäumte nachzuholen zwinge. In Wahrheit müssen das Streben nach Extraprofiten aus einem Konkurrenzvorsprung oder die Furcht vor einem Extraprofit und Konkurrenzvorsprung des Konkurrenten oder entsprechende Besorgnisse gegenüber dem Auslande die technisch-organisatorische Entwicklung in Fluß halten, und obgleich es an Beispielen für ein Versäumnis nicht fehlt, so bedarf es für deren Möglichkeit doch immer besonderer Umstände. Dabei ist es selbstverständlich, daß die Veränderung der Kalkulationsgrundlage durch Arbeitsverteuerung häufig technische Neuerungen erst möglich macht, die vorher, bei billigeren Arbeitskosten, unrentabel gewesen wären; dann aber verschlechtert sich der Arbeitsmarkt für die Arbeiter, und auch als Verbraucher erfahren sie nicht notwendig und alsbald eine Entschädigung, wenn die technische Neuerung sich lediglich im Rahmen eines Ersatzes für die Mehrbelastung durch die Arbeitskosten hält, nicht zu einer Produktions-

1 Vgl. oben S. 109.

erweiterung führt. Denn zur Durchführbarkeit der technischen Neuerung ist nur erforderlich, daß sie billiger und ergiebiger sei als die nun durch Arbeitszeitverkürzung unergiebiger gewordene lebendige Arbeit, nicht auch als die billigere und ergiebigere Arbeit des früheren längeren Arbeitstages; eine Verbesserung für die Verbraucher, auch für die Arbeiter als Verbraucher, braucht also mit der technischen Neuerung im Gefolge der Arbeitszeitverkürzung nicht verbunden zu sein. Anderseits kann sie mit ihr verbunden sein, und unabhängig von der Arbeitszeitfrage entlädt die innerkapitalistische Dynamik sich immer wieder in technisch-organisatorischen Umwälzungen von solchem Ausmaß und Wirkungsgrad, daß die Belastung aus einer Arbeitszeitverkürzung dadurch tragbar wird. In allen diesen Fällen ist aber vorausgesetzt, daß die Verkürzung des Arbeitstages die Arbeitskosten erhöht, und es ist nur angenommen, daß der Kapitalismus die Belastung teilweise oder ganz durch eigene Errungenschaften ausgleicht oder in besonders günstigen Fällen mehr als ausgleicht.

Unter diesen Umständen stellt der sozialpolitische Charakter der Arbeitszeitverkürzung sich anders dar als nach der ursprünglichen Behauptung der Arbeiter von ihrer produktivitätserhöhenden Wirkung. Faßt man nur die Erhöhung der unmittelbaren Arbeitskosten durch die Arbeitszeitverkürzung ins Auge, so würde hier ein Schaden der Wirtschaft mit einem außerwirtschaftlichen Vorteil der Arbeiter verknüpft sein. Inwieweit man gleichzeitige technische Neuerungen als Wirkungen der Sozialpolitik betrachten und für die Arbeitszeitverkürzung in Rechnung stellen darf, kann nur im einzelnen Falle entschieden werden, je nachdem ob ein ursächlicher Zusammenhang sich aufzeigen läßt oder die Sozialpolitik nur aus einem zufälligen Zusammentreffen mit einer technischen Entwicklung Nutzen zieht, die ohnedies aus rein kapitalistischen Ursachen im Gange ist. Aber auch in diesen Fällen werden die Arbeiter möglicherweise nicht besser, vielleicht sogar schlechter gestellt sein als vorher, weil erstens das Gesamtergebnis der beiden entgegengesetzten Bewegungen für die Verbraucher mehr oder weniger günstig sein kann, zweitens die technische Neuerung den Bedarf nach Arbeitskräften zurückdrängt, der verhältnismäßige Lohnanteil also fällt. Findet der erwartete technische Ausgleich nicht statt oder nicht in genügendem Ausmaß, so läßt die geringere Ergiebigkeit der Arbeitsleistungen, indem sie wie eine Verknappung wirkt, den Lohn verhältnismäßig steigen, zugleich aber den Gesamtertrag einschrumpfen, so daß auch hier das Ergebnis für die Arbeiter zweifelhaft bleibt; es kann im Einzelfall günstig sein, braucht es aber nicht zu sein.

Von der Unübersichtlichkeit dieser Wirkungen und ihrem zweifelhaften und verschiedenartigen Wirtschaftserfolg für die Arbeiter hebt sich nur um so großartiger die eindeutige Wucht ab, mit der die Arbeiter die Arbeitszeitverkürzung fordern. Fraglos sind ihre Argumente häufig falsch, schon deswegen, weil sie viel zu einfach sind; dann kommt es eben gar nicht auf diese Argumente an, sondern auf den eigentlich gemeinten Sinn der Maßregel: auf die Entlastung des arbeitenden Menschen als solchen, auf seinen Gewinn an Zeit und Kraft. Vergleicht man die heutigen Arbeitsverhältnisse mit denjenigen früherer Jahrhunderte und unbegrenzt langer Arbeitszeiten, so springt ein dreifacher Unterschied in die Augen: die Vervielfachung des Arbeitstempos, die Verringerung der Feiertage um mehr als hundert im Jahr, und vor allem die Auflösung der häuslichen und Lebensgemeinschaft mit dem Arbeitgeber. Nun also bedeutet die Arbeitszeitverkürzung aus physiologischen wie aus geistigen Gründen einen Zuwachs an Freiheit, und man bringt dafür unter Umständen sogar ein wirtschaftliches Opfer, auch wenn man nicht besonders geneigt ist, sich das klar zu machen. Ja, sobald es die soziale Bewegung erst einmal gibt, die Freiheit also zum Mittel für die Erringung weiterer Freiheit wird, ist auch die Arbeitszeitverkürzung nicht mehr nur Selbstzweck, sondern vor allem auch Mittel der weiteren Stärkung und Schulung für den sozialen Kampf. Aus beiden Gründen, dem primären wie dem sekundären, ist sie den Unternehmern tief verhaßt, ganz abgesehen davon, daß sie ihrer Arbeitsdämonie und Erwerbsideologie unverständlich ist und von ihnen nur als Zeichen der Faulheit gedeutet wird. So sehr aber entfernt sich der Streit seinem Sinne nach von den wirtschaftlichen Erwägungen, mit denen er größtenteils ausgefochten wird, daß der Achtstundentag schließlich geradezu symbolisch für die Freiheit der Arbeiter, seine Beseitigung symbolisch für die Herrschaft der Unternehmer wird und beide Parteien durchaus bereit sind, für die Erringung und Behauptung ihres Symbols wirtschaftliche Opfer in Kauf zu nehmen. Geht man also auf diesen offenkundigen und eigentlichen Sinn des Problems zurück, so gehört der Achtstundentag dem dritten sozialpolitischen Typus an: er bringt ein Stück Freiheit und Freiheitsbewußtsein unabhängig von wirtschaftlichen Vorteilen, vielleicht verbunden mit wirtschaftlichen Opfern. Damit ist auch die arbeitswissenschaftliche Fragestellung, von der der Streit ausging, verlassen. An eine rationale Beantwortung der Arbeitszeitfrage oder gar an eine rationale Schlichtung des Streites ist nicht mehr zu denken, weil im Grunde niemand primär daran interessiert ist. Natürlich behält die Frage nach den wirtschaftlichen Wirkungen einer Arbeitszeitverkürzung immer ihre sachliche Bedeutung, auch wenn sie politisch zurücktritt.

Die außerwirtschaftlich bedingte und kostenerhöhende Beschränkung der Arbeitszeit kann mittels der Kategorie des Arbeitsleides im ökonomischen System dargestellt werden, wie dies oben geschehen ist.[1] Dabei zeigt sich das Arbeitszeitproblem noch in besonderem Maße als ein soziales insofern, als die Grenze, bei der das Leid weiterer Arbeit den Nutzen aus ihrem Ertrage übersteigt, bei der also die Produktion rationellerweise aufhören muß, um so weiter hinausgeschoben wird, je ungleichmäßiger die Einkommen sind. Bei tiefem Lohn schätzen die Arbeiter den Mehrverdienst aus verlängerter Arbeit höher ein als bei höherem Lohn, finden sich also eher zu einer Verlängerung der Arbeitsdauer bereit. Andrerseits ist auch den Käufern der Geldaufwand für die Verlängerung der Arbeitszeit, verglichen mit dem Gebrauchswert der zusätzlichen Güter, um so leichter zu tragen, je reicher sie sind. Umgekehrt muß in einer klassenlosen Gesellschaft rationellerweise die Produktion kürzer dauern und weniger ergiebig sein als in einer differenzierten Klassengesellschaft. Von einer Veränderung der Arbeitsintensität durch die Veränderung der Arbeitsdauer ist hierbei abgesehen.[2]

5. Sozialversicherung

Die sozialpolitische Bedeutung der Sozialversicherung ist sehr schwer festzustellen.[3] Wenn man die Sozialpolitik als die Neugestaltung des Lebens durch die Dynamik der sozialen Idee auffaßt, so entspricht die Sozialversicherung diesem Begriff und seinen wesentlichen Merkmalen weniger als irgendeine der anderen Hauptgruppen. Obgleich ein Funktionswandel einer einmal bestehenden Einrichtung nie ausgeschlossen ist und sich auch im Falle der Sozialversicherung zum Teil vollzogen hat, ist doch ein Blick auf den geschichtlichen Ursprung der Sozialversiche-

1 Oben S. 210 ff.

2 Diese ganze Auseinandersetzung mit allen Folgerungen verdanken wir Gerda Lesser, *Die Freisetzung des Arbeiters durch die Maschine* (Heft 7 der *Hamburger wirtschafts- und sozialwiss. Schriften*), S. 115 ff.

3 Von der Arbeitslosenversicherung wird hier abgesehen, weil sie eine gesonderte Behandlung erfährt.

rung lehrreich, weil er die Kräfte zeigt, aus denen sie geformt wurde. Zwar kann die Entstehung der Sozialversicherung aus der sozialen Dynamik nicht zweifelhaft sein, gerade wenn man ihren geschichtlichen Zusammenhang mit dem Sozialistengesetz bedenkt, das ja nicht nur die politische Arbeiterpartei, sondern auch die ihr nahestehenden Gewerkschaften, ja alle Gewerkschaften und Arbeiterorganisationen überhaupt traf und sich damit als ein Schlag gegen die ganze soziale Bewegung über alle ihre inneren Unterschiede hinweg darstellt. Nur um so mehr war es doch erforderlich, neben die Unterdrückung der Arbeiterorganisationen einen greifbaren Beweis der Fürsorge für die Arbeiter zu setzen; die drängenden Bedürfnisse der arbeitenden Massen nicht einfach zurückzudrängen, sondern sie auf den Weg der Erfüllung durch die staatliche Autorität hinüberzulocken. Auf der einen Seite aber hat die Sozialversicherung das Mißtrauen nie ganz überwunden, das in ihrer ursprünglichen Verknüpfung mit dem Ausnahmegesetz gegen die Arbeiter wurzelt, und ihr verwickelter und unübersichtlicher Charakter hat ihrer Einbürgerung in die Herzen der Arbeiter noch besonders im Wege gestanden. Wichtiger noch ist auf der anderen Seite, daß jener Ursprung für Absicht und Wesen der Sozialversicherung selbst bestimmend wurde. Die Zielrichtung des obrigkeitlichen Eingreifens ist doch eine andere als die der sozialen Bewegung, und so steht die Sozialversicherung von vornherein am alleräußersten Rande der echten Sozialpolitik. Ein tatsächliches Zugeständnis an die soziale Idee enthält sie nur insofern, als die Fiktion von der Freiheit und Selbstverantwortung des Individuums hier aufgegeben ist, die Möglichkeit unverschuldeter Notstände also grundsätzlich anerkannt und eine umfassende Veranstaltung dafür geschaffen wird. Aber dieses Entgegenkommen ist doch mehr theoretischer Natur, und nach seinem

Ursprung und Zweck vermeidet es ausdrücklich und ängstlich einen Eingriff dort, wo die beklagte Unfreiheit des Arbeiters ihren eigentlichen Sitz hat: im Betriebe, in der Beziehung zum Unternehmer, zum Kapital. Diese Beziehung zu ändern, dem Unternehmer etwas zugunsten des Arbeiters zuzumuten, also den Sozialbau umzubauen, ist aller Sozialpolitik eigentümlich; Freiheit und Würde der Arbeit ist ihr Leitstern. Demgegenüber verfolgt die Sozialversicherung die ausgesprochene Absicht, an dieses entscheidende Stück des Sozialbaus nicht zu rühren, die Herrenrechte des Unternehmers in seinem »Hause« nicht anzutasten, auch in der Wirtschaft also die obrigkeitliche Idee zu betonen, welcher in der Politik zu dienen die Sozialversicherung bestimmt war. Sozialversicherung ist eben ausdrücklich nicht Arbeiterschutz; sie sucht den Arbeiter zu fördern, ohne dem Unternehmer wehe zu tun. Der paradoxen und irrealen Absicht entspricht die grundsätzliche Geringfügigkeit des Erfolges. Am weitesten in der Richtung des Arbeiterschutzes geht noch die Unfallversicherung, die sich ja auf Vorgänge im Betriebe bezieht und zur Verringerung der finanziellen Last vorbeugende Einrichtungen im Betriebe schafft. Übrigens ist gerade sie als eine ausschließliche Unternehmerangelegenheit organisiert, mit Rücksicht auf die Aufbringung der Mittel ausschließlich durch die Unternehmer, und während die Durchführung des staatlichen Arbeiterschutzes auch durch staatliche Organe kontrolliert wird, oblag bis zum Betriebsrätegesetz die Kontrolle der Unfallverhütung den Beamten der unternehmerischen Berufsgenossenschaften selbst und unterstrich so nochmals den Charakter der ganzen Organisation. Darin liegt kein Einwand gegen die bewunderungswürdigen technischen Leistungen der Unfallversicherung, insbesondere auf dem Gebiete der Vorbeugung; nur gerade ihr sozialpolitischer Charakter ist unter solchen Umständen in Frage gestellt.

Der ganze Gedankengang scheint aber die finanzielle Belastung der Unternehmer durch die Sozialversicherung zu übersehen; in ihr scheint nun doch die vermißte Verschiebung zugunsten der Arbeiter zu liegen. Aber für den Unternehmer ist es ganz gleichgültig, unter welchem Titel er die Kosten für die Beschäftigung von Arbeitern verbucht, ob auf dem Konto der Löhne oder auf dem Konto der Soziallasten. Wie die Versicherungsbeiträge der Arbeiter aus den Löhnen stammen, also den Unternehmer belasten, so bilden umgekehrt die Beiträge der Unternehmer einen Bestandteil des Lohnes, und schon rein rechtlich ist der Anspruch des Arbeiters als ein für bestimmte Zwecke zurückgestellter und gesperrter Teil der Lohnzahlung konstruiert. Das Problem liegt dann in der Frage, ob bei Gabelung der Lohnzahlung in unmittelbare Auszahlung und Versicherungsbeitrag die Gesamtsumme höher sein wird, als sie sonst wäre. Zweifellos ist dies die Meinung und Absicht des Gesetzgebers gewesen, und in der Tat ist es sehr wahrscheinlich, daß in dem Augenblick, wo das Gesetz eingeführt wurde, die Löhne nicht um die Versicherungsbeiträge der Unternehmer gesenkt wurden. Vorübergehende Abweichungen von der Normallage der Wirtschaft sind immer möglich, besonders unter der Einwirkung politischer Eingriffe; es kommt aber darauf an, wie die Wirtschaft auf die Dauer reagiert. In dieser Beziehung muß die Unfallversicherung ganz außer Ansatz bleiben, weil sie überhaupt keine neue Last, nur eine Ablösung der alten Haftpflicht bringt; wegen ihrer ausgezeichneten Organisation ist sie wahrscheinlich sogar billiger und zwingt höchstens zu einer schärferen Einkalkulierung der Unfälle in die Betriebskosten. Der – überwiegend große – Rest der Soziallast könnte teils abgewälzt, teils aber und vor allem durch Verhinderung eines fälligen Lohnaufstiegs früher oder später eingeholt worden sein.

Lohntheoretisch gesprochen bedeutet die Sozialversicherung die ziffernmäßige Festlegung nur eines Lohnbestandteils, bei voller Veränderlichkeit des Restes. Oder jedenfalls erhielt dieser Rest durch die Sozialversicherung keinerlei Stütze, die eine dem Versicherungsbeitrag entgegengesetzte Bewegung hätte verhindern können. Die Gesamtbelastung des Unternehmens durch die Beschäftigung des Arbeiters ist entscheidend für den Umfang der Nachfrage auf dem Arbeitsmarkt; würde die Gesamtbelastung um den Versicherungsbeitrag oder einen Teil davon über dem marktgerechten Lohn stehen – bei dem Angebot und Nachfrage gleich groß sind –, so würde die Beschäftigung nachlassen und das Überangebot den freien Lohnsatz eben doch herunterdrücken, da die Arbeiter in dieser Zeit weder den Auffangapparat der Arbeitslosenunterstützung noch die Waffe einer wirksamen monopolistischen Marktorganisation besitzen. Bei nach oben gerichteter Tendenz der Lohnbewegung würde der ganze Vorgang, indem er den Lohn einfach festhält, sogar unsichtbar bleiben. Natürlich ist auch der entgegengesetzte Fall denkbar: daß die Löhne aus irgendeinem Grunde zurückgeblieben sind und ihre längst fällige Erhöhung nun in der Form des Unternehmerbeitrags zur Versicherung erfolgt; dann hätte der staatliche Eingriff die Wirkung, die grundsätzlich den Gewerkschaften in erster Linie nachgerühmt werden muß, nämlich die fällige Lohnerhöhung zu beschleunigen und den Arbeitern einen Verlust zu ersparen. Aber das würde hier nur ein einmaliger Vorgang sein, und nichts stände im Wege, daß bei weiterer Marktbesserung die entsprechende Lohnerhöhung wieder ausbliebe, daß sie schon als durch den Versicherungsbeitrag abgegolten erscheint, daß also grundsätzlich Versicherungsbeitrag und freier Lohnbetrag zusammen nur den Marktlohn ausmachen. In der Tat ist dies der wahrscheinliche Verlauf: daß zuerst der Versicherungsbeitrag zum Lohn hinzutrat, dann aber der freie Lohn entsprechend langsamer anstieg. Die lohntheoretische Beurteilung der Sozialversicherung ergibt also wenig günstige Anhaltspunkte.[1]

Damit sind wiederum keineswegs alle günstigen Wirkungen der Sozialversicherung überhaupt bestritten; die Wirkungen würden nur auf einem andern als dem sozialpolitischen Gebiet liegen. Es ist möglich, daß die durch die Versicherung gesperrten Lohnteile rationeller verwendet worden sind, als sie durch den wirtschaftlich ungeschulten und wenig weitsichtigen Arbeiter sonst verwendet worden wären. Das läuft aber nur darauf hinaus, daß der Staat eine bestimmte Einkommensverwendung erzwungen und andere dafür zurückgedrängt hat; es ist ein echter Akt der Fürsorge, der Wohlfahrtspflege. Er steht mit der Sozialpolitik insofern in Zusammenhang, als, wenn die soziale Dynamik einmal gegeben ist, schließlich jede Besserstellung des Arbeiters die soziale Bewegung stärkt; aber hierin unterscheidet sich die Sozialversicherung nicht einmal von den innerwirtschaftlichen Wirkungen des Kapitalismus selbst und kann daher auf diese Wirkung hin gewiß nicht zur Sozialpolitik gerechnet werden. Überdies ist die Wirkung zwar als solche unbestritten, ihr Vorteil aber steht

1 Zu einem ähnlichen Ergebnis gelangt schon früher *Strigl* in seiner *Angewandten Lohntheorie*, einer überhaupt sehr sorgfältigen und umsichtigen Einführung in die Wirkungen der Lohnpolitik. Umgekehrt sagt *Sinzheimer* (*Wirtschaftsdemokratie* 135) von der Sozialversicherung, in die er allerdings die Arbeitslosenversicherung einrechnet: »Durch das neue soziale Güterrecht wird ... eine neue Verteilungsordnung herbeigeführt, die dem automatischen Verlauf der Güterbewegung bestimmte Wege im Interesse einer bestimmten Klasse vorschreibt. Diese Verteilungsordnung verleiht dem Arbeiter einen unentziehbaren Existenzanteil an dem Sozialprodukt der Wirtschaft ...« Ebenso nochmals S. 175. Diese übliche Darstellungsweise bezieht sich nur auf die gesetzgeberische Absicht, verkennt aber vollständig, daß alles auf die Rückwirkung der ökonomischen Gesetzmäßigkeit ankommt, daß nämlich der ungestützte freie Lohnbestandteil nun auf die Dauer tiefer stehen muß als ohne Versicherung, weil sonst die Nachfrage auf dem freien Arbeitsmarkt zurückgehen würde.

nicht fest, weil man nicht weiß, ob nicht eine systematische Erziehung schließlich eine ähnlich zweckmäßige Einkommensverwendung auf der Grundlage der Freiwilligkeit hätte erreichen können – wenigstens behaupten das manche unter Hinweis auf ausländische Beispiele. In dieser Beziehung reduziert sich die Frage dann auf die andere, ob die Sozialversicherung mit ihrem kolossalen Apparat auf die Dauer mehr leistet als ein anderes, auf Freiwilligkeit beruhendes System leisten könnte, insbesondere ob höhere Löhne ein gesunderes Leben ermöglichen und die Versicherungsfälle, für die im privaten Wege vorgesorgt werden müßte, zu größerer Seltenheit herabdrücken würden. Das ist sehr schwer zu entscheiden, und die öffentliche Aussprache über diese Frage verlief ziemlich ergebnislos, wie es schon in ihrem Ansatz gelegen war. Den wenigen Anklägern traten nicht etwa, wie es allein überzeugend hätte wirken können, die Versicherten entgegen, für die die Einrichtungen der Sozialversicherung arbeiten, sondern in der Hauptsache die Interessenten, die Mitglieder der staatlichen und der Selbstverwaltungsbürokratie, die den Versicherungsapparat ausmacht, und die, indem sie für die Anerkennung der Sozialversicherung wirbt, den Wert der eigenen Leistung und das Prestige der eigenen Stellung verteidigt. Überzeugende Belege dafür, daß in Deutschland vor dem Kriege der Gesundheitsstand besser gewesen sei als in andern Ländern ohne Zwangsversicherung, aber mit im übrigen vergleichbaren Sozialverhältnissen, sind jedenfalls nicht beigebracht worden, und so muß die Frage offen bleiben.

Dabei ist vorausgesetzt, daß die Einführung der Sozialversicherung den Gesamtbetrag der Löhne und Versicherungsbeiträge nicht über den marktgerechten Lohn erhöht oder jedenfalls ihr Bestand den Gesamtbetrag nicht über jenem Stande festgehalten habe, aus den oben dargelegten

Gründen. Das schließt nicht aus, daß eine etwaige Abschaffung der Sozialversicherung zum Anlaß für einen Versuch negativer Sozialpolitik gemacht werden könnte, in dem Sinne, daß eine Lohnerhöhung um die ersparten Versicherungssummen vermieden würde. Die Verhinderung eines solchen Versuchs wäre dann sekundär ein Akt der Sozialpolitik, so wie seinerzeit die Auferlegung der Beiträge auf die Unternehmer als ein Akt der Sozialpolitik gemeint war. Abgesehen von allen diesen problematischen und hypothetischen Erwägungen bleiben in der Sozialversicherung zwei Momente geringeren Ranges als unzweifelhaft sozialpolitische Momente übrig. Das eine ist der Reichszuschuß zur Wochenhilfe der Krankenversicherung und zur Invalidenversicherung, natürlich nur insoweit, als er nicht aus Steuern der Arbeiter aufgebracht ist und die Steuern der Unternehmer nicht auf die Arbeiter überwälzt werden. Das andere, an sich sekundäre, aber soziologisch wichtige Moment ist die Aufstiegsmöglichkeit für Zehntausende von Menschen aus der Arbeiterschaft in die Selbstverwaltungsbürokratie der Sozialversicherung; denn darauf läuft die Selbstverwaltung der Versicherten in den Krankenkassen hinaus. Dies Moment darf keineswegs unterschätzt werden, weil es eine breite Gelegenheit zur Ausbildung administrativer Talente und zur geschäftlichen Schulung bietet, insofern also die Kraft der sozialen Bewegung unzweifelhaft stärkt. Anderseits scheinen aus den Krankenkassen bedeutende Vertreter der sozialen Bewegung nicht hervorgegangen zu sein, und über jenem Vorteil dürfen doch auch die Gefahren nicht verkannt werden, die in dieser wie in jeder Bürokratisierung der Arbeiterbewegung lauern, so unvermeidlich sie im ganzen sein mögen. Das gilt gerade bei den Krankenkassen und um so mehr, als ihre Verwalter aus der eigentlichen Front der sozialen Bewegung ausscheiden und an eine nach dem

Aufgabenkreise entlegenere Stelle gerückt werden, so daß der Vorteil für die soziale Bewegung als Ganzes auch in dieser Beziehung fraglich wird. Ohnedies darf weder dieser soziologische Vorteil noch gar das bürokratische Interesse der in der Versicherung Tätigen mit dem ökonomischen Nutzen des ganzen Apparats für die Arbeiterschaft gleichgesetzt oder verwechselt werden.

6. *Arbeitsrecht*[1]

a) Grundsätzliches

Gegenüber dem Arbeiterschutz, der Arbeitswissenschaft und der Arbeitszeitfrage, insbesondere insoweit sie arbeitswissenschaftlichen Charakter trägt, bringt das Arbeitsrecht eine grundsätzlich neue Wendung der Sozialpolitik. Arbeiterschutz und Arbeitswissenschaft stärken den Arbeiter und die soziale Bewegung, sonst wären sie nicht Sozialpolitik; aber sie sind innerkapitalistischen Ursprungs, also betrieblich bedingt und können zunächst vom Sozialen und Menschlichen absehen. Sie haben es mit dem arbeitenden Menschen zunächst nur als mit einem Gegenstand der Bewirtschaftung, mit einem Mittel des Betriebszwecks zu tun; für sie selbst ist daher der Arbeiter ein Objekt, dem man aus sachlichen, außerhalb seiner selbst gelegenen Gründen eine gewisse Fürsorge angedeihen läßt und dessen Funktionsbedingungen man untersucht. Wirtschaftliche, produktionspolitische Erwägungen machen es erforderlich, die willkürliche Macht des

1 Als Arbeitsrecht bezeichnet der übliche Sprachgebrauch die rechtliche Regelung der Arbeitsbeziehungen, rechnet also Arbeiterschutz, Arbeiterversicherung usw. dazu. Im folgenden wird das Wort in prägnanter Bedeutung benutzt: als eine Berechtigung des Arbeiters nicht nur aus seiner Arbeit, sondern in und an seiner Arbeit.

Betriebsleiters über den Arbeiter zurückzudrängen und rufen dadurch die soziale Dynamik hervor, welche gerade wegen jenes ihr so wesensfremden Ursprungs auf besondere Weise sozialpolitisch ist. Die Ursache ist produktionspolitisch, die Wirkung ist sozial, obgleich das schließlich nur von dem grundsätzlichen Ausgangspunkt der Arbeitswissenschaft gilt, ihre tatsächliche Entfaltung aber und besonders ihre Zuspitzung in der Arbeitszeitfrage schon bis in die entgegengesetzte Fragestellung herüberschlägt, die von den sozialen Forderungen ausgeht und ihr für den Fortgang der Wirtschaft jeweils erforderliches Ausmaß prüft. Dies ist nochmals der wesentliche Unterschied zwischen den Grundtypen der Sozialpolitik. Im Arbeitsrecht nun ist ganz und gar das zweite der Fall, und wenn soziale Forderungen der Arbeiter an die Wirtschaft – mögen sie sich auch auf den Lohn beziehen – überhaupt nur von den Arbeitern als Subjekten ausgehen können und der bloße Objektcharakter des Arbeiters damit überwunden wird, so liegt in diesem ausdrücklichen Umschwung die besondere Leistung des Arbeitsrechts auf seinem weiten Wege von der Koalitionsfreiheit bis zu den Betriebsräten. Die Entwürdigung des arbeitenden Menschen zum bloßen Mittel für den Betriebszweck wird also durch das Arbeitsrecht seinem Begriffe nach aufgehoben, durch den praktischen Aufbau eines Arbeitsrechts Stück um Stück rückgängig gemacht. Denn schon der Name besagt, daß der Austausch und Platzwechsel zwischen Sachgütern und lebendiger Arbeit, aus dem doch alle Entwürdigung im einzelnen sich herleitet, nun abgebaut wird: es verschwindet die anonyme und naturalistische Gesetzmäßigkeit des Marktes und des Marktpreises, die Aufnahme und Ausstoßung unter bloßen Betriebsgesichtspunkten, die Entehrung durch die Ausstoßung zu allem materiellen Schaden hinzu, anderseits das Eingehen in den

Betrieb zu willkürlicher Mechanisierung der Arbeit und zu willkürlicher Ermöglichung des Machterlebnisses. Arbeitsrecht bedeutet, daß dies alles nun grundsätzlich seinem Ende entgegengeht, so verschieden weit das Arbeitsrecht auch im einzelnen vorgedrungen sein mag: daß der Arbeiter ein Recht an seiner Arbeit zurückbehält, auch wenn er sie verkauft und somit die Verfügungsgewalt über sie nach Marktgrundsätzen verlieren würde. Arbeit hört auf, eine Ware zu sein; sie schleppt nicht mehr auf dem Wege ihres Markt- und Betriebsschicksals einen willenlosen Menschen mit sich herum; der Mensch ist nicht in sie einbegriffen, sondern sie in den Menschen. Der Betrieb hört auf, das »Haus« des Unternehmers zu sein. Insoweit es der Inhalt der Privateigentumsordnung ist, durch Hingabe von Sachgütern die Herrschaft über Menschen zu erlangen, bedeutet das Arbeitsrecht den Abbau dieser Sozialordnung in einem ihrer wesentlichen Stücke und umgekehrt den Anfang einer sozialen Betriebsordnung, welche dem arbeitenden Menschen ein Stück Freiheit und Verantwortung für die Gestaltung des Arbeitslebens einräumt. Und zwar in der charakteristischen Form des Kollektivrechts, wie es durch die Art der Zusammenarbeit im modernen Betriebe gefordert wird und anderseits für die Überwindung der naturalistisch-individuellen Freiheitsgewalt erforderlich ist, eben im Sinne einer sozialen Freiheitsordnung.[1]

b) Gewerkschaften

Dies alles scheint nur auf die Einrichtung der Betriebsräte bezogen zu sein, gilt aber im Wesen für alles Arbeitsrecht von den Anfängen der Koalitionsfreiheit an, also für die Zulassung und Anerkennung der Gewerkschaften. Das

1 Vgl. oben S. 158 ff.

kann höchstens dann verkannt werden, wenn man die Gewerkschaften allzu eng als eine bloße Marktorganisation, noch enger als eine Organisation für den Preiskampf, hier den Lohnkampf, betrachtet, ihre Wirksamkeit also mit dem Abschluß des Arbeitsvertrages beendet sein läßt. Diese Auffassung ist schon technisch unhaltbar, weil die Nebenabreden des Kaufvertrages hier unvermeidlich die Arbeitsordnung betreffen, also in das innere Leben des Betriebes eingreifen, wie denn der Tarifvertrag, der doch viel älter ist als die Betriebsräte, eine grundsätzliche Begrenzung seines Inhalts nicht kennt. Eine Regelung in der Art des Tarifvertrages aber ist offenbar sinngemäß, sobald es Gewerkschaften gibt und geben darf, und obgleich die Inkonsequenz der staatlichen und der unternehmerischen Politik sich gegen den Schluß aus dem Vordersatz 40 Jahre lang gesträubt hat. Der Mangel an Logik, wenn man einerseits die Gewerkschaften zuläßt, anderseits ihre Abreden für unverbindlich erklärt und den erpresserischen Zwang zum Austritt aus der Gewerkschaft ausdrücklich erlaubt – §§ 152, 2 und 153 der Gewerbeordnung –, ist doch zu offenkundig, um nicht auf die Dauer unhaltbar zu sein und zu einer Lösung durch wirkliche Anerkennung oder durch Verbot der Gewerkschaften hinzudrängen; und ebenso sind die betonten »Hausherrenrechte« im Betriebe mit dem Bestand von Gewerkschaften begrifflich unvereinbar. Nur als labiles Gleichgewicht konnte jener Zustand andauern, konnte aber als Lösung des Koalitionsproblems auch von solchen nicht betrachtet werden, die der sozialen Dynamik ganz fern standen, die also nur die statische Logik, nicht die Dialektik der Institutionen prüften; und vom Standpunkt der sozialen Dynamik aus ergab es sich von selbst, daß die Arbeiter der Böswilligkeit des Gesetzes nun erst recht eine gesteigerte und übersteigerte Solidarität entgegensetzen mußten, um den Mangel eines Rechtsschutzes für ihre Organisation auszugleichen. Die Verweigerung des Rechtsschutzes für die Gewerkschaften und die Weigerung der Wirtschaftsherren, in Verhandlungen mit ihnen einzutreten, lassen den Manchester-Kapitalismus in der äußersten Verbrämung mit der konservativ-patriarchalischen Ideologie erscheinen.

Es entspricht dem vollkommen, daß die Schaffung und Befürwortung von Gewerkschaften in Deutschland im wesentlichen in liberalen Gedankengängen begründet wurde. Für die offizielle Politik kam die *Marxsche* Gewerkschaftstheorie von vornherein nicht in Betracht, und überdies war sie in sich brüchig, da sie die – absolut oder relativ gedeutete – Verelendung als Bedingung des Willens zur sozialen Revolution brauchte, die gewerkschaftlichen Bemühungen daher für aussichtslos halten mußte und in den Gewerkschaften nur »Schulen des Sozialismus« sehen konnte, in dem prägnanten Sinne, daß die Arbeiter durch die Enttäuschung in den Gewerkschaften zum Umsturz hingedrängt würden.[1] Eine positive gewerkschaftliche Politik konnte mit dieser Spezialtheorie nicht getrieben werden, und die Spannung zum orthodoxen Marxismus ist daher in den gewerkschaftlichen Kreisen immer lebendig gewesen, so sehr das allgemeine Marxsche Prinzip von der Befreiung der Arbeiterklasse durch die Arbeiterklasse gerade auch dem Geiste der Gewerkschaften entsprach.

1 Positive Darstellung und Rechtfertigung dieser Theorie bei N. Auerbach, *Marx und die Gewerkschaften*, Vereinigung Internationaler Verlagsanstalten 1922. Die oben angedeutete Kritik ausführlich im 1. Teil des Aufsatzes von Heimann, *Sozialismus und Sozialpolitik*, im Jahrbuch *Kairos* I, hrsg. von Tillich; der III. Teil dieses Aufsatzes versucht zum erstenmal die dialektische Auffassung der Sozialpolitik durchzuführen; jedoch in einer unentwickelten Form, über die das vorliegende Buch sowohl in der Theorie der Sozialpolitik wie auch im Schlußkapitel wesentlich hinausgeht.

Die auf die Verelendungstheorie aufgebaute Sozialisierungstheorie verhindert freilich nicht, daß *Marx* und *Engels* sich außerhalb des theoretischen Zusammenhanges vielfach ganz anders äußern. In einer großen Anzahl kürzerer und längerer Darlegungen, besonders im I. Bande des *Kapital* Kapitel VIII und in der Inauguraladresse der Internationalen Arbeiter-Association (1864), aber auch sonst bei zahlreichen praktischen Anlässen hat *Marx*, teilweise gegen scharfe Widerstände aus dem sozialistischen Lager, den Kampf der Gewerkschaften auf das wärmste befürwortet und den Arbeiterschutzgesetzen geradezu »die physische und moralische Wiedergeburt der Fabrikarbeiter« nachgerühmt; überhaupt sind er und *Engels* von den lapidaren, aber primitiven politischen Vorstellungen des *Kommunistischen Manifests* im Laufe der folgenden Jahrzehnte immer entschiedener abgerückt, haben sich also den Lehren einer Entwicklung nicht verschlossen, die durch ihre eigene literarische und organisatorische Arbeit stark mitbestimmt war. Eine gewissenhafte Zusammenstellung und Erörterung vieler einschlägiger Marx-Stellen gibt der Gewerkschaftsschriftsteller *Hermann Müller(-Lichtenberg), Karl Marx und die Gewerkschaften*, und verteidigt dadurch, indem er sich die Aufgabe durchaus nicht leicht macht, die Legitimität der Gewerkschaften und ihrer »praktischen Arbeit« vom sozialistischen Standpunkt aus. Aber freilich wird die grundsätzliche Schwierigkeit dadurch nicht behoben, eher verschärft. Es finden sich eben in dem über Jahrzehnte sich erstreckenden *Marx-Engelsschen* Schrifttum unausgeglichene Ansichten, und so beredt das Eintreten für Gewerkschaften und Sozialpolitik auch ist, so ist dennoch die auf die Verelendungstheorie gegründete Sozialisierungstheorie nie eingeschränkt worden. Sie aber macht das eigentliche Palladium des sozialistischen Glaubens aus. Ganz folgerichtig haben die Hüter des reinen Glaubens immer in mehr oder minder offener Fehde mit den Gewerkschaften gelegen und umgekehrt die Gewerkschaften den »Revisionismus« unterstützt. Der Streit wurde theoretisch nicht ausgetragen, weil er sich durch die wachsende Macht der Gewerkschaften über die Sozialdemokratische Partei praktisch erledigte: nicht theoretisch, aber praktisch siegte der Revisionismus. Daß er sich aber bei seinem Siege nicht wohl befand, weil es ihm an einer durchgearbeiteten Programmgrundlage gebrach, dafür ist das Buch von *Müller* ein lebendiger Beleg. Besonders bezeichnend ist die Art, wie *Müller* sich mit der Verelendungstheorie auseinandersetzt, indem er ihre Geltung, also die Vernichtung der gewerkschaftlichen Errungenschaften, für die Krise anerkennt und darin den entscheidenden Impuls zur Sozialisierung bei *Marx* findet – man kommt bei *Marx* eben über die Verknüpfung der Sozialisierungstheorie mit der Verelendungstheorie nicht hinweg, auch wenn man die Verelendung zu einer bloß »relativen« erweicht, deren aufreizende Wirkung doch noch sehr zweifelhaft wäre. Wie aber vollends, wenn die Konjunktur stabilisiert wird? Doch bleibt trotz des offenkundigen Übergewichts der Verelendungstheorie bei *Marx* dies bestehen, daß ihm »die physische und moralische Wiedergeburt« der Arbeiterschaft für den Sieg des Sozialismus unerläßlich erscheint und daß von hier aus die für den Sozialismus positive Bewertung der Gewerkschaften und der Sozialpolitik sich geradlinig entwickeln läßt, auch wenn sie sich in der Theorie nicht durchgesetzt hat. Der lebendigste Mensch in *Marxens* Nachfolge, *Rosa Luxemburg*, hat auch gerade diesen Gesichtspunkt stark vertreten. Um so bezeichnender ist anderseits, daß diese starken, entwicklungsfähigen und von höchster Autorität getragenen Ansätze unentwickelt blieben und daß die Arbeit an einem gewerkschaftlichen Programm ganz unabhängig von ihnen erwuchs. Die beherrschende Stellung der Verelendungstheorie in der *Marxschen* Entwicklungslehre hat eben die Gewerkschaften hoffnungslos abgedrängt.

Wenn die konservative Theorie gegen die Gewerkschaften Partei ergriff und die *Marxsche* ihnen nicht gerecht werden konnte, so bot sich ihnen eine wirkliche Gewerkschaftstheorie nur von der liberalen Seite her. Nicht als ob der Liberalismus an sich den Gewerkschaften günstig war; es ist so viel oder so wenig der Fall wie gegenüber der sozialen Bewegung überhaupt, also jedenfalls nicht eindeutig. Historisch kommt gerade das liberale Privateigentum am Betriebe mit der obrigkeitlichen Hausherrenideologie so vollständig zur Deckung, daß man beliebig zwischen der lutherischen Sozialethik und dem Glauben an das freie Spiel der Kräfte herüber- und hinüberwechseln konnte, ohne den sachlich-praktischen Standpunkt zu verändern – dies ist ja der Weg des Großbürgertums zum Konservatismus und zur Einfügung in den Obrigkeitsstaat.[1] Dennoch ist aus dem ursprünglichen Freiheitswillen und auf der theoretischen Grundlage des Liberalismus *Brentanos* Gewerkschaftstheorie entstanden, welche auf dem Arbeitsmarkt eine Lücke des Marktsystems zu finden glaubt und zur Vollendung des Marktsystems Gewerkschaften fordert. Denn die Dringlichkeit des Angebots ist auf dem zersplitterten, unorganisierten Arbeitsmarkt eine absolute und wächst extensiv und intensiv bei fallendem Lohn, sehr im Gegensatz zum Warenmarkt, wo der Verkäufer das Angebot bei ungünstiger Marktlage gerade zurückhält. Erst die Zusammenfassung des Arbeitsangebots durch die Gewerkschaften und der Rückhalt, den sie dem einzelnen Arbeiter verleihen, macht es möglich, den markttechnischen Nachteil der Arbeit zu beheben oder zu mildern, und erst so wird die Arbeit zu einer echten Ware, der Arbeiter zu einem Warenverkäufer wie alle anderen. Der geschichtliche Einfluß dieser Theorie ist sehr groß; sie bietet ein hervorragendes Beispiel jenes Dienstes, den Außenstehende der geschichtlichen Bewegung leisten können, indem sie sie in die herrschende Sozialanschauung einordnen und ihr so den Weg in die Wirklichkeit ebnen. Aber freilich ist das anderseits nur dadurch möglich, daß das Wesen des Neuen verkannt, es zu einem Sonderfall des Alten umgedeutet wird; so hält auch *Brentano* die Gewerkschaften für eine Erscheinung der wirtschaftlichen Statik und verkennt ihre soziale Dynamik, ihre geschichtsbildende Kraft.

1 Vgl. oben S. 43 und S. 134 ff.

Die Theorie der Gewerkschaften und die Theorie der Sozialpolitik überhaupt hat ihren entscheidenden Durchbruch in der glanzvollen Darstellung durch *Briefs* vollzogen; und zwar gerade in kritischer Auseinandersetzung mit der Lehre *Brentanos. Briefs* geht davon aus, daß auch andere, z. B. verderbliche Waren mit höchster Dringlichkeit angeboten werden und die schlechte Marktlage der Arbeit im Sinne der liberalen Marktlehre nur die Notwendigkeit anzeigt, Arbeiter auszumerzen. »Es ist eben noch nicht der Warencharakter der Arbeit als solcher, der sie qualitativ von andern Waren unterscheidet, sondern die Wertung des menschlichen Trägers der Ware Arbeit. Erst da, wo die menschliche Inkorporation der Arbeit betont und gewertet wird, da wird die theoretische Differenz zwischen Arbeit als Ware und anderen marktdringlichen Waren qualitiv ... Erst an dem Tatbestand des Personseins (der ethischen Selbstzweckhaftigkeit) wird der Sachverhalt für die Gewerkschaftsbewegung relevant, daß die Arbeit im Zeitalter des Kapitalismus marktmäßig verfaßt ist ... Die Gewerkschaft bildenden Arbeiter müssen einen bestimmten Grad der Selbstwertung besitzen, die Vorstellung, daß eine rein wirtschaftliche Wertung ihrer Arbeitskraft eine unzureichende, das Mensch- und Personsein nicht in Rechnung ziehende Wertung sei. Gewerkschaft bildet sich seitens ihrer Träger als Protest und Abwehr gegen die strenge Marktgesetzlichkeit, unter der die Arbeit steht. Sie kann also nur den Sinn haben, das Warengesetz für die Arbeit zu beschränken oder gar aufzuheben. ... So wird Gewerkschaft zum Schutzgehäuse gegen die Kommerzialisierung der menschlichen Arbeitskraft, soweit diese Kommerzialisierung die Existenz, die Würde und die Kulturform des Arbeiterlebens gefährdet. Die gewerkschaftliche Entwicklung ist bis in unsere Tage hinein ein lückenloser Beweis dafür, daß Gewerkschaft in ihrem

Wesenskern keine Institution der liberalen Marktwirtschaft ist. ... Gewerkschaft ist ein Gebilde, das getragen ist vom Willen seiner einzelnen Mitglieder, nothaft aus den Umständen heraus, nicht gewollt.«[1] Die ganze Theorie der Sozialpolitik liegt in diesen Sätzen und in den weiteren: »Gegen die objektiv im Lohnsystem liegende Idee der Arbeit als Ware erhebt die Gewerkschaft die Idee des Menschseins des Arbeiters, ... gegen die Betriebsstoffidee die Idee des gesellschaftlichen Wertes und der sittlichen Würde der Arbeit, ... gegen den Zwang der bedingungslosen Unterstellung der Arbeit unter den technischen und kapitalistischen Betriebszweck die Idee des Schutzes der Arbeit im Betriebe und des Schutzes des Arbeiters als Person und Staatsbürger gegen ›betriebsfeudale‹ Tendenzen; gegen die restlose Kommandoverfassung und Fremdbestimmung der Arbeit ... die Idee der Mitbestimmung und Mitverantwortung. In allen diesen Richtungen sucht Gewerkschaft ihr leitendes Wertsystem zu verwirklichen: daß der Lohnarbeiter als Verbraucher menschenwürdig leben könne, sittliche Person und d. h. Selbstzweck sei und in seinen staatsbürgerlichen Rechten gesichert werde.«[2] »Gemessen am reinen Produktivitätsideal ..., kann Gewerkschaftspolitik durchaus negative volkswirtschaftliche Beurteilung finden und hat sie gefunden. Das liegt im Wesen der Gewerkschaft beschlossen: Gewerkschaft kann eine reine Akkumulations- und Produktivitätspolitik nicht vertreten. ... Darum ist es töricht, von den gewerkschaftlich verursachten Akkumulationsstörungen und Produktionserschwerungen endgültige Maßstäbe zur Beurteilung der Gewerkschaft zu nehmen. Sie ist primär nach Maßstäben zu messen, die ihrem Wesen adäquat sind.«[3] Hier wird

1 Briefs, Artikel *Gewerkschaftswesen und Gewerkschaftspolitik, Handw. d. Staatswiss.* 4. Aufl. S. 1115, 1116, 1117.
2 Ebenda S. 1146, ebenso G. d. S. VIII 203.
3 Briefs, a. a. O. S. 1148.

die Gewerkschaft also sogar als dem dritten, wirtschaftsschädigenden sozialpolitischen Typus zugehörig erkannt und gerechtfertigt, was natürlich ihre oftmalige Wirkung nach dem zweiten, nur wirtschaftsverändernden Typus nicht ausschließt.

Dagegen kann man *Briefs* nicht folgen, wenn er aus dem bürgerlich-individualistischen Ursprung jenes »leitenden Wertsystems« die Folgerung zieht, daß die wesentliche Wirkung der Gewerkschaften die Verfestigung der kapitalistischen Wirtschaft sei.[1] Auch die *Marxsche* Revolutionslehre entstammt demselben Ursprung, ohne daß man durch noch so große »Heterogonie der Zwecke« eine Verfestigung des Kapitalismus von ihr erwarten darf. Ursprung ist eben Identität nur dann, wenn man das Dynamische nicht sieht, durch welches das neue Wesen über das alte hinaustreibt, auch wenn es seinen Ursprung aus ihm nie verleugnet. Verbürgerlichung des Proletariats heißt für *Briefs* »nichts anderes als Einordnung in die geltende Wertwelt, Lebensanschauung und gesellschaftliche Rangstufung«, und *Briefs* selbst hat doch die gewerkschaftlichen Wertungen den bürgerlichen in schlagenden Formulierungen gegenübergestellt. Eine tatsächliche Verbürgerlichung ist natürlich durchaus möglich; aber sie würde voraussetzen, daß die Dynamik der sozialen Idee ermattet, daß die Bewegung stecken bleibt, und kann daher gerade nicht als wesenhaft angesehen werden. Der Abstand der Gewerkschaften von der *Marxschen* Orthodoxie beweist auch nichts für ihre Verbürgerlichung, sondern ist viel spezieller durch die Angewiesenheit des Marxismus auf die Verelendung, durch seine Hoffnung auf die Erfolglosigkeit der Gewerkschaftspolitik verursacht. Durch diese auffällige Abweichung von dem vorgezeichneten Wege gelangt die *Briefssche* Gewerkschaftstheorie schließlich auf den Boden des Kapitalismus zurück, nachdem sie an den Gewerkschaften das aus neuem Geiste schaffende Wesen der Sozialpolitik überhaupt aufgewiesen hat.

Die soziale Dynamik, die Machtentfaltung zum Umbau des Sozialbaus, welche den Koalitionen innewohnen und aus ihnen hervorgehen würde, war im Grunde schon den

1 Ebenda S. 1146, 1147, 1148.

Schöpfern der französischen Revolutionsverfassung bewußt, wenn sie den grundlegenden Satz prägten, daß »es nur den Staat und die Individuen gibt«, also nichts dazwischen, keine Gruppierungen und Koalitionen. Dieser Satz wollte die unnahbare Majestät und gleichmäßige Herrschaft des Gesetzes über alle Individuen sicherstellen und fürchtete, daß soziale Gruppen Macht gewinnen und dadurch die Vernunftordnung stören könnten, ganz im Sinne jenes Rationalismus, der aus der überwundenen Feudalzeit her Macht als des schlechthin Vernunftwidrige betrachtete und seines eigenen Machtcharakters nicht innewurde. Zwar hatte schon zuvor *Adam Smith*' undogmatischer Geist die einseitige Handhabung des Koalitionsverbots nur gegen die leicht zu fassenden Arbeiter, nicht auch gegen die schwer zu fassenden, weil mächtigen und wenig zahlreichen Unternehmer vorhergesagt; und anderseits gab es auch vom Liberalismus her einen positiven Weg zu den Koalitionen, wenn man nicht so sehr auf die Isolierung als auf die Initiative und Selbsthilfe der Personen sein Augenmerk richtete und die Genossung unter die Freiheitsrechte aufnahm. Aber jede dieser Formulierungen und auch in Deutschland die ökonomische Formulierung *Brentanos* gaben doch stillschweigend ein Stück des Rationalismus preis, indem sie alle anerkannten, daß eine besondere und ausdrückliche überindividuelle Macht eingesetzt werden müßte, um das fehlende Gleichgewicht herzustellen, daß also ohne diese Koalition eine progammwidrige Machtverschiebung, ja ein Machteinbruch in die Vernunftordnung statthaben müsse. Die rein technisch-naturgesetzliche Auffassung des Kapitalismus von sich selber war damit durchbrochen und sein Anspruch auf Allgemeingültigkeit verloren, seine Fortdauer als eine Machtfrage enthüllt und den geistigen Wandlungen unterworfen.[1]

1 Vgl. oben S. 82 ff.

Die Besonderheit und der geistige Charakter des Sozialproblems zeigte sich dann in den deutschen Gewerkschaften von allem Anfang an durch ihre weltanschauliche Gebundenheit und Gespaltenheit, die – im Lohnkampf bisweilen störend, meist aber durch völliges taktisches Einvernehmen überwunden – sich keineswegs auf den Lohnkampf und seine Methoden bezieht, sondern auf die Prinzipien der Sozialgestaltung; die gegebene Sozialgestalt wird also nicht einfach hingenommen noch gar als eine bloße technisch-wirtschaftliche Angelegenheit der geistigen Kritik entzogen. Auf dem Arbeitsmarkt stehen sich nicht zwei Marktparteien gegenüber, sondern zwei Welten, und der Abstand zwischen ihnen wird am deutlichsten darin sichtbar, daß die Arbeitgeber über alle politischen und weltanschaulichen Meinungsverschiedenheiten hinweg einheitlich organisiert sind, während die Organisationen der Arbeiter gerade auf den weltanschaulichen Meinungsverschiedenheiten beruhen. Geschäft und Weltanschauung haben nichts miteinander zu tun, wenn die geschäftliche Verhaltungsweise als rein technisch notwendig und naturgesetzlich angesehen wird und der Gestaltungs- und Herrschaftsanspruch Grund hat, sich zu verbergen; umgekehrt zeigt das weltanschauliche Organisationsprinzip der Arbeiter die Überwindung des geschäftlichen Rationalismus und die bewußte Einbettung des Wirtschaftlichen in das Geistig-Soziale. Das Interesse der Arbeitgeberschaft ist ein einheitliches, weil sie die Wirtschaft ungeistig auffassen und sich dabei über ihre besonderen und begrenzten Wertungen und Herrschaftsansprüche nicht klar sind; das Interesse der Arbeiter gilt unmittelbar dem Menschen und dem Geist und muß sich in getrennten Organisationen niederschlagen, wenn die geistigen Vorstellungen verschieden sind. Nicht als ob die weltanschauliche Spaltung der Arbeiterschaft an sich ein

Glück für die soziale Bewegung wäre; wenn sie aber nun einmal weltanschaulich gespalten ist, so bedeutet der organisatorische Ausdruck der Spaltung den Sieg des Geistes über das bloße Marktinteresse, das ihnen allen genau so gemeinsam ist wie auf der anderen Seite den einheitlich organisierten Arbeitgebern. Nur eine kapitalistische Gesinnung, für welche es auf die bestmögliche Verwertung der Ware Arbeit ankommt, kann die organisatorische Spaltung bei gegebenen Meinungsverschiedenheiten bedauern; vom Standpunkt der sozialen Bewegung aus erweist sich die Spaltung als Folgerung aus dem Grundsatz, daß Arbeit keine Ware ist, daß Wirtschaft Sozialgestaltung ist und unter sozialen, menschlichen Gesichtspunkten geordnet werden soll. Wie die Einheitlichkeit der kapitalistischen Gesinnung in der über alle Weltanschauungen hinweg einheitlichen Organisation der Arbeitgeber zum Ausdruck kommt, so die einheitliche Richtung der sozialen Bewegung auf den Menschen in der weltanschaulichen Spaltung ihrer Organisation. So große Schwierigkeiten daraus entstehen mögen, so liegt darin doch das Zeugnis für den bewußt überwirtschaftlichen, nachkapitalistischen Charakter der Gewerkschaften.[1]

1 Pribram, *Sozialpolitik als theoretische Disziplin*, im *Archiv für Sozialwissenschaft* Bd. 55, rechnet die Koalitionen zur »unvollkommenen Sozialpolitik« und sieht das Wesen der Sozialpolitik am reinsten in der Sozialversicherung ausgedrückt. Sozialpolitik ist bei ihm nämlich die »Beschränkung der vollen Selbstverantwortlichkeit des Individuums, und zwar in seinem eigenen Interesse«. Vollkommen sind »jene sozialpolitischen Maßregeln, die genau den Kreis der Individuen bestimmen, deren Selbstverantwortlichkeit entlastet wird; die zugleich den Träger der korrespondierenden Verantwortlichkeit bestellen und die Ansprüche jener Individuen gegen den Träger genau angeben«, so daß die »Unvollkommenheit« der Koalitionen sich auf das Fehlen einer juristisch genauen Abgrenzung ihrer antiindividualistischen Kompetenzen bezieht, während die Sozialversicherung juristisch genau durchgearbeitet ist. Die juristische, ganz und gar unsoziologische und undialektische Denkweise dieser Theorie wird noch klarer dadurch, daß die Beschreibung der sozialen Tatbestände, die den Anlaß für die Erhebung sozialpolitischer Forderungen gegeben haben, von dem Aufgabenkreis der theoretischen Sozialpolitik ausgeschlossen bleibt. In

c) Betriebsräte

Die Bedeutung der Betriebsräte ist fast größer für das innere Leben und die künftige Verwirklichung der sozialen Bewegung als für die gegenwärtige Sozialpolitik. Von dieser aus gesehen sind die Betriebsräte jetzt in der Hauptsache Ausführungsorgane der Gewerkschaften im Betriebe, beschränken also die kapitalistische Herrschaft und stärken die soziale Kraft in wirksamerer Weise als es ohne solche dezentralisierte Kontrolle möglich wäre. Insoweit stehen die Betriebsräte zu den Gewerkschaften in derselben Beziehung wie die Gewerbeaufsicht zu den Arbeiterschutzgesetzen und bilden deren geradlinige Fortsetzung aus dem Allgemeinen ins Besondere. Damit ist aber soziologisch durch die Gegenüberstellung des Allgemeinen und des Besonderen die Spannung zwischen dem Begriff der Gewerkschaft und dem des Betriebsrates angedeutet, die durch die Eingliederung der Betriebsräte aufgehoben, nicht aus der Welt geschafft ist, und die, wie jede lebendige Spannung, ein Element sinnvoller Fruchtbarkeit in sich trägt. Die Betriebsräte sind nach ihrem syndikalistischen Ursprung antizentralistisch gemeint; sie wollen die Spontaneität und Unmittelbarkeit des erlebten Lebens zum Träger des sozialen Freiheitskampfes machen und darum die Belegschaft einheitlich und isoliert erfassen, statt die Initiative und Verantwortung den Gewerkschaftsbeamten zu überlassen, die notwendig ein Stück hinter der proletarischen Kampfesfront ihr Hauptquartier haben und daher von dem eigentlichen Kampfesgeist und Freiheitsdrang nur mittelbar erreicht werden.[1] Dieser Gedanke

sich selbst ist der Beitrag von *Pribram* wohl der scharfsinnigste und interessanteste in der stark angeschwollenen Literatur zur Systematik der Sozialpolitik.

1 Vgl. auch unten S. 305.

verkennt den Wert und die Unentbehrlichkeit einer zentralisierten Kampfesführung, die ja keineswegs theoretisch erdacht und planmäßig durchgeführt wurde, sondern sich in sehr allmählicher, jahrzehntelanger Entwicklung an die Erfahrungen und Erfordernisse des Kampfes anpaßte. Indem aber durch die Verbindung der Betriebsräte mit den Gewerkschaften ihr Antizentralismus zu einer Dezentralisierung der nunmehr zentralistischen Gewerkschaftsorganisation umgebogen wurde, ist der bedeutungsvolle Übergang vom Allgemeinen zum Besonderen und Konkreten, der Fortschritt zu größerer Lebensnähe, zu wieder unmittelbarerer Anteilnahme des einzelnen Arbeiters an dem Kollektivgeschehen, also zur Entbürokratisierung und Verlebendigung grundsätzlich eingeleitet.

Wenn die Betriebsräte eine entscheidende Wendung in die soziale Bewegung selber bringen, so darf doch nicht übersehen werden, daß dies durch eine Einrichtung geschieht, die sich gegen den Kapitalismus wendet, also durch eine sozialpolitische Einrichtung. Betriebsräte, wie groß oder gering ihre gegenwärtige Kompetenz und Leistungsfähigkeit sein mag, bedeuten schon ihrem Begriff nach das Ende des Betriebsabsolutismus, der Kapitalherrschaft, des auf die Arbeit angewendeten Marktprinzips; sie behalten dem Arbeiter auch nach dem Verkauf der Verfügung über seine Arbeit Rechte aus seiner Arbeit vor und fügen ihn somit als ein Rechtssubjekt, nicht als einen bloßen Gegenstand der Bewirtschaftung, in den Betrieb ein. Und zwar geschieht dies in charakteristischer Abkehr von dem alten individualistischen Rechtsstandpunkt, da nun die Gemeinschaft der Arbeiter im Betrieb rechtlich anerkannt und gefordert wird.[1] Man kann sagen, daß dies alles nichts Neues ist, nur die Fortsetzung des schon in den Gewerkschaften und dem Tarifwesen Angebahnten; aber

1 Lederer-Marschak, G. d. S. IX 246.

dann ist es doch eben die Fortsetzung und Verstärkung, die nur durch eine neue Einrichtung gewonnen werden konnte. Insoweit das unbeschränkte Privateigentum, die freie Verfügung über die gekauften Produktionsmittel, als Bedingung der wirtschaftlichen Ergiebigkeit erscheint, wären die Betriebsräte dem dritten sozialpolitischen Typus zuzurechnen, dem die soziale Freiheit höher steht als die Menge der Güter; und dies natürlich wieder mit der dialektischen Paradoxie, daß ohne die produktivitätsvermindernden Betriebsräte gar nicht mehr produziert werden würde. Insoweit aber ein tatsächlicher Rückgang der Produktivität nicht stattgefunden hätte – vielleicht eher ein Zuwachs –, würde der wirtschaftliche Ablauf im ganzen unverändert sein, aber mit sozialer Verschiebung zugunsten der Arbeiter und zuungunsten der Unternehmer, also nach dem zweiten Typus. Für die Zuweisung zum dritten Typus spricht ein sekundäres Moment, nämlich die gesetzliche Vorschrift, daß die – vergleichsweise geringen – Kosten der Einrichtung ganz dem Unternehmen zur Last fallen sollen, wie besonders also die Sitzungen des Betriebsrates, dessen Mitglieder doch Betriebsangehörige sind, während der Arbeitszeit stattfinden sollen. Die Dynamik der Einrichtung zeigt sich nicht nur innerhalb der sozialen Bewegung selbst, die dank den Räten dem einseitigen Zentralismus entgeht und dadurch an Lebensnähe und Lebenskraft gewinnt; sie liegt in den Schulungsmöglichkeiten für breite Kreise der im Betriebe tätigen Arbeiter und in den Anforderungen, die nun an sie gestellt werden. Denn je mehr die Teilnahme etwa an den Aufsichtsratsitzungen und überhaupt der Einblick in die Geschäftsführung zunächst bloße Farce geblieben ist, weil die geschäftsunkundigen Arbeiter ihre Rechte nicht wahrzunehmen wissen, desto stärker ist doch andererseits der Ansporn, den Schwächezustand zu überwinden, das neue

Stück rechtlicher Freiheit auch tatsächlich nutzbar zu machen und so allmählich im Betriebe selbst in die Verantwortung hineinzuwachsen. Ohne die Hilfe der gewerkschaftlichen Schulungseinrichtungen für die Betriebsräte wäre dies wieder undenkbar.

7. Monopolisierung des Arbeitsmarktes

Über die Monopolisierung der Arbeit wurde schon mehrfach gesprochen.[1] Obgleich sie keineswegs der einzige und vielleicht nicht der hauptsächliche Zweck der Gewerkschaften ist und die Gewerkschaften jedenfalls nicht als bloße Markteinrichtung begriffen werden können, sind doch anderseits die Gewerkschaften das früheste und immer noch wichtigste Instrument der Monopolisierung auf dem Arbeitsmarkt. Über die wirtschaftlichen Wirkungen der Monopolisierung läßt sich Eindeutiges und Allgemeingültiges natürlich nicht ausmachen. Daß die Last des Monopols von den Unternehmern auf die Verbraucher abgewälzt wird, welche ihrerseits Arbeiter sein mögen, daß also der Wirkung nach die eine Arbeitsgruppe die andere ausbeutet, ist sehr wohl möglich und in unübersichtlichen Verhältnissen, in der gewerkschaftlichen Frühzeit und wieder in der deutschen Inflation gewiß häufig vorgekommen, kann aber bei durchgängiger und übersichtlicher Organisation leichter vermieden werden. Außer aus dem Arbeitslohn kann der Monopolgewinn aus dem Verbrauch der andern Klassen gezahlt werden, oder schließlich auf Kosten der Kapitalbildung gehen.[2]

Die alte und auch heute noch in der Praxis lebendige Unternehmertheorie ist die Lohnfondstheorie, die Lehre

1 Oben S. 202 und S. 205 ff.

2 Eine mustergültige Spezialuntersuchung der in Frage kommenden Größenverhältnisse ist die von Marschak, *Hohe Löhne und die Volkswirtschaft, Die Arbeit* 1927 Heft 11.

von dem Interesse der Arbeiter an einer Niederhaltung der Löhne in der Gegenwart zum Zweck einer entsprechend größeren Lohnerhöhung in der Zukunft. Je tiefer nämlich die Löhne, je größer also – bei gleichen Preisen der Erzeugnisse – die Geschäftsgewinne, um so mehr Kapital wird aus ihnen gebildet, um so mehr wachsen somit die Beschäftigungsmöglichkeiten und damit die Nachfrage nach Arbeitern und die Löhne. Bei immer verlängerter Fortdauer des Verfahrens werden die Zukunftsmöglichkeiten entsprechend verstärkt, und die Schlußfolgerung geht dahin, daß die Arbeiter um ihrer Kinder oder Enkel oder Urenkel willen an möglichst geringen Löhnen interessiert seien. Gespart wird hier auf Kosten der Arbeiter, aber nicht durch die Arbeiter, so daß das Gesparte nicht den Arbeitern gehört, denen es vorenthalten ist, sondern den anderen, die durch den Verzicht der Arbeiter in den Stand gesetzt werden, zu sparen. Arbeiter dürfen nach ihrem kapitalistischen Begriff nur Lohn beziehen; sie dürfen nicht Kapital besitzen und den »Entbehrungslohn« aus der Ersparnis, den Zins daraus beziehen. Das Recht zu dieser »Entbehrung«, welche nach der Lohnfondstheorie den Arbeitern verdankt wird, bleibt den Kapitalisten vorbehalten, und dieses Vorrecht scheint dem wirtschaftlichen Rationalismus nicht als ein Vorrecht, weil er die Dinge der Wirtschaft immer nur als technische Mittel für den Verbrauchszweck, die Kapitalbildung daher nur als Mittel der Produktionserweiterung ansieht und ihren irrationalen Selbstzweckcharakter als soziale Herrschaftssicherung und Herrschaftserweiterung geflissentlich verkennt. Einerseits also wird den Arbeitern immer erneuter Verzicht auf bessere Lebenshaltung zugemutet – denn um so höher müssen die Löhne in einer unabsehbaren Zukunft werden –; anderseits wird dadurch die – inoffizielle, aber sehr reale – Kapitalherrschaft in jedem Augenblick neu verstärkt. Sieht man von dem sozialen Gesichtspunkt ab, so wird auch rein wirtschaftlich die Voraussetzung der Lohnfondstheorie immer zweifelhafter, daß nur aus dem bürgerlichen Einkommen gespart werde, aller Abzug vom bürgerlichen Einkommen daher der Kapitalbildung verloren gehe. Einerseits wächst das Großbürgertum aus den »bürgerlichen« Lebensgewohnheiten in breitere, feudalere hinein, so daß der Spargrad abnimmt; anderseits wächst die öffentliche Kapitalbildung und – laut Sparkassenausweisen usw. – die aus Löhnen und Gehältern; und obgleich die innere Kapitalbildung der Unternehmungen wieder auf die Geschäftsgewinne angewiesen ist, sind doch sogar die wirtschaftlichen Voraussetzungen der Lohnfondstheorie nicht mehr selbstverständlich.

Gerade weil die Kapitalbildung in der fortschreitenden Wirtschaft für die Unternehmer und die Unternehmungen zu einer privaten Existenzfrage wird, ist es einfach falsch, zu sagen, daß eine Gewinnschmälerung durch Lohnerhöhung unmittelbar die Kapitalbildung beeinträchtige. Für die Kapitalbildung durch den isolierten Sparer trifft dies einigermaßen zu; freilich wird bei geringerem Einkommen unter Umständen und in gewissen Grenzen sogar mehr gespart, um das Einkommen wieder zu vermehren; und andererseits hängt die Sparkraft im Mittelstand nicht nur vom Zinseinkommen, sondern gerade auch vom Arbeitseinkommen ab. Für die Unternehmer aber hat das Existenzminimum an Kapitalbildung unbedingt den Vorrang vor dem privaten Luxus und ist daher auch im Falle der Gewinnschmälerung bis zu einer gewissen Grenze sichergestellt. Entsprechend wird eine Gewinnerhöhung über das zur Kapitalbildung erwünschte Maß hinaus eher den Luxus fördern, freilich nicht mit Gewißheit, weil man wenigstens in der Konkurrenz nie kapitalkräftig genug sein kann. Jedenfalls aber ist der Zusammenhang zwischen

Lohnerhöhung und Kapitalbildung sehr verwickelt, und mit Sicherheit läßt sich gerade nur dies sagen, daß eine mäßige Lohnerhöhung eher den Luxus der Unternehmer als ihre Kapitalbildung trifft. Natürlich darf das nicht zum Leichtsinn in der Kapitalfrage verführen.

Auf der Seite der Arbeiter wird der Lohnfondstheorie nun die »Kaufkrafttheorie der Löhne« gegenübergestellt – in allen Stücken die Umkehrung jener. Wenn jene den Lohn nur als Kostenbestandteil betrachtet und die Verringerung des bürgerlichen Sparfonds und damit der künftigen Produktionskraft durch den Lohn beklagt, so erscheint der Lohn in der Kaufkrafttheorie lediglich als Einkommen und damit als Bedingung für den Absatz der Erzeugnisse: je höher die Löhne, um so mehr Waren können abgesetzt werden. Wie nach der Lohnfondstheorie die Arbeiter an niederen Löhnen interessiert sind, so nach der Kaufkrafttheorie die Unternehmer an hohen Löhnen. Mit Recht ist gesagt worden[1], daß höhere Lohnzahlungen der Unternehmer zum Zwecke eines verstärkten Warenabsatzes auf ein Verschenken der Güter durch die Unternehmer an die Arbeiter hinauslaufen. Wie die Lohnfondstheorie über der Kapitalbildung den Verbrauchszweck der Wirtschaft vergißt, so die Kaufkrafttheorie über dem Verbrauchszweck das unentbehrliche Mittel, die Kapitalbildung. Wie an diesem Punkte in der Überspannung des Kapitalbildungsgedankens der soziale Sinn der Lohnfondstheorie sich enthüllt, die Festigung der Kapitalherrschaft durch den Lohnverzicht der Arbeiter, so auch genau entsprechend der soziale Sinn der Kaufkrafttheorie: der Widerwille gegen die volkswirtschaftliche Kapitalbildung in der Form der privaten Vermögensbildung, also des privaten Herrschaftszuwachses. Für die Kapitalbildung gilt eben noch stärker als für jeden andern wirtschaftlichen Vorgang, daß

1 Röpke in der *Sozialen Praxis* 1927, Heft 25.

sie mehr ist als eine bloß wirtschaftstechnische Funktion, daß sie im höchsten Grade unmittelbar sozial bedeutsam ist und zum Gegenstand des sozialen Kampfes wird. Dabei gehört es zu den auffallendsten Zügen der Kaufkrafttheorie, daß sie die lohnfondstheoretische Behauptung von der Kapitalbildung allein aus Gewinnen glatt anerkennt, also nicht eigentlich den Kampf um die Kapitalbildung, sondern gegen die Kapitalbildung führt: um des gegenwärtigen Verbrauchs willen die Kapitalbildung schmälern möchte.

Dies ist verständlich nur durch das Hinüberschlagen des alten lohntheoretischen Gegensatzes in einen konjunkturtheoretischen Gegensatz, innerhalb dessen die beiden Theorien übrigens eine außerordentlich weitgehende Verfeinerung und Durchbildung erfahren haben, ohne die lohnpolitischen Folgerungen zu verändern. Nach der *Spiethoff-Casselschen* Lehre wird der Zusammenbruch der Konjunktur mit seinen besonders für den Arbeiter verhängnisvollen Wirkungen dadurch verschuldet, daß die Quelle der privaten Kapitalbildung allmählich versiegt und die Kapitalgüter unverkäuflich werden, die für den Kauf aus privatem Kapital hergestellt worden sind. Je mehr privates Kapital also gebildet wird und je länger zu diesem Zweck eine den Gewinn aufzehrende Lohnsteigerung hinausgeschoben wird, um so besser für die dauernde Beschäftigung der Arbeiter und für den Umfang der volkswirtschaftlichen Produktion. Nach der Unterkonsumtionstheorie dagegen geht die Konjunktur daran zugrunde, daß dem durch verstärkte Kapitalbildung verstärkten Produktionsapparat mehr Verbrauchsgüter entsteigen, aber keiner genügenden Nachfrage begegnen, weil gerade im Verlauf der dynamischen Kapitalbildung, des technischen Fortschritts, das Lohneinkommen einschrumpft. Als Heilmittel ergibt sich dann die Verlangsamung der Kapitalbildung und des technischen Fortschritts und die Hochhaltung des nominellen Lohneinkommens – alles genau wie in dem ursprünglichen lohntheoretischen Gegensatz. Wieder erscheint der Lohn in der dem Kapital günstigen Theorie als Kostenbestandteil, als Abzug vom Gewinn; in der den Arbeitern günstigen Theorie dagegen als Kaufkraft für den Absatz der Erzeugnisse. Natürlich ist er beides: Kostenbestandteil für die Produktion und Kaufkraft auf dem Absatzmarkt; der methodische Fortschritt der durchgebildeten Konjunkturtheorien besteht darin, das Problem als ein solches der richtigen Proportion zu fassen, die notwendige Verfehlung der richtigen Proportion also zum eigentlichen Beweisthema zu nehmen. Für die erste Gruppe der Theorien erscheint das Gewicht des Lohnes in der Produktion zu schwer, für die zweite Gruppe das Gewicht des Lohnes auf dem Absatzmarkt zu leicht. Dabei ist in der Kaufkrafttheorie ganz übersehen, daß die gesamte Lohnkaufkraft, von der der Umfang der Nachfrage nach Verbrauchsgütern bestimmt wird, ihrerseits keineswegs eindeutig mit dem Lohnsatz steigt, weil sich der Beschäftigungsgrad in entgegengesetzter Richtung bewegt, besonders stark bei sinkender Konjunktur; die bloße Erhöhung des Lohnsatzes braucht die verheißene Stützung der Konjunktur nicht zu bringen. Ganz unverändert aber wurde in beide Theorien die eine Voraussetzung aus der Lohntheorie übernommen, daß Kapital nur aus Gewinnen gebildet, Verbrauch nur aus Löhnen bezahlt wird, während grundsätzlich natürlich auch ein Zuviel an Kapital aus aufgesparten Löhnen und Steuern, ein Zuviel an Verbrauch aus verzehrten Gewinnen stammen kann. Insoweit der Verbrauch der einen Klasse durch den der andern, die Kapitalbildung der einen Klasse durch die Kapitalbildung der andern Klasse oder des Staates ersetzt wird, bleibt die Konjunktur unberührt – also möglicherweise auf falschem Wege –; erst darüber hinaus wird sie in positivem oder negativem Sinne in Mitleidenschaft gezogen. Das Bild ist also viel zu verwickelt, als daß aus einer der Konjunkturtheorien, selbst wenn man von ihrem Widerstreit ganz absieht, eine eindeutige Linie der Lohnpolitik gewonnen werden könnte. Noch weniger reichen für die Begründung einer solchen die primitiven Lohntheorien selber aus.

Mit den grundlegenden sozialistischen Anschauungen ist die Kaufkrafttheorie der hohen Löhne grundsätzlich nicht vereinbar. Sie ist eine Harmonielehre, deren Radikalismus sogar den der Lohnfondstheorie übertrifft. Beide lehren, daß im System des Kapitalismus alles zugunsten der Arbeiter ausschlagen müsse, wenn nur die wirtschaftliche Vernunft walte und ihre Gesetze genau beobachtet werden. Aber nach der Lohnfondstheorie gebietet die Vernunft den Arbeitern einen vorübergehenden und nach Möglichkeit lange durchzuhaltenden Verzicht auf den Genuß in der Gegenwart, um der zukünftigen Früchte willen; nach der Kaufkrafttheorie ist der vorübergehende Verzicht Aufgabe der Unternehmer, und die Arbeiter würden durch Erhöhung und Verausgabung ihres Einkommens die Absatzmöglichkeiten der Produktion erweitern, dadurch rückwirkend die Produktion anregen und die Kapitalbildung aus den Erträgnissen der Absatzerweiterung ermöglichen. Bei guter Konjunktur steigt der Lohn ohnedies, und dem Absinken der Konjunktur muß durch nochmalige Lohnerhöhung zum Zwecke der Absatzerweiterung entgegengewirkt werden. Wenn Lohnerhöhung schlechterdings das Allheilmittel für jede Lage des Kapitalismus ist – genau wie in der Lohnfondstheorie die Kapitalbildung auf Kosten der Löhne –, so entsteht die Frage, was eigentlich vom wirtschaftlichen Standpunkt der Arbeiter aus gegen den Kapitalismus einzuwenden bleibt.

Man braucht aber keineswegs der Verelendungstheorie anzuhängen oder den hohen Nutzen der Gewerkschaften auch in wirtschaftlicher Hinsicht zu bestreiten, wenn man den kaufkrafttheoretischen Optimismus ablehnt. Es kann keine Wirtschaftsordnung geben, in der die Einkommen der Arbeitenden auf alle Fälle heraufgesetzt werden müßten; immer handelt es sich um die Frage der Größenverhältnisse. Und insoweit Kapitalismus die Organisation der Produktion durch das Kapital mit allen sozialen Folgewirkungen bedeutet, steht im Brennpunkt des sozialen Streites um den Kapitalismus immer die Verfügung über das Kapital, von der gerade die Kaufkrafttheorie gänzlich schweigt, da sie den volkswirtschaftlichen Vorteil der Lohnerhöhung in der Verbrauchserweiterung, nicht etwa in der Kapitalbildung durch die soziale Bewegung sucht.

Für den kapitalistisch-harmonistischen Charakter der Kaufkrafttheorie ist ihr Ursprung bezeichnend: diese bevorzugte Waffe des heutigen Gewerkschaftskampfes ist in USA., ihrem Ursprungslande, eine ausgesprochene Unternehmertheorie. Das ist natürlich kein Grund gegen ihre Wahrheit, wie ja auch sonst vielfach Wahrheit und Recht der sozialen Bewegung positiv aus der liberalen Grundlage erwachsen. Es steht außer Frage, daß die Kaufkrafttheorie sehr wohl ein richtiges Moment enthält und in ihren Grenzen gute Dienste leisten kann, wenn ihre Verabsolutierung preisgegeben wird. Einmal weist sie auf das Erfordernis der richtigen Proportion zwischen Verbrauch und Kapitalbildung hin – das ist nicht ohne weiteres dasselbe wie zwischen Lohn und Kapitalgewinn – und ferner auf den Vorteil, den die Produktion aus einer Verschiebung vom Luxusbedarf der reichen Leute zum einheitlichen Massenbedarf der ärmeren erfährt, insofern die Erweiterung der Massenproduktion mit sinkenden Kosten und steigenden Gütererträgen aus der Einheit des

Kapitals verbunden ist. Daß es sich bei der Kostenersparung durch die Vereinheitlichung des Bedarfs um sehr erhebliche Beträge handeln könne, möchte man freilich zunächst nicht annehmen und daher dem Argument nur begrenzte Kraft zubilligen. Aber gerade die amerikanischen Erfahrungen, die am Ursprung der Theorie stehen, legen die Frage nahe, ob nicht die Höhe und das dauernde Wachstum des amerikanischen Reallohns in starkem Maße der Einheitlichkeit des Bedarfs verdankt wird, in viel stärkerem Maße, als es die landläufige Meinung bei uns für möglich hält. Leider gibt es darüber noch kein Material. Theoretisch kann die Frage natürlich nicht entschieden werden; der Theorie aber gebührt das Verdienst der wichtigen Fragestellung.

Die Frage nach der Möglichkeit einer Lohnerhöhung wird von den Theorien unabhängig von der Frage nach dem Mittel der Lohnerhöhung untersucht: je niedriger der Lohn, desto besser sind nach der Lohnfondstheorie die Zukunftsaussichten der Arbeiter. Da aber gerade nach der Lohnfondstheorie eine marktmäßig notwendige, durch relativ verstärkte Seltenheit der Arbeit hervorgerufene Lohnerhöhung sich nicht vermeiden läßt, so richtet sich die Spitze der Theorie gegen die sogenannten künstlichen Lohnerhöhungen, deren frühestes und wichtigstes Mittel die gewerkschaftliche Monopolisierung der Arbeit ist. Entsprechend glaubt die Kaufkrafttheorie, nicht nur den Arbeitern, sondern der Volkswirtschaft zu nützen, indem sie das Lohneinkommen »künstlich« zu erhöhen empfiehlt. Hier entsteht dann wieder die Frage der Kapitalbildung und die lohntheoretische Problematik, die an die Unterscheidung zwischen Lohnsatz und gesamtem Lohneinkommen einerseits, an den Zusammenhang zwischen Lohnsatz und Produktionsumfang anderseits anknüpft, und die schon auseinandergesetzt wurde.[1] Solange es keine

1 Vgl. oben S. 224.

Arbeitslosenunterstützung u. dgl. gibt, liegt die Bedingung einer rationellen Monopolisierung darin, daß bei einer Erhöhung des Lohnsatzes die Beschäftigung in geringerem Verhältnis zurückgeht, als der Lohnsatz steigt: dann ist das Lohneinkommen im ganzen höher, und die beschäftigten Arbeiter können ihre beschäftigungslos gewordenen Kollegen unterstützen und trotzdem mehr als früher für sich übrig behalten.[1] Es muß also, damit dies möglich sei, der Anteil der verknappten Arbeit an einem einschrumpfenden Gesamtertrage der Produktion nicht nur relativ, sondern auch absolut wachsen; sonst erfüllt die Monopolisierung ihren wirtschaftlichen Zweck nicht.

Dabei ist aber vorausgesetzt, daß die sonstigen Umstände gleichbleiben; daß also weder eine kapitalintensivere Technik die Produktion vergrößert und den relativen Lohnanteil daran senkt, noch anderseits die Monopolisierung sich auf eine Arbeiteraristokratie beschränkt und zu höheren Leistungen führt, so daß die Arbeiter im Grunde ihre eigene Lohnerhöhung erarbeiten, wie vielfach wohl bei den aristokratischen Gewerkschaften der englischen Frühzeit. Der grundsätzlich am wenigsten interessante, praktisch aber weitaus wichtigste und wirksamste Fall der gewerkschaftlichen Einwirkung bezieht sich auf solche Lohnerhöhungen, die einer Veränderung der Marktlage entsprechen, sich auf einem zersplitterten und unübersichtlichen Markt aber nur langsam durchsetzen würden und durch die Gewerkschaften alsbald wahrgenommen werden. Ein den Arbeitern günstiger Marktverlauf wird auf diese Weise beschleunigt, ein sonst unvermeidlicher Verlust ihnen erspart.[2] Dies ist ein Teil der von *v. Zwiedineck* sogenannten »Ordnungsfunktion« der Ge-

1 Schumpeter, *Grundprinzip der Verteilungslehre, Arch. f. Sozialwiss.* Bd. 42, S. 85; ebenso Landauer, *Grundprobleme der funktionellen Verteilung*, S. 60 Anm. I.

2 Schumpeter a. a. O. S. 74.

werkschaften, die mithin nicht nur den Markt übersichtlicher machen und dadurch eine wirtschaftstechnische Aufgabe ähnlich der Arbeitsvermittlung erfüllen. So erledigt sich auch der Einwand, daß eine marktgerechte Lohnerhöhung nicht ausbleiben könne und keiner Gewerkschaften zu ihrer Durchsetzung bedürfe: sie kann auf die Dauer nicht ausbleiben, findet aber an dem unübersichtlichen Zustande eines unorganisierten Marktes und an der geschäftlichen Ungewandtheit des isolierten Arbeiters schwere Reibungswiderstände vor, die durch gewerkschaftliche Monopolisierung überwunden werden. In einer sich dauernd erweiternden Wirtschaft muß diese Lage sich immer wiederholen, daher auch der Nutzen der Gewerkschaften für die Arbeiter sich immer wiederholen und im ganzen zu außerordentlichen Geldbeträgen anschwellen.

Bei alledem ist immer einfache Monopolisierung angenommen, d. h. eine solche, die durch bloße Verknappung des Angebots den Preis der Einheit, hier den Lohnsatz, erhöht. Zurückhaltung der Arbeit schmälert aber den Produktionsumfang und setzt die Arbeitermonopole dem bereits erörterten Vorwurf der Produktionsminderung aus, in vermeintlichem Gegensatz zu den industriellen Monopolen, die »nur« die Anteile an einem im ganzen unveränderten Produktionsertrage zugunsten der Monopolisten verschieben.[1] Nun wird in den drei soeben behandelten Fällen der Produktionsertrag im ganzen trotz des Arbeitsmonopols nicht geschmälert. Erstens kann das Monopol hochqualifizierter Arbeiter seine eigene Wirtschaftsgrundlage schaffen – ein seltener und für die aktuellen Fragen kaum noch bedeutsamer Fall; zweitens kann die Arbeitsverknappung und Lohnerhöhung zu einer ausgleichenden oder gar überwiegenden Kapitalintensivierung Anlaß geben, die bei geringerem Lohnsatz undurchführbar geblieben wäre – auf diesen Fall verlassen sich die Arbeiter gern, schieben also das Produktionsproblem auf den Kapitalismus ab; drittens schmälert die Beschleunigung einer fälligen Lohnerhöhung zwar die überdurchschnittlichen Gewinne – roh gesprochen –, die aus

1 Vgl. oben S. 69 ff.

dem Zurückbleiben des Lohnes sonst entstanden wären, bringt aber ihrem Begriff nach keinen Grund für eine Einschränkung der Produktion, da es sich nur um eine Erhöhung des Lohnes auf den marktgerechten Stand handelt. Nur eine Erhöhung über diesen Punkt des Ausgleichs zwischen Angebot und Nachfrage kann zu einer Produktionseinschränkung führen, wenn nicht eine Abhilfe von dem zweiten Fall her eintritt.

Viertens aber gestatten die besonderen Verhältnisse auf dem Arbeitsmarkt häufig die Anwendung einer höheren Monopoltechnik, die den Lohn über dem Gleichgewichtsstand des freien Marktes festsetzt, ohne doch eine Einschränkung der Produktion zuzulassen. Auf dem freien Markte bestimmt sich der Lohnsatz nach dem Nutzen des Grenzarbeiters für den Unternehmer; er kann nicht darüber liegen, weil der Unternehmer sonst diesen Arbeiter entlassen würde; auch nicht darunter, weil der Unternehmer sonst durch verstärkte Nachfrage nach Arbeitskräften noch mehr verdienen könnte und daher entweder mehr Arbeiter anwerben oder durch eine verstärkte Nachfrage unmittelbar den Lohn erhöhen würde. Solange er an der Beschäftigung von Arbeitern verdient, wird er rationellerweise auf dem Arbeitsmarkt weiterhin nachfragen, bis der Lohn den Grenznutzen wettmacht. Wenn OA der Nutzen des ersten Arbeiters für den Unternehmer ist, ML der Nutzen des letzten und daher der Lohn für jeden der Arbeiter OM, so ist OMLB der Gesamtlohn, OMLA der Gesamtnutzen des Unternehmers aus der Belegschaft und BLA der Nutzenüberschuß, die »Konsumentenrente«, der Gewinn. Einfache Monopolisierung würde nun das Arbeitsangebot verknappen, also M nach links rücken und dadurch den für den Lohnsatz entscheidenden Grenznutzen LM erhöhen, und zwar auf M_1L_1. Ob der neue Gesamtlohn $OM_1L_1B_1$ größer ist als der alte Gesamtlohn OMLB,

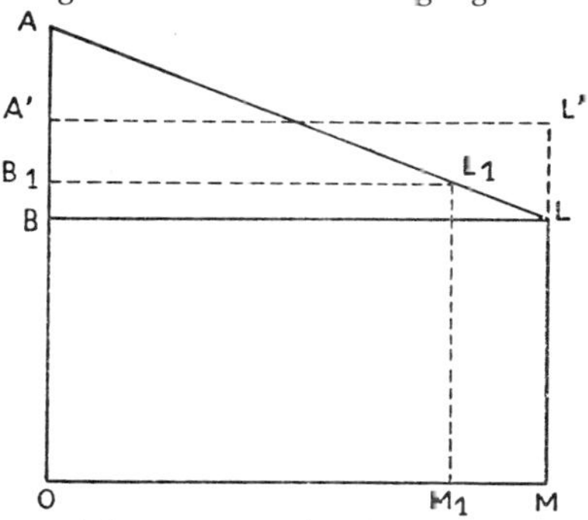

hängt von der Neigung der Nutzenkurve AL ab; es wird um so eher der Fall sein, je steiler, um so weniger, je flacher sie ist. Nur im ersten Falle ist die Monopolisierung möglich, und sie würde hier die Produktion um den Arbeitserfolg von MM_1 verkleinern. Bei höherer Monopolisierung dagegen würde die Arbeitsmenge OM nicht verkleinert werden; sie wird aber nur als Einheit angeboten, so daß der Unternehmer nur die Wahl hat, entweder alle Arbeiter zu beschäftigen oder gar keinen, und der Gesamtnutzen OMLA zum Grenznutzen und damit zur Grenze des Gesamtlohnes wird. Dieser Gesamtlohn, oder ein geringerer, der aber größer sein muß als OMLB, muß dann auf die Arbeiter OM gleichmäßig aufgeteilt werden; ist OML'A' = OMLA, so ist L'M der höchste denkbare Lohn für jeden der Arbeiter OM. Dieser Lohnsatz liegt über dem Marktlohn LM, der Produktionsumfang OM aber hat nicht gelitten.[1] Von der Frage der Kapitalbildung ist aus den früher erörterten Gründen hier abgesehen worden; notfalls muß aus L'M Kapital gebildet oder zugunsten einer Kapitalbildung durch den Unternehmer ein Abzug von L'M gemacht werden. Wie weit der Lohn den Gewinn bei fortdauernder Privatwirtschaftsordnung aufzehren darf, ist eine quaestio facti; der überdurchschnittliche Gewinn eines industriellen Monopols kann jedenfalls aufgezehrt werden, der im Gewinn steckende Unternehmerlohn muß grundsätzlich erhalten bleiben.

Natürlich gibt es auch Arbeitsmonopole, die rein wirtschaftlich unrationell sind, also entweder den Produktionsumfang im ganzen oder sogar den absoluten Betrag des Lohneinkommens beeinträchtigen. Daß solche Monopole vom sozialen Gesichtspunkt aus durchaus sinnvoll sein können, daß sie dann entweder den sozialpolitischen Zwischentypus oder den dritten Typus ausmachen, wurde bereits auseinandergesetzt[2] und wird alsbald noch spezieller erörtert werden.

1 Diese monopoltheoretischen Erörterungen, so weit entfernt sie von jeglicher Originalität sind, können hier doch nicht entbehrt werden, weil die Behauptung von der produktionsschädigenden Wirkung des Arbeitsmonopols nur möglich ist, wenn man jene ignoriert.

2 Vgl. oben S. 205.

8. *Tarifvertrag und Schlichtungswesen*

Die Monopolkraft der Arbeiter wird durch die Unabdingbarkeit des Tarifvertrages und die Möglichkeit seiner Verbindlicherklärung in hohem Maße gesteigert. Da die Arbeiter viel schwerer organisierbar und tatsächlich in viel geringerem Prozentsatz organisiert sind als die Arbeitgeber, so ist ihre Monopolkraft an sich geringer und daher die staatliche Hilfe für sie wirksamer. Indem der staatliche Eingriff den Parteienvertrag auch für die Unbeteiligten und Unorganisierten verbindlich macht, wirkt er so, als ob sie sämtlich organisiert wären, schließt also die Lücke des Monopols und zwar, wie bereits erwähnt[1], zugunsten der Kampfgewerkschaften und zuungunsten derjenigen Arbeiterverbände, die dem unternehmerischen Patriarchalismus dienen. Der liberale Grundsatz des formal gleichen Rechtes für alle, hier für alle Arbeiterorganisationen, ist ausdrücklich durchbrochen und ein Vorrecht der sozialen Freiheitsidee vor der feudal-patriarchalischen Herrschaftsidee geschaffen – eine entschiedene Wendung vom Kapitalismus, der die ungleichmäßigen Wirkungen des formal gleichen Rechts für den Aufbau seiner naturalistischen Herrschaft benutzt, zur sozialen Freiheitsordnung, die als solche ausdrücklich errichtet werden muß. Die organisierten Vertreter der sozialen Idee und nur sie werden nun zu verfassungsmäßigen Organen erhoben und d. h.: an der politischen Willensbildung beteiligt, da der staatliche Hoheitsakt ihre zunächst nur privaten Abmachungen mit der Gegenseite auch den Unbeteiligten als verbindlich auferlegt; ihre Wertvorstellungen erhalten bindende Kraft für die Sozialordnung. Derselbe Gedanke wird nochmals unterstrichen, indem das Schlichtungswesen seiner rechtli-

1 Vgl. oben S. 150.

chen Konstruktion nach Tarifrecht schafft und auch der für verbindlich erklärte Schiedsspruch nur wie eine freie Vereinbarung der Parteien wirkt.

Freilich ist aus dem Schlichtungswesen etwas anderes – und zweifellos mehr – geworden, als ursprünglich damit gemeint war. Beabsichtigt war eine Einrichtung zur Vermeidung überflüssiger und schädlicher Reibungen, also fast eine Beschränkung auf bloß wirtschaftstechnische Zwecke, eine möglichst weitgehende Sicherung für den ungestörten Fortgang der Wirtschaft, eine Hilfestellung für das Zustandekommen einer Abmachung zwischen den Parteien, ein vermittelndes Eingreifen im psychologisch richtigen Augenblick, wo die Parteien sich festgerannt haben und den ersehnten Ausweg nicht finden. Die Möglichkeit der Verbindlicherklärung durch den Reichsarbeitsminister hat daraus fast das Gegenteil gemacht, nämlich eine Lohnfestsetzung durch den Staat. Es ist für die Vertreter der Parteien allzu bequem und verführerisch, sich vor ihren Anhängern mit der Ablehnung des Schiedsspruches zu brüsten und dadurch ihre Überzeugungstreue und Kampfesbereitschaft zu demonstrieren, insgeheim aber um die Verbindlicherklärung zu betteln; öffentlich also den Staat zu verleumden und sich insgeheim von ihm retten zu lassen. Alle Verantwortung und alles Odium des Zurückbleibens hinter den äußersten Wünschen wird so auf den Staat gewälzt und die Verhandlung der Parteien zu einer demagogischen Farce entwürdigt, da sie sich auf das Eingreifen des Staates verlassen können, der sie vor den Folgen ihrer Verhandlungskunst retten wird. Positiv heißt das, daß statt der Monopolparteien der Staat in seiner am stärksten in der Richtung der sozialen Idee ausgeprägten Funktion die Löhne festsetzt; negativ aber heißt es, daß er unter solchen Umständen immer mehr in Mißkredit auch bei denen kommt, zu deren Gunsten er handelt. Daß das

Schlichtungswesen den Arbeitgebern mißfällt, liegt in der Natur der Sache, praktisch, weil ihre Verbände im freien Kampf oft stärker sind als die Gewerkschaften, grundsätzlich, weil die offizielle Politisierung des Lohns die vermeintliche kapitalistische Eigengesetzlichkeit stört, in Wahrheit also den Wirtschaftsverlauf aus der politischen Richtung der kapitalistischen Eigengesetzlichkeit in die politische Richtung der sozialen Idee abdrängt.[1] Daß aber die Arbeiter, denen dies zugute kommt, durch die Schuld einer verfehlten Konstruktion an der rechten Würdigung verhindert werden, muß den ganzen Apparat auf die Dauer unhaltbar machen.

Eine grundsätzliche Lösung des Problems gibt es nicht, wenn man die Möglichkeit eines staatlichen Zwangseingriffs in Fällen der Not für unentbehrlich hält; denn dadurch wird zugleich immer den Parteien die Möglichkeit gegeben, durch eine unverantwortliche Verhandlungstaktik diesen Notfall herbeizuführen und die Verantwortung auf den Staat abzuwälzen. Nur praktisch und von Fall zu Fall eröffnet sich der Ausweg, den zu beschreiten schon mehrfach vorübergehend versucht wurde: die Verbindlicherklärung öfters zu unterlassen, den Parteien also die Gefahren der eigenen Verantwortung für ihre Verhandlungsweise vor Augen zu halten und sie, wenn sie den Schiedsspruch ablehnen, vor den Folgen nicht durch Verbindlicherklärung zu bewahren. Durch Schaden wird man klug. Eine solche Umwendung nicht des Schlichtungsgesetzes, sondern der Schlichtungspraxis würde ein gewisses Maß von Selbstbescheidung auch von der Sozialbürokratie des Arbeitsministeriums fordern, deren Tätigkeits- und Machtdrang einerseits, deren guter Wille anderseits durch regelmäßige Verbindlicherklärung sicherlich

1 Vgl. oben S. 89 und die Diskussionsrede des Verfassers in der Gesellschaft für Soziale Reform (*Schriften der Gesellschaft* usw. Heft 80 S. 184/185).

stärker befriedigt wird. Die Wendung wäre um so dringender nötig, als der Wirtschaftsverlauf seit der Stabilisierung im ganzen nach oben gerichtet war und daher auch eine immer erneute Lohnerhöhung gestattete und forderte, so daß das Schlichtungswesen in den Augen der Arbeiter schlankweg als ein – unvollkommener und beargwöhnter – Apparat für Lohnerhöhungen erscheint. Auch wenn man dem Schlichtungswesen die Aufgabe stellt, den Lohn jeweils möglichst hoch festzusetzen, so ist das etwas ganz anderes als eine Lohnerhöhung unter allen Umständen; bei sinkenden Preisen und Gewinnen kann der höchstmögliche Lohn unter Umständen tiefer als der bisherige Lohn liegen. Denn obgleich das in der antithetischen Wirtschaftsordnung des Kapitalismus den Arbeitern im Einzelfall besonders schwer plausibel zu machen ist, so gibt es doch eben die Möglichkeit zu hoher Löhne unabhängig von der jeweiligen Wirtschaftsordnung, und kein System der Lohnfestsetzung hat die Probe seiner Bewährung bestanden, solange es nicht im notwendigen Fall auch einmal die Kraft zur Lohnsenkung aufgebracht hat, sei es durch unmittelbaren staatlichen Machtspruch, sei es durch freien Marktkampf mit dem Staat als Zuschauer. Jedenfalls sollte es ein ernstes Anliegen der sozialen Bewegung sein, das Schlichtungswesen vor der moralischen Diskreditierung und politischen Überlastung zu schützen und lieber einmal unter der Herrschaft des Schlichtungswesens eine Enttäuschung mit Ruhe hinzunehmen als den ganzen Apparat dem Zusammenbruch auszuliefern – denn die Gefahr des Zusammenbruchs besteht unzweifelhaft.

Wenn der Schiedsspruch den Lohn möglichst hoch festsetzen soll, so ist in diesen Auftrag wieder die ganze lohntheoretische Problematik eingeschlossen, die ja nicht nur für die gewerkschaftliche Monopolbildung gilt, sondern für jeden Eingriff in das Spiel des Marktes, und um so mehr, je kraftvoller der Eingriff ist. Dem Wortlaut nach könnte gemeint sein, daß nur das Ergebnis eines Kampfes unter Vermeidung der Kampfschäden vorweggenommen werden soll; Voraussetzung ist die Deutung, daß es immer nur einen wirtschaftlich möglichen Lohn gibt, nämlich den marktgerechten. Der Erfolg wäre auch bei so enger Auslegung des Schlichtungswesens keineswegs zu mißachten, wenn etwa Streiks oder Aussperrungen vermieden werden und den Arbeitern als Arbeitern ein Lohnverlust erspart bliebe, als Verbrauchern mehr Güter zur Verfügung gestellt würden. Aber es würde sich dann eher um eine wirtschaftstechnische Hilfestellung handeln, ähnlich der Arbeitsvermittlung, nicht um soziale Lohnpolitik. Auch diese kann, wie bereits gezeigt, sich im Rahmen eines bloßen Marktverlaufs halten, wenn sie einen für die Arbeiter günstigen Verlauf mit einer sonst unerreichbaren Beschleunigung ausnutzt und somit das Einkommen der Arbeiter erhöht und den Gewinn schmälert. Dies ist der einfachste und zugleich praktisch wichtigste Fall der gewerkschaftlichen Lohnpolitik, es ist aber auch ein ungemein wichtiger Fall des Zwangsschiedsspruchs, um so wichtiger, je geringer die gewerkschaftliche Kraft in dem betreffenden Industriezweig ist. Es kommt ja nicht auf die absoluten Ziffern der Gewerkschaftsmitglieder an, sondern auf das Ziffernverhältnis zwischen Organisierten und Unorganisierten; und in dieser entscheidenden Beziehung sind sogar einige sehr große Gewerkschaften, weil sie zu sehr großen Industrien gehören, auffallend schlecht gestellt, erst recht aber kleinere Organisationen von einer wirklichen Monopolkraft weit entfernt. Wenn es nach landläufiger monopoltheoretischer Annahme genügt, 60–70 % des Gesamtangebots einheitlich zu erfassen, um den Markt monopolistisch zu beeinflussen, so muß bei einem geringeren Prozentsatz der Organisierten der staatliche Schiedsspruch eingreifen, um das »Mögliche« für die Arbeiter herauszuholen. Von der bloßen Verhütung der Kampfschäden ist dann nicht mehr die Rede, sondern von einer echten Veränderung des Wirtschaftsverlaufs zugunsten der Arbeiter, nach dem zweiten sozialpolitischen Typus; anderseits unter Beobachtung des marktgerechten Lohnes, der sich sonst schwerer und langsamer durchsetzen würde.

Die Erfahrung zeigt aber, daß das Schlichtungswesen über diese hinreichend wichtigen Aufgaben noch hinausgreift. Obgleich es im allgemeinen unmöglich ist, den absoluten Stand des marktgerechten Lohnes von außen zu erkennen, so muß er doch jedenfalls der allgemeinen Abwärtsbewegung aller Preise in einer Krise in ungefähr gleicher Proportion folgen. Es ist nun der auffallendste Erfolg der Schlichtungspraxis, den Lohn durch die schwere Krise des Jahres 1926 hindurch auf fast unverminderter Höhe gehalten zu haben und auch in den furchtbaren Wintermonaten des Jahres 1928/29 offenbar wieder Ähnliches zu bewirken, somit also grundsätzlich die Marktbewegung zu durchbrechen, an welche auch das Marktmonopol gebunden wäre. Konjunkturpolitisch kann man auch vom Standpunkt der Unterkonsumtionstheorie aus den Vorgang nicht rechtfertigen – ihn freilich auch nicht widerlegen –, solange die Frage offen bleibt, ob das gesamte Lohneinkommen bei dem hochgehaltenen Lohnsatz größer oder kleiner ist, als es bei tieferem Lohnsatz sein würde, abgesehen auch von der Frage der Kapitalbildung aus dem Lohn. Für den Konjunkturverlauf kommt es auf die Gesamtkaufkraft an, die für den Kauf der Verbrauchsgüter verfügbar ist, und sie könnte durch einen entsprechenden Umfang der Entlassungen zurückgehen, auch wenn der Lohnsatz hochgehalten wird, und gerade infolge davon. Die Gewerkschaften verteidigen den Vorgang mit dem Hinweis darauf, daß der Lohn in der Krise mindestens so schnell fällt wie die Preise, im Aufschwung aber viel langsamer ansteigt als die Preise; die Hochhaltung des Lohnsatzes soll also den Einkommensverlust im Aufschwung verhüten. So richtig das nun ist, so besagt es doch wieder nichts über das Gesamteinkommen der Arbeiterschaft und seinen Einfluß auf die Konjunktur im einen und im andern Fall. Um so deutlicher zeigt sich aber der soziale Sinn des Beharrens auf dem Lohnsatz, wenn diese Politik wirtschaftlich möglicherweise deswegen Schaden bringt, weil das Lohneinkommen außer vom Lohnsatz auch von dem Beschäftigungsgrad abhängt. Der Lohnsatz zeigt die gesellschaftliche Bewertung der Arbeit an, und diese von den marktmäßigen Bestimmungsgründen zu lösen und einem überwirtschaftlichen, geistigen Maßstab zu unterstellen, das ist nur ein anderer Ausdruck für die grundlegende soziale Idee der Arbeitswürde. Vom Gesichtspunkt der kapitalistischen Denkweise aus ist es erwünscht, möglichst viele Güter herzustellen, also den Beschäftigungsgrad zu erhöhen, sei dies auch nur um den Preis einer schweren Lohnsenkung möglich; vom Gesichtspunkt der Arbeitswürde aus ist es unter Umständen und bis zu einem gewissen Grade richtiger, auf Güter zu verzichten und dafür anderseits die Schändung der Arbeit durch einen Schandlohn zu vermeiden. Wie weit man auf diesem Wege äußerstenfalls gehen kann, ist eine reine Tatsachenfrage der Wirtschaft; wie weit man innerhalb dieser Begrenzung gehen will, ist eine politisch-soziale Tatsachenfrage.

Diese nur auf das Grundsätzliche gerichteten Überlegungen bedürfen noch einer kritischen Ergänzung, die sich gegen die in der Öffentlichkeit am meisten verbreitete Auffassung von der Schlichtungsaufgabe wendet. Statt auf den »höchstmöglichen Lohn« – eine Formulierung, in der die ganze Problematik steckt – soll sich nach dieser Auffassung der Schiedsspruch auf den höchsten tragbaren

Lohn richten.[1] Das kann aber nur für normale Wirtschaftsverhältnisse gelten und bedeutet, wenn es uneingeschränkt proklamiert wird, unter Umständen ein sehr weitgehendes und in der Tat allzu weitgehendes Zugeständnis an die Unternehmer. Ist z. B. eine Industrie überfüllt oder nicht auf technisch-organisatorischer Höhe, so ist sie in schlechter Lage und kann keinen angemessenen Lohn zahlen; sie muß sich sanieren und zurückschneiden und hat damit einen Teil ihres Kapitals verloren. Man kann freilich den Kapitalverlust verschleiern, indem man die Industrie durch Zölle auf Kosten der Verbraucher oder durch staatliche Subvention auf Kosten der Steuerzahler oder aber durch schlechte Löhne auf Kosten der Arbeiter saniert; in der Tat handelt es sich dann immer nur um eine Überwälzung des Verlustes von den Unternehmern auf eine der anderen Gruppen. Die Umstellung und Einschränkung, welche die allein sachgemäße Abhilfe gegen eine Überfüllung ist, bleibt dann aus und der Verlust wird nicht liquidiert, sondern immer wieder erneuert. Das ist rein wirtschaftlich sinnlos; es widerspräche aber auch dem obersten Grundsatz der Unternehmerwirtschaft überhaupt, die doch den Unternehmern das volkswirtschaftliche Kapital zur Verwaltung nach eigenem Gutdünken überträgt und ihnen Gewinn oder Verlust in Aussicht stellt, je nachdem ob sie das Kapital in einer den Bedarfsproportionen gemäßen Richtung verwenden oder nicht. Unter solchen Umständen würde die Festsetzung eines tragbaren Lohnes die Unternehmer aus der Verantwortung entlassen, die Folgen des Fehlgriffs auf die an der Kapitalverwaltung nicht beteiligten Arbeiter abwälzen und übrigens den Fehlgriff dadurch verewigen, solange nicht der Lohndruck das Angebot von Arbeitern für diese Beschäftigung genügend

1 Insbesondere in dem großen Konflikt in der nordwestlichen Eisenindustrie im November 1928 war der ganze Streit auf die Ausfindigmachung des »tragbaren Lohnes« gerichtet.

verringert hätte. Ganz abgesehen also von sozialen Bewertungsmaßstäben würde der tragbare Lohn schon nach rein kapitalistischen Grundsätzen nicht zur Richtschnur der Schlichtungspraxis taugen; in dem beschriebenen Falle müßte der Lohn geradezu zum Zwecke der industriellen Sanierung hochgehalten werden. Zugleich zeigt das Beispiel die Verwobenheit der Schlichtung in die Wirtschaftspolitik und daher den verwickelten Charakter der Schlichtungsaufgabe in jedem einzelnen Fall. Nur zu dem monopolistischen Herrschaftssystem, das weitgehend auf Herrschaft ohne Verantwortung gerichtet ist, würde der beschriebene Fehler passen, mit der eigentümlichen Begründung des Kapitalismus aber unvereinbar sein, von der Sozialpolitik ganz zu schweigen.

9. Arbeitslosenhilfe

Die Erörterung des Schlichtungswesens ist lückenhaft, wenn nicht alsbald seiner Ergänzung durch die Arbeitslosenunterstützung gedacht wird. Die beschriebene Stabilisierung des Lohnes über die schlechten Zeiten der Konjunktur hinweg muß ja die Arbeitslosigkeit über das depressionsübliche Maß hinaus anschwellen lassen und bedarf daher des in der Arbeitslosenunterstützung gelegenen Auffangapparates. Monopoltheoretisch gesprochen erfüllt die Arbeitslosenunterstützung auf dem Arbeitsmarkt die gleiche Funktion wie das Dumping auf dem Warenmarkt: den Preis dadurch zu erhöhen oder hochzuhalten, daß der bei diesem Preise nicht absatzfähige Rest des Angebots anderweitig untergebracht, der Markt also von ihm entlastet wird. Allerdings ist das, wie bereits erwähnt, auch ohne Arbeitslosenunterstützung in dem Falle einer unelastischen Nachfrage auf dem Arbeitsmarkt möglich, dann also, wenn der Beschäftigungsgrad in geringerem Verhältnis zurückgeht, als der Lohn über dem marktgerechten Lohne steht; dann ist das Lohneinkommen im ganzen größer als es bei tieferem Lohnsatz wäre, und das Durchschnittseinkommen des einzelnen Arbeiters steigt, ganz gleichgültig, ob er beschäftigt wird oder arbeitslos geworden ist. Aber die konkreten Bedingungen dieses nur arithmetisch gedachten Falles sind schwer anzugeben, und jedenfalls wird die Erhöhung oder Hochhaltung des Lohnsatzes durch die Arbeitslosenunterstützung in hohem Grade erleichtert und vielfach erst ermöglicht. In jenem anderen Falle muß ja das gesamte Lohneinkommen der Arbeiterschaft trotz geringeren Beschäftigungsgrades größer sein als bei tieferem Lohnsatz, wenn doch eben auch die Arbeitslosen aus dem Lohneinkommen der Beschäftigten mit unterhalten werden müssen; die Arbeitslosenunterstützung dagegen bringt, soweit sie nicht aus den Löhnen der beschäftigten Arbeiter aufgebracht, sondern dem Einkommen der anderen Klassen entnommen ist, einen Zuwachs zum Gesamteinkommen der Arbeiterschaft und erlaubt daher eine Erhöhung oder Hochhaltung des Lohnsatzes rationellerweise schon dann, wenn das gesamte Lohneinkommen zuzüglich der von anderen Klassen stammenden Unterstützungsbeiträge größer ist, als es bei tieferem Lohnsatz und ohne Unterstützung sein würde. Der Spielraum für die staatliche Lohnpolitik wird also durch Arbeitslosenunterstützung in entscheidendem Maße erweitert oder eigentlich erst geschaffen; anders gewendet: die Erhöhung des Lohnes über den bloßen und schwankenden Marktsatz ist durch eine Vermehrung und Verlängerung der Arbeitslosigkeit erkauft. Die moralischen Gefahren und finanziellen Lasten der Arbeitslosigkeit bilden den Gegenposten, der gegen die sozialen Erfolge der Lohnpolitik von Fall zu Fall abzuwägen ist. Für die beschäftigt bleibenden Arbeiter ist nach alledem die wirtschaftliche Bedeutung der Arbeitslosenhilfe vielleicht ebenso groß wie für die Arbeitslosen selbst.

Ihre Bedeutung für die Arbeitslosen und für die von dem Jammer der Arbeitslosigkeit Bedrohten – das sind fast alle Arbeiter – darf darüber nicht verkannt werden. Sie ergibt sich unmittelbar aus dem, was früher[1] über die wirtschaftliche Tragweite und die moralische Entehrung der Arbeitslosigkeit gesagt wurde. Wenn das physische Lebensrecht und die bürgerlichen Ehrenrechte des Arbeiters an den Sachzweck der Güterherstellung geknüpft waren, der Arbeiter also um seiner selbst willen Würde nicht besaß und keinerlei Ansprüche an die Gemeinschaft geltend machen konnte, so ist diese entscheidende und charakteristische Position des Kapitalismus nun beseitigt und dem Arbeiter für den Fall der Not ein Anspruch an die Gemeinschaft zugebilligt. Arbeit ist keine überzählige Ware; das Menschsein beginnt. Insoweit die Möglichkeit der Entehrung oder des Verhungerns in der Marktverfassung der Arbeit begründet ist, ist auch hier der Markt- und Warencharakter grundsätzlich zerstört und der Primat des Menschen hergestellt. Die wirtschaftliche Tragweite und die geistig-grundsätzliche Bedeutung der Arbeitslosenunterstützung für die soziale Dynamik ist daher sehr groß.[2] Die neue Arbeitslosenversicherung steht mit ihrem Kernstück, der Krisenfürsorge, auf derselben Grundlage.[3]

1 Vgl. oben S. 129 f.

2 Die moralische Entgiftung der Arbeitslosigkeit durch die Unterstützung und die Stabilisierung des Lohnes durch sie in Verbindung mit dem Schlichtungswesen hat eine ausführliche Behandlung in dem Aufsatz des Verfassers, *Der Sinn der Arbeitslosen-Unterstützung, Soziale Praxis* 1927, Heft 25 erfahren. Der dritte Teil des Aufsatzes gibt eine ganz kurze Skizze des im vorliegenden Buch entfalteten Grundgedankens.

3 Die schweren technischen Mängel der neuen Arbeitslosenversicherung, die unzureichende Berechnung der Lasten, dazu die ungerechte Bevorzugung einzelner Arbeiterkategorien und die schwächlichen Vorkehrungen gegen Mißbrauch, lassen gleichwohl den Grundsatz unberührt.

Fünfter Abschnitt

Sozialpolitik und Sozialismus[1]

A. Sozialpolitik als Methode der Sozialisierung

Wenn die Sozialpolitik, wie nun auch im einzelnen gezeigt, den Kapitalismus über sich selbst hinaustreibt – wohin treibt sie ihn? Wenn sie ihm die Sicherung seines Bestandes nur um den Preis seines Abbaus und seiner Wandlung gewährt – was wird aus ihm? Wenn sie in sein System neue und fremdartige Elemente einbaut und sie darin anschwellen läßt – zu welchem System gehören diese Elemente und was ist also das immanente Ziel der Sozialpolitik?

Sozialpolitik ist der institutionelle Niederschlag der sozialen Idee im Kapitalismus und gegen den Kapitalismus, der Idee also von einer sozialen Freiheitsordnung, welche die arbeitenden Menschen umfassen und tragen soll. Will man dasselbe soziologisch statt geistig ausdrücken, so stellt sich die Sozialpolitik als der institutionelle Niederschlag der sozialen Bewegung dar; denn die soziale Bewegung ist der soziologische Körper der sozialen Idee, die soziale Idee ist die Seele der sozialen Bewegung, in sie hineingeboren und durch sie lebendig und wirkend. Die Menschen der sozialen Bewegung müssen an dem Orte, an den die Geschichte sie gestellt hat, die Verwirklichung der sozialen Idee wollen: Freiheit, Würde und Gemeinschaft der arbeitenden Menschen mit allen Bedingungen dafür und allen

1 In anderem Rahmen als in diesem Buch, auch weniger ausführlich im einzelnen wurden die Gedanken dieses Abschnitts in der Heppenheimer Rede des Verfassers über die Begründung des Sozialismus dargestellt, vgl. oben S. 13, Anm. 1.

Folgerungen daraus; eben weil sie dies wollen müssen, darum bilden sie die soziale Bewegung als das Machtinstrument der in ihnen lebenden Idee und verwirklichen die Idee schrittweise im Kampf mit dem Kapitalismus. Der Kapitalismus muß diese ihm wesenswidrige Verwirklichung zulassen, er muß sich also Sozialpolitik aufzwingen lassen, weil er auf die Menschen der sozialen Bewegung angewiesen ist. Dies alles ist ausführlich erörtert worden, ebenso auch, daß die soziale Bewegung in ihren verschiedenen Strömungen mit verschieden großer Intensität auf die soziale Idee gerichtet ist, je nachdem ob sie sie voraussetzungslos aufnimmt und zum ausschließlichen Geistesinhalt macht oder ob sie sie in andere überlieferte Geistesinhalte einschmilzt und mit ihnen verschmilzt. Im zweiten Falle ist die soziale Idee mit bürgerlichen oder vorbürgerlichen Elementen durchsetzt, im ersten Falle stellt sie sich am ehesten in logischer Reinheit und Ausschließlichkeit dar und konstituiert innerhalb der auf die soziale Freiheitsordnung gerichteten Arbeiterbewegung die sozialistische Bewegung im engeren Sinne. Der Kapitalismus hat durch die Zerstörung aller Traditionswurzeln dafür gesorgt, daß die sozialistische Bewegung innerhalb der sozialen Bewegung weitaus das Übergewicht besitzt; positiv und negativ orientiert sie sich an ihm als der unmittelbaren Gegebenheit des Lebens und entfaltet die soziale Freiheitsidee aus ihrem liberalen Erbe und aus ihren kapitalistischen Erfahrungen. Ein Gegensatz zwischen Sozialismus und Sozialpolitik kann nach alledem nicht bestehen, so wenig wie anderseits eine kapitalistische Grenze für die Sozialpolitik; Sozialismus und Sozialpolitik kommen beide aus dem Kapitalismus und sind auf die soziale Freiheitsordnung gerichtet und zwar so, daß die sozialpolitische Verwirklichung der sozialen Freiheitsordnung ausschließlich der Kraft der sozialen Bewegung und daher wieder in erster Linie der Kraft der sozialistischen Bewegung verdankt wird. Wenn man die Errichtung der sozialen Freiheitsordnung als Sozialisierung bezeichnet, so ist Sozialpolitik bisher der bevorzugte Weg der Sozialisierung.

Damit ist nicht gesagt, daß eine zu Ende gedachte Sozialisierung, eine wirkliche und lebendige soziale Freiheitsordnung zu ihrer Durchführung nur der Sozialpolitik bedürfe und sich auf sie beschränken könne; aber bisher ist vorzugsweise dieser Weg beschritten worden. Mehr als das: es ist ein Weg, der zwar für sich allein zur restlosen Verwirklichung der Idee nicht ausreicht, der aber anderseits für jenes Ziel notwendig und unentbehrlich ist. Die soziale Freiheitsordnung, in der die soziale Idee sich verwirklichen soll, die also den arbeitenden Menschen in seinen Freiheits- und Machtbereich einsetzen soll, geht offenbar vom Menschen aus und ist auf ihn gerichtet. Sie ist also zunächst und unmittelbar soziale Betriebsordnung; denn der Betrieb ist die Stätte, wo der Arbeiter lebt und wirkt und wo er sein Arbeitsleben nun unter eigener Verantwortung ordnen soll. Im Kapitalismus aber steht der Betrieb mit allem seinem sachlichen und menschlichen Zubehör im Privateigentum, er befindet sich in herrschaftlicher Verfassung; darum ist die soziale Betriebsordnung mit dem Privateigentum unvereinbar und darum die auf die soziale Betriebsordnung gerichtete Sozialpolitik gegen den Kapitalismus gerichtet.

Der Gegensatz der sozialen Betriebsordnung zur Privateigentumsordnung stellt sich in doppelter Weise dar. Einmal ist er unmittelbar wirksam; Ausbau der Sozialpolitik ist unmittelbar Abbau des Privateigentums, unmittelbar Sozialisierung im engsten Sinne des Wortes. Dies wurde ausführlich gezeigt. Arbeiterschutz beschränkt erstmals die willkürliche Verfügung des Privateigentümers über die von ihm gekaufte Arbeit – wenn auch aus innerkapitalistischen Gründen; Arbeitswissenschaft fragt nach den menschlich-geistigen Bedingungen der Arbeit; Arbeitsrecht läßt den Arbeiter als einen Freien mit Rechten und Verantwortungen in den Betrieb eingehen und erhebt ihn zum Rechtssubjekt neben den bisher absoluten Herrscher des Betriebes; Schiedssprüche und Arbeitslosenunterstützung zerstören die Marktverfassung der Arbeit, heben also an ihrem Teil den Warencharakter der Arbeit auf und schützen den Arbeiter vor der sozialen Entwürdigung durch beliebig tiefe Marktlöhne und vor der Existenzbedrohung und Entehrung durch die Arbeitslosigkeit. Alles in allem genommen hört Arbeit auf, eine Ware zu sein, die man nach rein sachlich wirtschaftlichen Marktbedingungen kaufen oder ungekauft lassen kann und über die man im Falle des Kaufs beliebig verfügt; Arbeit hört auf, eine Ware zu sein, an welcher der Verkäufer durch den Verkauf jedes Recht verliert. »Einst war der Mensch, der nicht ein Freier war, Sache. Durch die Rechtsgleichheit wurde er Person. Die neue Ordnung macht ihn zum Menschen« *(Sinzheimer)*.[1] Das wichtigste Produktionsmittel, die menschliche Arbeit, wird aus dem Privateigentum fortschreitend herausgenommen und in ihre eigene Freiheitssphäre eingesetzt; es findet in bezug auf die Arbeit Enteignung des Privateigentums und positiv gewendet also Sozialisierung statt. »So tritt in den freien Raum, der durch den Abbau des Eigentums entsteht, das Menschentum ein als ein neues selbständiges Rechtsprinzip, das sich mit seinem eigenen Wesen dem alten Rechtsprinzip des Eigentums entgegenstellt« *(Sinzheimer)*.[2]

Bei alledem besteht aber – zweitens – das Privateigentum, das inhaltlich durch die Sozialpolitik ausgehöhlt

1 *Grundzüge* 61, ebenso *Wirtschaftsdemokratie* 140.
2 *Wirtschaftsdemokratie* 141.

wird, formell weiter und wehrt sich gegen die Aushöhlung, so daß der Gegensatz bei geradliniger Durchführung schließlich auch formell zum Austrag kommen muß: auf der Ebene der Eigentumsform. Ohnedies wird das Privateigentum nicht nur schrittweise der freien Verfügung über die von ihm gekaufte Arbeit beraubt, sondern eben dadurch auch der Verfügung über die Sachgüter, welche die Arbeitsgrundlage bilden und welche daher nur bei freier Verfügung über Arbeit frei verwertet werden können.[1] Weil also ein geradliniges Vordringen der sozialen Betriebsordnung das Privateigentum an der Arbeit unmittelbar, an den Sachgütern mittelbar zurückdrängt und so die Sozialisierung tatsächlich einleitet, darum ist die soziale Eigentumsordnung die geradlinige Fortsetzung, Ergänzung und Vollendung der sozialen Betriebsordnung.[2] Praktisch wäre das etwa in der Weise denkbar, daß das Privateigentum unwillig wäre, seine produktive Funktion bei weiterer Aushöhlung durch weiteren Ausbau der sozialen Betriebsordnung fortzusetzen; dann müßte es, falls der sozialpolitische Ausbau gewollt wird, auch formell durch eine Neuregelung der Verfügung über Sachgüter, also durch eine soziale Eigentumsordnung ersetzt werden.

Es würde aber nicht ausreichen, das Verhältnis zwischen Sozialpolitik und Sozialisierung als ein solches wechselseitiger Ergänzung und Bedingtheit zu bestimmen; vielmehr muß der grundsätzliche Blickpunkt der sozialen Freiheitsordnung festgehalten werden, der Ordnung also, in der Freiheit, Würde und Gemeinschaft der arbeitenden Men-

1 Überraschenderweise sagt *Sinzheimer (Wirtschaftsdemokratie* 132): »Unberührt bleibt die Gewalt des Privateigentums an den Produktionsmitteln. Aber es entsteht mit der arbeitsrechtlichen Regelung eine bewußte Grenzziehung für die Ausübung dieser sozialen Gewalt, die früher unbegrenzt war.« Also bleibt sie doch eben nicht »unberührt«.

2 Dies alles wurde oben bereits ausgeführt S. 164 f.

schen verwirklicht sein sollen. Dies geschieht – nochmals – unmittelbar durch die soziale Betriebsordnung, die ja das Leben der arbeitenden Menschen unmittelbar ergreift und umgestaltet. Die soziale Eigentumsordnung ist Bedingung für die Durchführung der sozialen Betriebsordnung; nicht weniger, aber auch nicht mehr: sie ist nicht Selbstzweck, nicht Endpunkt auf dem von der sozialen Bewegung beschrittenen Wege. Es ist ja eine eigentümliche Erscheinung – über die weiterhin noch einiges zu sagen ist –, daß die Arbeiterbewegung, die mit so elementarer Wucht den Weg zur sozialen Freiheit im Betriebe beschritten hat, dabei dauernd von dem Gefühl des Versagens gegenüber ihrer eigentlichen Aufgabe geplagt wird, weil sie eben an die soziale Eigentumsordnung noch nicht eigentlich herangegangen ist. Grundsätzlich ist die Beziehung von Freiheit und Eigentum in der sozialen Freiheitsordnung genau die gleiche wie in der ursprünglichen liberalen Freiheitslehre, aus der die soziale Freiheitslehre stammt; ja dieselbe wie in der mittelalterlichen Naturrechtslehre: Eigentum ist zur Sicherung der Freiheit notwendig, die soziale Eigentumsordnung zur Sicherung der sozialen Freiheitsordnung; aber Eigentum für sich allein genommen ist noch nicht Freiheit, die Sozialisierung des Eigentums noch nicht die soziale Freiheit. Eine Änderung der Betriebsordnung ändert das Leben der im Betriebe tätigen Menschen und fordert zu ihrer Vollendung und Sicherung eine Eigentumsänderung; die bloße Eigentumsänderung aber kann für die im Betriebe Tätigen ohne Auswirkung bleiben.

Der Grund für die Beunruhigung der Arbeiterbewegung bei allen ihren sozialpolitischen Erfolgen, als gehe sie dabei an ihrem eigentlichen Auftrage vorbei, ist ein doppelter: einmal die offenkundige Übernahme der kapitalistischen Wertbetonung, die sich gegenüber dem liberalen Ursprung ganz und gar von der Freiheit auf das Eigentum verlagert hat; zweitens und damit zusammentreffend die ursprüngliche sozialistische Lehre, daß die Arbeiterschaft im Kapitalismus nichts als die Verelendung zu erwarten habe und der Umsturz des Eigentums ihre einzige Waffe sei. Nicht im Kapitalismus, wohl aber vom Kapitalismus aus, dank seiner liberalen Grundlage, hat die Arbeiterbewegung nun die Sozialpolitik vorangetragen und dadurch auch die Sozialisierung des Eigentums grundsätzlich angebahnt; die alte These der sozialistischen Lehre ist durch die Tatsachen überholt. Aber wie es wegen der Verelendungstheorie an einer positiven Theorie der Gewerkschaften fehlt[1], genau so und aus demselben Grunde auch an einer allgemeineren positiven Theorie der Sozialpolitik; und so ist das theoretisch geschulte Bewußtsein starr auf die juristische Eigentumsänderung gerichtet und verfehlt die dialektisch-realistische Aufgabe, welche aus der Wirklichkeit der Sozialpolitik erwächst: diese Wirklichkeit und ihre Bewegungsrichtung zu verstehen und zu würdigen. Erst in allerjüngster Zeit haben die Gewerkschaften mit Erfolg die Initiative ergriffen, um ihre tatsächliche Stellung innerhalb der sozialistischen Arbeiterbewegung zu legitimieren und ihre Leistungen – Leistungen der Sozialpolitik – auch theoretisch bewußt zu machen; dies ist die geschichtliche Bedeutung der von ihnen veranlaßten und herausgegebenen Gemeinschaftsarbeit über »Wirtschaftsdemokratie«. Endlich also macht die Theorie sich auf, um den generationenweiten Vorsprung der Praxis einzuholen; endlich bricht die Einsicht durch, daß Sozialpolitik Sozialisierung ist, und zwar Sozialisierung von unten her, aus der Sphäre des einzelnen Arbeiters aufsteigend und allmählich bis in das Herz der Eigentumsfrage vorstoßend, während die alte zentralistische Sozialisierungstheorie vom Eigentum her, also von oben nach unten die kapitalistische Ordnung

1 Vgl. oben S. 254 ff.

aufrollen wollte.[1] Wenn Sozialisierung die Freiheit des arbeitenden Menschen meint, so ist der von der Praxis eingeschlagene Weg sicher sinnvoller als der von der Theorie beschrittene. Dieser Weg der Praxis ist unmittelbar sinnvoll und verständlich aus dem Ausgangs- und Zielpunkt der sozialen Freiheitsbewegung, aus dem Lebens-, Freiheits- und Gestaltungsdrang des arbeitenden Menschen, der sich durch keine Theorie verhindern ließ, seine liberalen Freiheitsrechte im Kapitalismus gegen den Kapitalismus nutzbar zu machen und mit ihrer Hilfe die soziale Betriebsordnung als den Beginn der Sozialisierung anzubahnen. Indem die Praxis unmittelbar von dem Freiheitswillen des Arbeiters als dem Ursprung der sozialen Bewegung ausgeht, zeigt sie, daß sie nicht nur das Recht der Wirklichkeit für sich hat, sondern auch das innere Recht des wesenhaften Vorgehens.

B. Die marxistische Sozialisierungstheorie

I. Die Reife der Verhältnisse

Die *Marxsche* Sozialisierungstheorie ist von faszinierender Großartigkeit und atemraubendem Schwung; aber sie ist

1 *Wirtschaftsdemokratie* S. 12/13: »In der Periode, als der Kapitalismus noch völlig frei war, schien keine andere Alternative ... denkbar zu sein als die sozialistische Organisation der Wirtschaft im ganzen ... Bis die gewaltige Umwälzung ... stattfindet, muß alles so bleiben wie es ist – so war die gegebene Einstellung. Dann stellte sich allmählich heraus, daß die Struktur des Kapitalismus veränderlich ist, und daß der Kapitalismus, bevor er gebrochen wird, auch gebogen werden kann ... Es ist möglich geworden, die kapitalistische Despotie einzuschränken und ein gewisses Maß der Freiheit ... durchzusetzen. Es muß also so viel wie möglich schon jetzt geändert und durchgesetzt werden. Es widerspricht nicht, es entspricht vielmehr vollkommen den Aufgaben des Kampfes um die Zukunft, wenn man so viel wie möglich von dieser Zukunft zur Wirklichkeit macht ... Durch Demokratisierung der Wirtschaft zum Sozialismus!«

geistig doch von dem dialektischen Prinzip her, welches sich als Materialismus bezeichnete, in einen materialistischen Glauben an bloße Institutionen zurückgefallen. Sie lehrt, daß die eigentliche organisatorisch-produktive Aufgabe der Sozialisierung dem Kapitalismus zufällt und von ihm gelöst wird: die Entfaltung und einheitliche Organisation der Produktivkräfte wird von der kapitalistischen Konkurrenz besorgt, durch Konzentration und Zentralisation des Kapitals bis zur Aufgipfelung in umfassenden Monopolen, die in jedem Produktionszweig alle dort Tätigen unter einheitlicher Leitung zu planmäßiger Zusammenarbeit vereinigen. Diese produktionstechnisch richtige Organisation ist sozial das Gegenteil des Richtigen: die planmäßige Gemeinschaftsarbeit aller geht unter dem Kommando, zum Nutzen und zur höheren Ehre der wenigen Zwingherren vor sich und drängt zur Lösung dieses inneren Widerspruches durch den »Umschlag«, die »Expropriation der Expropriateure«, wo die Gemeinschaft der Arbeitenden das Eigentum und die Verwaltung des gemeinschaftlich Erarbeiteten übernimmt. Also Übergang der bereits fertig organisierten Wirtschaft in das Eigentum der Gemeinschaft: Revolution nur im »Überbau«, »soziale Revolution«, nicht ökonomische Revolution, das ist der eigentliche Sozialisierungsakt bei *Marx*, da die ökonomische Revolution grundsätzlich dem Kapitalismus übertragen ist und von ihm vollzogen wird. Der Kapitalismus vollbringt die Leistung, der Sozialismus ist – im Ökonomischen – lachender Erbe[1]; die »liebenswürdige Entwick-

1 Diese Theorie ist im eigentlichen Bereich des Kapitalismus, von dem sie doch handelt, nicht durch die Erfahrung widerlegt, wie so viele meinen. Man kann gegen sie nicht die ländlichen Verhältnisse einwenden, von denen es doch sehr fraglich ist, wieweit sie zum Kapitalismus gehören, und die daher auch eine sozialistische Ordnung nicht notwendig sozialisieren müßte. Im Bereich des Kapitalismus aber ist ein Stillstand der Konzentration bisher nicht zu beobachten. Der eigentliche Einwand gegen die von *Marx* gewollte Lösung des

lungstendenz« – mit *Wilbrandt* zu sprechen – enthebt ihn aller Leistung. Die *Marxsche* Lehre geht in der ungeistigen Auffassung der Wirtschaft so weit, ausdrücklich zu leugnen, daß dem Sozialismus irgendwelche besonderen oder gar neuartigen wirtschaftlichen Aufgaben gestellt werden könnten. Die Wirtschaft läuft von selbst wie eine Maschine; wenn die »Verhältnisse« »reif« sind, steht von der Wirtschaft aus dem »Umschlag« nichts mehr im Wege. Wirtschaften wird, dank den Leistungen des Kapitalismus, zu einer ganz einfachen Sache; so einfach, daß man im Grunde nur eine sorgfältige Buchführung braucht – Buchführung registriert, aber sie schafft nichts. Hier wurzelt auch die merkwürdige Vorstellung, daß die Eintönigkeit der Arbeit in der Wirtschaft durch organisierten Arbeitswechsel vermieden werden könne; durch einen Wechsel nicht nur des Arbeitsplatzes von Produktionszweig zu Produktionszweig, sondern sogar zwischen körperlicher und geistiger Arbeit.[1] Das setzt wieder eine völlige

Sozialisierungsproblems ist auch im rein ökonomischen ein grundsätzlicher. Organisiert und in diesem Sinne sozialisiert werden bei *Marx* nur die einzelnen Produktionen jede für sich; die Verbindung zwischen ihnen, die Proportionen ihrer Umfänge, die Verteilung der Produktionskräfte auf die einzelnen Produktionen bestimmt aber auch im organisierten Kapitalismus der Markt auf Grund der Wertrechnung im Geldausdruck. Die Wertrechnung kann nicht durch eine Arbeitsstundenrechnung ersetzt werden, weil es sich gerade darum handelt, festzustellen, in welcher der möglichen Verwendungen die Arbeit höheren Nutzen stiftet; man verfehlt das Problem, wenn man die verschiedenen Arbeitsarten von gleicher Qualifikation einander von vornherein gleichsetzt; dem sozialen Zweck gleicher und stabiler Einkommen wird hier der ökonomische Zweck der Wertrechnung geopfert und das logisch Getrennte und auch praktisch unter Umständen Trennbare, nämlich Wertrechnung und Einkommensbildung, genau so selbstverständlich als identisch aufgefaßt wie mit Recht im Kapitalismus. Die Einfügung der Wertrechnung in eine sozialistische Organisation ist also das ökonomische Problem der Sozialisierung. Vgl. *Zur Kritik des Kapitalismus und der Nationalökonomie, Blätter für rel. Soz.* Jan.–Feb. 1926 und *Mehrwert und Gemeinwirtschaft*, Zweites Buch, dritter Abschnitt.

1 Das Allermerkwürdigste ist die Übernahme dieses Ungedankens durch *Rathenau*, der überdies nicht bewußt an *Marx* anknüpft, sondern den Vorschlag als seinen eigenen bringt.

»Mechanisierung« der geistigen Arbeit, also die Befreiung von allen geistigen Anforderungen voraus, während der tatsächliche Weg der Arbeiterbewegung gerade umgekehrt die Verantwortung und daher die geistige Freiheit auch an der Maschine sucht, wie aus der Auflehnung gegen das Taylorsystem zu ersehen ist.

Es war im Sinne dieser Lehre ganz folgerichtig, als dem Sozialisierungsdrängen unmittelbar nach der deutschen Staatsumwälzung entgegengehalten wurde, daß man nur einen entfalteten und blühenden, nicht einen soeben zusammengebrochenen Kapitalismus sozialisieren könne, daß es sonst nicht lohne. Aber das war doch zugleich auch bezeichnend für den materialistischen Glauben, daß die Institutionen es von sich aus schaffen könnten und müßten, daß man also eines Tages Macht ohne Verantwortung und Leistung haben könne. Dem entspricht anderseits auch der Mangel an Einsicht in das notwendig sich erneuernde Wachstum der kapitalistischen Kraft mit dem kapitalistischen Wiederaufbau; Aufbau bedeutet Leistung, bedarf der Kraft und rechtfertigt die Abwehr durch den Hinweis auf die Leistung. Nicht als ob es im Sinne einer richtig verstandenen Dialektik gelegen hätte, in jenem Augenblick zu sozialisieren; der Grund der Unmöglichkeit aber lag nicht darin, daß man dem Kapitalismus die Leistung überlassen und selber nur die Macht übernehmen könnte, sondern in dem sehr richtigen Gefühl des Mangels an Kraft und an Kräften für den sozialistischen Aufbau. Denn der Kapitalismus kann natürlich nur auf seine Weise aufbauen, der Sozialismus nur auf seine Weise die Macht ausüben, nicht aber den kapitalistischen Aufbau zulassen und die kapitalistische Kraft niederhalten. Darum verstößt die Sozialisierungstheorie und ihre praktische Anwendung gegen das dialektische Grundprinzip, nach welchem die gestaltenden Ideen an die Sozialgestalten gebunden, eben deswegen aber die Sozialgestalten mit der Kraft der lebendigen Ideen erfüllt sind. Die Ideen sind nicht einfach Zubehör und bloßer Schein; sie sind der Gestaltungsdrang in den geschichtlichen Mächten, die jede auf ihre besondere Weise das Leben und die Welt ordnen. Wenn Geist und Leben Wirtschaft ist, so fordert Wirtschaft geistige Leistung und Lebenskraft. Stoffgebundenheit der Idee ist nur ein anderer Ausdruck für Ideegefülltheit des Stoffes.

In den gleichen Zusammenhang gehört anderseits die Stellungnahme des Sozialismus zur kapitalistischen Konzentration. Gemäß der Sozialisierungstheorie begrüßt er jeden Fortschritt der Konzentration als einen Fortschritt auf dem Wege der Sozialisierung und stellt mit Befriedigung fest, daß die von *Marx* vorausgesagten Methoden der Zusammenfassung und einheitlichen Organisation zum Zwecke der Kostensenkung vom Kapitalismus tatsächlich angewandt werden müßten. Ein Gleiches gilt auch von der Stabilisierung der Konjunktur mittels zentralisierter öffentlicher Bankmacht, wie sie jetzt vielfach empfohlen und in Amerika seit einigen Jahren erfolgreich gehandhabt wird; auch hier wird der Kapitalismus zur Zentralisierung gedrängt, sogar zum planmäßigen Eingriff eines öffentlichen Organs in das freie Spiel der privaten Kräfte auf dem Markt. *Leopold v. Wiese* bezeichnet Vorgänge solcher Art sehr treffend als »formalen Sozialismus« und unterscheidet sie so vom »materialen Sozialismus«, von Maßregeln also, die im Interesse der Arbeiter liegen, oder in unserer Sprechweise: die auf die Würde und Gemeinschaft der Arbeitenden hinzielen. In der Tat ist nur die organisatorische Methode jener Vorgänge, aber weder die Absicht noch die Wirkung in der Richtung des Sozialismus gelegen; Absicht und Wirkung laufen vielmehr auf eine Verstärkung des Kapitalismus hinaus. Die dem Sozialismus gegnerische Front wird ausgebaut, dabei auch die Anwendung sozialistisch-zentralisierter Technik nicht verschmäht, wenn man dadurch Geist und Sinn des Sozialismus besser bekämpfen kann. Je stärker die feindliche Festung, um so stärker ist der Stützpunkt, den man durch ihre Eroberung gewinnt; darum begrüßt der Sozialismus die monopolistische Entwicklung. Aber der Ausbau der Festung erleichtert ihre Eroberung nicht.

Wenn das von der Monopolbildung ohne weiteres klar ist, so gilt es doch ebenso von der Konjunkturstabilisierung, und es geht nicht an, sie wegen ihrer doch auch für den Arbeiter günstigen Wirkungen etwa neben die Sozialpolitik zu stellen, wie das *Adolf Löwe* will.[1] Merkmal der Sozialpolitik ist immer eine Minderung der kapitalistischen Herrschaftsgewalt zum Zwecke der vorläufigen Sicherung des Restes; Merkmal der Konjunkturstabilisierung ist die Stabilisierung des Beschäftigungsgrades, aber doch zugleich die Stabilisierung der Geschäftsgewinne und überdies die Befreiung des Kapitalismus von dem Vorwurf, er sei unfähig, die periodische Wiederkehr der Massenarbeitslosigkeit zu vermeiden. Sozialpolitik ist eine Sache des Klassenkampfes; Konjunkturstabilisierung ist eine rein innerkapitalistische Angelegenheit, völlig beherrscht von der Frage, ob auf die Dauer der Wechsel von Aufschwung und Krise für den Kapitalismus bekömmlicher ist oder die Dämpfung des Aufschwungs um der Vermeidung der Krise willen. Sozialpolitik erzwingt der wachsende Lebensdrang der Arbeiterschaft und wächst dadurch weiter; Konjunkturstabilisierung vollbringt der Kapitalismus aus sich heraus gerade in dem Lande, wo er die Macht der Arbeiter am wenigsten zu fürchten hat. Wäre Konjunkturstabilisierung von Sozialisten erdacht und dem Kapitalis-

1 In seiner ersten Heppenheimer Diskussionsrede: vgl. S. 13 Anm. 1. *Löwe* ist im übrigen alles eher als ein Anhänger formalistisch-mechanischer Betrachtungsweise, wie gerade auch seine beiden Heppenheimer Reden zeigen.

mus zu seinem eigenen Nutzen aufgezwungen worden, so wären das äußere Ansehen des Sozialismus und sein inneres Kraftgefühl dadurch gestiegen; aber davon ist keine Rede. So ist die Ähnlichkeit der Konjunkturstabilisierung mit der Sozialpolitik eine rein »formale «, keine des Geistes und Sinnes; und die Kraft, welche einen »Umschlag« in den Sozialismus herbeiführen würde, wird allenfalls durch die Monopolbildung – davon später –, aber am allerwenigsten durch die Konjunkturstabilisierung wachgerufen. Schließlich kann die fehlende Ähnlichkeit auch durch den Hinweis darauf nicht gewonnen werden, daß ein etwaiges Steckenbleiben der Sozialpolitik, ein Erlahmen ihrer Dynamik sozial ähnlich wirken würde wie die Konjunkturstabilisierung, nämlich stabilisierend; so gewiß die Möglichkeit als solche besteht – auch davon später –, so läge der Grund doch nicht in der Sozialpolitik, sondern im Gegenteil in ihrem Steckenbleiben. Sozialpolitik ist auf die Verwandlung des Lebens unter der Idee der sozialen Freiheit gerichtet; wenn die Träger der sozialen Idee sich mit der Verwirklichung eines Teiles begnügen und die Kapitalherrschaft durch das einmalige Zugeständnis auf die Dauer gesichert wäre, so könnte man doch nicht der sozialen Idee die Schuld bzw. das Verdienst daran zuschreiben.

2. *Die Reife des Willens*

Freilich ist bei *Marx* das dialektische Prinzip nicht ganz verloren, die Arbeiterschaft nicht ganz von der Pflicht zur Leistung befreit. Aber die Leistung ist keine wirtschaftliche, sondern eine politische, und keine dauernd durch den Gang des Lebens neu geforderte, sondern eine einmalige und dann ein für allemal erledigte: es ist die politische

Kraftleistung der Revolution, keine wirtschaftsorganisatorische Aufgabe, sondern eine solche der Eigentumsänderung und Staatsumwälzung. In dieser wie in jeder Leistung der Freiheit steckt natürlich Geist; der Wille muß auf den Sozialismus gerichtet sein, damit das Werk gelinge; die sozialistische Gesinnung als Gegenpol zur organisatorischen Selbstsozialisierung des Kapitalismus führt den »Umschlag« herbei. Ihrerseits erwächst die sozialistische Gesinnung aus dem Gegensatz zwischen der Verelendung und Erniedrigung des Arbeiters und seinem Freiheitsdrang; sozialistische Gesinnung ist der kompromiß- und traditionslose Wille zum Neuaufbau der Arbeitswelt auf der Grundlage der Freiheit, wie dies ausführlich beschrieben wurde. Je stärker jene Spannung, um so näher der Umschlag. Insoweit die kapitalistische Machtentfaltung in den Monopolen die Empörung und den Kampfeswillen der Unterworfenen und Ausgebeuteten weckt, ist auch sie als Helfer auf dem Wege willkommen[1] – nur von der Konjunkturstabilisierung kann eine ähnliche Wirkung nicht ausgehen. Aber die eigenartige Konzentration der geistigen Spannung auf einen einmaligen politischen Akt und die zugehörige Entgeistigung der sozialistischen Wirtschaftsvorstellung führt doch zu entsprechend eigenartigen Folgewirkungen besonders im Syndikalismus und im Bolschewismus, der in diesem Punkte vom Syndikalismus abhängig, obgleich ihm in vielem entgegengesetzt ist. Wenn es auf den revolutionären Schwung der Arbeitermassen ankommt, so gibt es keinen ärgeren Feind als die Zentralisierung und Bürokratisierung der Arbeiterbewe-

1 Vgl. oben S. 221. Ebenso *Wirtschaftsdemokratie* S. 30: »... obgleich es uns fern liegt, den hochkapitalistischen Charakter der neuen Organisationsformen verschleiern zu wollen, glauben wir, daß von dieser Entwicklung ... ein großer Antrieb in der Richtung der Demokratisierung der Wirtschaft ausgehen wird und bereits auszugehen beginnt ... Gegenüber den höchsten Formen autokratischer Wirtschaftsbeherrschung erwächst ... die Gegenbewegung«. Ähnlich S. 22.

gung, wie sie für die Einheitlichkeit und Planmäßigkeit aller Einzelhandlungen unerläßlich ist. Denn je mehr Instanzen mitzureden haben, und je entfernter sie dem eigentlichen Kampfplatz und Kampferlebnis sind, um so mehr wird nun in dem einzelnen Arbeiter und der einzelnen Arbeitergruppe der Geist der Freiheit und des Freiheitskampfes geknickt. An der Front des sozialen Kampfes selbst, im Betriebe, soll dieser Geist gepflegt werden und schafft sich in den Räten das Organ, das dem solidarischen Not- und Kampferlebnis im Betriebe entspricht.[1] Das Ziel des Einzelkampfes ist nicht der Erfolg etwa in Gestalt einer Lohnsteigerung; das Ziel ist die Entfachung weiteren Kampfeswillens, und dafür ist die Niederlage erst recht geeignet. Auf demselben Boden steht auch die heroische Lehre von der aktiven Minorität, die den Vortrupp bilden und durch ihren Opfermut und ihre Kampfeslust die träge Masse in den entscheidenden Kampf hineinreißen muß. Es ist also der Einzelkampf hier Selbstzweck; er ist nicht auf irgendeinen greifbaren Erfolg gerichtet, und nicht wohlüberlegte strategische Maßnahmen, sondern nur spontane Ausbrüche stärken die Kraft, die zum Siege erforderlich ist.

Der für die soziale Idee unverlierbare Sinn dieser Lehre gerade in ihrer syndikalistischen Ausprägung ist ihr Hinweis auf den Freiheitsdrang des arbeitenden Menschen als Quell der sozialen Bewegung und Bedingung des sozialistischen Sieges. Aber die Entgeistigung der Wirtschaftsvorstellung, die Befreiung von jeder geistigen Anforderung erscheint hier in krassester Vollendung, so sehr, daß es ganz folgerichtig überhaupt nicht mehr auf die »Reife« der »Verhältnisse« ankommt, nur noch auf die »Reife« des Willens zum Sozialismus. Bei *Marx* geht das zweite mit dem ersten noch Hand in Hand, weil hier durch die

1 Vgl. oben S. 263.

Reifung der Verhältnisse, durch die Konzentration des Kapitals das Elend und der Umsturzwille gestärkt werden. Dagegen tritt die alleinige Betonung des Willensmoments im Syndikalismus und Bolschewismus um so schärfer hervor, als man in ihren romanischen und slavischen Ursprungsländern auf die Reife der Verhältnisse noch lange zu warten hätte. Das ist zweifellos eine Abweichung von der ursprünglichen *Marxschen* Lehre, die die Reife der Verhältnisse deswegen zur Bedingung des Umsturzwillens und des sozialistischen Sieges macht, weil es dann und erst dann vermeintlich keine neuartigen produktiven Aufgaben in der Wirtschaft mehr gibt; auf dem Wege des Kapitalismus zur Selbstsozialisierung gibt es also solche noch, und eben die Vorwegnahme dieser Aufgaben für den Sozialismus ist die historische Mission des Kapitalismus. Anderseits aber findet die grundsätzliche syndikalistisch-bolschewistische Unterschätzung der geistigen Aufgabe ihren Ansatzpunkt doch schon bei *Marx*, der zwar nicht die geistige Wirtschaftsaufgabe überhaupt, wohl aber die besondere des Sozialismus unterschätzt. Überdies wird die »materialistische« Lehre natürlich institutionell-materialistisch mißdeutet, die organisierende Konkurrenz als ein selbsttätiger Mechanismus aufgefaßt und ihre Bedingtheit durch den Geist der Dynamik verkannt, wie dies früher erörtert wurde.[1] So ist auch hier die dialektische Einheitlichkeit des Geschichtsbildes zerrissen, die Pole auseinandergebrochen und der eine der Pole zum alleinigen Sitz der wirkenden Kraft gemacht. Wie das Hinstarren auf die Reifung der Verhältnisse zu jenem müden und resignierten Fatalismus führt, so das Hinstarren auf den Umsturzwillen zu einem von aller Entwicklung losgelösten selbstherrlichen Voluntarismus, der sich sogar vermißt, die geschichtliche Stufe des Kapitalismus einfach zu überspringen. In

1 Vgl. oben S. 85.

beiden Fällen ist die geist-körperliche Einheit des dialektischen Prinzips preisgegeben und grundsätzlich ein Rückfall in die geistesgeschichtliche Lage der bürgerlichen Epoche eingetreten, wo die Welt in Sein und Sollen gespalten erschien: in ein eigengesetzlich und notwendig ablaufendes Sein und in einen davon unabhängigen, von Idealen geleiteten Willen. Man mag von jenen beiden Varianten der marxistischen Theorie die erste realistischer und gewissenhafter oder die zweite ästhetischer und heroischer finden – von Dialektik ist in beiden keine Spur mehr.

Bei *Marx* also ist ein Rest von Dialektik insofern gewahrt, als der Umsturzwille der Arbeiterschaft mit der Selbstorganisierung des Kapitalismus wächst, weil die Selbstorganisierung des Kapitalismus nur das Elend und die Erniedrigung der Arbeiter steigern soll. Aber entscheidend ist natürlich gerade schon bei *Marx* die Konzentration alles Denkens auf die einmalige politische Aufgabe des Umsturzes statt auf die jeden Tag sich erneuernde Aufgabe der Wirtschafts- und Sozialgestaltung, die doch schlechterdings entfällt, weil der Kapitalismus die Organisation der Produktion grundsätzlich für den Sozialismus fertigstellt. Bleibt nun der Wille zum Eigentumsumsturz aus irgendeinem Grunde zurück, so liegt es sehr nahe, der Geschichte auf voluntaristische Weise nachzuhelfen, den Willen der Arbeiter aufzupeitschen, damit er seinen hohen Auftrag beschleunigt vollziehe. Eine einmalige Gewaltleistung – und das ist die soziale Revolution – kann, wenn die gesunde Kraft nicht ausreicht, vielleicht dadurch ermöglicht werden, daß man die Spannung übersteigert, daß man den Nerven ein starkes Reizmittel verabfolgt; so die bolschewistische Theorie und Praxis. Wird dagegen eine nachhaltige Dauerleistung gefordert, so hilft kein Reizmittel. Zu einer Macht und Freiheit, die mit keiner positiven

Leistung und Verantwortung verknüpft wäre, könnte man die Menschen zwingen; aber eine solche Freiheit gibt es nicht. Die Geschichte kennt kein Vakuum; bleiben die Berufenen eine notwendige Leistung schuldig, so rücken diejenigen, die die Kraft zur Leistung haben, in die Leistung und in die aus ihr erwachsende Macht ein. Wenn die Arbeiter zur Freiheit im Staat und in der Wirtschaft unfähig sind, so muß absolutistisch regiert und gewirtschaftet werden; und mögen dann die neuen Herren noch so sehr im Interesse ihrer Untertanen regieren – das taten die früheren Herren auch nach ihrem besten Wissen. Es gibt dann eben wieder eine besondere Herrenklasse mit besonderen Funktionen und Wertvorstellungen. Freiheit ist Verantwortung und muß gekonnt werden; sonst wird nicht die Freiheit verwirklicht, nur die Herrschaft gewechselt.

C. Leistung als Bedingung der Freiheit

Die Geschichte hat gerade in Deutschland einen anderen Weg der Sozialisierung beschritten als den der *Marxschen* Sozialisierungstheorie, einen Weg, der natürlich nur mit den Mitteln der Dialektik beschrieben werden kann, weil Dialektik die Lehre von der schöpferischen Kraft der Geschichte ist. Das ganze vorliegende Buch war der Beschreibung dieses Weges gewidmet und mußte sich dabei durchweg der *Marxschen* Sehweise bedienen, auch wenn *Marxsche* oder *Marxistische* Einzeltheorien abgelehnt wurden.

Aus der kleinbetrieblichen Freiheit des heroischen Liberalismus wird durch die Dazwischenkunft der Technik die großbetriebliche Herrschaftsverfassung, die sich gerade auf der Grundlage der rechtlichen Freiheit entfaltet und sich als Freiheit ausgibt. Die Arbeiter aber machen von ihrer rechtlichen Freiheit Gebrauch, um dem Kapitalismus Stück um Stück des ihnen vorenthaltenen Anspruchs auf lebendige Freiheit und Würde abzutrotzen. In diesem Kampf der Arbeiter wird die Idee der sozialen Freiheit, die mit der Arbeiterschaft entstand, schrittweise verwirklicht; die rechtliche Form der Herrschaft, das Privateigentum, das dem arbeitenden Menschen die Freiheit um den Marktlohn abkaufte, verliert allmählich diesen seinen wichtigsten Inhalt, und damit wird auch der auf die Sachgüter sich beziehende Rest fortschreitend entwertet. Die Sozialisierung beginnt nicht mit der Zerschlagung der alten Rechtsform, sondern mit dem Aufbau einer neuen Rechtsform, mit der Überführung des sozial entscheidenden Tatbestandes aus jener in diese. Das alles können die Arbeiter erreichen, weil man ihre Mitwirkung braucht, weil also die Erfüllung ihres Lebensdranges Stück um Stück zur Existenzfrage für die Gesellschaft, zur produktionspolitischen Notwendigkeit für den Kapitalismus wird. Man kann den Arbeitern in der modernen Arbeitswelt nichts vorenthalten, was sie wirklich wollen, und sie müssen ihre Freiheit von der Herrschaft des Privateigentums wollen - das ist der *Marxsche* Grundgedanke, der nur auf einem andern als dem von *Marx* vorausgesetzten Wege Wirklichkeit wird.

Um so mehr aber drängt sich die Frage auf, warum die Arbeiter immer nur so wenig »wirklich wollen«, warum ihr Wille nicht auf die ganze Sozialisierung mit einem Schlage zielt, warum sie die mühevolle und langwierige Sozialpolitik betreiben, wenn sie die soziale Revolution doch nur ernsthaft zu wollen brauchen, um sie zu vollbringen. Die Antwort auf diese Frage enthüllt nochmals den Kern des dialektischen Prinzips, den geistigen Charakter der Institutionen. In den Institutionen muß das Leben funktionieren, sonst können die Institutionen nicht bestehen. Von der Kraft derjenigen, die die Institutionen als den Ausdruck ihres Wesens wollen, hängt es ab, ob sie die zugehörigen Funktionen erfüllen und das Leben in der gewollten Form vorantragen können. Es genügt nicht, die Institution als solche zu errichten – soziale Revolution –, als ob sie dann automatisch funktioniere; sie muß durch lebendige Menschen in Gang gesetzt, in Gang gehalten und dem Gang des Lebens angepaßt werden. Es genügt nicht, die Freiheit zu erkämpfen; man muß sie auch zu handhaben wissen, wenn sie nicht alsbald wieder verloren sein soll. Freiheit fordert Bewahrung und Gestaltung des Lebens unter eigener Verantwortung, aus eigener Kraft, nach eigenen Wertvorstellungen; darum hat der Kampf um die Freiheit nur insoweit Sinn, als die Kraft zur Erfüllung der Freiheit gespürt wird. Nicht ein von den Institutionen losgelöster Kampfesmut erkämpft die Institutionen der Freiheit; die Kraft zum Siege ist nur dort, wo die Kraft zur Leistung nach dem Siege ist. Freiheit ist das Recht und die Pflicht zur Lebensgestaltung; man kann dem Arbeiter keine Freiheit vorenthalten, zu der er fähig ist, ihm aber auch keine Freiheit verleihen, zu der er noch nicht fähig ist. Die Kraft zur Leistung ist auch die Kraft zum Kampf um das Recht auf die Leistung, und es gibt keine andere echte Kraft für diesen Kampf. Wenn also die Arbeiterbewegung durch Sozialpolitik sich schrittweise der sozialen Freiheit nähert, statt die Sozialisierung mit einem Schlage zu erzwingen, so einfach deswegen, weil sie die Kraft zur Leistung für jenes, nicht aber für dieses in sich weiß.

Es kann nicht anders sein. Von aller geistigen Leistung, aller Gestaltung ausgeschlossen, als Rädchen in die Maschinerie, als Gegenstand der Machtausübung in die Unternehmung eingefügt, in den wenigen und müden Abendstunden nochmals durch die Armut jeder Gestaltungsmöglichkeit beraubt zu sein, das ist der Inhalt der Erniedrigung, die das kapitalistische Schicksal dem arbeitenden Menschen bereitete. Die niedergehaltene, um jede Auswirkung und Übung betrogene Kraft reicht am allerwenigsten aus, um das ganze bunte und vielfältige Leben mit einem Schlage aus neuem Geiste neu zu gestalten; und doch müßte sie das tun, wenn nicht alsbald die Lücke der Freiheitskunst durch neue herrschaftliche Gestaltung ausgefüllt werden soll. Kraft kann nur in Freiheit wachsen und nur von Stufe zu Stufe, von einer Leistung und durch sie zur höheren Leistung. Darum liegt der Keim der sozialen Freiheit in der rechtlichen Freiheit, durch die der Liberalismus den Arbeiter auf seine eigene Kraft verwies und ihn zur Besinnung auf die Bedingungen seiner Kraftentfaltung zwang. Und darum beschritt die Arbeiterbewegung, von der bloß rechtlichen Freiheit her und zunächst nur mit ihr ausgerüstet, den Weg der Sozialpolitik, der schrittweisen Freiheitsverwirklichung, wo jeder Schritt einen Erfolg der Kraft darstellt und einen weiteren Zuwachs an Kraft verbürgt. Denn die neu eroberten Rechte stellen neue Anforderungen; sie wollen wahrgenommen, der neue Freiheitsraum will ausgefüllt und gestaltet werden, und das muß Schritt für Schritt gelernt werden und wird gelernt, solange die Kraft anschwillt. Jedes Stück Freiheit, das errungen wird, ist dann Selbstzweck und zugleich Mittel für die Erringung weiterer Freiheit. Dies ist der Weg des aufsteigenden Lebens, der Weg durch Sozialpolitik zur sozialen Freiheit.

Grundsätzlich gibt es auf diesem Wege keine Grenze, alles hängt von dem Wachstum der Kraft ab. Insbesondere gibt es keinen grundsätzlichen Unterschied der Methode zwischen Sozialpolitik und Sozialisierung des Eigentums. Was die Arbeiterbewegung mit der elementaren Wucht des gespannten Kraftbewußtseins fordert, was also für die

Arbeiter drängende Notwendigkeit ist, das können sie durchsetzen, da es zur produktionspolitischen Notwendigkeit für die wirtschaftende Gesellschaft wird. Rein logisch gesehen hatten die Arbeiter daher besonders im Augenblick ihres größten einmaligen Machtzuwachses, nach der deutschen Staatsumwälzung, die Wahl, ob sie Arbeitslosenunterstützung, Schlichtungswesen und Betriebsräte oder die Sozialisierung des Eigentums am Kohlenbergbau durchsetzen wollten; die Entscheidung fiel ganz elementar und fraglos zugunsten dessen, was die Lage des arbeitenden Menschen unmittelbar verändert, ihn vor neue Aufgaben stellt, ihm neue Kraft bringt und anderseits mit seiner Kraft gemeistert werden kann. Eben darum aber steht nichts im Wege, daß in einer anderen Lage, bei stärker entfalteter Kraft, auf demselben politischen Wege die Sozialisierung des Eigentums im engeren Sinne gefordert wird, die damals zurückgestellt blieb; man kann sich das vorstellen, ohne natürlich darüber etwas Bestimmtes zu sagen. Es muß nur eingesehen werden, daß das, was als politische Methode der Sozialpolitik in diesem Buche beschrieben wurde, nicht auf die Sozialpolitik beschränkt ist, sondern ganz allgemein von jedem Stück des Kampfes um die soziale Freiheit gilt; immer wird dasjenige, worauf der Freiheitsdrang der Arbeiter sich richtet und was zu leisten er sich fähig fühlt, zur produktionspolitischen Notwendigkeit für die Gesellschaft und muß ihnen gewährt werden. Worauf nun im einzelnen der Freiheitsdrang der Arbeiter sich richtet, darüber kann man theoretisch nichts aussagen; es kann nur in der konkreten Lage konkret festgestellt und verstanden werden.

Allgemein aber läßt sich nochmals das eine und Grundsätzliche sagen, daß der Freiheitsdrang der Arbeiter von unten nach oben baut, daß er im Wege der Sozialpolitik sozialisiert und daß dieser Weg sach- und sinngemäß ist, wenn es sich um die soziale Freiheit, die Freiheit des arbeitenden Menschen handelt. Denn dann muß jeweils von einer gegebenen Stufe der Freiheit zu einer höheren hinaufgegriffen werden, hoch genug, damit man sich strecken und dabei wachsen kann, und nicht zu hoch, damit man nicht zurückfalle. Man muß Rechte und Verantwortungen erobern, die über das bisherige Maß hinausgehen, in die hineinzuwachsen man sich aber zutrauen darf. Das richtige Maß der Freiheit abzuschätzen, das die Kraft der Arbeiterschaft weiter wachsen läßt und von ihrer gegenwärtigen Kraft aus doch erreichbar und ausfüllbar erscheint, das ist eine schwere Aufgabe der Führung um so mehr, als der Lebensdrang der arbeitenden Menschen natürlich auf die ganze Freiheit unmittelbar zielt und doch nur Stück um Stück zu meistern lernen kann. Es handelt sich um die soziale Freiheit, um die Gestaltung des Arbeitslebens durch die arbeitenden Menschen, und für sie ist nichts gewonnen, wenn irgendeine Errungenschaft wegen eines Mangels an Kraft bei den Arbeitern durch einen Außenstehenden für sie verwaltet werden muß. Das ist dann vielleicht Wohlfahrtspflege; soziale Freiheit ist es jedenfalls nicht, da doch Freiheit immer Tätigkeit, Verantwortung, Gestaltung bedeutet. Der echte Aufbau der sozialen Freiheit geht in der Weise vor sich, daß man dem Arbeiter jeweils dasjenige zumutet, was er leisten kann; nicht weniger, aber auch nicht mehr. So wird man immer wieder auf den Weg der Sozialpolitik geführt, und sie erweist sich als der demokratische Weg der Sozialisierung von unten her, da sie den einzelnen Arbeiter soweit als irgend möglich in die Freiheit und Verantwortung mit hineinnimmt, während die plötzliche Vollsozialisierung notwendig über seinen Kopf hinweggeht. Mit der Sozialisierung des Eigentums zu beginnen, das ist daher in noch anderem als dem früher dargelegten Sinne eine Sozialisierung von oben her: es ist herrschaftliche Sozialisierung, und es ist fraglich, wie weit das Wort Sozialisierung dann noch anwendbar bleibt, wenn es doch nicht die bloße öffentliche Eigentumsform, sondern ihren Sinn in der Freiheit des arbeitenden Menschen meint. Es gibt keinen anderen Weg zur sozialen Freiheit als den der Sozialpolitik.

Damit ist nicht gesagt, daß auf diesem Wege die echte soziale Freiheit notwendig erreicht werden müsse. Absolute Gewißheit ist durch den Charakter des Lebens selbst ausgeschlossen; immer bleibt alles echte Leben wagnishaft. Es ist durchaus möglich, daß die Kraft der Sozialpolitik sich eines Tages auf ihrem Wege erschöpft, oder von der bürgerlichen Seite her gesehen: daß die Arbeiterschaft sich dank einigen mehr oder minder weitgehenden sozialen Zugeständnissen in eine doch wesentlich noch bürgerliche Ordnung eingliedern läßt. Gerade weil Sozialpolitik den Umbau bei den Fundamenten beginnt, so würde der Kapitalismus dann einen gewissen Umbau seiner sozialen Grundlage in Kauf genommen haben, um die Freiheit für immer gewaltigere kapitalistische Aufgipfelung zu gewinnen. Die Annahme, daß dies so kommen werde, ist von jeher der bürgerlichen Sozialpolitik und dem orthodoxen Marxismus gemeinsam, und darum wurde Sozialpolitik dort gefördert, hier bekämpft. Die bisherige Erfahrung in Deutschland spricht im ganzen nicht für diese Behauptung, sondern für die entgegengesetzte, daß Sozialpolitik über ihr jeweils erreichtes Stadium hinaus immer weiter vorantreibt. Dieser Meinung waren von jeher die radikalen Verfechter des Kapitalismus und widerstrebten daher aller Sozialpolitik nach dem Grundsatz: principiis obsta; dieser Meinung waren aber auch diejenigen, auf die es in erster Linie ankommt: die große Masse der Arbeiter selber, welche Sozialpolitik wollten und sie dadurch erzwangen.

Die Tatsache, daß die sozialismusgläubigen Arbeiter

praktisch zunächst den Weg der Sozialpolitik beschritten – übrigens ohne grundsätzliche Klarheit über die Beziehung zwischen Sozialismus und Sozialpolitik –, darf natürlich nicht falsch eingeschätzt werden, als ob die dem Kapitalismus günstige These der Sozialreformer und der Kommunisten dadurch widerlegt sei. Offenbar wird an die Vereinbarkeit der sozialpolitischen Errungenschaften im Kapitalismus mit dem zukünftigen Siege über den Kapitalismus geglaubt, wenn man Sozialpolitik betreibt und zugleich Sozialismus will; es wird eine Kette von Teilsiegen statt eines entscheidenden Schlages oder mit einem entscheidenden Schlage als Abschluß erwartet. Daß ein solcher Verlauf möglich ist, ja daß das Vordringen bis zur vollen sozialen Freiheit geradezu in der Logik der aus dem sozialen Freiheitswillen hervorbrechenden Sozialpolitik liegt, steht außer Zweifel, und auch die bisherige Erfahrung spricht mindestens nicht dagegen. Aber andererseits ist durch die Logik und durch die bisherige Teilerfahrung immer nur die Möglichkeit bewiesen, nicht die Notwendigkeit eines solchen Verlaufs, und sie kann nicht im voraus bewiesen, nur durch den künftigen Verlauf selbst gezeigt werden. Es könnte immer noch sein, daß die Arbeiter sich durch Sozialpolitik als Bürger legitimieren lassen, daß sie – vom entgegengesetzten Standpunkt aus gesehen – für das Linsengericht der sozialpolitischen Milderung im Kapitalismus ihr geschichtliches Recht auf Neugestaltung der Welt aus dem Geiste der sozialen Freiheit verkaufen. Dann wäre Sozialpolitik Verrat am Sozialismus, und man hätte geschichtlich nur die Wahl zwischen den beiden, die doch logisch auf derselben Linie stehen. Glaubt man also, daß Sozialpolitik nicht geradlinig aus dem Kapitalismus heraus, sondern gleichsam im Bogen zu gemildertem Kapitalismus zurückführt, so bleibt vermeintlich nur der Weg des Umsturzes, die Beseitigung des Kapitalismus mit einem

Schlage. Aber auch wenn der kritische Teil dieses Gedankenganges richtig sein sollte, so wäre der positiv-programmatische Schluß daraus immer noch falsch, wie dies bereits erörtert wurde. Beseitigung des Kapitalismus ist nicht notwendig Sozialisierung; sie kann auch der Untergang mit dem Kapitalismus sein, wenn man die von ihm auf seine Weise ausgefüllten Funktionen nicht auszuüben weiß. Und Sozialisierung des Eigentums ist ihrerseits nicht notwendig Errichtung der sozialen Freiheit; Sozialisierung kann auch der Name für die Errichtung einer bürokratischen oder cäsaristischen Herrschaftsform sein, wenn die Arbeiter ihre Freiheit nicht zu handhaben wissen und darauf angewiesen sind, anderen die Macht und die Verantwortung zu überlassen. Verantwortliche Gestaltung im größeren Kreise kann man nur durch verantwortliche Gestaltung im kleineren Kreise lernen; bleibt man von dieser ausdrücklich ausgeschlossen, so wird man dadurch keineswegs zu jener befähigt. Das Aufsteigen der sozialen Kraft von Stufe zu Stufe bis zum Gipfel der sozialen Freiheit bildet den Grundgedanken der Sozialpolitik; wenn er versagt, so gibt es keinen Weg zur sozialen Freiheit. Nicht als ob eine wirkliche Regierung oder Wirtschaftsführung durch alle auch nur von fern in Frage kommen könnte; worauf es ankommt, das ist die lebendige und verständnisvolle Teilnahme an dem Geschehen. Sie aber ist nur denkbar, wenn jedem Arbeitenden und jeder Gruppe von Arbeitenden die verantwortliche Gestaltung des engeren Arbeitskreises übertragen ist und ihr Blick durch die Aufgaben und Erfordernisse des engeren Kreises auf die übergreifenden Probleme des Gemeinwesens überhaupt hingelenkt wird.

Man kann den künftigen Verlauf nicht voraussagen, nur einiges über seine Bedingungen angeben. Der Verzicht auf die volle Verwirklichung der sozialen Idee, oder positiv gewendet: die Verbürgerlichung der Arbeiterschaft ist um so eher möglich, je mehr der umfassende Charakter der sozialen Freiheit und der von ihr gestellten Anforderungen verkannt wird. Um so eher kann man sich mit einem Teil begnügen und sich in die dann gegebene Kompromißordnung befriedigt einfügen. Und zwar wird das am besten gelingen, wenn auch das Erstrebte und Gewährte möglichst genau auf der Linie der bürgerlichen Wertungen liegt, also dem bürgerlichen Erwerbsgeist entspricht. Lohnkämpfe sind notwendig, nicht nur in der Gegenwartsordnung, die doch auf der wirtschaftlichen Interessenverfolgung beruht, sondern auch im Rahmen des Kampfes um die soziale Freiheit, die ihrerseits ein Mindestmaß wirtschaftlicher Bewegungsfreiheit fordert. Aber die soziale Frage ist ihrem inneren Sinn nach keine bloße Lohnfrage; sie ist die Frage, die der arbeitende Mensch an das Leben stellt und auf die er sich durch die soziale Bewegung eine sinnvolle Antwort holen will. Die Frage nach der bloßen Einkommenshöhe, die Frage des sogenannten »wirtschaftlichen Interesses« also ist in ihrer Beschränkung und Isolierung eine bürgerliche Frage, und mit Recht versucht die bürgerliche Seite eine bürgerliche Antwort, indem sie etwa die Arbeiter als Kleinaktionäre in den Kapitalismus aufnimmt; die durch das Arbeiterdasein aufgeworfene Frage nach der Gestaltung des Arbeitslebens wäre dann vermieden. Das gleiche gilt aber in der Arbeiterbewegung selbst. Die Verengung des Gesichtsfeldes auf die wirtschaftliche Interessenfrage und die damit gegebene Verkürzung der sozialen Spannweite führt organisatorisch zur Zentralisierung und Bürokratisierung ohne ein entsprechendes dezentralistisches Gegengewicht; denn ein umfassender Lohnkampf wird am besten nach den Weisungen einer zentralen Stelle geführt und aus einer zentral verwalteten Kasse finanziert, und jedes Hineinreden ist vom Übel. Faßt man also die Aufgabe der Arbeiterbewegung als eine »wirtschaftliche« »Interessen«-Aufgabe auf und die Gewerkschaften als die wirtschaftliche Interessenorganisation der Arbeiterschaft, so verzichtet man auf die Spontaneität, den unmittelbaren Freiheitsdrang der arbeitenden Menschen. Man verzichtet aber damit auf die soziale Freiheit überhaupt; denn der Freiheitsdrang des arbeitenden Menschen ist die Kraftquelle der sozialen Bewegung. Soziale Freiheit ist nur das ins Bewußtsein gehobene Ziel dieses dunklen Dranges und wird durch seinen Einsatz errungen. Jede soziale Errungenschaft stellt Anforderungen an die Kraft, indem sie Rechte verleiht, die doch ausgefüllt werden sollen; die Kraft zur Freiheit muß entfaltet und geübt werden, wenn man als Ziel die volle Freiheit will. Von dieser Regel machen nur Errungenschaften der Einkommenshöhe eine Ausnahme, weil sie wenigstens im Arbeitsleben selbst keine Ansprüche an die gestaltende Fähigkeit des Arbeiters stellen; darum ist für den Kampf um dieses Ziel der Appell an die tätige Kraft des einzelnen Arbeiters am ehesten entbehrlich und vom Gesichtspunkt der zentralisierten Kampfstrategie aus störend. Insoweit die Arbeiterbewegung einen Wirtschaftskampf kämpft – das tut sie doch –, wäre die Spontaneität nach Möglichkeit auszuschalten und das bloße Gewicht der Organisation als solcher in die Wagschale zu werfen.

Die soziale Bewegung nimmt ihren Ausgang aber von der Erkenntnis, daß es in der Wirtschaft für die darin tätigen Menschen um mehr geht als um bloß Wirtschaftliches, daß es um die freiheitliche und würdige Gestaltung des Arbeitslebens geht. Dies verkannt und daher nur an die Güterfrage gedacht zu haben, das ist der eigentliche Vorwurf gegen den Kapitalismus; daraus leitet sich alle Entwürdigung und Entehrung des Arbeiters in der Güterwelt ab. Die soziale Bewegung ist mehr als eine bloße

Lohnbewegung; die Gewerkschaften sind geradezu nach überwirtschaftlichen, allgemein-geistigen Gesichtspunkten organisiert; die Sozialpolitik erhöht die Löhne, aber sie ringt auch um mannigfache Freiheiten und Verantwortungen unabhängig von der Einkommensfrage und nicht selten auf ihre Kosten. Nach ihrem Ursprung und Wesen ist die Sozialpolitik klar und einheitlich auf die soziale Freiheitsordnung gerichtet und kann nur so verstanden und beschrieben werden. Einkommen kann zugeteilt werden; Freiheit aber will durch lebendigen Krafteinsatz errungen und jeden Tag ausgeübt werden. Darum muß echte Sozialpolitik immer wieder den tätigen Freiheitswillen der arbeitenden Menschen pflegen und ihre Kraft zur Freiheit entfalten. Die herrschaftliche Sozialisierung von oben her kann die soziale Freiheit nicht erreichen, weil sie die Kraft des arbeitenden Menschen nur zu dem einmaligen Umsturzkampf aufruft, statt sie zur Leistung in der Freiheit zu entfalten. Durch Sozialpolitik steigt die Kraft von Stufe zu Stufe auf, und es ist der von den Arbeitern selbst ohne jede theoretische Begründung eingeschlagene Weg. Wenn sich Sozialpolitik aber zu einer bloßen Lohnfrage verengt und um der Lohnstrategie halber auf die geistige Spannkraft der arbeitenden Menschen verzichtet, so entsteht auch hier herrschaftliche Fürsorge statt freiheitlicher Gestaltung des Arbeitslebens.

Von demselben Gesichtspunkt aus zeigt sich schließlich, welcher geschichtliche Sinn dem bürgerlichen Widerstand gegen Sozialpolitik und Sozialisierung innewohnt. Auf der Grundlage des Kapitalbesitzes und daher in der Form des Privateigentums übt das Bürgertum, besser das Großbürgertum, die entscheidenden Rechte und Verantwortungen in der modernen industriell-kommerziell-finanziellen Welt aus, und es wehrt sich dagegen, seine Funktionen abzutreten. Es übt diese Funktionen auf seine Weise aus, nach seinen Wertvorstellungen, zu seinem wirtschaftlichen und sozialen Nutzen; die Ausübung kann auch auf andere Weise, unter anderen Wertgesichtspunkten, durch andere Träger erfolgen, aber sie muß immer erfolgen, wenn nicht das Leben überhaupt aufhören soll. Im Sinne der sozialen Idee muß der Widerstand des Bürgertums überwältigt werden und fordert daher die Kraft der andrängenden sozialen Bewegung heraus. Ihre Kraft zum Kampfe wurzelt aber in ihrer Kraft zur Leistung nach dem Siege; nur wenn sie diese Kraft in sich weiß, kann sie sie ganz und rückhaltlos für den Kampf einsetzen; nur wenn sie zur Verantwortung fähig ist, kämpft sie mit gutem Gewissen und mit vollem Einsatz um das Recht auf die Verantwortung. Die bürgerliche Welt zwingt also durch ihren Widerstand die soziale Bewegung zur Entfaltung ihrer Kraft und tritt ihr die Verantwortung nicht eher ab, als die Kraft da ist. Brust an Brust ringen die beiden Sozialgestalten und die in ihnen verkörperten Sozialideen miteinander, und so wird das verhütet, was im Leben verhütet werden muß: das Vakuum, wo die notwendigen Funktionen unausgefüllt bleiben. Gerade weil auf dem Wege der Sozialpolitik jeder konkrete Schritt einigermaßen übersehbar ist und die mit ihm verbundenen Verantwortungen beurteilt werden können, stellt der bürgerliche Widerstand die soziale Bewegung immer wieder auf die Probe, ob sie sich der neu geforderten Verantwortung gewachsen fühlt. Die Anforderungen einer plötzlichen Gesamtsozialisierung kann die Arbeiterschaft nicht beurteilen, und sie wird zu dieser Beurteilung auch nicht angeleitet, weil die Verantwortungen nicht durch die Arbeiterschaft, sondern herrschaftlich ausgefüllt werden und die Aufgabe der Arbeiterschaft sich auf den Kampf selbst beschränkt. Nur im Wege der Sozialpolitik wird die Fühlung der Arbeiterschaft mit ihrer Aufgabe, der freiheitlichen Gestaltung des

Arbeitslebens, in jedem Augenblick hergestellt. Diese Verknüpfung zwischen dem Widerstand des Bürgertums, der Kampfeskraft der Arbeiter und ihrer wachsenden Kraft zur Leistung bürgt allein dafür, daß aus dem Kapitalismus die soziale Freiheitsordnung hervorwächst, die in seiner eigenen Freiheitsgrundlage wurzelt.

edition suhrkamp. Neue Folge.

1
Gertrud Leutenegger: Lebewohl, Gute Reise
Ein dramatisches Poem

2
Hans Georg Bulla: Weitergehen
Gedichte

3
Von nun an: Neue deutsche Erzähler
Herausgegeben von Hans-Ulrich Müller-Schwefe

4
Franz Böni: Hospiz
Erzählung

5
Bodo Kirchhoff: Body-Building
Erzählung, Schauspiel, Essay

6
Thomas Bernhard: Die Billigesser

7
Sinclair: Der Fremde
Erzählung

8
Octavio Paz: Suche nach einer Mitte
Die großen Gedichte. Spanisch und Deutsch

edition suhrkamp. Neue Folge.

9
Tove Ditlevsen: Sucht
Erinnerungen

10
Hoffnung auf Frühling
Moderne chinesische Erzählungen
Band 1: 1919–1949

Hundert Blumen
Moderne chinesische Erzählungen
Band 2: 1949–1979

11
Paul Feyerabend: Erkenntnis für freie Menschen
Revidierte Ausgabe

12
Norbert Elias:
Der bürgerliche Künstler in der höfischen Gesellschaft
Am Beispiel Mozart

13
Stanisław Lem: Dialoge

14
Leo Löwenthal
Ein autobiographisches Gespräch
mit Helmut Dubiel

edition suhrkamp. Neue Folge.

15
William G. Niederland:
Folgen der Verfolgung: Das Überlebenden-Syndrom

16
Politik der inneren Sicherheit
Hrsg.: Erhard Blankenburg

17
Der gerechte Krieg. *Christentum, Islam, Marxismus*

18
Darcy Ribeiro: Unterentwicklung, Kultur, Zivilisation
Essays

19
Uwe Johnson: Begleitumstände
Frankfurter Vorlesungen

20
Walter Benjamin: Moskauer Tagebuch
Vorwort von Gershom Scholem
Hrsg.: Gary Smith

21
Dieter Leisegang: Lauter letzte Worte
Gedichte und farbige Miniaturen

edition suhrkamp. Neue Folge.

22
Renate Rubinstein:
Nichts zu verlieren und dennoch Angst
Vorwort von Norbert Elias

23
Hanna Krall:
Schneller als der liebe Gott
Vorwort von Willy Brandt

24
Roberto Calasso:
Die geheime Geschichte
des Senatspräsidenten
Dr. Daniel Paul Schreber

25
Nicolaus Bornhorn:
America oder Der Frühling der Dinge

26
Winfried Menninghaus:
Paul Celan. Magie der Form

27
Claude Lévi-Strauss: Mythos und Bedeutung

28
Der Neger vom Dienst. *Afrikanische Erzählungen*
Hrsg.: Rüdiger Jestel

edition suhrkamp. Neue Folge.

29
Rainer Malkowski: Das weiße Schloß
Erzählung

30
Roland Barthes: Leçon/Lektion

31
Das kontrollierte Chaos. Die Krise der Abrüstung

32
Die Museen des Wahnsinns und die Zukunft der Psychiatrie
Hrsg.: Manfred M. Wambach

33
Alejo Carpentier: Stegreif und Kunstgriff
Essays

34
Ernst Kris/Otto Kurz: Die Legende vom Künstler
Ein geschichtlicher Versuch

35
Horst Antes: Künstler machen Bücher
Hrsg.: Klaus Gallwitz